대학 혁신을 위한
빅데이터와 학습분석

이론과 실제

Ben Kei Daniel 편저 | 배상훈, 권숙진, 신종호, 최재원 옮김

BIG DATA

∑ 시그마프레스

대학 혁신을 위한 빅데이터와 학습분석 이론과 실제

발행일 | 2019년 12월 5일 1쇄 발행

편저자 | Ben Kei Daniel
옮긴이 | 배상훈, 권숙진, 신종호, 최재원
발행인 | 강학경
발행처 | (주)시그마프레스
디자인 | 이상화
편 집 | 문승연

등록번호 | 제10-2642호
주소 | 서울시 영등포구 양평로 22길 21 선유도코오롱디지털타워 A401~402호
전자우편 | sigma@spress.co.kr
홈페이지 | http://www.sigmapress.co.kr
전화 | (02)323-4845, (02)2062-5184~8
팩스 | (02)323-4197

ISBN | 979-11-6226-238-2

Big Data and Learning Analytics in Higher Education
Current Theory and Practice

Translation from the English language edition :
Big Data and Learning Analytics in Higher Education
Current Theory and Practice
edited by Ben Kei Daniel
Copyright ⓒ Springer International Publishing Switzerland 2017
Springer International Publishing Switzerland is a part of Springer Nature
Korean language edition ⓒ 2020 by Sigma Press, Inc.

＊ 책값은 책 뒤표지에 있습니다.
이 도서의 국립중앙도서관 출판예정도서목록(CIP)은 서지정보유통지원시스템 홈페이지(http://seoji.nl.go.kr)와 국가자료종합목록시스템(http://www.nl.go.kr/kolisnet)에서 이용하실 수 있습니다.(CIP제어번호 : CIP2019047235)

역자 서문

대학은 진리의 탐구와 교육이 이루어지는 곳이다. 그렇기 때문에 다른 어떤 기관보다 폭넓은 자율이 인정되고 창의가 숨 쉬는 곳이어야 한다. 또한 새로운 학문 사조가 떠오르고 첨단의 과학적 기법이 도입된다 하더라도, 대학에서 이루어지는 학문과 교육 활동은 오랫동안 축적되어 온 지적 전통과 제도화된 방법론에서 벗어나기 쉽지 않다. 기술적 진보가 대학을 엄습해 와도 인간의 직관과 경험에서 나오는 통찰은 연구와 교육 활동을 심화하고 진전시키는 자양분이 된다. 물론 이러한 관점은 대학 경영에도 마찬가지로 적용될 것이다.

하지만 우리가 간과해서는 안 될 다른 중요한 사실이 있다. 그것은 대학이 사회와 동떨어진 외딴 섬이 아니라는 점이다. 대학도 인간 생태계를 구성하는 하나의 요소이고 사회 변화에 능동적으로 대응할 필요가 있다. 더 나아가 대학이 사회 변화를 선도해야 한다는 요구도 거세다. 한편 대학은 사회가 제공하는 다양한 인적, 물적 자원을 활용한다는 점에서 사회의 요구에 부응해야 하는 책무성도 지니고 있다. 혁신적인 연구와 교육 활동을 통해서 우리 사회의 번영과 발전에 기여하고, 교육적 성과를 창출해야 하는 것이 대학의 책임이다.

이런 관점에서 최근 우리의 관심을 끄는 것이 빅데이터와 그것이 지닌 효용성이다. 이미 금융, 교통, 의료 등 사회 각 영역에서는 실시간으로 방대하게 생성되는 데이터를 수집해서 분석하고 그 결과를 바탕으로 최적의 서비스를 제공하면서 부가가치를 창출하려는 노력이 활발히 이루어지고 있다. 보다 많고 다양한 데이터를 체계적으로 분석하면, 인간 행동의 패턴을 보다 쉽게 확인할 수 있고 보다 정확한 방법으로 미래를 예측할 수 있다는 것은 이미 사실이 되어 가고 있다. 최근에는 빅데이터 분석 기법이 보다 발전해서 복잡한 사회 현상을 비교적 명료하고 쉽게 설명할 수 있게 되었다. 이는 의사결정자의 이해를 돕고 그들의 합리적인 의사결정을 유도하는 데도 크게 기여하고 있다.

우리는 고등교육 맥락에서도 빅데이터가 제공할 수 있는 가치가 무궁무진하다고 생각한다. 예컨대 매일 축적되는 교수-학습 데이터를 분석해서 수업과 학습 활동을 개선하고 교육 효과를 높일 수 있다. 학생들의 성공적인 대학 생활을 지원하는 프로그램을 개발하고, 활발한 학습 참여를 이끌어내는 데도 도움을 줄 것이다. 나아가 학령인구 감소와 재정 절벽이라는 위기상황에서 대학 경영자들도 효과적인 학생 유치, 중도탈락 예방, 시설 관리, 취업 지원 등 경영 전반에 빅데이터를 활용할 수 있다. 이처럼 빅데이터와 첨단적인 분석 기법, 즉 교육 데이터 사이언스는 고등교육의 발전에 기여할 수 있는 가능성이 매우 크다. 하지만 아쉽게도 이에 대해 자세하고 친절하게 설명해주는 자료는 부족하다. 우리는 이러한 학문적 목마름을 해소하고, 교육 현장의 실천적 요구에 부응하고자 이 책을 번역하기로 했다.

최근 우리나라 대학에서도 교육성과 관리, 데이터 기반 교육의 질 관리, 대학기관연구 Institutional Research 등에 대한 논의가 활발해지고 있다. 이 책은 새롭게 떠오르는 교육 데이터 사이언스와 관련된 이론과 사례를 알기 쉽게 설명하고 있다. 우리는 이 책이 빅데이터와 학습분석을 활용해서 교육의 질을 높이고 연구 경쟁력을 강화하려는 대학 관계자와 현장 전문가들에게 입문서 역할을 할 것이라고 생각한다. 이 책은 교육 데이터 사이언스에 대한 기초 이론부터 특정 분야에 적용할 수 있는 심화 지식과 응용에 이르기까지 다양한 내용을 다루고 있다. 독자들은 궁금하거나 필요한 부분을 중심으로 발췌해서 읽을 수도 있을 것이다.

한편 이 책은 교육 데이터 사이언스 분야에서 이루어는 최근 연구 동향과 성과를 소개하고, 후속 연구 방향을 제안하고 있다. 따라서 이 책은 교육 데이터 사이언스를 공부하는 학생이나 이 분야를 심층적으로 연구할 대학원생과 연구자들에게도 효용이 클 것이다. 이 책의 저자들이 말하듯이 교육 데이터 사이언스는 다학제 학문의 특성을 지니고 있다. 즉 교육 데이터 사이언스는 고등교육, 교육행정, 교육과정, 교육공학, 교육심리, 교육철학 등 교육학의 다양한 분야에 걸쳐 있다는 점에서 학제적 협동 연구를 이끌어내는 촉매 역할도 할 수 있을 것이다.

　　우리나라 대학들은 인구절벽, 재정절벽, 글로벌 경쟁 심화 등 전대 미문의 위기를 맞고 있다. 우리는 대학들이 빅데이터와 학습분석이라는 혁신적 방법을 활용해서 환경 변화에 능동적으로 대응하고 한 단계 성숙할 수 있는 계기가 마련되길 바라면서 이 책의 번역에 임했다.

역자를 대표하여

배상훈

저자 서문

새로운 학문 분야로 교육 데이터 사이언스가 떠오르고 있다. 이는 컴퓨터 사이언스, 교육학, 통계학, 기타 사회와 기술에 대한 여러 현상을 파악하고 분석하는 사회과학 지식을 종합적으로 활용하는 다학제 학문이다. 이 분야의 학자들은 대규모 교육 데이터들을 수집해서, 체계화하고, 이를 분석하고 해석하는 절차와 기법을 개발하고 활용한다. 또한 교육 데이터 사이언스는 다양하고 방대한 여러 데이터를 종합해서 서로 정합성을 가질 수 있도록 하고, 복잡한 데이터 구조를 쉽게 이해할 수 있게 해주는 시각화 방안을 제공하기도 한다. 나아가 교육 데이터 과학자들은 수학적 모델을 활용해서 다른 교육 전문가 또는 동료 연구자들이 분석한 결과를 이해하고 이를 토대로 통찰을 이끌어내는 소통자의 역할도 한다. 물론 이러한 활동들은 일반인을 대상으로도 이루어질 수 있다.

데이터 사이언스의 하위 분야로서 교육 데이터 사이언스는 2008년 개최되었던 '교육 데이터 마이닝 컨퍼런스'를 비롯해서 2000년부터 2007년 사이에 있었던 여러 워크숍에서 나왔던 학술적 논의들을 토대로 출발했다. 하나의 연구 분야로서 교육 데이터 사이언스는 지속적으로 확대되는 교육 데이터들을 탐색하고, 이를 통해 학습자와 학습환경을 이해할 수 있는 분석 모델을 만드는 데 관심이 있다.

지난 몇 년 동안 교육 데이터 사이언스에 초점을 둔 2개의 국제 컨퍼런스가 연달아 개최되었다. 첫 번째는 2011년에 개최된 '학습과 지식 분석(LAK 2011: Learning and Knowledge Analytics)' 컨퍼런스였고, 두 번째는 2014년 '광범위한 학습(Learning at scale(L@S)'이라는 주제를 가지고 열렸던 컨퍼런스이다. 최근 개최되었던 이러한 컨퍼런스들은 대학에서 교수-학습 활동을 촉진하고, 고등교육 연구자, 현장 전문가, 학습자들이 복잡한 학습 문제들을 비교적 쉽게 탐구할 수 있게 해주는 도구, 절차, 기술을 개발함에 있어서 빅데이터와 학습분석이 어떠한 역할을 할 수 있는지를 탐색했다.

이 책은 최근 교육 데이터 사이언스 분야에서 떠오르는 두 가지 주제, 즉 빅데이터와 학습분석을 소개하려는 목적에서 만들어졌다. 학습분석이란 학습을 개선하겠다는 구체적인 목적을 가지고 학습과 관련된 데이터들을 수집하고, 분석하며, 그 결과를 보고하는 과정에서 당면하는 여러 문제를 다룬다. 반면, 빅데이터는 다양하고 빠르게 변화하고 계속해서 축적되는 대규모 데이터들을 수집하고 분석하는 과정에서 나오는 다양한 이슈를 다룬다. 특히 광범위하게 이루어지는 교육과 학습의 맥락에 빅데이터 기술을 적용하면 대규모 학생 집단을 대상으로 연구를 수행할 수 있다는 장점이 있다. 여기서 대규모라 하면 어느 정도인지 의문이 제기될 수 있는데, 이는 아마도 수천 명이 될 수 있고, 직접적으로 대면하는 환경에서는 수백 명 수준도 대규모라고 할 수 있겠다.

이 책은 총 15개의 장으로 구성되었고, 세계 각국 전문가 32명이 저자로 참여했다. 크게 빅데이터와 학습분석으로 나눈 두 파트로 구성되었다. 각 장은 서론, 이론, 한계, 연구방법, 분석 기술, 윤리적 고려사항, 최근 동향, 후속 연구, 주요 사례와 관련 연구를 포함하고 있다. 또한 각 장은 고등교육 맥락에서 빅데이터와 학습분석 분야의 최근 동향에 대해 폭넓고 충분하게 다루려고 노력했다. 내용을 비교적 쉽게 서술함으로써 고등교육 분야에서 빅데이터와 학습분석에 관심을 가진 학부생이나 일반 독자들도 쉽게 접근할 수 있도록 했다. 글의 서술도 가급적 간결하게 했고, 다루려는 내용들을 시각적으로도 보기 편하게 제시하려고 노력했다. 빅데이터와 학습분석이라는 주제를 탐구하는 학생, 고등교육 정책가, 연구자들은 이 책을 입문서로 쓸 수 있다. 물론 심화 교재로도 쓰기에 충분할 것이다.

University of Cordoba

Córdoba, Spain

Cristóbal Romero

차 례

01 고등교육에서 빅데이터와 학습분석

개관 1 | 데이터 기반 의사결정 2 | 누구를 위한 책인가 4 | 책의 구성 5

제1부 **빅데이터**

---

02 빅데이터와 학습분석의 최근 동향 및 미래 연구 방향

빅데이터 시대 9 | BI 분석의 개념적 틀 11 | 적응 학습 및 코스웨어와 교육데이터마이닝 12
데이터마이닝 및 통합 사례 : 편입생의 성공을 위한 커뮤니티 칼리지와 일반대학 파트너십 프로젝트 13
데이터 시각화와 비주얼 애널리틱스 16 | 교육에서 지식 경영 19 | 소결 20

03 고등교육에서 빅데이터 활용 : 개관

서론 23 | 빅데이터의 개념적 토대 25 | 고등교육에서 빅데이터와 분석학 26
빅데이터와 관련된 기회와 한계 29 | 결론 및 후속 연구 31

04 고등교육에서 빅데이터 연구방법론

서론 37 | 교육 분야의 차세대 연구자들이 직면한 문제 40 | 연구방법론 수업 현황 42
사례 1 : 단기 자격 과정에서 개설된 연구방법 수업 43
사례 2 : 교육학 전공에서 개설된 연구방법 수업 44
사례 3 : 정보학 전공에서 개설된 연구방법 수업 44
사례 4 : 경영교육학 전공에서 개설된 연구방법 수업 45
요약 45 | 빅데이터 시대에서 차세대 교육 연구자들이 준비해야 할 것 46
빅데이터 분석에 있어서 회귀모형의 한계 46 | 빅데이터 48
연구방법론 수업의 신개념화 49 | 교육 분야에서 빅데이터 분석 50 | 결론 51

05 빅데이터 패러다임과 임베디드 디지털 생태계

서론 58 ┃ 현재의 정보 시스템 개발 방법론의 한계 61 ┃ 연구 결과의 의미 62

관련 연구 62 ┃ 제안된 연구방법 63 ┃ 통합 프레임워크의 실천 ― 새로운 지식 표현 74

결과 및 논의 83 ┃ 결론 및 제언 88 ┃ 미래의 연구 트렌드와 기회 89

06 연구중심대학에서 숙의 공간의 필요성

서론 93 ┃ 대학의 목적 95 ┃ 신자유주의와 공립대학의 '민영화' 97

빅데이터의 가능성 103 ┃ 숙의 공간과 빅데이터가 주는 가치에 대한 저항 107

제 2 부　　**학습분석**

07 대학에서 데이터 분석 및 학습분석에 관한 윤리적 고려사항

서론 115 ┃ 윤리적 측면의 고려사항 116

대학의 데이터 거버넌스, 구조 및 시스템, 그리고 역할 124 ┃ 결론 136

08 빅데이터, 고등교육과 학습분석 : 공정성을 넘어 돌봄의 윤리로

서론 141 ┃ 공정성과 돌봄의 윤리 맥락에서 빅데이터와 교육의 문제 143

고등교육에서의 공정성과 돌봄의 윤리를 위한 프레임워크 제고 153 ┃ 결론 155

09 빅데이터 관점에서 대학의 교육과정과 학습분석

교육의 목적 163 │ 전통적 학습 시스템에서 학습분석 164 │ 학습분석의 정의 165
통찰의 유형 166 │ 학습분석의 수준 168 │ 학습분석 대 학습분석 168
학습 흔적의 유형 169 │ 다리로서의 학습분석 170 │ 학습에 대한 계산 모델 171
다양한 학습 모델 173 │ 다양한 분석 방법과 분석을 위한 하나의 방식 175
학습분석의 실행 176 │ 규모, 다양성, 속도, 정확성 : 빅데이터의 기초 177
불확실성 다루기 : 학습분석에서의 타당성 확보 181 │ 위험한 가정 : 완전성과 정확성 182
쟁점 : 데이터 소유권 183 │ 교육과정 분석 184 │ 학습 대시보드 185 │ 결론 186

10 학습분석을 활용한 개입과 평가 : 영국 개방대학 사례

서론 189 │ A-B-C 모델과 학습분석 192 │ 사례연구 1 : 위험군 학습자에게 이메일 전송 196
사례연구 2 : 예측 모델링으로 규명된 위험군 학습자에게 도움 제공 202
학습분석 개입 및 평가 프레임워크에 대한 논의 207 │ LA-IEF 실행하기 208

11 활동 데이터 기반 소셜러닝 분석 도구

서론 215 │ 소셜러닝 분석 218 │ 소셜러닝 분석도구 220
무들 로그 데이터 추출과 시각화 224 │ 사회연결망 분석 도구 'Gephi' 225
GraphFES 디자인과 운영 228 │ 사례연구 232 │ 결론 245

12 개방형 학습분석 생태계

서론 249 │ 학습분석 251 │ 개방형 학습분석 253
개방형 학습분석의 플랫폼 257 │ 결론 275

13 커뮤니티 칼리지 학생 데이터로 일반대학의 학생 성공 예측

서론 281 ｜ 연구방법 283 ｜ 연구 결과 286 ｜ 결론과 시사점 296

14 몰입형 대화 기반 시나리오에서 과학탐구 기술의 평가

서론 303 ｜ 화산 시나리오 305 ｜ IAE 데이터 분석을 위한 혼합 분석 방식 308
사례연구 311 ｜ 연구 결과 312 ｜ 토론 318 ｜ 요약 및 향후 연구 319

15 의과대학에서 학습분석의 적용 : 임상해부학 e케이스

서론 323 ｜ 임상해부학 e케이스의 개발 324 ｜ 임상해부학 e케이스의 교수 단계 325
연구 참여자 327 ｜ 데이터세트와 분석 327 ｜ 연구 결과 328 ｜ 논의 332 ｜ 결론 333

찾아보기 336

01

고등교육에서
빅데이터와 학습분석

Ben Kei Daniel

개관

이제 우리는 다양한 곳에서 원하는 시간에 디지털 테크놀로지에 접속할 수 있게 되었고, 이를 통해 방대한 양의 데이터가 끊임없이 생산되는 시대를 맞고 있다. 빅데이터는 규모가 방대하고 형태는 다양하기 때문에 전통적인 데이터베이스로는 관리하기 힘들다. 그러나 우리는 분석학analytics의 발전으로 다양하고 이질적인 데이터들을 분석해서 패턴을 찾을 수 있게 되었다. 이러한 패턴은 합리적 의사결정에 기여하는 통찰을 제공한다. 특히 기업 분야를 필두로 의사결정 방식을 개선하기 위해 대규모 데이터를 어떻게 분석하고 처리해야 할 것인지에 대한 체계적인 고민이 확대되고 있다.

유럽핵입자물리연구소European Organization for Nuclear Research, CERN의 연구자를 비롯한 많은 과학자들이 1989년 월드와이드웹World Wide Web이 개발되기 전부터 방대한 양의 데이터를 가지고 작업을 수행해 왔다. 따라서 빅데이터라는 것이 그리 새로운 것이 아닐 수도 있다. 다만 과거와 달리 데이터에 대한 접근과 활용도가 무척 커졌다는 차이가 있다. 게다가 소셜미디어, 모바일, 유비쿼터스 기기를 통해서 풍부하게 만들어지는 비정형 데이터unstructured data는 다른 정형 데이터structured data와 결합되어 의사결정에 도움이 되는 여러 가지 아이디어를 제공한다. 심지어 비즈니스 분야에서는 일종의 통화 또는 비교우위로서 데이터가 부상하기 시작했다.

빅데이터와 학습분석은 하나의 통합적인 개념으로 여겨질 수도 있다. 하지만 일반적으로 분석학이란 데이터의 수집capturing, 처리processing, 인덱싱indexing, 저장storing, 분석 analysing 및 시각화visualizing에 쓰이는 소프트웨어, 머신러닝 기술 및 알고리즘을 의미한다. Norris, Baer와 Offerman(2009)에 따르면, 우리는 이러한 분석학의 발전을 통해서 데이터를 측정하고 평가하는 일에 더욱 활발히 참여할 수 있게 되었다. 또한 그 결과를 활용해서 개인은 물론 조직 차원에서도 성과를 높이려는 노력이 활발해지고 있다. Mayer(2009)는 이처럼 분석학에 대한 관심이 증가하기 시작한 배경에는 컴퓨팅 기술의 진보가 있다고 말한다.

데이터 기반 의사결정

대학 조직에서 의사결정은 매우 중요하다. 최근 대학 내부와 외부 환경의 압력이 날로 커지는 상황에서 대학에서 이루어지는 의사결정이 직관이나 경험에만 의존하기보다 증거에 기반을 두어야 한다는 것이 대세다. 즉 증거기반 의사결정이야말로 성공적이고 지속가능한 성과 창출의 핵심 요소라는 것이다. 많은 의사결정의 이면에는 데이터 분석과 이에 따른 정보 생산이 자리 잡고 있다.

고등교육에 빅데이터 기술을 접목하는 것은 상당히 혁신적인 시도이다. 이는 대학 행정은 물론 교수-학습 및 학술 활동에 이르기까지 변화를 이끌고(Baer & Campbell, 2011; Ellaway, Pusic, Galbraith, & Cameron, 2014; Eynon, 2013; Long & Siemen, 2011), 대학에서 정책이나 프로그램의 성과를 높이는 데도 기여한다. 또한 대학이 당면한 도전에 체계적으로 대응하는 데에도 기여를 한다(Atif, Richards, Bilgin, & Marrone, 2013; Daniel & Butson, 2014). 대학들은 빅데이터 기술을 활용해서 학생 등록, 학문 활동, 교육 활동에 대해서 체계적으로 기록하고 대규모 학생 정보를 분석해서 정보를 얻을 수 있는데, 이는 대학에서 이루어지는 의사결정에도 유용한 것으로 판명되었다. 그러나 쟁점은 대학이 데이터를 사용하느냐 여부가 아니다. 효과적인 의사결정을 위해 데이터를 어떻게 추출해서, 처리하고, 축적하며, 그 결과를 어떻게 활용하느냐가 중요하다. 또한 이를 활용해서 내려진 의사결정이 향후 조직의 성과에 어떤 방식으로 영향을 미칠 것인지도 관심의 대상이다.

고등교육에서 빅데이터와 분석학이 기여하는 바는 미시적micro, 중간적meso, 거시적macro 차원에서 생각해볼 수 있다. 우선 미시적 차원에서는 대학의 교육 과정을 개선하고 행정 부담을 줄여서 교수-학습의 질을 개선하는 것이다. 나아가 분석학은 행동 차원에서 학습이 어떻게 일어나는지를 이해하는 데 도움을 준다. 예를 들어 학생들은 학습 시스템에 접속할 때 그들의 감정, 사회적 관계, 학습 의도와 목표를 보여주는 흔적을 데이터로 남긴다. 연구자들은 이러한 데이터들을 분석해서 매 학기 또는 매년 학습 성과와 관련된 패턴을 분석할 수 있게 된다. 또한 연구자들은 정교한 데이터 모델을 만들어 분석함으로써 학생들이 어떻게 학습 활동에 참여하고 학습 결과를 활용하는 데 방해하는 요소가 무엇인지를 밝힐 수 있게 되었다. 나아가 학습 활동을 개선하기 위한 정책적 조치를 취하고 그 결과를 평가할 수 있게 되었다.

중간 차원에서 빅데이터와 분석학은 졸업률, 졸업생 만족도 제고처럼 교육제도와 프로그램의 성과를 평가할 수 있게 해준다. 오늘날 정책 당국, 일반 대중, 이해 관계자들이 대학에게 핵심성과지표key performance indicators, KPIs를 제시하라고 요구하는 상황에서 빅데이터 분석 기술은 데이터 분석 결과를 활용해서 대학의 성과와 책무성을 거시적으로 조망할 수 있게 해준다. 또한 대학 당국이 정책적으로 특별히 유의할 분야가 무엇인지도 찾게 해준다.

빅데이터와 분석학이 제공하는 이점은 점차 분명해지고 있다. 빅데이터와 분석학이 부가가치를 발현하는 것은 현 시점에서 조직의 성과를 분석하고 평가하며, 미래 성과를 정확히 예측할 수 있는 분석 모델을 개발하고 적용할 수 있기 때문이다. 이와 관련해서 Daniel(2015)은 빅데이터를 활용해서 개발할 수 있는 분석 모델을 기술적descriptive, 예측적predictive, 처방적prescriptive 모델로 유형화했다.

먼저 기술 모델은 교수-학습 활동과 관련해서 유통되고, 반응해서 나오는 데이터를 분석하는 데 초점을 둔다. 이 모델은 학생 등록, 졸업률, 졸업 패턴 같은 동향을 확인하고, 학생의 학습 촉진을 위한 대안을 찾는 논의를 촉발할 수 있다. 하지만 기술 모델만 단독으로 제시하는 것은 그리 바람직하지 않다. 왜냐하면 분석 모델은 대학이 창출하는 현재 성과를 분석할 뿐만 아니라 미래 성과도 예측할 수 있어야 하기 때문이다.

예측 모델은 대학 당국이 데이터에 담긴 의미를 밝히고, 오차 범위에서 미래 성과를 예측할 수 있게 해준다. 예컨대 예측 모델은 학업 과정에서 위기 학생을 찾아내는 데 도움을 줄 수 있다.

처방 모델은 기술 모델과 예측 모델이 제공하는 것을 토대로 만들어지는 실천 수단과 같은 것이다. 이 모델은 대학이 현재 상황을 정확하게 평가한 후, 타당하고 일관된 예측과 정보에 기반을 둔 대안을 선택하게 한다.

빅데이터에 포함된 데이터는 매우 이질적이기 때문에 여기에 접근하고 활용할 수 있는 역량을 갖추는 것이 중요하다. 또한 사용자들이 만들어내는 데이터 거버넌스data governance, 정보 보호privacy, 보안security 및 윤리ethics는 고등교육 전문가들이 생각해보아야 할 중요한 이슈이다. 더구나 텍스트, 그래픽, 시청각 콘텐츠 등 다양한 형태를 띠는 데이터의 묶음인 빅데이터는 불완전하면서 구조화되어 있지 않은 경우가 많다. 따라서 빅데이터로부터 어떠한 통찰을 이끌어내려면, 또 다른 도전 상황을 맞게 된다. 고등교육에서 빅데이터와 학습분석은 아직 초보적 단계다. 이 책은 이 분야와 관련된 초기의 학술 성과들을 하나로 묶어서 제시한 것이다. 앞으로 제시될 각 장에서는 빅데이터와 학습분석 영역에서 점차 증가하는 연구 주제와 관련 이슈들을 폭넓고 깊게 다룰 것이다.

누구를 위한 책인가

이 책의 주요 독자는 고등교육 연구자, 테크놀로지 전문가, 고등교육 정책가들이다. 또한 교육공학, 교육학 일반, 컴퓨터 사이언스, 정보과학을 연구하는 대학원생들도 활용할 수 있다. 이 책은 빅데이터와 분석학이 고등교육에서 계속 부각되는 상황에서 이를 본격적으로 다루는 첫 번째 학술 도서이다. 이 책이 다루는 내용들은 관련 이론과 아이디어를 발전시키고, 후속 연구 문제를 탐색하는 데 도움이 될 것이다.

책의 구성

이 책은 총 2개 부와 15개 장으로 구성되었다. 제1부는 빅데이터와 관련된 최근 동향 및 이론, 기회 및 위기 요인을 분석하는 7개 장으로 구성되었다. 제2장에서는 고등교육 분야에서 빅데이터와 관련된 현재 동향과 후속 연구를 통해 다룰 수 있는 주제와 관점들을 제시한다. 제3장은 하나의 연구 주제로서 빅데이터에 대한 개념적 토대를 제공한다. 제4장은 빅데이터와 관련된 여러 도전 상황을 제시하고, 이에 대응할 수 있는 연구방법, 관련 기법, 분석 기술 등을 제시한다. 제5장은 디지털 생태계의 관리와 운영 사례를 보여주고, 이것이 고등교육과 어떠한 관련이 있는지를 논의한다. 제6장은 오늘날 연구중심대학의 지평을 제시하고, 새로운 디지털 기술이 연구 및 교수–학습에 어떠한 영향을 미쳤는지를 조망한다. 또한 빅데이터가 연구중심대학에 던지는 도전적인 상황들이 무엇인지 제시한다. 이러한 생각들은 제7장에서도 추가로 논의되는데, 주로 데이터를 수집하고 활용하는 과정에서 고려해야 할 윤리적인 문제들을 다룬다. 마지막으로 제8장은 고등교육에서 빅데이터 분석과 관련해서 돌봄care과 공정성justice의 윤리에 대해서 생각해본다.

　제2부는 학습분석learning analytics을 다룬다. 우선 제9장은 빅데이터 패러다임에서 학습분석이 무엇인지를 개관한다. 제10장은 학습분석을 활용함에 있어 가이드라인이 되는 개념적 틀을 다룬다. 제11장은 무들(Moodle)에서 학습분석을 위한 웹 서비스 애플리케이션에 대해서 설명한다. 제12장은 개방형 학습분석에 대한 연구 프로젝트에 관한 논의가 이루어진다. 제13장은 학위 과정에서 학생 성공 예측 모델을 사용하는 대규모 학습분석 적용 사례를 제시한다. 제14장은 몰입형 학습 환경immersive learning environment에서 쓰이는 기술과 관련해서 학습분석이 어떻게 활용될 수 있는지를 보여주는 사례를 다룬다. 제15장은 비형식 학습 환경informal learning environment에서 학습분석이 활용된 사례를 제시하면서 이 책의 결론을 맺는다.

참고문헌

Atif, A., Richards, D., Bilgin, A., & Marrone, M. (2013). Learning analytics in higher education: A summary of tools and approaches. Retrieved October 13, from http://www.ascilite.org/conferences/sydney13/program/papers/Atif.pdf.

Baer, L., & Campbell, J. (2011). *Game changers*. EDUCAUSE. Retrieved March 24, 2014, from http://net.educause.edu/ir/library/pdf/pub72034.pdf.

Daniel, B. (2015). Big data and analytics in higher education: Opportunities and challenges. *British Journal of Educational Technology, 46*, 904–920. doi:10.1111/bjet.12230.

Daniel, B., & Butson, R. (2014, September). *Foundations of big data and analytics in higher education*. In International conference on analytics driven solutions: ICAS2014 (p. 39). Academic Conferences Limited.

Ellaway, R. H., Pusic, M. V., Galbraith, R. M., & Cameron, T. (2014). Developing the role of big data and analytics in health professional education. *Medical Teacher, 36*(3), 216-222.

Eynon, R. (2013). The rise of Big Data: What does it mean for education, technology, and media research? Learning, *Media and Technology, 38*(3), 237-240.

Long, P., & Siemen, G. (2011). Penetrating the fog: Analytics in learning and education. *EDUCAUSE Review, 46*(5), 30-40.

Mayer, M. (2009). Innovation at Google: The physics of data [PARC forum]. Retrieved 11 August, 2009, from http://www.slideshare.net/PARCInc/innovation-at-google-the-physics-of-data.

Norris, D., Baer, L., & Offerman, M. (2009). A national agenda for action analytics. In: National Symposium on Action Analytics, St. Paul, MN. Retrieved September 2009, from http://lindabaer.efoliomn.com/uploads/settinganationalagendaforactionanalytics101509.pdf.

제1부

·

빅데이터

02

빅데이터와 학습분석의 최근 동향 및 미래 연구 방향

Jay Liebowitz

요 약 지난 몇 년 동안 교육을 비롯한 여러 분야에서 데이터는 눈부시게 증가했다. 이러한 빅데이터 시대를 맞이하여 데이터의 양상을 이해하고 의사결정을 개선하려고 한다면, 우선 실증분석 기반 의사결정과 직관에 의한 의사결정에 대해서 살펴보아야 한다. 오늘날 교육 데이터 마이닝과 학습분석은 전략적 의사결정이나 실천 차원의 의사결정 능력을 제고하려는 모든 기관이 논의하는 공통의 주제가 되고 있다. 이 장에서는 이와 관련하여 몇 가지 아이디어를 제시한다.

주제어 학습분석 / 빅데이터 / 교육데이터마이닝 / 직관 / 의사결정

빅데이터 시대

많은 분야에서 조직의 필요에 의해 다양한 형태의 대규모 데이터가 빠른 속도로 쏟아져 나오고 있다. Jagadish 등(2014)은 이러한 상황에 대해 다음과 같이 설명한다.

우리는 빅데이터 시대로 빨려 들어가고 있다. 오늘날 우리 경제의 많은 부문이 데이터 기반 의사결정 모델로 옮겨 가고 있는데, 이 모델에 따르면 앞으로 핵심 비즈니스는 지속적

으로 생산되는 대규모의 다양한 자료를 어떻게 분석하느냐에 달려 있다(p. 86).

의료, 교육 같은 분야에서도 연평균 35%씩 데이터가 증가하고 있다(Liebowitz, 2013, 2014a, 2014b). SAS연구소는 빅데이터를 담당하는 직원에 대한 수요가 2017년까지 240% 정도 증가할 것으로 전망했다. 가트너는 2017년까지 클라우드 기반 최고 마케팅 책임자가 최고 정보 책임자보다 많은 시간을 IT 업무 수행에 활용할 것이라고 예측했다(Gorenberg, 2014).

이미 온라인과 오프라인 마케팅 사이에서 횡단 채널의 영향cross-channel influences을 최대한 높이려는 최고 마케팅 책임자용 분석 어플이 다양하게 등장하고 있다(예 : OptiMine). 또한 기업의 고객관리 측면에서 모바일 앱 사용자의 충성도와 대화 빈도를 높여주는 분석 어플(예 : FollowAnalytics)도 나오고 있다(Gorenberg, 2014). 2010년 데이터를 분석한 '2014년 소매업 빅데이터 연구'에 따르면, 소매업 대표의 96%가 빅데이터는 자신의 경쟁력 유지를 위해 중요한 역할을 하고 있다고 응답했다.

앞으로 어느 분야든지 빅데이터는 큰 영향을 미치게 될 것이다. 물론 교육 분야도 다르지 않다. Lane(2014)은 그가 저술한 '빅데이터를 활용한 스마트대학 만들기'에서 이러한 동향에 대하여 설명했다. 학생성공지표student success measures, 재학률, 학업 성과 등 어떤 교육 지표에 대해서도 분석학 기법과 예측 모델을 사용하는 것은 빅데이터라는 바다를 항해하기 위한 토대가 될 것이다. 애버딘 리서치 그룹The Aberdeen Research Group은 200개 이상의 소매업이 참여한 '2014년 소매업 비즈니스 인텔리전스 조사'에서 일반 기업이 우량 기업으로 바뀌려면 다음과 같은 조치가 필요하다고 말했다—(1) 데이터 통합과 정제 도구의 활용, (2) 데이터 집계 및 불량 데이터 제거, (3) BI 어플 발전 프로세스 정립, (4) BI 사용자 교육 프로그램의 지속적인 개설(이런 이유로 많은 조직이 BI 역량센터를 운영하고 있다).

또한 이 보고서는 어느 기업이 최우수 기업이 되려면 다음과 같은 것이 필요하다고 밝혔다—(1) 예외 보고exception reporting 개선, (2) 성과 측정과 추적을 위한 스코어보드 활용, (3) 모든 채널에서 데이터, 대시보드, 리포트의 실시간 업데이트. 물론 대학들도 여러 방법으로 이러한 방안을 도입할 수 있을 것이다. 지금부터 교육 영역에서 중요한 빅데이

터와 분석 기술, 최근 동향 및 향후 연구 주제를 살펴보고자 한다. 여러분의 후속 연구에
도움이 되길 바란다.

BI 분석의 개념적 틀

어떤 분야를 심층적으로 탐구하려면, 후속 검증 및 타당화를 위해 'BI 분석'을 위한 개념적
틀을 만드는 것이 필요하다. 하지만 지금까지 어떤 분야에서도 BI 분석에 필요한 개념적
틀이 제시되지 않았다. Liebowitz(2014c)는 BI 분석에 대한 선행 연구와 여러 성공 사례를
종합해서 〈그림 2.1〉과 같은 개념 틀을 제시한 바 있다.
　이에 따르면, 어느 조직이든 BI 분석 전략에 영향을 미치는 비즈니스와 IT 촉진 요소가
존재한다. 또한 BI 분석이 성공하는 데 영향을 미치는 BI 실천 요소도 있다. 이 개념적 틀

BI 분석을 위한 개념적 틀

비즈니스와 IT 촉진 요소(IT Drivers)
- 더 빠르고, 많은 정보를 활용한
　의사결정
- 혁신성
- SoW[1] 증대
- 전자상거래 확대
- 데이터 사일로 제거
- 데이터 질 제고
- BI 도구의 질과 접근성 제고
- 빠르고 적절히 걸러진 BI 활용

BI 분석 전략
- 시장 점유율 확대
- 고객 가치 제고
- 위험 관리 역량 제고

BI 로드맵

BI 실천 요소(BI Enablers)
- BI에 대한 신뢰 제고
- 고객과 비즈니스 중심 사고
- 적극적 데이터 활용 문화
- 데이터 관리 전략
- IT/쉐도우 시스템과의 균형
- 후원 시스템
- 자금 조달
- 전문성

BI 성공 요소(BI Success Factors)
- 데이터의 질
- 사용자 접근성
- 의사결정 문화(융통성과 위험 감수)
- 가치 창출 행동
- 비즈니스 성과에 대한 영향력 검증 체제

그림 2.1　BI 분석을 위한 개념적 틀(Liebowitz, 2014c)

1.　역자 주 : SoW(share of wallet)는 소비자 총지출 중에서 경쟁사 제품 대비 자회사 제품 구매에 들인 돈의 비율이다.

은 BI 분석을 통해 가치를 도출하는 데 쓰이는 BI 성공 요소도 제시하고 있다. 마지막으로 조직은 조직의 전략을 바탕으로 BI 로드맵(통상 3년)을 수립하게 될 것이다. 비록 분야에 따라 조금씩 다를 수는 있겠지만, 여기서 제시하는 개념 틀은 모든 산업 분야에 적용될 수 있다.

적응 학습 및 코스웨어와 교육데이터마이닝

적응 학습 및 코스웨어, 교육데이터마이닝educational data mining, EDM은 최근 몇 년간 지속적으로 발전해 왔다(Chen, Chiang, & Storey, 2012; Siemens & Baker, 2012). 여기서 적응학습은 종종 개별화/맞춤형 학습, 적응형 코스웨어, 지능형 튜터링 시스템과 동일시되곤 한다. Grubisic(2013)은 최근 관련 문헌들을 분석하고 결과를 제시했다. 그에 따르면, 이러닝과 관련된 적응 학습은 적응에 대한 'WHERE-WHY-WHAT-HOW'와 관련이 있다. 이는 적응형 시스템WHERE, 적응목표WHY, 적응초점WHAT, 적응방법 및 기술HOW에 해당한다. 그는 적응형 이러닝 시스템, 지능형 튜터링 시스템, 코스웨어 생성, 코스웨어 배열, 자동 코스웨어, 동적 코스웨어, 적응형 코스웨어 또는 코스웨어 자동 생성을 다루는 5,924개의 문헌을 탐색했다. 전체 문헌 중 21%는 적응형 이러닝 시스템에 대한 것이었다. 적응형 이러닝 시스템에 대해서는 미시적 적응과 거시적 적응이라는 두 가지 접근 방식이 있다. 먼저 거시적 적응은 실제 교수-학습 활동에 앞서 발생하는데 학생의 인지 역량에 대한 데이터가 수집되고, 이러한 정보는 다시 학습과 관련된 의사결정을 함에 있어서 무엇이 가장 적절한 학습 환경이고 교수 행위인지를 도출한다(Grubisic, 2013).

다음으로 미시적 적응은 교수-학습 과정에서 일어나는 것이다. 이 과정에서 보면, 학습자의 사전 지식 수준에 따라서 학습과 관련된 접근 방법도 다양해진다. 이는 '개별화 학습'personalized learning으로 이해되고 있다. Garrido와 Onaindia(2013)에 따르면, 앞으로 이러닝이 당면한 도전적 상황은 적절한 학습 목표의 선택, 여러 학습 목표 간 관계 정의, 학생의 교육 수요, 목표 및 배경에 부응하는 학습 순서의 제공 등이 포함된다. 이와 관련해서 그들은 인공지능을 활용해서 개별화 학습을 하기 위한 학습 목표 조합 기법을 발전시켰다. 그들은 개별화 학습 코스를 만들기 위해 메타데이터 레이블링과 인공지능 기반 기획 및 스케줄링 매핑 기법을 활용했다.

우리가 관심을 두는 교육데이터마이닝은 적응 학습과 깊은 관련이 있다. 이는 학업 성과를 높이기 위해서 학생들의 학습 패턴이 학업 성과와 어떠한 관계를 가지는지를 밝히는 데 초점을 둔다(Romero, Ventura, Pechenizkiy, & Baker, 2011). 예를 들어 메릴랜드대학교 학부대학과 크리스거 재단Kresge Foundation은 데이터마이닝 기법을 활용해서 첫째 또는 둘째 학기에 다른 대학으로 편입을 시도할 가능성이 높은 학생을 찾아내고 그들이 메릴랜드대학교에서 졸업할 수 있도록 돕는 서비스를 만들어 활용하고 있다. 이와 관련해서 Pena-Ayala(2013)는 2010년부터 2013년 1/4분기까지 출판된 교육데이터마이닝 관련 논문을 분석해서 최근 동향을 살펴보았다.

학습과 관련해서 이루어지는 기술적 또는 처방적 접근도 교육데이터마이닝과 관련이 있다. 미래 추세를 생각해보면, 앞으로 교육데이터마이닝 모듈은 교육 시스템 설계와 연계될 가능성이 크다. 또한 데이터 기반 의사결정이 지속적으로 발전할 것으로 전망되고, 이는 교육 환경에서 빅데이터와 학습분석이 더욱 중요해짐을 보여준다. 마지막으로 기술적인 관점에서 볼 때, 교육데이터마이닝은 사회연결망의 발전, 웹과 텍스트 마이닝, 가상 3D 환경, 공간 마이닝, 시맨틱semantic 마이닝, 협동학습, 빅데이터 설계와 관련된 기술의 발전에 힘입어 더욱 발전할 것으로 생각된다(Pena-Ayala, 2013).

데이터마이닝 및 통합 사례 : 편입생의 성공을 위한 커뮤니티 칼리지와 일반대학 파트너십 프로젝트

메릴랜드대학교 학부대학은 세계적으로 9만 명이 넘는 학생이 등록하는 온라인 교육기관이다. 프린스 조지 커뮤니티 칼리지는 메릴랜드대학교 학업지원센터로부터 약 3km 거리에 위치한 대학이다. 3만 7,000명 정도의 학생들이 이곳에서 다른 대학으로 편입을 한다. 몽고메리대학교는 메릴랜드대학교 학부대학에서 160km 정도 떨어진 곳에 있으며, 3만 5,000명 이상의 학생이 등록하고 있다.

세 대학은 학생들의 성공적인 대학 생활을 지원하기 위한 데이터 기반 의사결정 체제를 구축하기로 하고, 우선 통합 데이터베이스를 만들었다. 특히 프로젝트의 대상은 커뮤니티 칼리지에 등록했다가 메릴랜드대학교로 편입한 직장인 학생들이다. 메릴랜드대학교는 이 프로젝트를 위해 크리스거 재단으로부터 3년간 120만 달러를 지원받았고, 교육 데이터 마이닝을 수행하여 학생 성공과 관련된 여러 변인 간 관계를 탐색할 수 있었다.

이를 위해 수행했던 연구 프로젝트는 구체적으로 다음과 같다.

- 커뮤니티 칼리지 등 협력 파트너들과 통합 데이터베이스 구축
- 데이터마이닝 기술을 활용한 학생 성공 및 실패 요인 분석
- 통계 분석과 데이터마이닝 결과를 활용한 학생 성공 예측 모델 수립
- 대학에서의 의사결정을 위한 학생 프로파일 및 실천 모델 수립
- 재학률과 졸업률에 영향을 미치는 요인 추적 및 도출

구체적으로 대학 간 데이터 공유를 통해서 만들어진 통합 데이터베이스에는 프린스 조지 커뮤니티 칼리지에서 메릴랜드대학교 학부대학으로 편입한 1만 1,000명의 학생과 몽고메리대학교에서 편입한 1만 명의 학생에 대한 정보가 포함되어 있다. 이러한 통합 데이터베이스를 만들기 위한 작업으로 대학 간 데이터 교환 체제가 다음과 같이 구축되었다.

- 우선 데이터 공유와 개별 학생 데이터의 보호에 대한 MOU가 체결되었다. 크리스거 재단과 메릴랜드대학교 학부대학이 지원하는 4명의 연구자 외에는 데이터에 대한 접속이 제한된다.
- 메릴랜드대학교 학부대학으로 편입한 학생들이 남긴 코스 정보에 대해서는 보안 절차를 밟아서 커뮤니티 칼리지로부터 공급받는다.
- 이렇게 모인 데이터는 오라클 엑사데이터Oracle Exadata가 있는 메릴랜드대학교 학부대학 데이터베이스에 저장된다.
- 통합 데이터베이스에는 학생의 인구학적 배경, 수강 코스, 온라인 수업 활동 등과 관련된 수백만 개의 기록물이 포함된다.

〈그림 2.2〉, 〈그림 2.3〉, 〈그림 2.4〉는 교육데이터마이닝 애플리케이션으로 데이터 교류

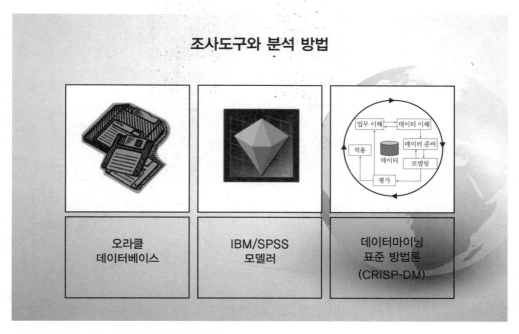

그림 2.2 교육데이터마이닝 도구 및 분석 방법

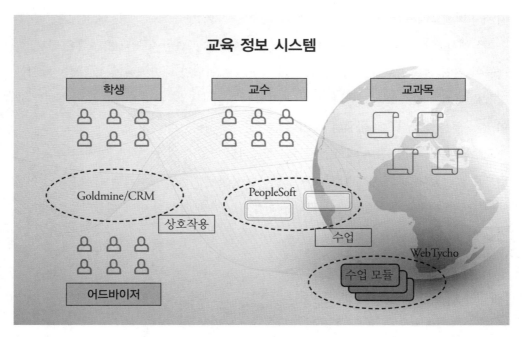

그림 2.3 교육 데이터 관련 정보 시스템(참고 : WebTycho는 저자가 소속된 기관의 학습관리시스템이다.)

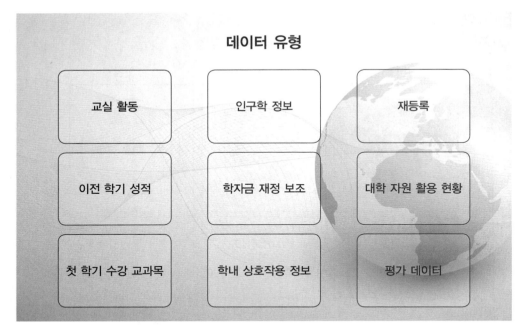

데이터 유형

교실 활동	인구학 정보	재등록
이전 학기 성적	학자금 재정 보조	대학 자원 활용 현황
첫 학기 수강 교과목	학내 상호작용 정보	평가 데이터

그림 2.4 교육데이터마이닝에 사용되는 주요 데이터

와 데이터세트에서 어떤 도구들이 사용되었는지를 보여준다.

이상에서와 같이 데이터마이닝 애플리케이션을 통해 추출한 데이터를 분석한 결과, 학생들이 편입 전에 보여준 수강 신청 관련 행동들은 편입한 대학에서의 성공적인 생활에 영향을 미치는 것으로 나타났다. 또한 본격적인 수업에 앞서 온라인 수업을 수강하는 것이 본 수업을 성공적으로 마치는 데 기여하는 것으로 나타났다.

교수들의 적극적인 참여 역시 학생들의 성공적인 학업 수행에 영향을 미치는 중요한 요인으로 밝혀졌다. 또한 시비타스Civitas 파일럿 조사를 분석하면 프로그램 시작 후 8일 이내에 메릴랜드대학교 학부대학으로 편입한 학생이 대학 생활을 얼마나 성공적으로 해나갈지를 예측할 수 있었다.

데이터 시각화와 비주얼 애널리틱스

그림 한 장이 천 마디 말보다 가치가 있다는 속담이 있다. 일반 회사의 CEO든 대학 총장이든, 데이터 분석 결과는 가급적 이해하기 쉬운 방식으로 표현되길 원한다. 데이터 시각화는 특히 경영자들이 빅데이터와 분석학을 적용해서 나온 결과를 신속하게 이해할 수 있게 도와준다. 최근 유행하는 태블로Tableau 소프트웨어 같은 경영진용 대시보드는 데이터 시각화 기법의 하나이다.

앞으로 교육 빅데이터와 분석학 영역에서 성장할 분야는 비주얼 애널리틱스visual analytics라고 생각된다. 이와 관련해서 세계적으로 분석학을 주도하는 SAS는 가장 최신 기능을 가진 SAS 비주얼 애널리틱스 소프트웨어를 개발한 바 있다. 〈그림 2.5〉는 학생에 대하여 SAS 비주얼 애널리틱스를 활용해서 분석한 사례를 보여준다. 하지만 독자들은 정적인 그림을 통해서는 파악하기 어려운 상호작용 요소가 잠재하고 있음을 이해할 필요가 있다.

〈그림 2.6〉은 오랫동안 학생의 성적과 학교 급식의 관계를 비교한 학교구 차원의 평가 대시보드를 위해 태블로 소프트웨어를 사용한 사례이다.

지난 수년 동안, 비주얼 애널리틱스 분야에서 많은 연구 주제가 도출되었다. 예를 들어 Thomas와 Cook(2006)은 비주얼 애널리틱스를 실제 상황에서 활용하기 위해 다음 사항이 필요하다고 제안했다.

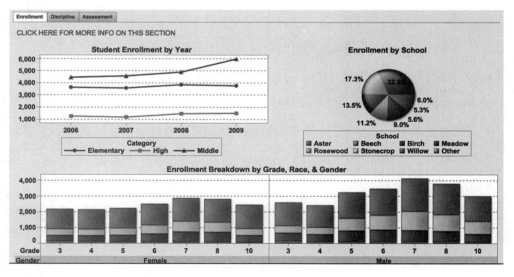

그림 2.5 SAS 비주얼 애널리틱스를 활용한 학생 분석 사례
(http://www.sas.com/software/visualanalytics/demos/k12-student-analysis.html)

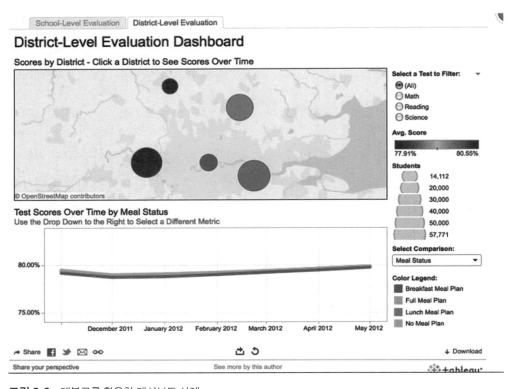

그림 2.6 태블로를 활용한 대시보드 사례
(http://www.tableausoftware.com/solutions/education-analysis)

- 지속적으로 증가하는 여러 형태의 대규모 데이터에 대한 이해
- 시간과 공간 데이터를 분석할 수 있는 개념 틀 제공
- 불확실하고, 불완전하며, 종종 오해를 불러올 수도 있는 정보에 대한 이해
- 구체적인 행동을 지원하면서 전체 상황에 대한 이해를 돕는 사용자 또는 과업 지향의 시각화
- 여러 형태의 정보를 하나로 통합하는 것을 포함한 다차원 데이터의 추출 지원
- 비주얼 애널리틱스 관련 연구 활동을 실질적인 분석으로 전환하기 위해서 R&D 회사가 해야 할 과업
  - 새로운 비주얼 애널리틱스 기술을 평가할 수 있는 인프라 구축
  - 정보 수집 최소화와 익명화 등 개인정보 보호 기술을 포함한 보안 및 정보 보호 인

프라 구축과 활용
- 비주얼 애널리틱스 소프트웨어에 컴포넌트 기반 소프트웨어 개발 방식의 적용
- 비주얼 애널리틱스 기술을 운영 환경에 적용할 수 있는 최적 대안 탐색 및 공개

에듀코즈Educaus와 영국의 KMIKnowledge Media Institute 같은 조직들은 어떻게 하면 교육 환경에서 비주얼 애널리틱스가 발전할 수 있을지를 연구하고 있다. 일례가 에듀 코즈의 '학습분석 이니셔티브'Learning Analytics Initiative인데, 이는 교육 영역에서 비주얼 애널리틱스가 어떻게 활용될 수 있을지를 보여준다(http://simon.buckinghamshum.net/2012/04/educause-learning-analytics-talk/). KMI의 'Catalyst 프로젝트'는 소셜미디어 플랫폼이 가진 기능을 웹기반 주석 도구, 자신이 가진 관심사에 대하여 우선순위를 만들어 추천하는 시스템, 온라인 창의성 유발 도구, 인터랙티브 시각화, 사회연결망과 토론 분석으로 확장하고 있다(http://kmi.open.ac.uk/projects/name/catalyst). 향후 몇 년 내에 데이터 시각화와 비주얼 애널리틱스는 더욱 발전할 것이고, 의사결정자들이 몰입 환경과 인터랙티브 게임 시나리오를 통해서 데이터를 분석할 수 있도록 해줄 것이다.

교육에서 지식 경영

빅데이터와 분석학이 지속적으로 진화하고 발전하면서 우리가 관심을 가지게 되는 다른 분야는 교육에서의 지식 경영이다. 지식 경영이란 조직에서 내적·외적으로 지식을 얼마나 잘 사용하느냐와 관련이 있다(Liebowitz, 2012a, 2012b). 이는 지식의 보유 및 전수와 관련된 이슈이다. 조직은 지식 경영을 통해서 혁신을 증가시킬 수 있고, 기관 차원의 지식 메모리를 구축하고, 이를 통해 적응력과 민첩성을 갖추게 되며, 조직의 내적·외적 효과성을 증대한다.

또 다른 사례는 '교육지식경영연구소'Institute for the Study of Knowledge Management in Education(http://www.iskme.org)와 같은 조직이다. 이 연구소의 주된 목표는 교육 맥락에서 지속적인 학습, 협업, 변화와 관련된 방안들을 계속 창출하는 것이다. 밴더빌트대학교 메디컬 센터의 '지식 경영 인포매틱스 센터'Knowledge Management Informatics Center는 그

들이 수행하는 임상, 연구, 교육 활동을 최적화할 수 있도록 최상의 데이터와 지식을 조직화하는 기술을 제공하고 있다(http://www.mc.vanderbilt.edu/km/). 메릴랜드 노트르담 대학교에서는 새로운 석사 과정으로 지식 경영과 분석학 사이의 시너지 효과를 연구하는 지식 경영 분석knowledge management in Analytics 과정을 신설했다(http://www.ndm.edu/academics/school-of-arts-and-sciences/programs/ms-in-knowledge-management/). 한편 우리는 지식 경영을 이러닝과 접목하려는 다양한 시도를 맞이하고 있다(Liebowitz & Frank, 2010). 심지어 홍콩대학교는 지식 경영과 이러닝Knowledge Management and E-Learning이라는 새로운 학술지를 발간하기도 한다(http://www.kmel-journal.org/ojs/).

　'2014년 호라이즌 보고서'2014 Horizon Report는 고등교육의 단기, 중기 그리고 장기 동향을 잘 보여준다. 이 보고서에는 6개의 고등교육 트렌드가 나오는데, 향후 3~5년 사이에 일어날 변화 트렌드로 '데이터 기반 학습과 평가의 등장'을 제시하고 있다(http://cdn.nmc.org/media/2014-nmc-horizon-report-he-EN-SC.pdf). 여기서 우리는 빅데이터, 분석학, 지식 경영 사이에 시너지 효과가 있음을 알게 된다. 예컨대 세 분야를 함께 활용하면, 대규모 학생 데이터와 다른 데이터베이스의 패턴을 파악해서 학생들의 지식과 역량을 평가하고 '위기(at-risk) 학생'도 발견할 수 있게 된다. 물론 경험 학습experiential learning을 통해 만들어진 '직관 기반 의사결정'(Liebowitz, 2014b) 시스템이 데이터 기반 접근과 균형을 이루며 가야 할 것이다.

소결

앞으로 고등교육에서 빅데이터와 분석학의 적용은 더욱 활발해질 것이다. 적응 학습과 맞춤형 학습, 교육데이터마이닝, 데이터 시각화, 비주얼 애널리틱스, 지식 경영, 블렌디드 이러닝은 교수 및 고등교육 행정가들에게 보다 좋은 정보를 제공하기 위해 많은 역할을 담당할 것이다. 대학의 의사결정자들이 앞으로 다가올 교육적 도전과 기회에 대하여 '합리적 직관'을 쓸 수 있다. 하지만 분석학 기법과 직관을 통합하면 보다 성공을 거두게 될 것이다.

참고문헌

Chen, H. Chiang, R. H. L., & Storey, V. C. (Eds.). (2012, December). Special issue on "business intelligence and analytics: from big data to big impact". *MIS Quarterly*, 36(4).

Garrido, A., & Onaindia, E. (2013). Assembling learning objects for personalized learning: An AI planning perspective. *IEEE Intelligent Systems., 28*, 64–73.

Gorenberg, M. (2014). Investing in analytics: Optimizing the data economy. IEEE Computer.

Grubisic, A. (2013). Adaptive courseware: A literature review. *Journal of Universal Computer Science, 21*(9), 1168–1209.

Jagadish, H., Gehrke, J., Labrinidis, A., Papakonstantinou, Y., Patel, J., Ramakrishnan, R., et al. (2014). Big data and its technical challenges. *Communications of the ACM, 57*(7), 86–94.

Lane, J. (Ed.). (2014). *Building a smarter university: Big data, innovation, and analytics.* Albany, NY: SUNY Press.

Liebowitz, J. (Ed.). (2012a). *Knowledge management handbook: Collaboration and social networking* (2nd ed.). Boca Raton, FL: CRC Press.

Liebowitz, J. (Ed.). (2012b). *Beyond knowledge management: What every leader should know.* New York: Taylor & Francis.

Liebowitz, J. (Ed.). (2013). *Big data and business analytics.* New York: Taylor & Francis.

Liebowitz, J. (Ed.). (2014a). *Business analytics: An introduction.* New York: Taylor & Francis.

Liebowitz, J. (Ed.). (2014b). *Bursting the big data bubble: The case for intuition-based decision making.* New York: Taylor & Francis.

Liebowitz, J. (2014c). "*Editorial: A conceptual framework for business intelligence/analytics*", *submitted to INFORMS Analytics.*

Liebowitz, J., & Frank, M. (Eds.). (2010). *Knowledge management and E-learning.* New York: Taylor & Francis.

Nadasen, D. (2013). "*Data mining and data integration: A community college and university partnership to improve transfer student success*" *summary slides.* Adelphi, MD: University of Maryland University College, Office of Institutional Research.

Pena-Ayala, A. (2013). Educational data mining: A review of recent works and a data mining-based analysis of the state-of-the-art, Expert Systems With Applications: An Int. Journal, Elsevier.

Romero, C., Ventura, S., Pechenizkiy, M., & Baker, R. (Eds.). (2011). *Handbook on educational data mining.* Boca Raton, FL: CRC Press.

Siemens, G., & Baker, R. (2012). Learning analytics and educational data mining: towards communication and collaboration. In *Proceedings of the 2nd Int. Conference on Learning Analytics and Knowledge, Association for Computing Machinery (ACM).*

Thomas, J., & Cook, K. (2006). A visual analytics agenda. *IEEE Computer Graphics and Applications, 26*(1), 10-13.

03

고등교육에서
빅데이터 활용 : 개관

Ben K. Daniel

요 약　세계적으로 대학의 운영 방식과 지배 구조를 혁신하라는 압력이 거세지고 있다. 이러한 압력에는 경제적·사회적·문화적 이슈들이 망라되어 있고, 지역적·국가적·세계적 수준에서 제기되는 요구들을 포함하고 있다. 대학들은 이렇게 제기되는 새로운 요구를 해결할 수 있는 전략을 수립하기 위해 데이터를 분석함으로써 실천 가능한 방안을 찾고 있다. 빅데이터와 분석학은 이처럼 대학이 당면한 현재 문제를 분석하고, 이를 해결할 수 있는 방법과 미래에 나타날 결과를 예측하는 방법으로 잠재력을 가지고 있다. 그러나 고등교육 분야에서 빅데이터는 새롭게 떠오른 분야로서 개념과 기회 및 한계에 대해 충분히 검토되지 않은 상황이다. 이 장에서는 빅데이터 연구와 관련해서 개념적 토대를 제시하고, 고등교육 분야에서 빅데이터가 주는 가치에 대해 기회와 한계를 함께 설명한다.

주제어　빅데이터 / 학습분석 / 고등교육

서론

대학의 운영과 지배 구조를 혁신하라는 압력이 거세지고 있다. 이러한 압력에는 새롭게 떠오르는 경제적, 사회적 그리고 문화적 이슈들이 망라되어 있다. 또한 지역적, 국가적 그리고 세계적 차원에서 제기되는 여러 요구들도 포함하고 있다. 대학들은 이러한 새로운 요구에 부응하는 전략을 수립하기 위해 그들이 가지고 있는 데이터를 분석해서 실천 가능한 방안을 찾는 노력을 하고 있다. 앞으로 고등교육 영역에 큰 영향을 미칠 환경의 변화는 세계화 그리고 이와 관련된 요인들에 의해서 촉발되고 있다. 우선 고등교육에 영향을 미치는 세계화는 신자유주의적 개혁 정책과 관련이 있다. 여기에는 대학생의 증가, 고등교육의 대중화와 시장화, 대학경영 재원의 감축, 민영화 확대, 학생 이동을 포함한 고등교육 국제화와 지역적 통합에 대한 요구가 복합적으로 연계되어 있다.

한편 지난 수십 년 동안 고등교육 분야에서는 교수–학습과 관련된 거의 모든 분야에서 학습 테크놀로지가 발전해 왔다. 이러한 변화는 교수들에게 기대와 흥분을 불러왔지만 우려도 불러일으키고 있다. 예컨대 새로운 테크놀로지가 보급됨에 따라, 교수–학습 분야에서는 파괴적 혁신으로 인식되는 MOOC와 같은 학습 환경이 탄생했다(Rodriguez, 2012; Yuan, Powell, & CETIS, 2013). 이는 교수–학생 비율을 조정해서 교육의 효과성을 높인다는 아이디어에 대해 도전장을 내밀고 있다. 게다가 학습 활동에 유연성을 제공하고 학습 자료에 쉽게 접근할 수 있게 해주는 다양한 모바일, 유비쿼터스 테크놀로지가 도입되고 있다. 따라서 전통적인 강의 중심 교수 활동과 관행적인 학습 성과 평가 방식도 변화의 압력을 받고 있다. 실제로 이러한 학습 테크놀로지의 발전에 부응해서 공개교육자료Open Educational Resources, 비디오, 오디오, 파워포인트 슬라이드 등을 활용하고, 강의식 수업을 개별화된 학습 경험으로 바꾸어주는 거꾸로 교실flipped class과 같은 새로운 교수법이 떠오르고 있다.

지난 수십 년 동안 고등교육 분야에서 데이터 기반 의사결정이 시도되었다. 하지만 이와 관련된 체계적인 연구는 드물었다(Menon, Terkla, & Gibbs, 2014; Terkla, Sharkness, Conoscenti, & Butler, 2014). 한편 다양한 이해 관계자들이 제기하는 책무성에 대한 요구도 증가하고 있다. 따라서 대학은 바람직한 성과를 창출할 수 있는 최적 대안을 찾아서 실행해야 하는 도전을 받고 있다. 제한된 자원으로 보다 많은 성과를 거두라는 환경적 압력이 증가하면서 가용한 데이터를 분석해 최적 대안을 찾고 이를 바탕으로 의사결정을 하고 위험은 최소화해야 하는 상황을 맞이하고 있다.

빅데이터의 개념적 토대

의사결정 이론에 따르면, 실제로 의사결정을 내리기에 앞서 체계적인 조사와 분석이 이루어져야 한다. 특히 당면한 문제가 증가함에 따라서 대학이 어떠한 결정을 내리기 위해서는 보다 많은 데이터를 수집하고 분석하는 것이 필수적이다(Menon et al., 2014). 고등교육 분야에서 이루어지는 의사결정과 관련하여 데이터의 유용성이 심화되는 현상은 소셜미디어, 온라인 저장 공간, 디지털 도서관 등에서 추출되는 데이터의 가용성과 밀접한 관련이 있다(Borgman et al., 2008; Choudhury, Hobbs, & Lorie, 2002; Sin & Muthu, 2015; Xu & Recker, 2012). 또한 기가바이트(1000^3), 엑사바이트(1000^5), 그리고 제타바이트(1000^6)로 이어지는 데이터 규모의 성장, 저장 비용의 감소 그리고 데이터에 대한 손쉬운 접근과 분석을 가능하게 하는 테크놀로지의 활용도 이러한 현상을 심화하는 데 기여하고 있다. Wagner와 Ice(2012)가 제시한 바와 같이, 기술의 진보는 고등교육에서 분석학의 발전을 위한 촉매 역할을 했다. 이에 따라 최근 빅데이터는 고등교육 영역에서 제기되는 도전적 상황과 이슈를 분석하고 이에 대응하기 위한 지배적 패러다임이 되어 가고 있다(Prinsloo, Archer, Barnes, Chetty, & Van Zyl, 2015; West, 2012). 즉 빅데이터는 효과적 의사결정 방법을 도입해서 대학 경영을 혁신하는 동력으로 개념화되고 있다(Kudyba, 2014).

개념적으로 빅데이터는 데이터가 규모, 구조, 속도 면에서 믿을 수 없을 정도로 성장하고 있음을 보여주는 용어이다. Douglas(2001)는 빅데이터로 여겨질 만한 데이터의 특징을 규모Volume, 속도Velocity, 다양성Variety으로 제시했다. 빅데이터 관련 최근 문헌들은 위의 세 가지 핵심 특징에서 출발해 개념을 확장해 나가고 있다. 아래 사항은 빅데이터와 관련된 핵심 특징이다(Daniel, 2015).

- 규모volume : 저장, 처리, 이동, 분석 및 발표가 어려울 정도의 대량 정보를 의미
- 속도velocity : 하나의 조직에서 정보 흐름의 증가율과 관련된 의미
- 진실성veracity : 조직에서 생성되는 데이터의 편향성, 노이즈, 이상치와 관련된 개념. 이는 데이터 수집, 처리, 활용과 관련된 신뢰와 불확실성 문제와도 연계됨
- 다양성variety : 정형 및 비정형 등 다양한 양상으로 제시되는 데이터를 의미

그림 3.1 빅데이터의 핵심 특성

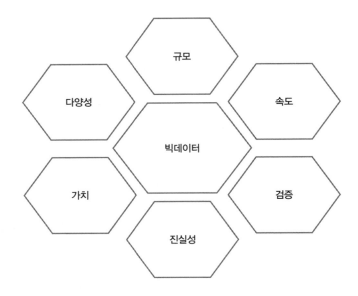

- 검증verification : 데이터 확증corroboration 및 보안security과 관련된 개념
- 가치value : 조직이 유용하게 활용할 수 있는 통찰, 이익 그리고 비즈니스 프로세스를 생성하게 하는 데이터의 역량

〈그림 3.1〉에 제시된 것 외에도 빅데이터의 특성으로 데이터의 정확성을 의미하는 타당도validity, 데이터의 저장기간 및 유효주기와 관련된 휘발성volatility이 있다. 데이터 휘발성은 데이터가 얼마나 오래 저장될 수 있고, 오랫동안 쓰일 수 있을지에 관한 것이다. 이는 보다 적절한 분석을 하는 데 도움이 되는 형태로 데이터를 저장해서 데이터의 가치를 높이고자 하는 경우에 필요한 개념이다.

고등교육에서 빅데이터와 분석학

빅데이터는 가장 급속하게 성장하는 분야다. 이미 건강, 비즈니스, 정부 영역 등 많은 분야에 널리 퍼져 있다. 고등교육에서 빅데이터는 교육데이터마이닝, 학습분석과 같은 분야를 포함한다. 우선 교육데이터마이닝은 교육 데이터에서 일종의 패턴을 찾아내려는 컴퓨팅 기술의 발전에 관심을 둔다. 반면, 학습분석은 어느 특정 학습 환경에서 개별 학생의 특성과 그들의 수행 성과를 이해하는 데 초점을 둔다(Luan, 2002; Romero & Ventura, 2010). 교육 영역에서 다루어지는 빅데이터는 방대한 양의 데이터를 효과적으로 분석해서 보여주려고 할 때 쓰이는 개념이다. 이때 데이터는 물리적이거나 디지털 형태로 존재할 수 있고, 다양한 저장소에 축적되며, 교육기관의 회계장부 기록부터 시험 성적, 동문 기록 까지 다양한 내용과 형태로 존재한다(Sagiroglu & Sinanc, 2013).

고등교육에서 빅데이터와 관련된 기술이 성공적으로 접목되려면, 이를 통해 과업의 수행 성과와 발전의 정도를 평가할 수 있어야 한다. 또한 전공 프로그램, 연구, 교수-학습과 관련된 여러 이슈를 탐색하고 분석하는 데 필요한 데이터가 무엇인지에 대한 이해도 필수적이다(예 : Hrabowski III, Suess, & Fritz, 2011; Picciano, 2012; Siemens & Long, 2011; Siemens, 2011 참조). 이와 관련해서 Daniel과 Butson(2013)은 고등교육 맥락에서 빅데이터가 무엇인지를 개념화하면서 개념적 틀을 크게 네 가지 영역으로 나누어 제시했다. 이는 기관 분석institutional analytics, 정보기술분석information technology analytics, 학습분석learning analytics, 교육관리 분석academic analytics[1]이다.

기관 분석이란 대학 차원에서 개선 방안과 관련된 의사결정에 도움을 주기 위해 분석하는 대학 운영 차원의 데이터와 분석을 다룬다. 여기에는 정책 분석, 교수instruction 분석, 구조 분석 등이 포함된다. 기관 분석의 결과는 파일 형태로 만들어져서 데이터 웨어하우스와 비즈니스 인텔리전스 시스템에 축적된다. 또한 이와 관련된 정보들은 그것이 처리되는 과정에서 데이터 대시보드의 형태로 표현되기도 한다. 기관 분석 결과를 잘 활용하면, 대학의 모든 부서는 제때에 데이터 기반 의사결정을 할 수 있는 역량을 갖출 수 있다. 기관 분석은 다양한 설문 결과, 데이터베이스, 시스템 로그 등에서 생성되는 대규모 데이터세트를 통합해서 활용하고, 대학 행정가들이 전략적인 의사결정을 하는 데 도움을 주는 정보를 제공한다.

정보기술 분석은 기관 차원에서 이루어지는 테크놀로지 서비스의 활용, 데이터 표준 개발, 데이터 분석 도구, 데이터 분석 및 처리 절차, 데이터와 관련된 조직 차원의 시너지 효

---

1. 역자 주 : 교육관리 분석은 교육 분석, 기관 분석으로 번역되기도 하지만 'educational analytics', 'institutional analytics' 와 구별 짓기 위해 정윤혁(2015)의 용어를 채택했다[참고문헌 : 정윤혁(2015). 빅데이터와 교육분석. EBS 미디어와 교육, 5(1), 44-49.]

과, 대학의 정책과 관련된 데이터 활용 문제 등을 다룬다. 이러한 정보기술 분석을 위해서는 대학에서 이루어지는 테크놀로지 서비스의 활용을 전체적으로 바라볼 수 있어야 한다. 이를 위해서는 학생 정보, 학습관리 시스템, 동문정보 시스템 등 다양한 정보 시스템에서 만들어지는 데이터를 통합하는 데 관심을 가질 필요가 있다.

교육관리 분석은 대학의 프로그램 차원에서 이루어지는 분석을 말한다. 여기에는 기관 단위 행정 활동, 자원 배분, 프로그램 운영에 영향을 미치는 제반 활동에 대한 분석이 포함된다(Tulasi, 2013). 교육관리 분석은 어느 프로그램에서 어떠한 일들이 일어나고 있는지, 해당 프로그램 단위에서 문제 상황을 어떻게 해결하는지 등에 대한 정보를 제공한다. 교육관리 분석 결과는 학생의 유지, 감소 및 조기경보 시스템과 관련된 문제를 다루는 데도 활용된다(예 : Charlton, Mavrikis, & Katsifli, 2013; West, 2012 참조). 이에 대한 최근 사례로는 조기 발견 시스템early detection system이 있다(Dawson, Bakharia, & Heathcote, 2010; Siemens, 2013). 교수들은 이러한 조기 발견 시스템에서 산출되는 정보를 활용해 학생과 그들의 학습 환경을 분석하게 되고, 여기에 문제가 있을 경우 맞춤형 개입을 할 수 있게 된다.

마지막으로 학습분석은 학생에게 일어나는 학습과 학습 환경을 이해하고 최적화하기 위한 것이다. 학습자와 그들이 처한 환경 맥락에 대한 데이터의 측정, 수집, 분석 및 보고와 관련된 이슈들을 다룬다(Siemens & Long, 2011). 학습분석은 대학 차원의 교수-학습에 대해서 이루어지고, 학습자가 성공적인 학습을 할 수 있도록 돕는 데 관심을 둔다(Jones, 2012). 예를 들어 학습분석은 학습관리 시스템에서 일어나는 학습자들의 행동을 이해하고 필요시 개입하는 데 쓰일 수 있다.

블랙보드Blackboard, 무들Moodle과 같은 학습관리 시스템이 광범위하게 도입됨에 따라 대규모 데이터가 계속 생산되고 있다. 학습관리 시스템에는 매일 학생들의 상호작용 데이터, 학생 데이터, 시스템 정보, 학업 정보가 축적된다(Romero et al., 2008). 즉 학습관리 시스템은 학생들의 핵심적인 활동에 대한 기록들을 추적해서 쌓아간다. 학생 데이터에는 학생들이 올리는 포스팅이나 다른 종류의 글쓰기들이 포함되고, 어느 특정 집단에서 나타나는 상호작용이나 과업 수행 과정에서 나타나는 학생들의 선호와 습관을 보여주는 정보를 담고 있다(Friesen, 2013). 이처럼 학습분석을 통해서 생성되는 정보는 학생 행동, 학습 환경, 교수 효과성, 교수 행위가 일어나는 환경 등을 이해하는 데 쓰일 수 있다.

빅데이터와 관련된 기회와 한계

교육 분야에서 빅데이터의 활용은 고등교육 혁신의 방향을 제시하고(Siemens, 2011), 교육 분야의 연구를 더욱 발전시킬 것으로 예상된다. 지난 수년 동안 고등교육 연구자들은 이 분야를 연구함에 있어서 비교적 작은 데이터를 활용하는 데 그쳤다. 이는 데이터를 수집하고, 조직하며, 분석하고 제시하는 수단이 제한적이었기 때문이다. 또한 연구자들은 설문 조사나 인터뷰를 통해 수집된 응답자의 인식에 기반을 둔 데이터를 분석하는 데 주로 의존했고, 분석 결과의 해석과 타당성이 제한적일 수밖에 없었다.

아울러 관행적인 연구 설계를 보면, 연구자들은 데이터의 수집 과정에서 확률 그리고 비확률 표집 방법에 의존해 왔다. 이는 많은 비용을 수반할 뿐만 아니라 분석 결과를 해석하는 데도 제한적일 수밖에 없다(Mayer-Schönberger & Cukier, 2013). 이에 반해 빅데이터 기반 연구는 연구자들이 대규모 데이터를 다룰 수 있도록 하고, 부적절한 표집의 한계를 극복할 수 있게 함으로써 연구 결과의 일반화 가능성과 타당도를 높일 수 있게 한다. 게다가 빅데이터를 활용한 연구는 연구자들이 고비용의 확률 통계 방법에 의존하지 않고서도 모집단에 속한 특정 소집단에 대한 연구를 보다 정확하게 할 수 있는 고급 통계 기법을 적용할 수 있도록 해준다.

빅데이터를 효과적으로 사용하면, 대학들이 기관 차원에서 학생들의 학습 경험을 진작하면서 성과를 높이고, 중도 탈락률은 낮추면서 졸업률은 높일 수 있게 한다(Dringus, 2012). 구체적으로 빅데이터 접근을 하면, 학생들이 학습 환경, 동료 학생, 교수들과 갖는 상호작용 양상을 추적하고 학생과 그들의 활동에 대한 정보를 자동화된 시스템을 활용해서 실시간으로 수집할 수 있게 된다. 또한 어떤 학생 집단이나 소집단이 그들이 속한 학문 단위에서 어떻게 활동하고 있는지를 파악하는 데 도움을 주는 정보도 제공한다. 이러한 정보는 학업적인 도움이 필요한 학생들을 찾아내서 지원하기 위한 토대 시스템이 된다.

이론적으로 볼 때, 빅데이터라는 용어가 주는 의미는 논쟁의 여지가 있다. 많은 연구자들이 여전히 규모, 속도, 다양성이라는 관점에서 빅데이터라는 용어를 제한적으로 이해하고 있을 뿐이다. 위의 특성들이 내포하고 있는 세밀한 특성이 무엇인지에 대해서는 아직까지 충분한 합의가 이루어지지 않고 있다. 어떤 학자들은 데이터의 크기를 빅데이터를

구성하는 결정적인 요인이라 주장하면서 여기에 초점을 맞춘다. 이에 대하여 Yang(2013)
은 빅데이터 개념은 사실상 데이터의 성질 자체와는 관련이 적다고 말한다. 차라리 빅데
이터라는 말에는 다양한 형태의 대규모 데이터를 이전보다 훨씬 빠른 속도로 처리할 수
있는 새로운 기술의 관점이 포함된다고 말한다.

Crawford, Gary와 Miltner(2014)는 빅데이터에 대해 다차원적인 인식의 토대가 없다는
점에서 비판을 가한다. 그들은 빅데이터 사용을 촉진하는 이론을 보다 잘 이해하려면 다
양한 학문 분야의 연구자들이 모여서 사회 현상에 대한 우리의 이해가 빅데이터를 통해서
어떻게 형성되는지를 논의해야 한다고 주장한다.

고등교육 분야에서 빅데이터와 분석학은 새롭게 부각되는 분야이다. 하지만 많은 대학
이 이러한 용어는 물론 이를 효과적으로 활용할 수 있는 조건에 대해서 잘 알지 못한다. 비
록 빅데이터와 분석학을 받아들이는 기관이 점차 증가하고 있지만, 대부분은 탐색적 수준
이고 실험적 단계에 머물러 있다. 만약 데이터 웨어하우징, 보고, 온라인 분석 처리, 비즈
니스 인텔리전스를 다루어본 경험이 있고 빅데이터와 분석학을 활용해서 어떠한 성과를
거두고자 한다면 보다 많은 기술적 요구가 충족되어야 함을 알게 된다. 기관 차원에서 빅
데이터를 구석구석 살펴보는 데이터 과학자data scientists와 데이터 조련사data wranglers가
필요하다는 사실도 금방 깨닫게 될 것이다. 또한 대부분 대학의 경우 부서별 데이터 시스
템이 긴밀하게 연계되지 않아서 다양한 데이터를 통합하고 어떤 의미를 추출해내는 것이
상당히 어려운 상황이다(Daniel & Butson, 2013). 나아가 많은 양의 데이터들이 구조화 또
는 비구조화된 형태(블로그, 트윗, 웹사이트 콘텐츠 등)로 쌓이고 있어서 이러한 데이터들
을 타당화하고 검증하는 것도 문제가 될 것으로 보인다.

고등교육 분야에서 빅데이터 기술을 충분히 활용하려면 데이터 기반 의사결정 문화를
수용하는 것이 필요하다. 개인과 기관 차원의 데이터 공유와 관련해서 조직이나 개인이
가지고 있는 문화적 장벽과 저항도 극복할 필요가 있다. 또한 대학의 모든 수준에서 데이
터 사용과 관련하여 생겨나는 어떠한 의심의 눈초리도 분명하게 정리할 필요가 있다. 따
라서 대학 차원에서 빅데이터와 분석학에 대한 명확한 전략이 요청된다. 여기에는 데이터
거버넌스 구조 확립과 보다 전향적인 데이터 활용 정책이 포함될 것이다(Dringus, 2012;
Dyckhoff, Zielke, Bültmann, Chatti, & Schroeder, 2012; Wagner & Ice, 2012).

다른 하나의 장애 요인이 있다면 기술 문제다. 이는 어떤 빅데이터 플랫폼과 분석학을 선택할 것인가의 문제와 관련된다. 이는 데이터 사용의 용이성, 확장성 그리고 개인정보와 데이터 보안을 지원할 수 있는 역량과도 관련된다. 오늘날 빅데이터와 분석학 영역은 거의 전적으로 기술 전문가들이 주도하는 상황이다. 하지만 그들은 대부분 효과적인 학습 지원에 필요한 교육학적 지식이 부족하다. 이러한 문제는 앞으로 전문 분야로 학습 테크놀로지를 다루는 '데이터 사이언스' 프로그램이 만들어지면 해결될 수 있을 것이다.

교육 데이터의 수집은 데이터 소유권, 정보 보호, 보안, 데이터 사용 윤리와 관련된 문제도 제기한다(Jones, 2012; Prinsloo et al., 2015). 미래 예측 모델을 수립하는 단계에서는 학생 데이터를 활용하는 문제와 관련된 책무성 이슈도 있다. Eynon(2013)에 따르면, 우리가 교육적 상황에서 학생 문제에 대하여 보다 많이 알게 될수록 학습 지원과 관련된 의사결정이 보다 복잡해질 수 있다. 예컨대 어떤 학생이 중도 탈락할 것 같다는 점을 알게 되었을 때, 무엇을 해야 할지를 결정하는 것은 꽤 어려운 문제가 된다.

나아가 빅데이터를 활용하는 연구는 대체로 상관관계 모델이나 예측 분석에 제한될 것이다. 다시 말해 연구자들은 데이터마이닝 기술을 통해서 데이터의 바다ocean of data를 항해하게 되겠지만, '왜'보다는 '무엇'에 대한 질문에 답을 하게 된다. 주지하다시피 교육 연구는 종종 학습과 관련된 문제를 다룬다. '무엇'에 해당하는 질문이 있겠지만, 데이터 마이닝 기술로는 교육 성과를 이끌어내는 데 필요한 제언을 만들어내기 어렵다. 또한 빅데이터의 활용은 본질적으로 데이터의 수집, 분석, 보고와 관련해서 '보이지 않는 편향성'을 갖는다. 경험 같은 다른 증거가 없는 상태에서 오직 빅데이터 분석 결과에만 의지하는 것은 잘못된 판단으로 유도할 가능성이 있다. 또한 이는 대학에서 어떤 개인이나 소집단에게 불리한 영향을 미칠 수도 있기 때문에 유의해야 한다.

결론 및 후속 연구

많은 대학에서 데이터 기반 의사결정은 핵심 전략이 될 것이다. 빅데이터와 분석학은 의사결정을 지원하는 행동 차원의 통찰을 이끌어내는 데이터의 수집, 처리, 분석, 제시 및 활용에 필요한 기술을 제공하고, 이를 통해 대학의 경영 혁신을 도모한다.

고등교육 맥락에서 빅데이터와 분석학을 활용하는 핵심 동인은 직관이나 경험보다 데이터와 실증적인 증거에 따라 행동하고 결정하라는 압력이 증가하는 것과 무관하지 않다. 또한 다른 요인이 있다면, 이는 대학의 책무성 제고와 관련된 이해 관계자의 요구가 증가하는 것이다. 왜냐하면 내부 또는 외부 규정에 따라 보고서를 만들어야 하는 상황에서 데이터를 수집해야 하고, 이는 빅데이터와 분석학의 활용을 촉진하기 때문이다. 또한 학생, 교수, 직원들이 다양한 정보 기술을 활용하면, 유용한 정보가 추출될 수 있는 방대한 데이터가 생성된다. 고등교육 차원에서 소셜미디어와 관계된 비정형 데이터와 이러한 데이터(Sagiroglu & Sinanc, 2013)를 수집해서 처리하는 과정에서 생기는 가치도 빅데이터와 분석학이 필요한 다른 이유이기도 하다.

데이터의 저장과 정보기술 서비스의 아웃소싱을 위한 비즈니스가 등장하고 비용도 낮아질 것이다. 예컨대 클라우드 컴퓨팅 기술의 등장과 관련해서, 이는 정보기술 서비스의 활용을 촉진하는 효과를 갖는다. 지난 10여 년 동안, 대학들은 서비스 소프트웨어software as services, 플랫폼 서비스platform as services를 사용하기 위한 아웃소싱을 늘려 왔고, 앞으로 빅데이터 서비스big data as a services[2]도 늘어날 전망이다.

앞으로 빅데이터와 분석학은 고등교육 영역에서 주류가 될 것이다. 따라서 이러한 기술이 제공하는 부가가치를 이해하고 이를 측정하며, 기술의 적용, 정보 보호, 데이터 거버넌스와 관련된 문제들을 다루는 연구는 어느 때보다 활발해질 것이다. 관련 연구들이 진행되고 있지만, 교육학 영역에서 빅데이터 기술에 대한 이해의 폭과 깊이를 탐구하는 이론적 탐색과 실증적인 연구가 필요한 시점이다.

참고문헌

Ali, L., Adasi, M., Gasevic, D., Jovanovic, J., & Hatala, M. (2013). Factors influencing beliefs for adoption of a learning analytics tool: An empirical Study. *Computers & Education, 62,* 130–148.

Baer, L., & Campbell, J. (2011). *Game changers*. Louisville, CO: EDUCAUSE.

Base, A. (2013, March/April). Five pillars of prescriptive analytics success. *Analytics*, 8–12. http://www.

2. 역자 주 : 빅데이터 서비스(BDaaS)란 외부의 서비스 업체가 분석 도구 또는 분석 결과를 제공하는 것을 말한다.

analytics-magazine.org/

Borgman, C. L., Abelson, H., Dirks, L., Johnson, R., Koedinger, K. R., Linn, M. C., et al. (2008). *Fostering learning in the networked world: The Cyberlearning opportunity and challenge. A 21st century agenda for the National Science Foundation* (Report of the NSF Task Force on Cyberlearning. Office of Cyberinfrastructure and Directorate for Education and Human Resources). National Science Foundation. Retrieved July 12, 2015 from http://www.nsf.gov/ publications/pub_summ.jsp?ods_key=nsf08204

Charlton, P., Mavrikis, M., & Katsifli, D. (2013). The potential of learning analytics and big data. *Ariadne, 71.*

Chen, M., Mao, S., & Liu, Y. (2014). Big data: A survey. *Mobile Networks and Applications, 19*(2), 171-209.

Choudhury, S., Hobbs, B., & Lorie, M. (2002). A framework for evaluating digital library services. *D-Lib Magazine*, 8. Retrieved July 12, 2014 from http://www.dlib.org/dlib/july02/ choudhury/07choudhury.html

Crawford, K., Gray, M. L., & Miltner, K. (2014). Big Data| critiquing Big Data: Politics, ethics, epistemology special section introduction. *International Journal of Communication, 8*, 10.

Daniel, B. (2015). Big Data and analytics in higher education: Opportunities and challenges. *British Journal of Educational Technology, 46*(5), 904-920.

Daniel, B. K., & Butson, R. (2013). Technology Enhanced Analytics (TEA) in Higher Education. *Proceedings of the International Conference on Educational Technologies* (pp. 89-96.), 29 Novemebr-1 December, 2013, Kuala Lumpur, Malaysia.

Dawson, S., Bakharia, A., & Heathcote, E. (2010, May). SNAPP: Realising the affordances of real-time SNA within networked learning environments. *In Proceedings of the 7th International Conference on Networked Learning* (pp. 125-133). Denmark, Aalborg.

Dean, J., & Ghemawat, S. (2010). MapReduce: A flexible data processing tool. *Communications of the ACM, 53*(1), 72-77.

Douglas, L (2001). *3D data management: Controlling data volume, velocity and variety* (Gartner Report). Retrieved October 24, 2015 from http://blogs.gartner.com/doug-laney/files/2012/01/ ad949-3D-Data-Management-Controlling-Data-Volume-Velocity-and-Variety.pdf.

Dringus, L. (2012). Learning analytics considered harmful. *Journal of Asynchronous Learning Networks, 16*(3), 87-100.

Dyckhoff, A. L., Zielke, D., Bültmann, M., Chatti, M. A., & Schroeder, U. (2012). Design and implementation of a learning analytics toolkit for teachers. *Educational Technology & Society, 15*(3), 58-76.

EDUCAUSE (2011). Learning initiative, "7 things you should know about first-generation learning analytics." December 2011. Retrieved October 24, 2015 from http://www.deloitte.com/ assets/ DcomIreland/Local%20Assets/Documents/Public%20sector/IE_PS_making%20 the%20grade_

IRL_0411_WEB.pdf.

Eynon, R. (2013). The rise of big data: What does it mean for education, technology, and media research? *Learning, Media and Technology, 38*(3), 237–240.

Friesen, N. (2013). Learning analytics: Readiness and rewards. *Canadian Journal of Learning Technology, 39*(4). Retrieved from http://www.cjlt.ca/index.php/cjlt/article/view/774.

Hilbert, M. (2013, January 15). Big Data for development: From information- to knowledge societies. Available at SSRN: http://ssrn.com/abstract=2205145 or http://dx.doi.org/10.2139/ ssrn.2205145.

Hrabowski, III, F.A., Suess, J., & Fritz, J. (2011, September/October). Assessment and analytics in institutional transformation. *EDUCAUSE Review, 46*(5). Retrieved October 24, 2015 from http://www. educause.edu/ero/article/assessment-and-analytics-institutional-transformation.

IBM What is Big Data?—Bringing Big Data to the enterprise. Retrieved from https://www-01. ibm.com/

Jones, S. (2012). Technology review: The possibilities of learning analytics to improve learner-centered decision-making. *Community College Enterprise, 18*(1), 89–92.

Kudyba, S. (2014). *Big Data, mining, and analytics: Components of strategic decision making.* New York: CRC Press.

Luan, J. (2002). Data mining and its applications in higher education. In A. Serban & J. Luan (Eds.), *Knowledge management: Building a competitive advantage in higher education* (pp. 17–36). San Francisco, CA: Josey-Bass.

Macfadyen, L. P., & Dawson, S. (2010). Mining LMS data to develop an "early warning system" for educators: A proof of concept. *Computers & Education, 54,* 588–599.

Macfadyen, L. P., & Dawson, S. (2012). Numbers are not enough. Why e-learning analytics failed to inform an institutional strategic plan. *Educational Technology & Society, 15*(3), 149–163.

Manyika, J., Chui, M., Brown, B., Bughin, J., Dobbs, R., Roxburgh, C., et al. (2011). *Big Data: The next frontier for innovation, competition, and productivity.* McKinsey Global Institute. Retrieved July 14, 2014 from http://www.mckinsey.com/Insights/MGI/Research/Technology_ and_Innovation/Big_data_The_ next_frontier_for_innovation.

Mayer, M. (2009). The physics of Big Data. Retrieved October 24, 2015 from http://www.parc. com/ event/936/innovation-atgoogle.html.

Mayer-Schönberger, V., & Cukier, K. (2013). *Big data: A revolution that will transform how we live, work, and think.* Boston, MA: Houghton Mifflin Harcourt.

Menon, M. E., Terkla, D. G., & Gibbs, P. (Eds.). (2014). *Using data to improve higher education: Research, policy and practice.* London: Springer.

Picciano, A. G. (2012). The evolution of Big Data and learning analytics in American higher education. *Journal of Asynchronous Learning Networks, 16*(3), 9–20.

Prinsloo, P., Archer, E., Barnes, G., Chetty, Y., & Van Zyl, D. (2015). Big (ger) data as better data in open distance learning. *The International Review of Research in Open and Distributed Learning, 16*(1).

Rodriguez, C. O. (2012). MOOCs and the AI-Stanford Like courses: Two successful and distinct course formats for massive open online courses. *Education XPress, 2012*(7), 1–1.

Romero, C. R., & Ventura, S. (2010). Educational data mining: A review of the state of the art. *IEEE Transactions on Systems, Man, and Cybernetics Part C: Applications and Reviews, 40*(6), 601–618.

Romero, C., Ventura, S., & García, E. (2008). Data mining in course management systems: Moodle case study and tutorial. *Computers & Education, 51*(1), 368–384.

Sagiroglu, S., & Sinanc, D. (2013, May). *Big data: A review. In Collaboration Technologies and Systems* (CTS), 2013 International Conference on (pp. 42–47). IEEE. Date: 20–24 May 2013.

Schleicher, A. (2013). Big Data and PISA. Retrieved October 24, 2015 from http://oecdeducationtoday. blogspot.co.nz/2013/07/big-data-and-pisa.html?m=1.

Schroeck, M., Shockley, R., Smart, J., Romero-Morales, D., & Tufano, P. (2012). *Analytics: The real-world use of Big Data. How innovative enterprises extract value from uncertain data* (Research report: IBM Institute for business value). Retrieved July 12, 2014 from http://www.ibm.com/smarterplanet/global/files/se__sv_ se__intelligence__Analytics_-_The_real-world_use_of_big_data.pdf.

Siemens, G. (2011, July). How data and analytics can improve education. Retrieved August 8 from http:// radar.oreilly.com/2011/07/education-data-analytics-learning.html.

Siemens, G. (2013). Learning analytics: The emergence of a discipline. *American Behavioral Scientist, 57*(10), 1380–1400. doi:10.1177/0002764213498851.

Siemens, G., & Long, P. (2011). Penetrating the Fog: Analytics in learning and education. *EDUCAUSE Review, 46*(5), 30.

Sin, K., & Muthu, L. (2015). Application of Big Data in education data mining and learning analytics. A literature review. Retrieved August 22, 2015 from http://ictactjournals.in/paper/IJSC_ Paper_6_ pp_1035_1049.pdf.

Terkla, D. G., Sharkness, J., Conoscenti, L. M., & Butler, C. (2014). Using data to inform institutional decision-making at Tufts University. In M. E. Menon, D. G. Terkla, & P. Gibbs (Eds.), *Using data to improve higher education* (pp. 39–63). Rotterdam: Sense Publishers. doi:10.1007/978-94-6209-794-0_4.

Tulasi, B. (2013). Significance of Big Data and analytics in higher education. *International Journal of Computer Applications, 68*(14), 23–25.

U.S. Department of Education, Office of Educational Technology (2012). *Enhancing teaching and learning through educational data mining and learning analytics: An Issue Brief.* Author: Washington, DC.

Wagner, E., & Ice, P. (2012). Data changes everything: Delivering on the promise of learning analytics in higher education. *EDUCAUSE Review, 2012*, 33–42.

West, D. M. (2012). Big data for education: Data mining, data analytics, and web dashboards. *Governance Studies at Brookings*, 1–10.

Xu, B., & Recker, M. (2012). Teaching analytics: A clustering and triangulation study of digital library user data. *Educational Technology & Society, 15*(3), 103–115.

Yang, L. (2013). Big Data analytics: What is the big deal? Retrieved October 24, 201 om http:// knowledge. ckgsb.edu.cn/2013/12/30/technology/big-data-analytics-whats-big-deal/.

Yuan, L., Powell, S., & CETIS, J. (2013). MOOCs and open education: Implications for higher education. Retrieved October 26, 2015 from http://publications.cetis.org.uk/wp-content/uploads/2013/03/ MOOCs-and-Open-Education.pdf.

04

고등교육에서
빅데이터 연구방법론

David C. Gibson, Dirk Ifenthaler

요 약 사회과학, 교육학, 심리학, 인문학 분야에서 주로 사용되는 연구방법론은 여전히 '양적'이거나 '질적' 방법으로 양분되어 있다. 이러한 연구방법론으로는 교육 분야의 차세대 연구자들이 복잡한 사회 현상을 이해하기에 한계를 갖는다. 차세대 연구자는 이러한 주제를 다룰 수 있도록 데이터마이닝, 모델 기반 방법, 머신러닝, 데이터 과학이라는 새로운 방법에 관심을 기울여야 하고, 이를 연구방법론 수업에 포함시킬 필요가 있다. 그러나 최근의 연구방법론 수업을 살펴보면, 대부분은 양적이거나 질적인 전통적 연구방법론에 초점을 두고 있는 상황이다. 이 장에서는 교육 분야 연구방법론과 관련해서 새로운 데이터 과학 분야를 살펴보고, 여기에서 사용되는 계산 집약적인 모델링 방법이 가지는 장점과 한계점을 살펴본다.

주제어 학습분석 / 빅데이터 / 연구방법론 / 머신러닝 / 고등교육 연구 / 계산 모델링[1]

서론

조직과 기업 안팎에서 행정정보, 학사정보, 개인정보가 넘쳐나면서, 방대하면서도 상호 연계된 약결합 시스템[2]에서 양산되는 데이터 가용성이 증가하고 있다. 이러한 상황을 고

---

1. 역자 주 : 계산 모델링(computational modeling)은 어떤 문제를 수학적이고 논리적인 형태로 표현하는 것을 말한다.
2. 역자 주 : 약결합 시스템((loosely coupled system)은 컴퓨터 분야에서 병렬처리를 위한 하드웨어 기술 중 하나이다. 강

려할 때, 인문사회 분야에서도 지식을 발전시키는 데 필수적인 데이터 관리와 분석, 시각화 그리고 해석의 중요성이 점점 부각되고 있다. 여기에서 우리가 집중적으로 살펴볼 두 가지 개념은 과학적 모델링 및 이론 형성과 결부된 복잡성complexity과 점차 진화하는 대규모 동적 데이터large amounts of dynamic evolving data에 관한 것이다. 많은 분야에서 연구자들이 사용하는 현재의 도구들과 프로세스들은 복잡성과 빅데이터를 처리하는 데 부적절한 면이 있다. 따라서 우리는 고등교육 분야의 연구방법론 수업에서 다루어야 하는 하나의 새로운 개념적 기초를 제안하고자 한다.

복잡성이란 모든 분야에서 연구되고 있는 현상이다. 이는 많은 요소와 부분들이 중첩되어 있으면서 다양한 방법으로 상호 연계되어 있어 때로는 복잡다단하게 보인다. 복잡성이라는 현상은 종종 다른 시스템에 위치하거나 자체 시스템 내에 하위 시스템이 포함되어 수많은 관계가 형성되는 것을 의미한다. 여기서 복잡한 것만큼 중요한 것이 복잡계와 이들을 둘러싼 환경이 긴밀하게 동적으로 진화하고 있다는 것이다. 이러한 동적 진화는 종종 다수의 자기참조적 영향과 함께 이루어져 자연 생태계에서 자기조직화 및 적응 능력 같은 카오스적이면서도 뜻밖의 행동을 이끌어낼 수 있다(Bar-Yam, 1997; Holland, 1995; Liu, Slotine, & Barabási, 2011; Rockler, 1991).

지식 생성에 있어서 동적 데이터가 야기하는 문제는 사회과학자들이 다룰 수 있는 대량의 데이터가 전형적인 데이터베이스 소프트웨어를 사용해서 저장, 관리, 처리하기에 너무 복잡해졌다는 점이다. 데이터의 막대한 양뿐만 아니라 데이터가 실시간으로 축적되기 때문에 제때 의사결정을 할 수 있도록 특정 정보를 분석해서 활용하는 것이 필수적으로 요구된다. 마지막으로 이렇게 방대하면서 빠르게 축적되는 데이터 소스와 속성은 매우 다양하다(Gibson & Webb, 2015; Ifenthaler, Bellin-Mularski, & Mah, 2015). 따라서 모든 인문사회 분야에서 차세대 연구자들은 빅데이터로부터 가치 있는 정보를 밝혀내고 다층 구조로 상호작용하는 복잡한 현상들을 이해해야만 하는 새로운 상황에 직면하고 있다.

그럼에도 사회과학, 교육학, 심리학, 인문학 분야는 세상을 주로 양적이거나 질적인 방

결합(밀결합) 시스템(tightly coupled system)과 약결합(소결합) 시스템으로 분류되는데, '강결합'은 공유-기억장치 시스템(shared-memory system)으로 주기억장치가 모든 프로세서에 의해 공유된다. '약결합'은 분산-기억장치 시스템(distributed-memory system)으로 각 프로세서가 기억장치를 공유하지 않고, 자신의 지역 기억장치(local memory)를 별도로 소유한다. 이는 독립적인 컴퓨터들의 결합 형태이므로, 다중-컴퓨터 시스템(multiple-computer system)으로도 불린다.

법으로 양분되는 연구방법에 여전히 의존하고 있다(Sage 출판사에서 출간된 Creswell의 책 참조). 대부분의 경우, 두 연구방법은 철학적 측면과 조작적 측면에서 서로 단절되어 있으나, 이를 '혼합'하여 연계할 수 있다. 이는 연구를 단순화된 관점으로 이끌게 되어 복잡한 사회 현상에 대한 해석을 방해할 뿐이다. 이 장에서는 새로운 연구방법으로 '제3의 방식'을 제시하고 이것의 주요 특징들을 다룬다. 또한 고등교육 연구에서 교수들의 연구 역량을 제고하고, 연구방법론 수업을 재설계하는 노력도 필요함을 제안한다. 사회과학, 교육학, 인문학, 예술 분야 사례를 집중적으로 살펴보겠지만 다수의 과학 분야에서도 마찬가지로 동일한 논지가 펼쳐지고 있다.

　연구방법이 전통적으로 양분되어 있다는 문제와 이에 대한 20세기 논쟁들(예 : Caporaso, 1995; Onwuegbuzie & Leech, 2005; Rihoux & Grimm, 2006; Shah & Corley, 2006; Tarrow, 2010 참조)이 미처 해결되지 않은 채, 고등교육에서 연구 준비 프로그램도 변화 없이 그대로 남아 있다. 다음은 이를 보여주는 사례이다. 양적 측면에서 연구 준비를 한다면, 영가설의 유의미성을 검증하는 것은 그동안 연구자들이 배웠던 분석 전략이다. 그러나 영가설의 유의미성 검증 방식은 유의미한 효과의 유무(Cumming, 2012)와 모집단의 일부에 대한 선험적 추론을 채택할지 아니면 기각할지(Kachigan, 1991)를 연구 문제로 삼고 있기 때문에 데이터 해석에 한계를 가지고 있다. 박사 논문에서 주로 사용되는 이러한 방법은 데이터가 어떤 방식으로 관련되어 있는지, 어떤 구조를 이루고 있는지, 어떤 구체적인 예측이 가능한지, 변화하는 계열과 일련의 관계 등에 대한 문제들을 해결하지 못한다. 현재, 고등교육 연구와 관련된 수업들은 차세대 연구자들에게 복잡 모델complex model을 이해하고 이론이나 지식 구축에 계산적 사고방식의 이점을 적용하는 데 필요한 적절한 방법이나 도구를 교육하고 있지 않다.

　'계산적 사고방식'computational mindset이란 컴퓨터 프로그래밍을 하거나 방정식을 풀거나 메커니즘 운용 모델을 구축하는 것과 같은 일련의 능력을 적용하는 것과는 구분되는 연구 개념화 능력이다. 이는 20세기 후반 과학적 탐구의 본질을 변형시킨 알고리즘[3]의 역할에 대한 '인식과 소양'을 의미한다(Chaitin, 2003). 차세대 연구자들은 이러한 변화가 연

---

3. 역자 주 : 알고리즘(algorithm) 방식은 완전합리성에 의거하여 정확한 분석과 계산에 의하여 최선의 답을 모색하는 합리적인 연역적 연구방법이다.

구에 주는 새로운 시사점을 이해한 후, 계산 집약적 모델링, 시각화, 탐색적 데이터 분석 방법을 적용해서 양적 및 질적 연구방법을 통합하고 새롭게 힘을 실어주는 '제3의 방식'을 수용할 필요가 있다.

　이에 이 장에서는 고등교육 연구에 필요한 새로운 방법으로 데이터마이닝, 모델기반 방법, 머신러닝, 데이터 과학을 강조한다. 우선 교육 분야 연구자들이 새롭게 직면한 문제에 초점을 둔 학문 분야별 사례를 제시한다. 다음으로 대학 수업에서 다루는 연구방법 현황을 제시하면서 빅데이터 분석과 관련된 지식이 부족함을 논의한다. 이어서 차세대 연구자들이 빅데이터 분석을 할 때 필요한 프레임워크와 핵심 요소들을 제시한다. 마지막으로 기존의 교육 과정에 대안적인 분석 방법을 통합해서 차세대 연구자들이 빅데이터 연구에 보다 동참해야 함을 강조한다.

교육 분야의 차세대 연구자들이 직면한 문제

교육 환경에서 빅데이터가 제공하는 여러 가능성 중 하나는 교수-학습 측면에서 새로운 수준의 증거기반 연구를 가능하게 해준다는 것이다. 이는 다시 교육과정 및 평가를 개별화하고 적응적이게 하는 데 필수적인 학생의 수행과 이들의 학습 궤적 관련된 상세 정보를 얻을 수 있게 한다(Shum & Ferguson, 2011). 학생 성공을 책임지는 대학은 학생 맥락에 대한 데이터 분석data analytics을 토대로 어떠한 새로운 개입과 조치가 필요한지 분석하고 이를 통해 대학 기관의 효과성을 제고할 수 있다. 나아가 기관이 역량을 갖추었다면, 빅데이터의 지속적인 분석을 통해 학습 환경을 설계하는 데 필요한 정보를 도출하고 모든 수준에서 교육 자원을 어떻게 관리할지에 대한 결정사항들을 구성원들에게 알려줄 수 있다(Ifenthaler et al., 2015).

　교육데이터마이닝EDM은 교육 환경에서 서로 다른 위계 수준에 있는 모든 데이터를 분석하는 기법이자 도구이다(Berland, Baker, & Berland, Baker, & Bilkstein, 2014; Romero, Ventura, Pechenizkiy, & Romero, Ventura, Pechenizkiy, & Baker, 2011). 응답 수준, 학습기간 수준, 학생 수준, 교사 수준, 기관 수준처럼 중첩된 위계를 가진 교육 데이터뿐만 아니라 수행 시간, 일련의 행동 순서, 학습 맥락에서 서서히 진행되는 요소들도 교육 상황과 관련된 특징이 있는 데이터라 할 수 있다. EDM은 간학문적이다. 따라서 교수-학습 데이터를 분석하기 위해 머신러닝, 인공지능, 컴퓨터 과학, 전통적인 통계 방법을 적용한다. 학습자와 교강사에게 피드백 루프feedback loop를 제공해서 학습과 성과 향상에 초점을 두었다는 점은 학습분석과 매우 흡사하다(Ferguson, 2012; Ifenthaler, 2015; Long & Siemens, 2011). 하지만 EDM은 데이터에서 새로운 패턴을 모색하고, 교육 시스템의 모든 수준에서 새로운 모델들을 개발하는 데 초점을 둔다. 현재 EDM을 수행하고 있는 현장에서 제시하는 공통의 목적들은 (1) 학업 수행과 학생 성공(신입생 충원율, 재학생 유지율, 직업준비도)을 예측하고, (2) 코스관리 시스템에서 학생들의 학습을 평가한 후 수업 계열을 보다 나은 방향으로 개선하고, (3) 다양한 종류의 적응적이면서 개별화된 지원을 평가하는 데 있다. 또한 EDM은 학생, 영역, 소프트웨어 특징 등을 모델링하는 고급 방법이기도 하다.

EDM에는 예측, 군집화, 관계 마이닝, 인간 판단에 필요한 데이터 추출[4], 모델을 통한 발견 등 다섯 가지 방법이 있다. 우선 '예측' 방법은 온라인 학습 환경에서 학생 행동을 분석해서 이들의 학업 수행에 대한 모델을 만들어낸다. 두 번째로, '군집화'는 유사한 특징을 가진 사용자들에게 취할 행동이나 자원을 추천하기 위해 성향이나 수행 패턴처럼 구체적인 특징에 따라 학생들을 집단으로 구분하는 데 사용된다. 세 번째, '관계 마이닝' 방법은 EDM에서 가장 자주 사용되는데, 교실에서의 활동, 학생의 상호작용이나 수행, 수업 전략과 같은 변인 간 관계를 분석하는 데 활용된다. 네 번째는 인간 판단에 필요한 '데이터 추출' 기법이다. 이것은 연구자들로 하여금 데이터 구조를 빠르게 파악할 수 있게 하는 데이터를 기술하는 데 목적이 있다. 마지막으로 '모델을 통한 발견' 방법은 기존의 모델을 다른 데이터에 적용해본 후에 추가로 분석할 때 이 모델을 하나의 구성요소로 활용하는 방법이다.

따라서 차세대 교육 연구자들은 우선 계산 집약적인computationally intensive 연구에 필요한 분야를 망라하는 일련의 새로운 역량을 갖추고 있어야 한다. 그 예로 빅데이터를 분석하기 위한 데이터 관리 기법이 있는데, 이는 인지적, 정의적, 행동적, 사회적 측면에서 학습이론뿐만 아니라 프로그래밍 언어를 이해하는 사람들로 이루어진 간학문적 팀에서 사용된다.

---

4. 역자 주 : 데이터 추출(data distillation)은 비정형화된 데이터에서 불필요한 데이터를 제거하고 유용한 데이터로 만드는 활동을 말한다.

또한 연구자들은 계산적 사고방식의 기초 원리로 무장할 필요가 있다. 이 원리들은 연구자가 복잡한 연구문제를 해결하고자 계산모델링computational modeling을 할 때 토대가 되는 전문지식으로 휴리스틱[5]이 그 예다.

연구방법론 수업 현황

19세기 이래 교육 연구자 간 논쟁은 **양적 연구**와 **질적 연구**의 차이에 초점을 두었다(Gage, 1989). 그러나 두 연구방법론은 데이터 수집에 있어 서로 다른 방식을 취할 뿐만 아니라 연구 목적과 세상의 현상에 대하여 종종 상반되거나 상충되는 가정을 가지고 있다(Bryman, 1988). 선행 연구들을 심층 분석해보면, 질적-양적, 주관성-객관성, 귀납법-연역법, 해석학-실증주의, 이해-설명, 기술-예측과 같은 이분화된 공통점들이 드러난다(McLaughlin, 1991). 최근에 이르러 양적 연구와 질적 연구의 특징을 혼합한 연구방법이 점점 더 활용되면서, 교육 분야에서 이러한 이분법적 관점들이 서서히 사라지고 있다(Creswell, 2008). 혼합연구는 주로 두 가지 방법을 번갈아 가면서 쓰거나 순서대로 이 방법들을 배치하거나 혹은 다양한 관점을 날줄씨줄 엮듯 교차배치하여 동시에 참조한다. 이 장에서 제시하려는 연구방법은 이론 형성 과정에서 협력자(상호 조력하는 공동창조자) 역할을 하는 계산 자원[6]과의 알고리즘적 통합을 통해 콘텐츠와 프로세스의 질적인 측면을 조작하는 보다 긴밀한 연결이 존재함을 주장하고자 한다. 예를 들어 능동적 시각화 기법 active visualization은 데이터에서 알려져 있는 것을 표현하거나 찾아낸 것을 묘사하는 데 그치지 않고 탐색하여 발견하는 데 사용되면서, 다양한 방식으로 데이터 포인트 간 가능한 관계를 제시하고, 지식을 디스플레이하는 역할 수행에서 한 발 더 나아가 패턴을 찾도록

---

5. 역자 주 : 휴리스틱(heuristics)은 발견법, 어림법, 추단법으로도 불린다. 인간의 '직관'을 반영하는 사고방식으로, 시간이나 자료의 부족, 인지적 자원의 제약, 문제 특성 등의 이유로 답을 도출하기 위한 정확한 절차를 사용하지 않고 경험과 직관에 의존해 그럴듯한 답에 이르게 '어림해보는' 경험적, 귀납적 연구방법이다. 휴리스틱에 입각한 문제 해결 과정은 인간의 계산 능력 범위 내에서 채택 가능한 해결책을 찾는 문제풀이 방법의 발견에 몰두함으로써 알고리즘 방식에 비하여 현실적이고 유연하며 효율적이다.

6. 역자 주 : 계산 자원(computational resources)은 계산복잡도 모델(computational complexity model)에서 사용되는 개념으로 논리학과 앨런 튜링(Alan Turing)이 제시한 '계산 가능성'의 연구 결과에 뿌리를 두고 있다. 모델은 주어진 문제를 풀기 위해 계산 과정에 필요한 자원을 다루는 계산 이론(Theory of Computation)의 일부다. 여기에서 말하는 가장 흔한 계산 자원에는 시간(문제를 풀기 위해 얼마나 많은 단계를 거치게 되는가)과 공간(문제를 풀기 위해 얼마나 많은 메모리를 필요로 하는가)이 있다.

도와준다. 따라서 여기에서 취하고 있는 관점은 알고리즘과 알고리즘 에이전트가 바로 인간의 사고 및 행동과 함께 작동하는 능동적이면서 상호작용적인 지식의 공동생산자라는 점이다.

미래 교육을 위해 연구자들은 연구방법론의 도움을 받으면서 논문프로젝트를 진행하고 있다. 준비의 구체성에 있어서 세계나 대학을 통틀어 차이가 존재하는데, 예를 들면 물리학에서 연구를 준비하는 것과 교육학이나 심리학에서의 그것이 꽤 다르다. 수많은 교재들은 연구방법론 수업에서 사용되기 위해 출판되는데 대부분 고전적인 연구방법에 초점을 두고 있다. 이것은 (1) 연구를 수행하는 과정에서 선형적인 단계를 취하고, (2) 가능한 연구설계의 개수가 제한되어 있으며, (3) 용인된 분석 전략의 수가 한정되어 있다(예 : Bortz & Döring, 1995; Cohen, Manion, & Morrison, 2011; Creswell, 2008; Denzin & Lincoln, 2000).

최근에 와서야 교육 분야의 연구자들은 교육학, 사회학, 심리학과 같은 사회과학 분야와 인지과학, 컴퓨터과학, 인공지능과 같은 과학 분야를 연결 짓기 시작했다. 그러나 고등교육기관에서 연구 준비를 위해 개설되는 대부분의 수업에서 여전히 양적, 질적 혹은 혼합 방법에 초점을 준 전통적인 연구방법을 따르고 있다. 다음 네 가지 사례는 교육 상황에서 빅데이터를 분석하는 데 필요한 대안적인 계산집약형 모델링computationally intensive modeling 방법론이 부재하다는 증거를 제시해주고 있다.

사례 1 : 단기 자격 과정에서 개설된 연구방법 수업

Alexis사는 파트너사들과 컨소시엄을 구성하여 3개월 온라인 과정을 개설했다. 이는 연구자들로 하여금 자신들의 연구 분야에 가장 적합한 방법론을 개발하도록 도와주는 데 목적이 있다. 단기 자격 과정은 네 가지 모듈로 구성되어 있다. 첫 번째 모듈은 연구 유형과 연구 과정을 다루고 있다. 두 번째 모듈은 주로 가설에 기반을 둔 연구(가설 설정, 가설 검증에 필요한 데이터 수집, 분석 및 해석)에 초점을 두고 있다. 세 번째 모듈에서는 가설 검증을 대체할 만한 훨씬 적은 무게감을 가진 대안적인 연구 모델을 탐구해볼 수 있다. 네 번째 모듈은 연구 보고서를 자세하게 작성하는 방법과 주석과 인용을 달 때 필요한 규범들을 다루고 있다(http://www.ccrm.in/syllabus.html).

사례 2 : 교육학 전공에서 개설된 연구방법 수업

독일 프라이부르크대학교 교육학과에 개설된 연구방법 수업은 두 학기(32주) 동안 진행되며, 기술 통계 및 추리 통계를 포함한 양적 분석 전략을 매우 강조하고 있다. 이 수업은 학생들로 하여금 수업 전반에 걸쳐 주도적으로 연구 프로젝트를 수행하는 연구 중심의 학습 방법을 사용하고 있다(Freeman, Collier, Staniforth, & Smith, 2008; Healey, 2005). 교수는 학기 초에 연구 문제(예 : 학교 발전에 대한 교사의 인식)를 제시하고, 학생들로 하여금 약 4명 정도로 소규모 연구 그룹을 구성하게 한다. 학생들은 스스로 심층적인 문헌 연구를 한 후 보다 큰 맥락의 연구 프로젝트 내에서 연구 문제(예 : 학교 발전에 교사의 적극적 참여를 저해하는 요인은 무엇인가?)를 설정해보도록 요청받는다. 그다음 단계에서 학생들은 연구 도구 및 절차를 포함한 연구방법을 설계한다. 연구 프로젝트 상태에 따라서 교수가 연구 도구를 제공해주거나 학생들이 파일럿 도구를 개발하기도 한다. 교수나 수업 조교들이 데이터 수집을 위해 표본을 구성하는 데 도움을 준다. 데이터 분석은 그룹 내에서 이루어지나 모든 프로젝트에 걸쳐 제기되는 이슈들을 보다 폭넓게 이해할 수 있도록 연구 문제와 결과는 수업시간에 다루어진다. 수업의 최종 산출물로 과학적인 논문 작성 지침에 따라 작성된 연구 프로젝트 논문이 나온다(Ifenthaler & Gosper, 2014).

사례 3 : 정보학 전공에서 개설된 연구방법 수업

토론토대학교 정보학과에 개설된 연구방법 수업은 질적 연구방법에 중점을 두고 있다. 첫째, 수업에서 사회 분야의 다양한 연구방법과 고려사항, 그리고 문제점 등에 대한 개략적인 설명이 이루어진다. 둘째, 인간 중심의 주요 연구방법으로 면담, 민족지연구, 설문조사, 자연실험과 같은 내용을 다룬다. 셋째, 디지털 정보(예 : 가상세계, 비디오게임, 온라인 민족지)에 중점을 두면서 텍스트와 기술을 활용한 비판적 분석 시 사용되는 담론 분석, 내용 분석, 디자인 분석, 역사적 사례 연구 등에 대해 다루고 있다. 넷째, 혼합연구방법,

사례연구, 참여연구, 사용자 중심 연구, 소수자들을 대상으로 하는 연구에 대해서도 다루고 있다(http://current.ischool.utoronto.ca/course-descriptions/inf1240h).

사례 4 : 경영교육학 전공에서 개설된 연구방법 수업

호주가톨릭대학교는 호주개방대학교(www.open.edu.au)를 통해 제공되는 13주 분량의 대학원 온라인 수업에서 경영정보시스템에 적용 가능한 질적 및 양적 연구방법과 관련된 개념 및 기법을 다루고 있다. 강의계획서에서는 (1) 연구 유형, (2) 연구 설계, (3) 연구 문제 정의, (4) 문헌 검색 및 고찰, (5) 양적 연구방법 및 도구, (6) 질적 연구방법 및 도구, (7) 표집 및 데이터 수집, (8) 양적 데이터 제시 및 기술, (9) 양적 데이터 추론, (10) 질적 데이터 분석, (11) 통합 연구방법, (12) 연구보고서 작성 등에 대해 다루고 있다(http://www.open.edu.au/courses/business/australian-catholic-university-research-methods-mgmt617-2015).

요약

지금까지 고등교육기관에서 이루어지는 연구방법 수업의 대표적 사례를 살펴보았다. 이 사례는 우리에게 계산과학[7] 방법이 주도하고 있는 최첨단 연구 및 실제로의 전환에 대한 인식의 부재를 여실히 보여주고 있다. 생물학, 화학, 정치학, 모델링, 건축학, 신경과학 등 모든 영역에서 '계산'computational이라는 접두사를 붙인 새로운 분야가 나타나고 있음에도

---

7. 역자 주 : 계산과학(computational science)은 컴퓨터 성능의 향상과 컴퓨터 계산이라는 응용 분야의 확장으로 1980년대부터 등장하여 1990년대 초부터 하나의 독립적 학문 분야로 인식되기 시작한 학제적이고 복합적인 새로운 학문 분야이다. 20세기 중반까지 인류 과학기술의 진보는 이론과 실험의 두 가지 방법에 의하여 발전하여 왔다. 이후에 괄목하게 발전하고 있는 컴퓨터에 의하여 그동안 이론과 실험으로 해결할 수 없었던 복잡한 문제들이 계산(computation)에 의하여 해결되어 가고 있다. 또한 이론과 실험으로 해결할 수 있는 문제들조차도 컴퓨터의 발전이 가속화됨에 따라 계산에 의하여 해결하는 것이 시간과 비용에서 경제적인 경우가 많아지게 되었다. 대량 데이터를 소프트웨어와 연계해 신속 정확하게 정보를 창출하고 활용하는 학문인 데이터 과학 관점에서 보면, 원시데이터를 수집(raw data collected)하고, 이를 정리하고 저장해야 한다. 잘못된 데이터의 경우 정제하는데 여기까지가 계산 과학의 연구영역이다. 이후 탐색적 데이터분석과 모델링은 통계학 및 응용수학의 연구영역이며, 이후 단계에서는 의사결정에 정보를 제공하기 위한 의사소통, 시각화, 보고가 이루어진다. 계산과학의 실제적 적용은 수치해석과 같은 수학적 방법론, 컴퓨터 알고리즘, 정보의 통계적 처리 등에 관한 기본적인 지식에 기초하고 있으며, 초고속 대용량계산, 시뮬레이션(simulation), 모델링(modeling), 시각화(visualization), 데이터분석(data analysis) 등의 계산방법을 필요로 한다. 정리하면, 계산과학은 크게 두 가지 의미를 가지고 있다. 첫 번째, 가장 많이 쓰이는 의미로 컴퓨터를 이용하여 수치해석적으로 얻어지는 과학을 의미한다. 두 번째, 과학 및 공학적 문제의 수학적 모델을 컴퓨터상에서 계산할 때 필요한 제반 이론과 기술(scientific computing)을 의미한다.

불구하고 예술, 인문학, 사회과학 분야에서 기본적으로 사용하고 있는 연구방법들은 대부분 19세기 후반에서 20세기 초반의 인식론에 여전히 뿌리를 두고 있다. 다음 절에서는 현재 사용하고 있는 연구방법이 빅데이터 시대에 부적절한 이유와 함께 복잡계를 이해하는 데 있어서 컴퓨터 과학을 통해 지식뿐만 아니라 연구 실제를 보다 좋게 발전시키기 위해 전통적인 연구방법과 심도 있게 통합하는 제3의 방식에 대해 살펴보고자 한다.

빅데이터 시대에서 차세대 교육 연구자들이 준비해야 할 것

다학제적 연구에서 연구방법론의 새로운 토대는 기존의 양적·질적 방법에서 확장되어 복잡계에 대한 이해를 수반하는데, 여기에 빅데이터를 위한 데이터 관리 및 분석 기법이 요구된다. 고등교육에서 빅데이터는 고도의 상호작용적인 디지털 학습 및 평가가 이루어지는 플랫폼에서 웹사이트, 사용자 행위, 상품에 대한 사용자 추적과 같은 상호작용적 기술, 그리고 레졸루션(사용자 1명당 데이터 레코드)뿐만 아니라 규모의 크기와 복잡성(데이터 소스의 다양성)이 증가되는 프로젝트에서 대규모의 데이터 수집을 통해 활성화되고 있다. 따라서 차세대 연구자들은 빅데이터 분석이라는 빠르게 변화하는 기술 분야에서 자신의 역량을 증명할 수 있어야 하며, 새로운 도구, 알고리즘, 분석 플랫폼을 교육학, 사회과학, 인문학, 경영학, 보건시스템, 리더십, 정책학 등 많은 응용 분야에 다양한 시나리오를 갖고 적용할 수 있어야 한다.

빅데이터 분석에 있어서 회귀모형의 한계

교육학과 다른 사회과학에서 주로 사용되는 분석 방법은 회귀 모델링이나 예측 분석이다 (Kachigan, 1991). 이 절에서는 하나 혹은 여러 개의 준거와 예측변수로 선형회귀를 보여주는 간단한 사례를 살펴보고자 한다. 선형회귀 알고리즘은 빅데이터 분석에 적용되는 데 있어 한계를 가지고 있는데, 이는 알고리즘이 규칙과 데이터의 독립성을 가정하고 있기 때문이다. 구체적으로, 선형회귀가 연구 중인 현상의 적절한 모델로 부합되기 위해서는 데이터의 모집단에 대한 세 가지 가정을 충족해야 하는데, 이는 (1) 독립성(독립변수 X별로 Y의 부분 모집단이 존재한다고 가정한다. Y는 서로 독립적이다), (2) **등분산성**(Y의 부분 모집단의 분산은 모두 같다), (3) **선형성**(Y의 부분 모집단의 평균은 모두 동일 일직선에 존재한다)이다. 그러나 복잡계에서의 데이터는 역동적인 상호의존성을 가지고 있기 때문에 이러한 가정들이 거의 충족되지 못한다. 설상가상으로 이러한 조건들이 종종 언급되지 않은 채 충족되는 것처럼 연구에 기반한 예측을 하면서 연구 결과를 논의하기 위해, 연구 중인 현상이 선형적이고 독립적이며 이상치 및 결측치가 없는 분포로 표현되어 부정확한 모델과 이해를 양산해내고 있다. 20세기 후반에 성숙된 질적 연구방법이 이러한 단점을 인식했으나 컴퓨터 툴킷으로 확장되지 않았다(예 : Guba, 1985; Lincoln, Guba, Lincoln, & Guba, 1985). 컴퓨터 리소스에 의존하거나 활용하지 않는 완전히 새로운 분야의 방법과 전통이 생겨났다고 할 수 있다. 현재 데이터과학 방법의 등장으로 인해 비선형적이면서 복잡한 관계를 발견하고 모델링하므로, 양적 방법과 질적 방법의 양분을 통합하고자 하는 사람들에게 두 세계를 과학적으로 방어할 수 있는 연결점의 가능성을 재도입했다.

예를 들어 데이터에서 비선형적이면서 복잡한 변수관계를 규명하는 데 성공적인 방법 중 하나는 서포트벡터머신support vector machine, SVM을 사용하는 것이다(Cortes & Vapnik, 1995). SVM은 이항 분류기법으로 인공지능 영역에서 지도 학습 모델에 기반을 두고 있다(Drucker, Burges, Kaufman, Smola, & Vapnik, 1997). 기본 SVM은 두 범주 중 어느 하나에 속한 데이터 집합이 주어졌을 때, SVM 알고리즘은 주어진 데이터 집합을 바탕으로 하여 새로운 데이터가 어느 범주에 속할지 판단하는 비확률적 이항 선형 분류 모델을 만든다. 만들어진 분류 모델은 데이터가 매핑된 공간에서 경계로 표현되는데 SVM 알고리즘은 그 중 가장 큰 폭을 가진 경계를 찾는 알고리즘이다. SVM은 선형 분류와 더불어 비선형 분류에서도 사용될 수 있다. 비선형 분류를 하기 위해서 SVM은 커널 트릭[8]을 사용하여 비선형

---

8. 역자 주 : 커널 트릭(kernel trick)은 저차원에서는 선형적으로 구별이 불가능하지만 매핑을 통해 고차원으로 변환시킨 후 선형적으로 구별이 가능하도록 하는 방법이다. 이때 사용하는 함수는 커널 함수(kernel function)로 불린다. SVM은 두 종류의 데이터를 적절하게 나누는 판별방식을 컴퓨터로 학습하여 새로운 데이터에 대한 예측을 수행할 수 있다. 비선형 분류라는 문제에서는 효과적인 성능을 낼 수 없는 한계를 커널(kernel)이라는 함수를 사용한 매핑 방식, 즉 입력 공간(input space)에서는 잘 나누어지기 힘든 비선형 문제를 특징 공간(feature space)이라는 고차원 공간으로 이동시켜 이

비선형문제　　　입력 공간　　　특징 공간

분류를 효율적으로 수행하여, 입력 공간에 있는 데이터를 고차원의 특징 공간에 매핑시킨다. 지금까지 살펴본 예는 기존의 연구방법을 수강한 학생들이 빅데이터와 관련된 연구 문제를 다루려고 할 때 부딪힐 수 있는 한계점들 중 하나를 대안적 분석 방법으로 어떻게 극복할 수 있는지를 보여준다.

빅데이터

빅데이터는 규모volume, 다양성variety, 속도velocity라는 세 가지 측면의 'V'로 종종 설명된다(Romero et al., 2011). 연구 측면에서 규모란 과거의 연구에 비해 '엄청난' 양의 정보를 담고 있는 레코드가 존재함을 의미한다. 또한 다양성과 관련하여, 데이터는 일반적으로 광범위한 소스 네트워크에서 유입되는데, 시간척도[9], 레졸루션, 시멘틱 수준의 변화에 따라 달라진다. 그다음은 속도와 관련된 것으로, 데이터가 거의 실시간으로 생성되기 때문에 적시에 결정을 내리기 위해서 이를 빠르게 분석해야 한다. 따라서 신속한 분석 및 의사결정 과정을 돕기 위해 집계된 정보를 즉석에서 새로운 형태로 필터링, 패턴화, 저장 등이 필요하다(Ifenthaler & Widanapathirana, 2014). 이를 복잡한 적응형 교육 시스템에 비교하자면, 해당 교육 시스템은 많은 수의 가능한 상태 공간들[10]을 가지고 있고(규모), 교육 시스템의 진화에 적극적으로 기여하면서 계속해서 변화하는 외부 환경에 개방적인 시스템과 하위 시스템들을 가지고 있으며(다양성), 가장 빠른 하위 시스템에 의존하는 다양한 시간척도를 가지고 있다(속도).

데이터 과학과 적응적 복잡계는 둘 다 독특한 분야로, 서로 다른 용어와 도구, 실천 분야, 커뮤니티로 발전했으나 두 분야 간에 놀랄 만한 정합(整合)이 이루어지고 있다. 복잡계에 대한 지식은 종종 센서 네트워크에 의해 생성되어 컴퓨터 표상 작업을 통해 변화무

새로운 공간에서 SVM의 선형 판별을 수행함으로써 처음의 입력공간에서 매우 복잡한 비선형 판별 문제를 해결한 것과 같은 효과를 얻는다. 여기에서 특징 공간이란 입력데이터가 그리는 공간을 의미한다.

9. 역자 주 : 시간척도(time scale)는 초, 분, 5분, 10분, 시간, 일(日) 등이 그 예다.

10. 역자 주 : 상태 공간(state-spaces)이란 인지심리학과 인공지능 분야에서 문제 해결을 상태 공간의 탐색으로 보고 있다. 즉 문제 해결은 다양한 문제 '상태'로 구성된 '문제 공간(problem space)'의 탐색으로 설명된다. 여기에서 말하는 상태(state)는 문제의 해결 정도를 나타낸다. 문제 해결자가 처음 당면하는 문제 상황을 초기 상태, 목표로 가고 있는 상황을 중간 상태, 목표를 목표 상태(goal state)라고 한다.

쌓하면서도 최적의 모델을 공급해주기 때문이다. 즉 컴퓨터 기반 모델은 현재 과학 분야 (예 : 천문학, 화학, 생물학, 의학, 물리학, 지속가능한 생태계 모델)의 공통 아키텍처로, 빅데이터의 결과물이면서 창조자이다. 결과적으로, 진화 알고리즘이라는 개념과 통합된 데이터 과학이 경험과학인 응용 수학이 되는 새로운 패러다임이 나타나게 되었다. 패러다임의 이러한 변화는 정치학과 경제학(Beinhocker, 2006; Friedman, 2005; Radzicki, 2003), 철학과 실용(Manning, 1995; Newman, 1996; Putnam, 1992; Tetenbaum, 1998), 과학과 수학(Holland, 1995; Prigogine, 1996), 사학과 사회학(Diamond, 2005; McNeill, 1998; Wicks, 1998) 등 많은 분야에서 연대순으로 기록되고 있다.

연구방법론 수업의 신개념화

모든 분야의 연구방법 수업에서 복잡성과 데이터 과학의 개념들을 신속하게 통합하여 다룰 필요가 있다. 연구를 준비하는 데 있어 그 근본부터 현재의 실천 현장에 이르기까지 재조정을 통해 혁신적이면서 탐색적인 새로운 무대로 옮겨져야 한다. Gibson과 Knezek(2011)이 〈표 4.1〉에서 제시한 복잡계의 핵심 개념들은 연구방법론 수업을 새롭게

표 4.1 연구방법론 수업의 신개념화를 위한 여섯 가지 핵심 개념

복잡계 개념	정의
비선형성	비선형 시스템이란 출력(산출)이 입력(투입)에 직접 비례하지 않는 시스템이다. 즉 비선형 시스템이 일으킨 어떤 반응의 원인은 선형 시스템처럼 특정 자극들의 단순한 총합이 아님을 뜻한다.
피드백 루프	정보는 재순환되기 때문에 복잡계의 현 상태와 과거 상태가 연결되어 있다.
개방성	복잡계는 자신보다 큰 외부 환경으로부터 입력을 받거나 반대로 외부에 출력(물)을 내보내기도 한다.
메모리	복잡계의 현 상태에 미치는 영향들은 복잡계의 향후 상태로 이월된다.
중첩 관계	복잡계를 구성하고 있는 요소들은 그 자체가 복잡계가 될 수 있다.
창발성	전체 복잡계의 속성은 구성요소들의 비선형 중첩 관계에 따라 달라지며, 새로운 수준의 분석과 표현이 필요할 때가 있다.

개념화하는 데 있어 근간을 제공하여, 연구자들의 이해를 도와준다. 이것들은 서로 배타적이지 않지만 새로운 분석 방법의 기반이 되는 일련의 핵심 개념이라 할 수 있다.

이 개념들은 새로운 계산 도구와 표현 도구, 인식론적 도구 및 방법의 활용이 복잡계 지식과 전통적인 질적·양적 방법들을 통해 생성된 지식을 연계하도록 도와줌을 의미한다.

연구자들은 자신들에게 익숙한 특정 도구들과 과정들로 연구를 시작하지만, 필요성이 제기될 때 단계적으로 그 기저 지식에 추가하는 노력을 기울여야 한다. 연구팀 내에 아무도 질적·양적 방법으로 위에서 언급된 문제를 다루는 지식이나 기술을 가지고 있지 않아 보인다면, 그 팀은 그 격차를 메우는 것을 도와줄 수 있도록 훈련된 데이터 과학자를 포함시켜 팀 역량을 확장할 필요가 있다.

교육 분야에서 빅데이터 분석

교육 분야에서 빅데이터 분석을 위한 연구방법론 수업은 연구자들에게 빅데이터용 플랫폼과 분석 도구를 직접 경험해보도록 하고, 데이터 저장, 배포와 처리 방법을 설명하고, 서로 다른 플랫폼에서 분석 알고리즘을 처리하는 가능한 방법들을 소개하고, 빅데이터 분석용 시각화[11] 기법들을 강조할 필요가 있다. 여기에 추가적인 기능으로 인간-컴퓨터 상호작용HCI, 인공지능, 인지적 연결망을 위한 기초로서 대규모의 머신러닝 방법을 포함할 수 있다.

교육 분야에서 빅데이터 분석에 초점을 둔 수업에서 어떤 핵심 주제들을 다루고 있는지 컬럼비아대학교 사례로 살펴보자(http://www.ee.columbia.edu/~cylin/course/bigdata). 수업 도입부에서는 빅데이터 분석, 플랫폼, 데이터 저장, 데이터 처리에 초점을 두고 있으며, 두 번째로 다루는 수업 내용에는 추천, 군집화, 분류[12]와 같은 다양한 빅데이터 알고리

---

11. 역자 주 : 시각화는 데이터 분석 분야에서는 '가시화'라고도 한다. 정보는 셀 수 없이 많은데 어떤 것을 추출해야 할지 모르는 케이스를 위해 직접 눈으로 확인할 수 있는 정보 제공이라는 차원에서 등장했다.

12. 역자 주 : '추천(recommender)' 기능은 사용자의 아이템 선호도를 바탕으로 사용자가 좋아할 것으로 예상되는 아이템을 찾아내는 아마존, 넷플릭스, 페이스북에 활용되고 있다. '군집화(clustering)'는 문서와 같은 객체에서 연관성을 찾아 군집으로 묶어 그룹을 만들어내고, 흥미로운 정보를 가진 그룹을 찾아내 또 다른 정보를 얻을 수 있다. 군집화는 숨겨진 사용자 그룹을 발견하거나 많은 문서를 이해하기 쉽도록 구조화하는 데 사용한다. '분류(classification)'는 이미 분류된 아이템 정보를 기준으로 새로운 아이템을 찾으면서 특정 카테고리에 종속되는지 결정한다. 스팸 메일 필터링 기법, 이미지에서 사람 얼굴이나 문자를 구분하거나 부정행위 적발, 평판 분석, 이탈고객방지 등에서 사용된다.

즘을 소개하고 있고, 마지막에서는 데이터 시각화와 그래프 컴퓨팅의 주요 개념들을 설명하고 있다.

위에 언급된 수업 내용 이외에도 교육에서 빅데이터 분석에 초점을 둔 수업이라면 다음의 요소를 추가할 수 있다.

- 분산 및 클라우드 기반 데이터 관리, 데이터 정제, 데이터 통합
- 메타데이터 활용
- 비정형 데이터[13] 수집 및 추출
- 확률론적 모델링과 예측 모델링
- 패턴 인식
- 데이터마이닝, 텍스트 마이닝, 이미지 마이닝
- 네트워크 분석(사회적 관계, 구조적 의미, 정보 흐름)
- 시멘틱 웹과 온톨로지
- 감성 분석

결론

이 장에서 탐색적 분석과 가설 검증을 통해 지식이 어떻게 드러나게 되는지를 비교해보았다. 두 접근 방법 모두 하나의 모델을 도출해낼 수 있지만, 탐색적 분석은 모델을 만들어내고, 가설 검증은 그 모델을 검증한다는 데 차이가 있다.

여기에서 주장하는 바는 창의적 사고와 외부 검증 간의 균형을 이루자는 것이다. 전 세계적으로 이와 관련된 전문가 집단이 증가하고 있고, 재생산 가능성과 일반화 가능도라는 기준을 충족하는 과학적 검증에 적합하면서 동시에 보다 개방적이고 투명한 연구가 확립

---

13. 역자 주 : 빅데이터는 단순히 많은 양의 데이터라는 차원을 넘어서 기존에 데이터로 취급되었던 정형 데이터(structured data)뿐만 아니라 과거에는 데이터로 취급되지 않았던 비정형 데이터(unstructured data)와 반정형 데이터(semi-structured data)를 모두 망라한 개념이다. 숫자로 되어 있어 연산 가능하면 정형 데이터이며, 형태가 있으나 연산 가능하지 않으면 반정형 데이터에 속한다. 비정형 데이터는 형태도 없고 연산 가능하지도 않은 것으로 보통 텍스트, 영상, 음성 등의 형태로 나타난다.

되기 때문이다.

재생산 가능성이나 일반화 가능도라는 특징을 가진 일부 과학 분야를 비판하는 것이 아니라 이러한 기준이 어떤 부분을 간과하고 있음을 지적하는 것이다. 즉 현재의 연구방법을 주관적이면서 투명하고 공약 불가능한 것으로 대체해야 함을 주장하는 것이 아니라 가급적이면 빨리 지금 연구가 이루어지는 실천 현장에서 새로운 방법과 지식을 허용함으로써 모든 분야의 신세대 과학자들이 빅데이터를 연구하고 분석해보는 데 참여할 수 있게 된다는 것이다.

이것이 가지는 장점은 다음과 같다.

■ 개방형 데이터. 이는 신규 벤치마크 커뮤니티를 형성하는 익명의 데이터세트이다.
■ (블랙박스 데이터 변환이 아닌) 개방형 데이터 변환 과정
■ (완전히 투명하게 데이터가 처리되는) 개방형 알고리즘 및 알고리즘 시퀀스
■ 재생산 가능한 결과. 이는 새로운 형태의 '메타분석'으로 이어질 수 있는데, 여기에서는 공약 가능성 및 효과크기에서의 신뢰 수준에 주안점을 두지 않는다.
■ 일반화 가능한 결과. 이는 과학적 의미에서 실제 모델로 이어질 수 있다.

한계점은 다음과 같다.

■ 주요 교수-학습 정보를 저장하지 못할 수 있다. 이는 계산 방법computational approach에만 국한된 것이 아니라 모든 방법이 그렇다.
■ 개발된 계산 모델이 (특히 비선형 관계를 보이는) 교수-학습을 개선하기 위한 조치로 전환되는 데 어려움이 있다.
■ 모델 내에서 규명된 변수들은 원인변수(인과변수)라기보다 지표라 할 수 있다(예 : 도서관에서 대출한 권수는 지표라 할 수 있다. 원인변수는 독서하는 데 소요된 시간이다. 도서관에서 대출하는 행위 그 자체는 교수-학습을 장려하지 않는다). 이론 없이 분석하게 되면, 지표와 원인변수 간의 차이점을 구별하는 것이 어렵다.

빅데이터 연구는 급성장하고 있는 신규 분야로 호기심, 지식, 기술을 가진 사람들이 팀을 구성하여 계산 방법을 활용해 복잡한 문제를 협력하여 해결하도록 해준다. 해결책을 도출하는 데 수학, 시스템 사고, 교육공학, 심리학, 조직 이론 등의 계산 지식과 학문 지식이 요구된다. 따라서 고등교육에서 빅데이터를 연구하는 차세대 연구자들에게 데이터 과학에 기초한 새로운 연구방법을 준비시켜야 한다.

참고문헌

Bar-Yam, Y. (1997). *Dynamics of complex systems*. Reading, MA: Addison-Wesley.

Beinhocker, E. (2006). *The origin of wealth: Evolution, complexity and the radical remaking of economics*. Boston, MA: Harvard Business School Press.

Berland, M., Baker, R. S., & Bilkstein, P. (2014). Educational data mining and learning analytics: Applications to constructionist research. *Technology, Knowledge and Learning, 19*(1-2), 205–220. doi:10.1007/s10758-014-9223-7.

Bortz, J., & Döring, N. (1995). *Forschungsmethoden und Evaluation*. Berlin: Springer.

Bryman, A. (1988). *Quantity and quality in social research*. London: Unwin Hyman.

Caporaso, J. A. (1995). Research design, falsification, and the qualitative-quantitative divide. *American Political Science Review, 89*(2), 457–460. doi:10.2307/2082441.

Chaitin, G. (2003). *Algorithmic Information Theory Third Printing*. Computer.

Cohen, L., Manion, L., & Morrison, K. (2011). *Research methods in education* (7th ed.). New York: Routledge.

Cortes, C., & Vapnik, V. (1995). Support-vector networks. *Machine Learning, 20*(3), 273–297. doi:10.1007/bf00994018.

Creswell, J. W. (2008). *Educational research. Planning, conducting, and evaluating quantitative and qualitative research*. Upper Saddle River, NJ: Pearson.

Creswell, J. (n.d.). How Sage has shaped research methods: A forty year history.

Cumming, G. (2012). *Understanding the new statistics. Effect sizes, confidence intervals, and meta-analysis*. New York: Taylor & Francis Group.

Denzin, N. K., & Lincoln, Y. S. (2000). *Handbook of qualitative research*. Thousand Oaks: Sage.

Diamond, J. (2005). *Collapse: How societies choose to fail or succeed*. New York: Viking Penguin.

Drucker, H., Burges, C. J. C., Kaufman, L., Smola, A., & Vapnik, V. (1997). Support vector regression machines. In M. C. Mozer, M. I. Jordan, & T. Petsche (Eds.), *Advances in neural information processing systems 9* (pp. 155-161). Cambridge, MA: MIT Press.

Ferguson, R. (2012). Learning analytics: drivers, developments and challenges. *International Journal of Technology Enhanced Learning, 4*(5/6), 304-317. doi:10.1504/IJTEL.2012.051816.

Freeman, J. V., Collier, S., Staniforth, D., & Smith, K. J. (2008). Innovations in curriculum design: A multi-disciplinary approach to teaching statistics to undergraduate medical students. *BMC Medical Education, 8,* 28. doi:10.1186/1472-6920-8-28.

Friedman, T. (2005). *The world is flat: A brief history of the twenty-first century.* New York: Farrar, Straus & Giroux.

Gage, N. L. (1989). The paradigm wars and their aftermath: A "historical" sketch of research on teaching since 1989. *Educational Researcher, 18*(7), 4-10.

Gibson, D., & Knezek, G. (2011). Game changers for teacher education. In P. Mishra & M. Koehler (Eds.), *Proceedings of Society for Information Technology & Teacher Education International Conference 2011* (pp. 929-942). Chesapeake, VA: AACE.

Gibson, D., & Webb, M. (2015). Data science in educational assessment. *Education and Information Technologies, 20*(4), 697-713.

Guba, E. G. (1985). The context of emergent paradigm research. In Y. S. Lincoln (Ed.), *Organizational theory and inquiry* (pp. 79-104). Newbury Park, CA: Sage.

Healey, M. (2005). Linking research and teaching exploring disciplinary spaces and the role of inquiry-based learning. In R. Barnett (Ed.), *Reshaping the university: New relationships between research, scholarship and teaching* (pp. 30-42). Maidenhead, UK: McGraw-Hill International.

Holland, J. (1995). *Hidden order: How adaptation builds complexity.* Cambridge, MA: Perseus Books.

Ifenthaler, D. (2015). Learning analytics. In J. M. Spector (Ed.), *Encyclopedia of educational technology.* Thousand Oaks, CA: Sage.

Ifenthaler, D., Bellin-Mularski, N., & Mah, D.-K. (2015). Internet: Its impact and its potential for learning and instruction. In J. M. Spector (Ed.), *Encyclopedia of educational technology.* Thousand Oaks, CA: Sage.

Ifenthaler, D., & Gosper, M. (2014). Research-based learning: Connecting research and instruction. In M. Gosper & D. Ifenthaler (Eds.), *Curriculum models for the 21st Century. Using learning technologies in higher education* (pp. 73-90). New York: Springer.

Ifenthaler, D., & Widanapathirana, C. (2014). Development and validation of a learning analytics framework: Two case studies using support vector machines. *Technology, Knowledge and Learning, 19*(1-2), 221-240. doi:10.1007/s10758-014-9226-4.

Kachigan, S. K. (1991). *Multivariate statistical analysis: A conceptual introduction.* New York: Radius Press.

Lincoln, Y. S., Guba, E. G., Lincoln, E., & Guba, Y. (1985). *Naturalistic inquiry.* Newbury Park, CA: Sage.

Liu, Y.-Y., Slotine, J.-J., & Barabási, A.-L. (2011). Controllability of complex networks. *Nature, 473*(7346), 167-173. doi:10.1038/nature10011.

Long, P. D., & Siemens, G. (2011). Penetrating the fog: Analytics in learning and education. *EDUCAUSE Review, 46*(5), 31–40.

Manning, P. K. (1995). The challenges of postmodernism. In J. Van Maanen (Ed.), *Representation in ethnography*. Thousand Oaks, CA: Sage.

McLaughlin, E. (1991). Oppositional poverty: The quantitative/qualitative divide and other dichotomies. *Sociological Review, 39*(2), 292–308.

McNeill, W. (1998). History and the scientific worldview. *Hisotry and Theory, 37*(1), 1–13.

Newman, D. V. (1996). Emergence and strange attractors. *Philosophy of Science, 63*(2), 245–261.

Onwuegbuzie, A. J., & Leech, N. L. (2005). Taking the "q" out of research: Teaching research methodology courses without the divide between quantitative and qualitative paradigms. *Quality and Quantity, 39*(3), 267–296. doi:10.1007/s11135-004-1670-0.

Prigogine, I. (1996). *The end of certainty: Time, chaos, and the new laws of nature*.

Putnam, H. (1992). *Renewing philosophy*. Cambridge, MA: Harvard University Press.

Radzicki, M. J. (2003). Mr. Hamilton, Mr. Forrester, and a Foundation for Evolutionary Economics. *Journal of Economic Issues, 37*(1), 133–173.

Rihoux, B., & Grimm, H. (2006). Innovative comparative methods for policy analysis: Beyond the quantitative-qualitative divide. *Innovative Comparative Methods for Policy Analysis: Beyond the Quantitative-Qualitative Divide*. doi:10.1007/0-387-28829-5

Rockler, M. J. (1991). Thinking about chaos: Non-quantitative approaches to teacher education. *Action in Teacher Education, 12*(4), 56–62.

Romero, C., Ventura, S., Pechenizkiy, M., & Baker, R. S. J. D. (Eds.). (2011). *Handbook of educational data mining. Boca Raton*, FL: CRC Press.

Shah, S. K., & Corley, K. G. (2006). Building Better Theory by Bridging the Quantitative−Qualitative Divide. *Journal of Management Studies, 43*(8), 1821–1835. doi:10.1111/j.1467- 6486.2006.00662.x.

Shum, S. B., & Ferguson, R. (2011). *Social learning analytics* (pp. 1–26). Knowledge Media Institute & Institute of Educational Technology. doi:10.1145/2330601.2330616.

Tarrow, S. (2010). Bridging the quantitative-qualitative divide. *Rethinking Social Inquiry* (pp. 101–110). Retrieved from http://books.google.com/books?hl=en&lr=&id=1VQK7EGoh B4C&oi=fnd&pg=PA171 &dq=Bridging+the+Quantitative-+Qualitative+Divide&ots=Z7fT2 VDyFr&sig=Sg2h7poL6RrbxUkVcJ GNwNuFtKs.

Tetenbaum, T. J. (1998). Shifting paradigms: from Newton to chaos. *Organizational Dynamics, 26*(4), 21–32.

Wicks, D. (1998). Organizational structures as recursively constructed systems of agency and constraint: compliance and resistance in the context of structural conditions. *The Canadian Review of Sociology and Anthropology, 35*(3), 369–390.

05

빅데이터 패러다임과
임베디드 디지털 생태계

Shastri L. Nimmagadda, Amit Rudra

요 약 다양한 생태계에서 발생하는 빅데이터 소스와 데이터마이닝은 기업과 연구기관의 연구자들에게 관심을 받고 있다. 이 장에서 저자들은 빅데이터에 대한 높은 관심과 함께 임베디드 생태계에 주목해 왔다. 임베디드 시스템은 대용량이며, 다양하고, 이질적이며, 다차원적 데이터를 포함하고 있다. 그리고 이러한 임베디드 시스템의 소스들은 시스템의 구조화와 접근성, 재현 및 해석을 복잡하게 만든다. 본 연구의 목적은 데이터 웨어하우스 환경에 있는 다양한 생태계의 빅데이터 소스들을 통합하고, 다변량 속성 인스턴스와 크기로 이루어진 데이터를 분석하여 생태계와 생태계에 내재된 연결성에 대한 이해를 향상시키기 위한 것이다. 이 장에서 저자들은 연결성, 효과적인 데이터 통합, 그리고 임베디드 생태계의 마이닝을 위해 도메인 온톨로지를 기술했다. 그리고 인간 생태계에서 질병과 환경 생태계의 영향을 활용하려 시도했다. 임베디드 생태계의 빅데이터 소스들 사이에 감추어진 데이터 패턴, 트렌드, 상관관계는 도메인 지식을 위해 분석되었다. 본 연구에서 추론되는 데이터 구조와 실행 모델은 의료 관리, 복지, 그리고 자원을 예측하고 빅데이터를 수반한 정보시스템을 관리하는 환경에서 일하는 연구자들에게 도움을 줄 수 있다. 강건한 방법론을 통한 임베디드 생태계를 분석함으로써 연구자들은 도메인 연구에서의 새로운 기회와 영역을 보다 쉽게 탐색할 수 있을 것이다.

주제어 빅데이터 패러다임 / 임베디드 디지털 생태계 / 도메인 온톨로지 / 시스템 연결성 / 인간-질병-환경 생태계 / 학습분석과 고등교육

서론

인간을 포함한 생태계, 인간이 살고 있는 환경, 그리고 현존하는 질병은 연계성을 가지고 있다. 이들은 서로 관련되어 있고 영향을 받는다. 예를 들어 환경이 오염되지 않고 깨끗할 때 인간은 더 건강할 것이며, 질병에 걸릴 가능성이 적다. 인간이 환경을 오염시키면 결국 질병에 영향을 미친다. 이처럼 생태계는 근원적으로 연결되어 있다고 할 수 있다. 다시 말하면 생태계는 내재되어embedded 있다. 연구자들은 구조, 모델, 방법론을 활용하여 다양한 생태계 연결을 시도하고 있다. Neuman(2000), Vaishnavi와 Kuechler(2004)는 정보 시스템 개발에서의 구조, 모델, 방법의 구현에 대해 기술했다. 이러한 구조와 모델은 생태계 통합 과정에서의 부가적인 도구들이기도 하다. 인간-질병-환경human-disease-environment 생태계를 연결하고, 이들의 연결성을 축소하기 위하여 다양한 데이터 소스의 빅데이터를 자세히 고찰했다. 저자들은 유전성inheritance과 다형성polymorphism에 동의하며, 각각의 도메인에 존재하는 근원적인 상호연결성을 분석하기 위하여 다양한 생태계 영역을 선택했다(Coronel et al., 2011 ; Vaishnavi & Kuechler, 2004). 이와 같이 검증된 도메인 모델domain model은 우리 연구의 문제 모델problem model을 입증할 것으로 기대된다. 예를 들어 인간-질병-환경을 위하여 생성된 도메인 모델은 여러 다양한 도메인으로부터 상속되며, 공통적인 속성들attribute과 관련된 개체entity[1]나 차원dimension의 연계성을 탐색했다. 도메인 모델은 임베디드 생태계들 사이에 존재하는 문제 도메인의 핵심 개념과 용어들을 나타낸다. 저자들은 모든 인간-질병-환경의 구조적 차원들 간의 관계를 규명하고 이를 기술하고 있는 도메인 모델을 선택했다. 다양한 도메인의 연결이 요구되는 빅데이터 관점은 문제 정의의 맥락에서 이용되었다. 새로운 지식의 해석을 위해 저장된 메타데이터로부터 산출된 여러 가지 플롯plot과 맵뷰map view를 제시했다. 이 장의 말미에 여러 결론과 제언, 그리고 미래 관점을 제시했다.

---

1. 역자 주 : 데이터베이스에서는 엔티티(entity)를 실체 또는 개체라고 표현하며, 표현하려는 유형, 무형의 실체로서 서로 구별되는 독립체를 의미한다. 하나의 개체는 하나 이상의 속성으로 구성되고 각 속성은 그 개체의 특성이나 상태를 설명한다.

도메인에 대한 설명

인간 존재를 통해 임베디드 생태계(Gruber, 2007)에 대하여, 그리고 각각의 생태계와 개별적인 생태계가 또 다른 생태계들에 얼마나 잘 내재되어 있는지에 대하여 이해할 수 있다. 보통 생태계 모델링과 분석에는 관계 데이터 차원(Hoffer et al., 2005; Pratt & Adamski, 2000), 다른 생태계들 차원과의 연관성이 포함되어 있다. 지난 수십 년간 생태계는 지리적 · 시간적으로 다양한 인간, 질병 그리고 생태학적 차원과 속성에 어떻게 영향을 받았는지 인식할 수 있을 만큼 격동의 상황을 겪어 왔다(Kemp, 2004). 임베디드 생태계 모델을 쉽게 이해하고 그 모델을 평가하기 위해서는 빅데이터의 획득, 그리고 처리된 데이터의 해석을 포함한 모델링과 맵핑 프로세스가 필요하다. 다양한 공정 공학 상황하에서, 보다 폭넓은 관점에서 생태학적 시스템을 분석하기 위해서는 생태계의 완전성과 연결성을 이해하는 것이 중요하다(Kemp. 2004). 하지만 모델의 실행과 임베디드 메타데이터를 포함하여 임베디드 생태계의 맵핑은 언제나 어려운 과제이다.

산업화되고 인구가 많은 국가의 환경 생태계는 보통 오염 수준이 높으며, 형편없는 가시성과 불편한 화학 방사선, 하천 시스템에 영향을 미치는 비rain와 같은 문제를 야기한다. 안개와 스모그는 인간 생태계를 오염시키는 매개체들이다(Nimmagadda et al., 2010). 이산화황과 이산화질소의 대기 방출에 따른 산성비는 담수호, 초목, 심지어 인공 구조물에도 영향을 미친다. 인간이 발생시킨 오염원은 공기의 질을 떨어트리고 가시성을 떨어트림으로써 인간 생태계와 질병 생태계에 영향을 미친다. 의도하지 않은 장기적 변화로 인하여 생태계, 천연 자원, 식량과 섬유 제품, 그리고 궁극적으로 경제와 인류 발전에 심각한 위협이 제기되고 있다. 이러한 오염원은 천식, 결핵과 같은 호흡기 질환과 만성적인 전염병을 야기하며 질병 생태계에 심각한 손상을 초래한다(Hadzic & Chang, 2005). 유독성 방사선 역시 환경, 인간, 질병 생태계에 영향을 미친다. 인간 생태계와 환경 생태계에 영향을 미치는 다량의 방사선이 농산물 산업에 누적되고 있다. 현재 공장과 에너지, 화학, 수송 산업에서 만들어진 인공 오염원은 인간, 환경, 질병 시스템과 이러한 시스템들 간의 연결을 무너뜨리는 데 상당한 영향을 미치고 있다.

환경과 질병 생태계는 인구가 많은 산업화된 국가의 인간 생태계에 직접적인 영향을 미치고 있다. 온실 가스의 대기 배출(Nimmagadda & Dreher, 2009)은 인간 생태를 방해하며,

가뭄, 이상 기온, 홍수, 강풍, 대형 폭풍과 같은 기상이변의 발생 빈도를 높이고 있다. 이러한 모든 사태는 자연재해의 원인이 되는 기후 변화와 지구 온난화에 커다란 영향을 미친다. 최근 많은 국가에서의 전쟁은 인간의 삶에 심각한 영향을 미치고 있다. 많은 국가에서 자행되고 있는 대대적인 환경 파괴와 불발탄은 인간의 삶을 치명적이고 위험하게 만들고 있다. 최근 서아프리카에서의 에볼라 바이러스 감염과 사망은 빠른 속도로 인간 생태계에 영향을 미치면서 불안하게 만들고 있다. 이러한 걱정스러운 상황은 도메인 연구자들에게 우수한 사례 연구이며 학습 경험이다. 도메인 전문가들과 연구자들은 이러한 생태계와 관련되어 있는 모든 디지털 데이터를 밝혀내고 문서화하고 있다.

문제와 이슈

인간 생태계는 특히 지난 100년 동안 급속한 인구 증가, 바이러스성·감염성·만성적 질환의 확산, 지구 온난화, 토네이도, 사이클론, 지진과 같은 자연재해의 급격한 증가로 인하여 격동적이고 변덕스러운 시기를 겪어 왔다(Nimmagadda et al., 2008, 2010). 이러한 사태들은 임베디드 생태계의 현상 안에 원인과 결과의 형태로 상호 연결되어 있다고 저자들은 주장한다. 경제적인 어려움과 지정학적 불안정은 인간 생태계에 충격을 주고 있다. 이러한 임베디드 생태계는 이질적이고 다차원적인 데이터를 보유하고 있다. 또 이러한 빅데이터는 체계적이지 아니하거나 비정형화되어 있어, 생태계의 완전성과 공존에 대한 이해를 복잡하게 만든다. 지리적으로 다양하게 분산되어 있는 환경들과 상호작용하는 생태계의 관리를 포함하여 데이터 통합은 복잡하며, 임베디드 시스템에 대하여 주기적으로 이해하는 것은 어려운 일이다. 임베디드 생태계의 분석을 위해 수십 년(시간적 차원) 동안 저장된 다양한 생태계(공간적 차원)와 관련된 역사적 빅데이터는 훌륭한 데이터 소스이다. 일반적으로 역사적인 데이터는 빅데이터를 수반하는 시간 가변성 생태계 모델링과 시대에 따라 변화한다. 통합 데이터베이스 환경에서의 빅데이터 웨어하우스는 매우 필요한 과제이다. 도메인 전문가와 연구자들이 유전성과 연결성을 탐색하고 개발할 수 있도록 생태계 메타데이터 웨어하우스에 대한 효과적인 마이닝과 시각화 스키마가 필요하다.

  시대적 차이에 따른 임베디드 생태계의 이해도 중요한 문제이다. 지리적 위치가 다른 운영 단위들(국가 또는 시간 범위에 있는) 간에 처리되는 데이터의 통합과 데이터 공유도

어려운 쟁점이다. 인간에 영향을 미치는 질병과 환경을 이해하기 위하여, 저자들은 여러 가지 수평적·종단적 데이터 차원들 사이에 있는 빅데이터 소스들의 통합을 제안한다. 지금까지 이러한 역사적인 생태계 데이터 소스를 통합하고 조직화하는 것에 대해 주목하지 않았다. 또, 지금까지 이렇게 다양한 도메인과 차원에서 발생한 데이터를 활용하여 수행된 체계적 조사는 제한적이었다. 저자들은 비조직화되고 비정형화된 대용량의 생태계 데이터에는 아직 드러나지 않은 과학적이고 기술적인 지식과 지능이 감추어져 있다고 주장한다. 추가로 기존 정보 시스템을 사용하여 이질적인 다차원적 생태계를 조직화하는 것에 대한 제한점을 다음 절에서 기술했다.

현재의 정보 시스템 개발 방법론의 한계

현재의 정보 시스템 개발 방법론은 이질적이고 다차원적인 임베디드 시스템과 관련된 애플리케이션 도메인을 관리할 때 제한점이 있다(Indulska & Recker, 2008; O'Brien & Marakas, 2009; Pratt & Adamski, 2000; Rainer & Terban, 2009). 이러한 제한점은 정보 시스템 연구 과정을 포함하여, 이질적인 데이터의 유형과 크기로 인해 발생한다. 복잡한 애플리케이션 도메인의 기존 정보 시스템 방법론은 정보 시스템의 개발과 실행 측면에서 그 격차가 더 벌어지고 있다. 일반적인 정보 시스템 방법론은 국가, 문화, 규모, 지역 환경과 같이 역사적 시기와 지리적 차원을 가진 인간-질병-환경과 같은 다양한 애플리케이션 도메인을 다룰 수 없다. 특히 빅데이터가 핵심 역할을 수행하는 역동적이고 진보적인 환경에서의 애플리케이션 도메인에서는 일반화될 수 없을 것이다. 실제로 일반적인 정보 시스템은 진보적인 기업, 정부 그리고 사회연결망 시스템과는 호환되지 않으며 사용자 친화적이지 않다. 복잡한 임베디드 시스템은 이질성과 다차원성 때문에 관리가 어려울 수 있다. 이로 인하여 새로운 문제 해결에 가치를 더하고 새로운 지식을 추출할 때 문제가 발생한다. 그러한 예는 본질적으로 관리하기 어려운 임베디드 데이터라고 알려진 인간-질병-환경 생태계이다. 저자들은 이 연구에서 이러한 임베디드 시스템들을 관리하기 위한 새로운 접근을 제안한다.

인간-질병-환경 차원은 밀접하게 연결되어 있다. 만약 한 차원이 방해를 받는다면, 그

차원과 밀접하게 관련된 또 다른 차원이 영향을 받는다. 이것은 모든 차원은 근본적으로 상호 연결되어 있다는 것을 의미한다. 저자들은 현재 이질적이고 다차원적인 생태계 시나리오에 있는 차원으로서의 개체를 개념적으로 기술했다.

연구 결과의 의미

1. 빅데이터 프로젝트를 수반하는 도메인 전문가와 연구자들은 연구기관에서 강건한 방법론robust methodologies을 이용할 수 있다.
2. 이질적이고 다차원적인 데이터 소스를 위한 빅데이터 정보 시스템
3. 도메인 온톨로지domain ontology(Nimmagadda & Dreher, 2011; Sidhu et al., 2009)와 데이터 모델은 웨어하우징 환경에서 유연성(복잡한 임베디드 생태계에 담겨 있는 미래의 변화들을 수용하는)을 가진다.
4. 여기에서 고려하는 생태계 데이터 분석은 기술적technical이고 사업적인 속성(새로운 지식 구축에 집중하며, 지리적·공간적으로 서로 다른 차원을 가진 다중적인 임베디드 생태계에 관한 지식을 해석할 때 발생할 수 있는 위험을 최소화하려는 의도를 가지고) 모두를 가지고 있다.
5. 데이터 뷰data view 접근을 위하여 보다 빠른 작동 시간과 사용자 반응 시간 ― 웨어하우징, 마이닝, 시각화, 새로운 지식에 가치를 부여하는 해석에서의 운용 비용을 최소화하는 것.
6. 생태계의 빅데이터 과학 관리에서의 트렌드와 패턴기반의 시나리오들

관련 연구

최근의 연구들은 빅데이터 소스들을 고찰하여 다중 차원, 속성, 사례의 크기와 다양성에 관하여 기술하고 있다. Shanks 등(2004)은 개념 모델링 조건 분석conceptual modeling requirement analysis에 있는 복합적으로 구성된 수많은 속성들을 기술하고 있다. Keller(2005)는 경영과 경제 영역에서의 통계 분석에 대하여 세부적으로 서술했다. Nimmagadda 등

(2010)과 Nimmagadda와 Dreher(2007)는 인간 생태계와 인체 해부학에 관한 모델링을 서술했다. Nimmagadda와 Dreher(2009)는 지리적 · 시간-기간적 차원에 존재하는 이질적인 이산화탄소 배출 생태계 데이터 소스들을 관리하기 위한 강건하고 종합적인 방법론을 제시하고 있다. Nimmagadda와 Dreher(2011)는 석유 영역에서의 모델의 설계와 개발, 구현을 실증해 가며 디지털 생태계에 대한 새로운 개념을 서술했다. Nimmagadda와 Dreher(2011)는 세계의 수많은 당뇨 환자들에 관한 빅데이터 구조와 관리를 위한 강력한 방법론을 제시했다. Baker(2010)와 Ali(2013)는 교육 목적에서 다양한 데이터마이닝 절차와 알고리즘들을 검토했다. Siemens와 Baker(2012), Romero와 Ventura(2007, 2010)는 고등교육에서의 빅데이터와 빅데이터 속성 연구를 위하여 교육 영역에서의 데이터마이닝의 중요성을 제시하고 있다. Hoffer 등(2005)과 Pujari(2002)는 사업적 제약조건과 함께 다양한 데이터 모델링 기법들을 제시했다. Pujari(2002)는 데이터마이닝 스키마에 관한 여러 가지 알고리즘을 제시했다. Cleary 등(2012)은 빅데이터 분석 개념과 도구들을 제공했다. Nimmagadda와 Dreher(2014)는 석유 산업에서 사용되는 스키마 아키텍처를 가진 다차원적 모델링 접근을 서술했다. Dhar 등(2014)은 빅데이터와 비즈니스 정보 시스템, 다양한 애플리케이션 도메인에 빅데이터가 미치는 영향에 대해 논의하고 있다. Schermann 등(2014)은 기술적 측면에서의 빅데이터와 정보 시스템의 학제적 연구를 위한 기회로서 빅데이터를 논의하고 있다. Debortoli 등(2014)은 데이터 과학과 분석적 관점을 통해 해석되는 빅데이터 기술과 지능을 비교했다.

제안된 연구방법

우리가 제안한 정보 시스템 개발 방법론들은 2개 이상의 시스템들이나 시스템 통합 과정에서의 합병을 지원할 수 있도록 이질적인 빅데이터를 다루는 일반화된 버전이다. 이러한 방법론들은 일반화, 특수화, 맥락화 이슈들을 다룬다. 다시 말해 정보 시스템 연구와 실천에 적용하고 실현할 수 있는 일반화와 특수화는 다양한 데이터 구조들과 문제 도메인에 따라 개념화되고 맥락화된다. 데이터 구조화는 다양한 도메인에 있는 세부적인 데이터 스키마(Rudra & Nimmagadda, 2005)와 도메인 온톨로지의 통합을 기술한다. 다차원적 빅데이터를 구조화하는 과정은 다양한 데이터 정보원들과 도메인들 간의 이질성heterogeneity, 다차원성multidimensionality, 입도granularity[2]를 지원한다. 이러한 접근은 다양한 지리적 · 시간적 차원에 있는 현재 정보 시스템에서의 문제 도메인과 솔루션 개발을 위해 필요하다. 이질적 빅데이터의 각축전이 벌어지는 무대 속에서 제안된 정보 시스템 방법론과 실천은 각 국가의 질병과 환경으로 확장되고 있는 가치 사슬을 포함하여(Nimmagadda & Dreher, 2014) 인구 규모, 국가 범위, 규모 및 문화적 속성들이 존재하는 인간 생태계를 폭넓게 다룰 수 있다.

빅데이터 정보 시스템의 개념과 발달

세계적 규모의 대기업에서 빠른 속도로 증가하는 정형 · 비정형의 다양한 데이터는 이질성, 다차원성, 입도를 특징으로 한다(Dhar et al., 2014; Schermann et al., 2014). 빅데이터 패러다임에서 데이터의 수집, 저장, 처리와 관련된 일련의 구성요소들은 양질의 정보, 지식, 디지털 산출물을 제공할 수 있는 정보 시스템의 개발을 위하여 통합된다. 이러한 맥락에서, 통합은 우리가 훌륭한 의사결정을 할 수 있도록 도메인 지식을 해석할 수 있는 통합적인 메타데이터 관점을 사용자에게 제공하는 과정이다. 동시에 통합은 다양한 데이터 소스(다양한 문제 영역까지도 포함하여)에 있는 데이터를 연결하는 과정이다. 인간–질병–환경 도메인은 빅데이터 소스들을 보유하고 있으며, 각각의 도메인은 내부적으로 연결성 문제도 포함하고 있다. 저자들은 다차원의 구조화 과정에 있는 이질적 데이터 유형들을 설명하면서, 빅데이터를 처리하는 다양한 문제 영역에서의 시스템에 대해 설명하고자 한다. 세계적 규모의 시공간 빅데이터는 새로운 정보 시스템 연구 패러다임을 요구한다. 이에 저자들은 임베디드 생태계의 개발과 구현의 맥락에서 통합 프레임워크를 분석하고자 한다. 다음 절에서는 통합 프레임워크를 평가하기 위하여 도메인, 데이터 모델링, 데이터 마이닝, 시각화, 해석에 관하여 논의할 것이다.

계산 방법론computational methodologies과 계산 데이터를 분석하기 위해 사용하는 절차들은 정교하다. 저자들은 빅데이터를 처리하는 임베디드 시스템에 가치를 더하고, 유지할

---

2. 역자 주 : 데이터의 세분화 정도를 뜻하며, 입도(粒度) 외에 데이터 단위크기로도 불린다. 입도 수준은 데이터를 여러 필드로 쪼개거나(fine-grained) 단일 필드(coarse-grained)로 구분된다.

만한 가치가 있는 새로운 정보 및 지식을 위하여 데이터 뷰를 분석하고 해석하고자 한다.

연구에서 사용된 데이터 소스

연구에서는 다양한 데이터 소스에 존재하는 거대하면서 비정형화된 시공간 빅데이터를 활용한다. 인간, 질병, 환경 생태계의 데이터 소스들을 고찰하며, 수백 개의 데이터 속성들과 사례들이 사용되었다. 약 150개 국가와 53년간(1960~2013년)의 지리적·시간적인 차원의 데이터들을 활용했다. 하지만 저자들은 인간-질병-환경의 현상과 그 생태계의 유전성과 연결성을 평가하고 측정하기 위해서 16개 국가의 '지리적·시간적' 차원의 데이터에 집중했다. 16개 국가는 선진국과 개발도상국, 전쟁으로 파괴된 국가, 질병이 만연한 국가, 환경적으로 민감한 국가들로 구성되어 있다. 이 국가들에서의 데이터 소스들을 모델링하고 맵핑하는 것은 질병과 환경 생태계의 영향을 받는 인간 생태계들 간의 연결성에 대한 윤곽을 보여줄 것이다.

생태계들이 상호 연결되어 있지만(Kemp, 2004), 인간 생태계는 종종 분리되어 해석되거나 아예 잘못 해석되기도 한다. 이러한 시계열 데이터는 질병 생태계의 데이터 소스 유형(바이러스성, 만성, 전염성, 유전성), 다양한 연령 및 성별 인구, 각 국가를 나타낸다. 이산화탄소 배출량과 대기 오염(미세먼지 PM 10과 PM 2.5)은 환경 생태계 도메인에서 고려되는 또 다른 데이터 소스이다. 세계보건기구WHO는 지리적 위치, 폭풍의 강도, 열대 저기압, 그리고 장·단기적인 예측 등 대중에게 제공하는 공식적 경고들에 대한 많은 양의 정보와 빅데이터를 보유하고 있다.

통합 프로세스의 중요성과 다양한 생태계 간의 연결성을 고려하여, 이질적인 데이터를 확보할 수 있는 프레임워크를 설계했다. 각각의 개별적인 생태계 데이터 소스들을 조직화하기 위해 사용되는 다양한 스키마를 기술했다. 다양한 생태계의 데이터 소스는 다차원 데이터와 다양한 도메인에서 추출된 속성들의 관점에서, 그리고 데이터 웨어하우스를 위하여 계속 문서화된다.

통합 프레임워크

도메인, 데이터 모델링, 스키마, 웨어하우스, 마이닝, 시각화, 그리고 해석 스키마는 통합 프레임워크의 전형적인 구성요소들이다(Nimmagadda & Dreher, 2012). 이 구성요소들은 데이터 소스를 저장하고, 통합하고, 처리하기 위하여 조합된다. 디지털 상호 연결성을 가진 것으로 보이는 몇몇 생태계는 다음 절에서 서술했다.

인간 생태계 삶과 노동의 조건과 마찬가지로 인구, 연령, 성별은 인간 종species과 인간 생태계를 묘사하는 부분들이다. 인간 해부학은 인체의 통합된 구조 패턴이다(Nimmagadda et al., 2008). 인간 시스템의 완전성과, 질병 생태계와 환경 생태계 간의 밀접한 관계적 연결성을 묘사하기 위해 생리학, 심리학, 감정 데이터 패턴들을 관찰하고 해석했다.

질병 생태계 질병 생태계에서는 만성적, 호흡성, 바이러스성, 전염성, 유전적인 질병을 고려했다(Hadzic & Chang, 2005; Nimmagadda et al., 2008). 이 생태계에서는 인간 생태계와 환경 생태계와의 연결성을 탐색했다. 획득되는 모든 데이터 패턴들은 표현 가능한 형태로 처리되고, 지식 맵핑을 위해 해석되었다.

환경 생태계 모든 국가에서 관찰되는 이산화탄소 배출 및 대기 오염, 미세 먼지(PM 10과 PM 2.5) 데이터 소스들은 지리적으로 상호 연결되어 있다(Nimmagadda & Dreher, 2009). 현재 상황에서 환경 생태계는 인간과 질병 생태계와 본질적으로 관련되어 있으며 영향을 미친다.
저자들은 통합 프레임워크의 적용 가능성 및 실행 가능성과 함께 임베디드 시스템과 관련된 문제들을 다루고 있다. 인간, 질병, 환경 생태계와 관련된 건강관리 산업은 수많은 시간 가변성 데이터를 생산한다(Nimmagadaa et al., 2011; Nimmagadda & Dreher, 2011). 저자들은 웨어하우징, 마이닝, 시각화 그리고 궁극적으로는 다양한 지리적 위치와 시간적 간격의 패턴 분석 및 해석을 위하여 인간, 질병, 환경 생태계에 관한 과거에서 현재까지의 데이터 소스들을 구조화하고 문서화했다. 이러한 목적을 위해 서로 다른 도메인에 있는 다양한 차원들은 통합된 프레임워크에서 개념화된다(Agarwal et al., 1996; Nimmagadda & Dreher, 2006). 제안된 통합 프레임워크는 도메인 온톨로지, 다차원 데이터 모델의 구조화, 마이닝 스키마, 시각화, 메타데이터 해석 절차 등을 묘사하고 있다. 이 프레임워크에서 고려되는 여러 구성요소는 다음 절에서 간략히 기술했다.

도메인 모델링

도메인 모델링은 인간-질병-환경의 지식기반 구조와 관련된 개체들과 그 개체들이 형성하는 관계를 강조하여 묘사한다. 〈그림 5.1〉에 제시된 것처럼 다양한 도메인, 도메인 차원들과 속성들, 그리고 사례들을 확인할 수 있다. 인간, 질병, 환경 생태계의 데이터 소스에서 확인된 차원들은 모델링 과정에서 고려되었다. 대기 오염과 이산화탄소 배출은 환경 생태계의 대표적인 속성이다. 자동차, 버스, 트럭, 기차, 공장에서 배출되는 유해 가스는 환경 생태계의 또 다른 속성들이다. 이산화황, 일산화탄소, 질소산화물은 유해 배출의 가장 보편적인 형태이다. 나뭇잎과 담배를 태울 때 발생하는 연기는 인간과 환경에 매우 위험하다. 폐암, 천식, 알레르기 및 다양한 호흡기 질환들은 동식물에게 피해를 주는 가장 보편적인 차원이다. 심지어 조류나 동물 세계 또한 이러한 대기 오염의 영향을 받는다. 질병 생태계에 영향을 미치는 이러한 속성은 데이터 모델링과 웨어하우스를 통해 환경 생태계와 인간 생태계 모두에 연결된다. 〈그림 5.1〉은 생태계들 간에 존재하는 속성 관계의 연결을 통해 여러 다양한 도메인들의 모델링을 보여준다.

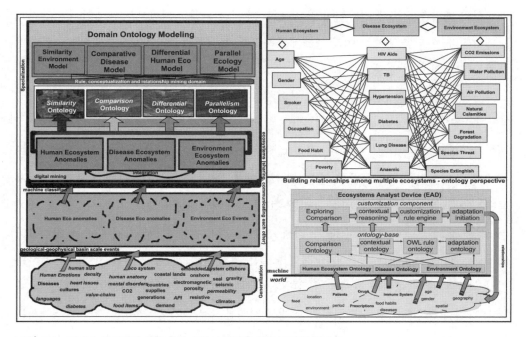

그림 5.1 다양한 생태계 속성들 간의 연결성 탐색을 위한 도메인 모델링

〈그림 5.1〉에 보이는 것처럼, 데이터 소스와 인간, 질병, 환경 영역에서의 변칙anomaly 들이 각 도메인의 다양한 차원과 함께 묘사되어 있다. 상대적이고, 위계적이며, 네트워킹 되어 있는 다차원 데이터 모델링 연구는 간단하면서도 분명한 비교 기반의 온톨로지를 활 용하여 수행되고 있다(Nimmagadda et al., 2011; Nimmagadda & Dreher, 2011). 그 비교는 상대적이고 위계적으로 구조화된 데이터 차원에서 수행된다. 이러한 모델들은 데이터 웨 어하우징과 데이터마이닝에 호환된다. 이 방법론은 인간, 질병, 환경 생태계 간의 연결성 을 이해하기 위하여 채택된다. 여러 가지 인간의 행동장애, 사회불안, 감정적인 데이터 소 스들이 (현재 연구 범위를 넘어서는) 인간 생태계 범주에 추가될 수 있다. 질병과 임상과 관련된 생리학 또는 심리학 관련 데이터 소스들도 질병 생태계 범주에서 고려된다. 인간 과 질병 생태계의 영향을 받는 기후학적으로 다양한 국가들의 지역들을 고찰한 환경 데이 터 소스들이 사용된다. 예를 들어 인간 생태계들 간의 비교가 이루어질 수 있다. 즉 남성과 여성, 뚱뚱한 사람과 마른 사람, 장애인과 정상인과 비정상인(심리학적으로 정의된), 흡연자와 비흡연자, 서로 다른 연령집단 간의 비교가 이루어질 수 있다. 몇몇 하위 유형의 차원으로 개념화되는 다양한 슈퍼 타입 사이에는 다양한 위계가 있다. 이미 알려진 지식 마이닝과 개념화와 맥락화를 통해 진화되어 알 수 없는 데이터 관계를 기반으로 도메인 온톨로지가 모델링된다. 이러한 관계는 여러 생태계들과 통합 프레임워크의 생태계들 간 통합에서 발 생하는 일련의 사건에 불과하다.

데이터 모델링

여러 차원과 속성들이 인간, 질병, 환경 데이터 소스들을 모델링하기 위해 기술된다. 논리 적이고 물리적인 모델링이라고 확인된 서로 다른 차원들은 사실과 함께 기록된다. 저자 들은 데이터 모델링 접근을 위해 고려할 수 있는 데이터의 유형과 크기를 서술했다. 데이 터 모델링의 수준은 개념적 수준, 논리적 수준, 물리적 수준 등 세 가지 수준을 채택한다 (Gornik, 2000; Hoffer et al., 2005). 개념 모델은 개체, 객체, 또는 차원들 사이에 존재하는 가장 높은 수준의 데이터 관계를 조사한다. 이 분석에서는 이질적인 데이터 집합들의 다 양한 차원을 조직화하고 모델링하기 위해서 최대한 차원들에 집중한다. 개념 단계에서는 속성들과 핵심 요소들을 서술하지 않는다. 논리적인 데이터 모델링에서는 물리적인 구조에는 관심을 두지 않으며 데이터 관계에 대한 보다 상세한 사항을 차원과 함께 기술한다.

별 스키마, 눈꽃송이 스키마, 별자리 스키마(Nimmagadda & Dreher, 2006, 2011)는 인간, 질병 환경 도메인과 관련된 모든 개체들이 기술되어 있는 다양한 차원들 간의 관계를 구성하기 위해 사용된다. 여러 몇몇 스키마가 문헌에 등장하고 있다(Hoffer et al., 2005). 저자들은 별과 눈송이, 사실 별자리fact constellation 스키마를 제안하는데, 웨어하우스 환경에서의 이질적인 다차원 데이터를 구조화하는 과정에 맞추어 호환될 수 있기 때문이다. 이 스키마 중 일부가 〈그림 5.2〉와 〈그림 5.3〉에 제시되어 있다. 임베디드 생태계와 관련

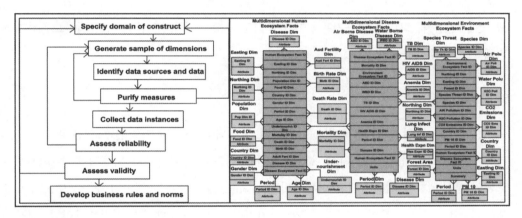

그림 5.2 생태계를 위한 다차원 데이터 획득 워크플로와 스키마

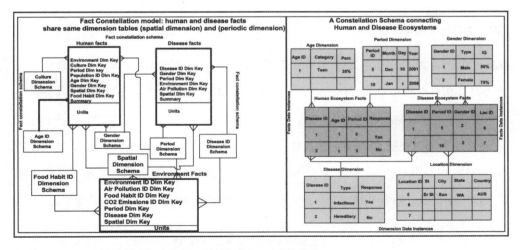

그림 5.3 공간과 시간 차원을 연결하는 사실 별자리 스키마의 설계

된 차원들은 다차원적이고 이질적인 특징을 갖는다. 예를 들어 특히 시공간 차원들(Khatri & Ram, 2004)은 다양한 생태계 상황에서 지리적으로 또는 주기적으로 다양한 특징을 가진다.

여러 다양한 대용량의 데이터 소스로부터 발생하는 빅데이터가 비정형화되고, 이질적이며, 다차원적임을 고려할 때, 임베디드 디지털 생태계 연구를 통해 대량의 학습분석 정보를 생성할 수 있기 때문에 연구기관들에게는 매우 유익하다. 군집, 분류, 아웃라이어, 결합, 패턴 매칭, 텍스트 마이닝은 빅데이터의 메타데이터 뷰를 분석하는 데 사용되는 마이닝 기술들이다. 심지어 교육 시스템의 교육 과정에도 이러한 접근을 포함할 수 있다. 학생, 연구 공동체, 그리고 교육기관들이 활용하고, 상호작용하며, 참여하고, 의사소통하기 위해 이러한 접근을 사용할 수 있다.

웨어하우스 모델링

〈그림 5.4〉와 같이 다양한 생태계를 위하여 설계되고 개발된 다차원 모델은 메타데이터, 마이닝, 시각화 목적의 저장, 통합, 처리를 위하여 웨어하우스 모델링에 수용된다. 도메인 온톨로지와 세분화되고 비정규화된denormalized[3] 다차원 데이터 구조는(Rudra & Nimmagadda, 2005) 통합 프레임워크에 담겨진다(그림 5.4). 메타데이터는 마이닝, 시각화, 해석을 목적으로 생성된다.

데이터마이닝과 시각화 스키마

Baker(2010)와 Ali(2013)는 교육 목적으로 데이터마이닝을 이용하고 있다. 저자들은 가장 효과적인 의사소통 수단 중 하나라고 할 수 있는 몇 가지 그래픽 도구를 활용했다(Cleary et al., 2012; Nimmagadda & Dreher, 2011). 이 그래픽 도구는 고품질의 디지털 그림 데이터를 빠르고 효과적으로 인식하고 처리할 수 있는 고도로 발달된 2D와 3D 패턴 인식 능력을 가지고 있다. Mattison(1996)은 데이터 시각화 기법 애플리케이션에 대해 서술하고 있는 여러 사례 연구를 논의했다. 데이터 뷰는 메타데이터 웨어하우스에서 추출되고, 시각

---

3. 역자 주 : 정규화란 관계형 데이터베이스의 설계에서 중복을 최소화하게 데이터를 구조화하는 프로세스를 말한다. 비정규화는 정규화를 마친 후에 조회 성능을 향상시키기 위해 데이터를 중복하거나 그룹핑하는 과정을 의미한다.

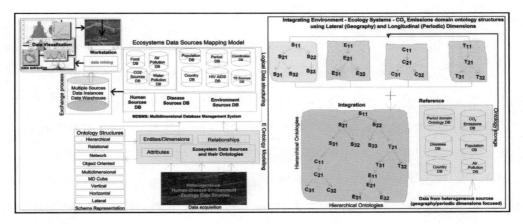

그림 5.4 데이터 웨어하우징, 마이닝, 시각화, 해석 개체를 활용한 임베디드 시스템의 통합 과정을 설명하는 통합 프레임워크

화와 해석을 위해 제시된다. 시각화를 사용함으로써, 데이터는 요약되고 트렌드는 강조된다. 잘 알려지지 않은 현상들은 다양한 종류의 시각적인 표현들을 통해 드러난다. 인간, 질병, 환경 생태계의 시공간적 다차원 데이터세트의 분석을 위해 여러 가지 시각화 기법을 활용했다.

임베디드 생태계들의 데이터 속성들 사이에 존재하는 데이터 상관관계, 트렌드, 패턴의 해석을 위하여 데이터마이닝 방법에 대한 간략한 설명을 제공했다. 데이터마이닝 패턴의 해석을 위해 플롯과 맵뷰를 주로 활용한다. 데이터마이닝의 과학적인 목적(Neuman, 2000)은 다음과 같다.

1. **설명** : 관찰된 사건 또는 조건들을 설명한다. (예 : 왜 인구 고령화가 특정한 시기와 특정한 장소에서 증가하는가)
2. **확증** : 가설을 확인한다. (예 : 특정 연령이나 성별에 따라 유사한 질병의 증상이 발생할 수 있는가, 연령집단에 따라 동일한 질병을 가질 수 있는가)
3. **탐색** : 새롭거나 예상치 못했던 관계들을 탐구하기 위하여 데이터를 분석하는 것(예 : 어떤 건강 지출 패턴이 특정한 기간대에 나타날 수 있는가, 이산화탄소 배출과 대기오염 수준은 특정 인구조건을 가진 국가와 멸종 위기종을 포함한 인구 범주에 어떤 영향을

미치는가)

시간 차원은 통합 과정에서 다양한 국가들의 인구 데이터 소스들 속에 포함된다. 시간 차원을 참조하여 추출된 데이터 뷰는 새로운 지식과 정보를 해석하기 위해 사용된다. 다시 말해 **인구, 질병, 이산화탄소 배출** 데이터에 대한 데이터마이닝은 다차원적 시각화로 표현되며 다양한 도메인에 있는 해석 가능한 지식을 감지해낸다. 여러 큐브 형태의 메타데이터가 마이닝과 시각화를 위해 생성되고, 이러한 큐브 중 하나가 〈그림 5.5〉에 제시되어 있다.

각 패턴을 별도로 추정한 다음, 최종적인 예측을 실행하기 위하여 데이터 속성들을 다양한 시간적 구성요소로 분해하고, 미래에 영향을 줄 것으로 예상되는 각 구성요소들을 결합한다. 예를 들어 계절별, 무작위 또는 트렌드 변인(또는 얼마나 많이 각각에 기여했는지)에 따른 인류의 인구 패턴의 하락이나 질병 패턴의 증가를 밝혀내는 것은 현재 정책에 대한 평가와 평가 과정에서 요구되는 개선 활동에 중요한 시사점을 준다.

빅데이터마이닝, 시각화, 디지털 생태계 프로젝트를 수행하는 연구자들은 교육기관에서 그들의 지식과 학습 경험의 관점을 확장하기 위해 몰두하고 있다. 고등교육 체계에서

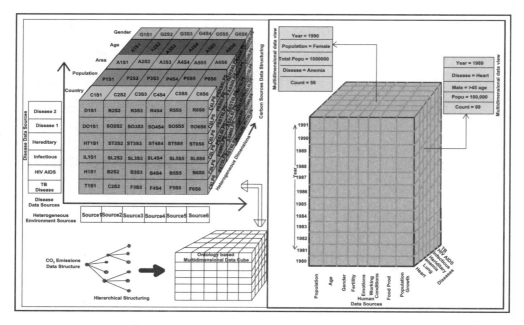

그림 5.5   빅데이터 큐브로부터 데이터 뷰의 마이닝과 시각화

교육기관들은 데이터 통합, 서로 다른 학문 차원과 연결된 온톨로지 모델링, 그리고 학습 경험을 통해 다양한 시스템 개발 프로젝트와 상호작용하는 교육자들과 관련된 도메인 연구에 착수할 수 있다. 많은 양의 디지털 데이터가 교육기관에 축적되고 있다. 그러한 데이터는 민감한 데이터이자 정보이기 때문에 학술 및 연구 목적이라 하더라도 연구 프로젝트와 관련된 문제를 해결하기 위해 이러한 데이터 소스를 사용하는 것은 어려운 과제일 수 있다. Siemens와 Baker(2012), Romero와 Ventura(2007, 2010)는 교육학 분야에서 데이터 마이닝의 중요성을 강조하고 있다.

데이터 해석과 지식 발견

추출된 데이터 뷰는 새로운 지식을 위해 해석되고, 다양한 지식 도메인에서 설계된 데이터 모델과 통합 프레임워크의 실천과 효과성을 평가한다(그림 5.6 참조). 데이터 해석은 매우 중요하다. 데이터 해석을 통해 시각화의 효과성을 포함하여 마이닝, 데이터 웨어하우징, 데이터 모델의 타당성을 검증할 수 있다. 질적으로, 데이터 이벤트에서 관찰되는 트렌드, 패턴 및 상관관계는 새로운 지식에서의 지식 향상을 이해하기 위해 해석된다. 추가적으로, 타당성, 효과성, 효율성, 영향력, 지속가능성의 기준이 기술된다. 지리적 공간 차원 사이의 맥락적이며, 장·단기적 연구 결과의 구현을 포함한 통합 프레임워크와 데이터 모델의 범위와 지속 기간은 해석의 또 다른 목적이다.

데이터 분석과 해석은 수집되거나 처리되는 데이터를 의미 있는 새로운 지식과 해석으

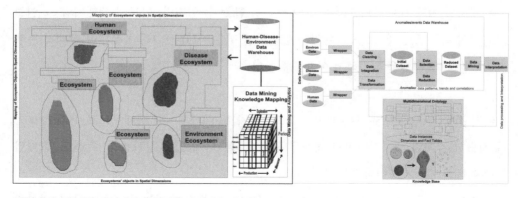

그림 5.6 생태계 메타데이터를 위한 지식기반 워크플로

로 변환하기 위한 것이다. 해석의 결과를 통해 데이터 구조와 기술descriptive 분석을 효과적으로 평가할 수 있어야 한다. 데이터 해석은 데이터 시각화의 효율성을 포함하여 다차원적이고 이질적인 데이터 구조, 모델링, 맵핑, 데이터마이닝의 측정, 일관성 및 효과성을 확인시켜 줄 것이라 기대된다. 해석은 질적이고 양적일 수 있다. 지식의 발견으로 이어지는 해석된 데이터 패턴, 트렌드, 상관관계는 새로운 지식을 구현할 수 있다.

통합 프레임워크의 실천 – 새로운 지식 표현

데이터마이닝 기법은 웨어하우스 임베디드 생태계 데이터로부터 다양한 데이터 뷰를 추출하기 위해 사용된다. 여러 가지 패턴, 상관관계, 트렌드를 포함한 데이터 뷰는 가치 있는 비즈니스 데이터 지식으로 해석된다. 몇 가지 통계적인 데이터 모델을 통해 생태계 분석에 참여하는 경영자들의 이익을 추정한다. 계산 모델은 인간과 환경 조건을 기반으로, 기업 의료 서비스 관리에 대한 입력 정보를 제공하고 예측한다. 경제적 상황뿐만 아니라 기술적인 변화는 도전적이며, 각 국가들의 인류 보건과 생존을 예측한다. 이러한 강력한 방법론은 생태계와 그들의 연결성을 이해할 수 있는 분명한 단서를 제공한다.

아래의 제안사항은 주기적으로 변화하는 생태계의 빅데이터 분석과 해석에 기반한다.

- 이 논문에서 계산된 통계 모델은 생태계와 보건의료 관리에 참여하는 경영자들에게 유용하다.
- 제시된 실제 데이터의 일부는 노이즈를 포함할 수 있지만, 반드시 생태계와 그 연결성의 충돌로 인해 발생할 수 있는 임의적인 것은 아니다. 그러나 우수한 통계적 트렌드는 속성 변인을 추정하고 이해를 돕는다.

여러 전문 분야에 걸친 모든 데이터 소스는 통합된 메타데이터 형태이므로, Pujari(2002)가 기술한 것처럼 데이터마이닝 접근은 생태계 데이터에 있는 상관관계, 트렌드 및 패턴들을 이해하려는 시도이다.

최근의 연구들에서 고려되는 데이터 소스들은 150개 국가(지리적 차원)의 1960년부터

2013년까지(시간적인 차원)의 데이터 소스들이다. 이러한 장기 추세는 트렌드라고 불린다. 특정한 기간 동안 관찰된 가치들은 트렌드 곡선 아래로 내려간다. 그들은 각각 비즈니스 사이클의 꼭짓점을 나타낸다. 앞서 언급한 순환적 이동에 의해 수정된 트렌드 곡선을 따르지 않는 관찰 데이터는 급격한 변화를 보여주거나 또는 불규칙하거나 무작위적인 영향 요인들을 나타낸다. 데이터가 연 단위가 아닌 월 단위마다 기록될 때, 추가적인 요인들이 시계열 데이터에 영향을 준다. 이러한 요인들은 계절 요소 때문에 발생할 수 있다. 특정한 기간에, 그 트렌드는 다른 기간대에서 불규칙적이거나 무작위적이고 계절적으로 나타난다.

〈그림 5.7〉에서 볼 수 있듯이, 몇 개의 버블도 뷰는 트렌드와 패턴을 해석하기 위해 메타데이터로부터 추출된다. 몇 가지 패턴, 상관관계, 트렌드를 탐구하고 해석하는 것은 오늘날의 연구에서 데이터 소스들을 통해 얻고자 하는 것들이다. 이 데이터 소스들은 **지리학**

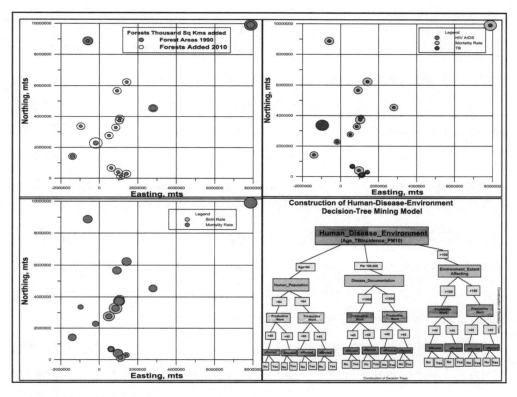

그림 5.7 다양한 생태계 간의 다차원적 데이터 속성에 관한 버블도 뷰

적 좌표, 산림이 추가되고 손실된 지역, HIV/AIDS, 사망률 및 출생률과 같은 속성들을 가지고 있다. 유사한 버블도들은 새로운 지식을 위하여 임베디드 생태계 간의 공간적-시간적 변화를 감지할 수 있는 시계열 데이터 패턴과 함께 사용되었다. 오늘날의 인간-질병-환경, 임베디드 생태계는 현상을 분석하기 위해 시간 가변적이고 이질적인 대규모 데이터 및 예시들을 사용했다. 통계학적 마이닝 접근(Keller, 2005)은 시계열 패턴을 해석하기 위해 사용되었다. 〈그림 5.8〉과 〈그림 5.9〉에 제시되어 있는 계산 데이터는 데이터 상관관계, 트렌드 및 패턴들을 조사하고, 이에 따라 지리학적으로 다양한 시간적인 차원에서 인간-질병-환경 구조를 해석한다. 인간 질병 패턴에 대한 시계열 데이터 플롯의 특징에 관한 시각화는 53년의 기간 동안 비율이 증가하는 추세를 보이고 있다.

다양한 트렌드 유형은 인간-질병-환경 생태계 데이터의 관점과 구별된다. 이러한 버블도에 관한 간략한 해석과 그들의 설명은 다음 절에서 이어진다.

다차원 버블도의 해석

〈그림 5.8〉과 〈그림 5.9〉에 제시된 것처럼 1960년부터 2013년까지의 연간 인구 증가, 식량 생산, 이산화탄소 배출, 사망률(남성/여성)과 같은 속성 트렌드가 개별적인 플롯 뷰로 그려져 있다. 〈그림 5.8〉에서 볼 수 있듯이, 총 17개의 지리적 위치가 분석되어 있다. 인구 증가 vs. 식품 생산, 여성 인구 vs. 전체 인구, 식량 생산 vs. 전체 인구, 이산화탄소 배출(액체 연료 소비에 의한)과 전체 이산화탄소 배출과 같은 속성들이 분석되어 있다. 전반적으로 인구 증가는 선진국, 인구 밀집 국가, 질병 국가, 환경적으로 취약한 국가 등 17개의 지리학적 위치들에서 0~4% 범위에서 다양하게 퍼져 있다. 주기적인 시간 차원에서의 버블 크기의 증가는 인구가 해마다 증가하고 있다는 것을 보여준다. 중국, 인도, 미국에서의 인구 증가는 통제되고 있다. 반면에 사우디아라비아, 쿠웨이트, 아프가니스탄과 같은 국가는 들쑥날쑥한 인구 증가를 보여주고 있다. 다른 국가와 비교해봤을 때, 이 나라들은 특히 1980~2000년 사이에 지속적이고 주기적인 인구 증가가 있었다고 해석된다.

총인구의 측면에서 여성 인구 속성은 시간이 지날수록 지속적으로 감소하고 있다. 반면 흥미롭게도 버블 크기가 점점 커지는 것은 미국, 독일, 러시아와 같은 산업 선진국에서 여성 인구의 증가가 더 많다는 것을 나타낸다. 식량 생산과 인구 간의 관계성을 보여주는 속성

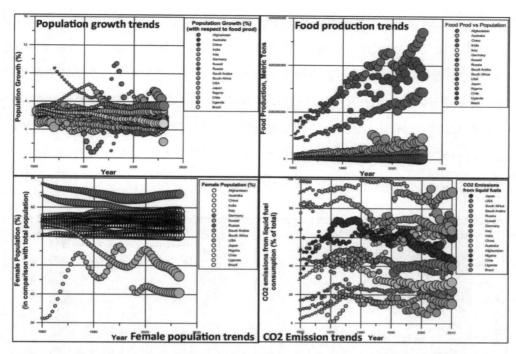

그림 5.8 남녀 인구 증가와 이산화탄소 배출 간의 패턴과 데이터 트렌드 해석을 위한 다차원적 속성들 간 버블도 뷰

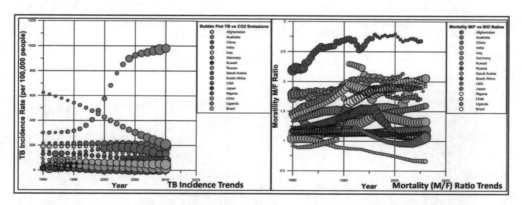

그림 5.9 폐결핵으로 인한 사망률에 대한 패턴과 데이터 트렌드 해석을 위한 다차원적 속성들 간 버블도 뷰

은 중국, 미국, 인도와 같은 인구 밀집 국가에서의 **식량 생산**이 다른 국가보다 더 많다는 것을 나타낸다.

버블도는 이산화탄소 배출 총량과 액체 연료 소비에 따른 이산화탄소 배출 속성 간의 관계성을 보여준다. 그들은 산업 선진국에서 선두를 차지하지만, 중동 국가에서 최악이다. 이것은 액체 연료 소비가 **이산화탄소 배출 총량**으로 이어지는 이산화탄소 배출량의 비율 변화이고, 이는 선진국, 인구 밀집 국가, 전쟁국가, 질병국가에서 4~98%의 넓은 범위로 매우 다양하게 나타난다. 이 배출량은 1980~1990년 사이에 제일 적었다. 〈그림 5.9〉에서 볼 수 있듯이, **폐결핵 발병률과 사망률** 속성 간의 관계를 보여주는 버블도는 아시아나 아메리카에 있는 다른 국가들과 비교할 때 아프리카 국가에서의 사망률이 더 높다는 것을 보여준다. 이러한 특성은 러시아에 부정적인 영향을 미친다.

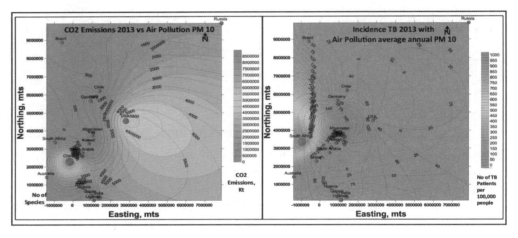

그림 5.10 대기 오염과 상관관계가 있는 주기별 이산화탄소 배출에 대한 맵뷰

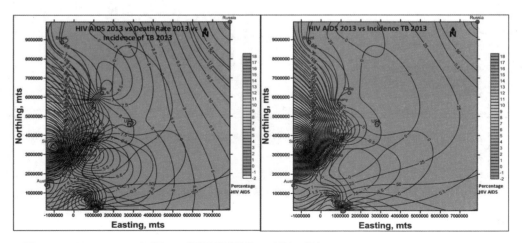

그림 5.11 HIV/AIDS vs. 사망률 vs. 폐결핵 발병률을 보여주는 맵뷰

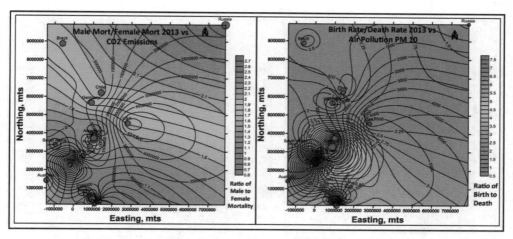

그림 5.12 주기적 이산화탄소 배출과 대기 오염 측면에서 사망률에 대한 맵뷰

메타데이터에서 추출된 여러 맵뷰가 〈그림 5.10〉~〈그림 5.15〉에 다양한 지리적 좌표를 가진 다차원적 속성에서 제시되고 있다. 맵뷰는 다른 '등고선'에 있는 동일한 속성 인스턴스값으로 그려진다. 색상 막대는 속성 강도에 대한 높낮이를 보여준다. 맵뷰 상의 등고선 해석에 대한 설명은 다음 절에서 이어진다.

다차원 맵뷰 해석

〈그림 5.10〉에서 볼 수 있듯이, 맵뷰는 동쪽과 북쪽의 지리적 차원에 관한 **이산화탄소 배출** vs. 대기 오염(PM 10)의 분포를 보여준다. 이는 산업 선진국과 인구 밀집 국가에서 지배적이다. 축척 막대는 빨간색부터 초록색으로 이루어져 있고, 빨간색은 배출과 오염의 밀도가 높다는 것을 나타낸다. 오른쪽 맵뷰는 아프리카 남부지역의 **폐결핵 발병률**을 나타내며, 이 속성은 러시아 쪽으로 갈수록 강도가 커진다. 대기 오염의 분포는 폐결핵 속성이 널리 퍼져 있는 곳에서도 관찰된다. 폐결핵 속성 사례가 〈그림 5.11〉, 〈그림 5.12〉에 기록되었듯이, 유사한 관찰은 아프리카 동쪽, 아프리카 남쪽, 사하라 사막 이남 아프리카의 HIV/AIDS 속성의 밀도가 높은 곳에서도 나타난다.

〈그림 5.13〉과 〈그림 5.14〉에서는 사망률(남녀 비율) 증가 또한 고밀도 이산화탄소 배출 속성이 널리 퍼져 있는 곳인 러시아를 포함한 중동 아프리카 지역에서 관찰된다. **출생**

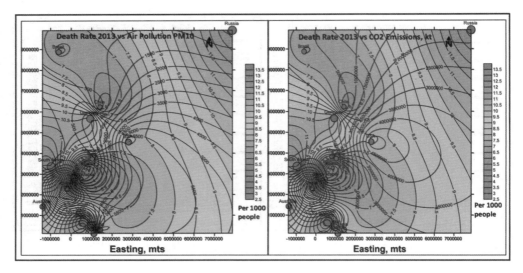

그림 5.13 사망률, 대기 오염, 이산화탄소 배출에 대한 맵뷰

률과 사망률 속성은 (〈그림 5.13〉과 〈그림 5.14〉의 오른쪽 도식에서 볼 수 있듯이) 아프리카 국가들을 포함한 중동과 아시아 국가들에서 널리 퍼져 있다. 색상 척도의 빨간색은 대기 오염이 높은 곳이고, 초록색은 대기 오염이 낮은 지역을 뜻한다. 〈그림 5.15〉의 맵뷰에서 해석할 수 있는 것처럼, 대기 오염이 널리 퍼져 있는 곳의 사망률은 증가한다는 것을 알수 있다. 〈그림 5.15〉에서 볼 수 있듯이 **멸종 위기종** 속성은 이산화탄소 배출과 대기 오염의

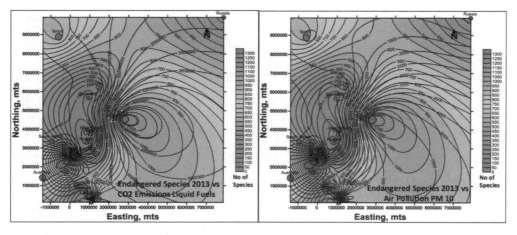

그림 5.14 멸종 위기종, 이산화탄소 배출, 대기 오염에 대한 맵뷰

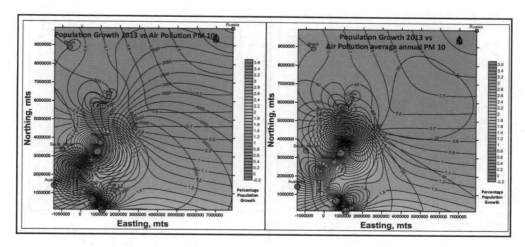

그림 5.15 대기 오염과 인구증가에 대한 맵뷰

분포 및 확산과 상관관계가 있으며, 특히 미국, 중국, 인도, 호주, 브라질과 같은 국가에서 두드러진다. 이는 중동, 아프리카, 러시아 국가들에게는 적은 영향을 미친다.

인구 증가 속성은 PM 10(미세먼지)과 PM 2.5(초미세먼지)와 같은 고밀도 대기 오염 속성에 영향을 받는다. 〈그림 5.10〉~〈그림 5.15〉에서 보이듯이 아시아와 중동 지역에서 두드러진다. 미세먼지 형태의 대기 오염은 미세한 부유입자가 직경이 10μm보다 작다는 것을 나타내며, 이는 호흡 기관 깊숙이 침투하여 건강에 위험을 야기할 수 있다. 이산화탄소 배출과 대기 오염은 여성의 출산율을 포함하여 인구 증가 하락의 원인이 된다. 〈그림 5.12〉~〈그림 5.15〉에서 보이듯이, 사망률 속성은 아시아 국가를 포함한 아프리카 국가들에서 높다. 대기 오염과 이산화탄소 배출은 기니, 라이베리아, 시에라리온 지역에서 유사한 속성 트렌드를 갖는 것이 특징이다. 최근의 에볼라 사건과 사망 신고 사례는 전 세계 인구와 질병에 관한 빅데이터 소스들에 비해 상대적으로 더 적다. 그러나 연구자들은 〈그림 5.16〉에 기술된 것처럼 버블도와 산포도를 통해 시간적인 차원에서 에볼라 사건과 에볼라 사망의 트렌드를 추론하려고 시도하고 있다. 버블의 크기 증가는 에볼라 사건과 에볼라로 인한 사망의 수가 증가하는 것과 관련이 있다고 해석된다.

맵뷰는 〈그림 5.17〉 에볼라 사건과 에볼라 사망을 추가하여 서아프리카 HIV/AIDS, 대기 오염, 이산화탄소 배출, 인구 증가 등의 속성들의 트렌드를 해석하기 위하여 묘사하고 있

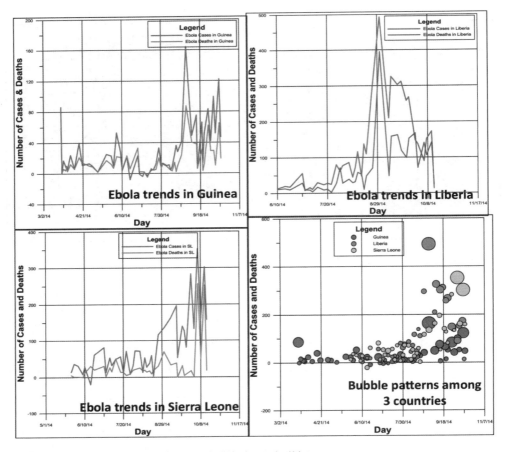

그림 5.16 에볼라 사건과 사망의 트렌드에 대한 산포도와 버블도

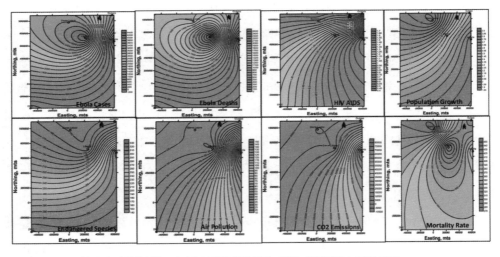

그림 5.17 에볼라의 영향을 받는 서아프리카에서의 인구, 질병, 이산화탄소 배출 패턴

다. 에볼라 사건과 에볼라 사망 속성은 라이베리아와 시에라리온 국가에서 증가하는 트렌드를 보여주며, 북서쪽 방향으로 그 패턴이 증가한다는 것을 제안한다. 이산화탄소 배출량과 대기 오염률의 증가는 인구 증가에도 영향을 미치며, 인구가 밀집된 지역에서 **멸종 위기종** 속성들에도 분명히 영향을 주고 있다. 이러한 맵뷰는 **폐결핵 발병률** 속성을 포함하며, HIV/AIDS 속성 차원에 대한 어떠한 효과도 보여주지는 않는다. 그러나 비교해보면, HIV/AIDS와 **폐결핵 발병률** 속성은 정적 상관관계를 가지고 있다.

결과 및 논의

임베디드 생태계 및 빅데이터와 연관된 강건한 방법론은 참신한 아이디어이다. 다양한 소스로부터 수집된 빅데이터를 통해 생태계의 연결성을 분석했다. 데이터 모델은 온톨로지 기반의 진술이며, 생태계 간의 관계를 구축하고 식별하기 위한 수단이다. 데이터 웨어하우징은 자연 속에 내재되어 있는 다양한 생태계의 통합을 위해 사용되었다. 다차원의 도메인 온톨로지는 메타데이터를 생성하기 위하여 웨어하우스에 통합된다. 따라서 데이터 큐브와 데이터 뷰는 빅데이터 소스로부터 가치 추출을 위한 지식 발견 및 해석을 위해 만들어진다. 전형적으로 전쟁 국가, 인구 밀집 국가, 산업 국가, 에너지를 많이 사용하는 국가 및 질병에 취약한 국가들로부터 얻어진 데이터는 새로운 지식을 위하여 데이터 패턴을 해석하는 데이터마이닝 관점을 통해 비교된다.

인간 생태계는 일반적으로 특정 지역을 차지하고 살아가는 같은 종들로 이루어진 개인들의 집단이다. 인간은 지구 전체를 차지하고 있다. 각각의 데이터 분석에 따르면, 인류의 분포는 고르지 않다. 현존하는 환경 생태계와 그들의 상태를 기반으로, 일부 지역은 사람이 살지 않는 지역으로 남아 있다. 인간은 환경을 기반으로 변동을 거듭하며, 인간 생태계는 생존을 유지하기 위해 살아가는 처지에 있다. 자연재해, 테러 활동, 질병들은 인간 생태계와 이와 관련된 임베디드 생태계를 붕괴시키려고 한다. HIV/AIDS는 2002년에 아프리카에서 240만 명의 목숨을 앗아갔다. 현재 동일한 수의 사람들이 전 세계 곳곳에서 생존을 위해 살아가고 있다. HIV/AIDS가 1981년에 발견된 이후 그 질병으로 인하여 2,000만 명이 목숨을 잃었다. 4,200만 명의 사람들이 여전히 HIV/AIDS를 앓으며 살아가고 있다고 추정된다. 이러한 희생자의 85%는 아시아, 아프리카 및 라틴 아메리카와 같은 개발도상국 출신이다. 최근 몇 년 동안 평균 기대 수명은 50세 아래로 급속하게 줄어들고 있다. 유행성 독감, 폐렴, 폐결핵, 말라리아, 에볼라와 같은 다른 질병들은 인간, 질병, 환경 생태계의 불균형을 야기하며, 인구가 많은 아프리카 국가들에서 증가하는 추세이다. 부가적으로 이런 생태계에 영향을 미치는 또 다른 사회경제적인 문제들이 많이 있다.

지진(Nimmagadda & Dreher, 2007)은 인간의 생존을 위협하는 세계적 규모의 유행병을 만들어내며 인간과 환경 생태계에 심각한 영향을 끼친다. 질병, 가뭄, 기근, 태풍, 허리케인과 같은 작은 규모의 재난들은 인간 생태계의 균형에 상당한 영향을 미친다. 1960년 동안 북유럽에서 발생했던 기후 변인에 따른 기근은 핀란드에서는 대략 20%, 스코틀랜드에서는 대략 10%의 인구 손실을 가져왔다. 보다 최근 해인 1958~1961년 사이 중국에서는 기근과 농업 시스템의 부실관리와 같은 상황이 결합하여 2,000만 명 이상이 목숨을 잃었다. 가뭄과 기근은 지구상의 인구 생태계 균형에 영향을 끼치면서, 과거 수십 년 동안 사하라 사막 이남의 아프리카에서 수백, 수천만의 생명을 앗아갔다. 전쟁 이외에도 피할 수 없는 인간 행위로 인하여 수백만 명이 목숨을 잃었다. 연구자들은 환경에 민감한 채굴 산업과 석유 및 가스 생산 산업이 인간-질병-환경 생태계 시나리오의 범위 내에 있다고 매우 강하게 주장한다. 석유와 가스 분야를 생산할 때 발생하는 방사능이 있는 광물 채광, 이산화황과 이산화탄소 배출은 만성적인 질병과 전염병(특히 폐결핵, 천식, 폐암과 같은 병)을 만들어내며 인간과 환경에 영향을 미친다.

연소 가스를 배출하는 자동차는 환경오염의 주범이다. 중국, 인도와 같은 인구 밀집 국가의 대기 오염 수준에 대한 우려가 점점 더 높아지고 있으며, 인구밀도가 높은 도시지역을 덮고 있는 회백색의 '안개'(가끔 스모그로 보이는)는 가파르게 상승하고 있는 미세먼지와 이산화질소 수준과 관련이 있다고 말할 수 있다. 이것은 매우 유독성이 높은 가스일 것이다. 이는 환경에 심각한 피해를 야기하는 인간의 활동이 어떻게 호흡기 질환이나 폐 관련 문제들과 같은 여러 종류의 질병으로 이어지는지를 보여준다. 인간-질병-환경 개체들 간의 연결성을 포함하는 생태계는 시스템 설계, 개발, 실천의 측면에서 의미가 있다. 단지 이러한 현상만을 고려해서 제안된 연구는 다양한 구조와 모델에 대한 설명을 제시한다.

인간, 질병, 환경 생태계 간의 관계는 단순화하기 힘들다. 인간 생태계의 급격한 증가와 자원의 수요 증가를 촉진하는 테크놀로지의 발달은 지난 3세기 동안 이러한 시스템 간 관계를 근본적으로 변화시켜 왔다. 자연재해로 인해 발생하는 심각한 환경 훼손은 현존하는 인간이 행하는 활동의 부가적인 차원이다.

빅데이터를 수반하는 정보 시스템의 실제적인 관점

비즈니스, 테크놀로지, 그리고 빠르게 변화하는 사회의 압력이 증가함에 따라, 보다 까다로운 상업적 연구 및 경쟁시장에서 정보 기술, 정보 시스템의 솔루션들이 만들어지고 있다. 더욱이 글로벌 경쟁, 소비자 중심, 또 다른 기술적인 도전들은 기존의 정보 시스템 개발 방법론을 검토하고 개조하도록 요구하고 있다. 세계화, IT, 물류 환경은 영향력이 큰 차원으로서, 본질적으로 연결되어 있고, 변화하고 전환하기 위하여 노력하고 있다. 차원성dimensionality은 정보 생태계 구조에 영향을 미치며, 최근 몇 년 동안 이러한 차원성을 가진 다양한 애플리케이션 도메인의 다중 차원을 분석하는 정보 시스템 연구 패러다임에 변화가 있었다. 저자들은 차원성이 정보 시스템 연구 개발과 효과적인 실천을 통한 세계화 전환을 보다 더 흥미롭게 만든다는 입장을 가지고 있다. 데이터 및 정보 유형은 정보 시스템 설계, 개발, 실천 절차에 대한 엄격한 적용이 요구되는 다양한 도메인에서 사용된다. 예를 들어 인간, 질병, 환경 생태계는 서로 다른 영역에서 다른 특성을 가지지만, 본질적으로는 상호 연결되어 있다. 이러한 맥락에서, 각각의 생태계는 서로 다른 영역에서 발생하는 빅데이터와 정보를 다루는 정보 시스템이다. 그러나 과정과 작업의 흐름, 즉 각각의 시스템이 기능하고 운영되는 방법은 본질적으로 동일하다.

또한 정책, 전략, 그리고 솔루션은 특정한 차원 또는 합성된 차원의 동기와 선정에 영향을 미친다. 즉 변화하는 것에 따라 각 차원의 작동 원리가 설계되고, 개발되고, 시행된다. 만약 영향력이 큰 차원이 본질적으로 상호 연결되어 있다면, 그러한 차원들은 분명히 각각 다른 정보 시스템(생태계) 설계 접근법에 영향을 끼쳤을 것이다. 여기에서, 저자들은 가치사슬을 도입하고자 한다(Nimmagadda et al., 2010). 가치사슬은 오래전부터 지속적으로 언급되어 오던 것으로 생태계의 설계와 그것의 연결성에 가치를 더하는 개념화와 맥락화(다양한 차원들과 속성들의)를 말한다. 지역 시스템은 연결 과정을 용이하게 하고, 글로벌 시스템을 특징짓고 형성하는 데 도움을 준다. 예를 들어 지역적인 인간, 질병, 환경과 같은 시스템을 독립적으로 이해하면, 세계적으로 미치는 영향에 대해 부가가치 **사슬**을 통해 이해할 수 있다(Nimmagadda et al., 2011).

시스템, 연결성, 지역 문제, 그리고 가치사슬(만약 연결성의 개념이 정말로 가치사슬과 연관되어 있다면)을 이해하고 있다면, 다국적 팀과 도메인 전문가들은 임베디드 생태계를 더 잘 평가할 수 있다. 단언하건대, 원스톱 메커니즘은 빅데이터 간의 인간, **질병**, **환경** 생태계의 연결성을 이해하는 데 도움을 줄 수 있다. 예를 들어 다양한 영역에서의 다중 차원 통합은 구조화의 배열에서 수반되는 애매모호함과 통합 과정에서 발생하는 갈등/마찰을 최소화할 수 있다. 이러한 맥락에서 인간, **질병**, 환경과 같은 서로 다른 도메인에서의 서로 다른 시스템이 만약 통합된다면, 정보 시스템 개발을 통해 획득한 솔루션에는 실행을 위한 더 나은 이해가 포함되어 있다. 다양한 도메인에 있는 방대하고, 이질적이며, 다차원적인 빅데이터는 데이터 모델링, 데이터 웨어하우징, 마이닝, 시각화 및 해석 측면에서 효과적인 역할을 수행한다.

통합된 빅데이터의 상호작용적 접근에서의 정보 시스템 혁신은 지속가능한 개발에도 분명한 이익을 준다. 예를 들어 인간, **질병**, 환경 개체 또는 차원들에서 서술된 것과 같은 다양한 생태계는 본질적으로 임베디드되어 있지만, 그 현상은 각 시스템에 미치는 이점과 관계가 있는 지속가능성과 임베디드 시스템에서 광범위하게 제공하는 통합의 측면에서 평가된다. 정보 시스템 설계와 개발 프로젝트에 참여하는 조직은 정보 시스템 구현 솔루션에 영향을 주는 수집, 저장, 처리에서의 통합적인 투입과 관련된 문제를 해결해야만 한다. 또한 조직은 정보 시스템 솔루션의 유지를 위한 변화들을 처리할 수 있는 능력을 갖추고 있어야 한다. 임베디드 생태계(특히 인간-질병-환경 시스템에서)의 설계와 개발은 환경적으로 민감하지만 현실적으로 복잡하며, 임베디드 생태계들의 개념화와 맥락화를 기술하는 것은 본질적으로 복잡하다.

빅데이터를 다루는 조직에 방법론이 미치는 영향

빅데이터 정보 시스템 연구는 매우 큰 규모의 아웃소싱 프로젝트 관리와 공급업체들과의 사업 제휴를 만들 것이라고 예상된다. 빅데이터 조직에서의 정보 시스템은 공급업체, 사업 파트너, 컨설턴트, 연구기관, 대학과 같은 외부 조직들과 연결되어 있다. 빅데이터 정보 시스템은 정보 보안을 포함하여, 하드웨어와 소프트웨어 구매에 관한 기준을 설정한다. 새로운 시스템 접근이 미치는 영향은 전체적이며, 생명 주기는 길다. 새로운 빅데이터 정보 시스템의 작업 방식과 전략들은 과학적 환경뿐만 아니라 사업도 변화시킬 수 있다. 새로운 접근을 유지하는 것은 쉬우며 생태계나 관련 생태계에서 요구하는 변화에 따라 유연하다.

조직, 사업, 과학적인 목표에 대하여 정보 시스템이 미치는 영향은 상당하다. 그 영향은 효과적이고 효율적인 데이터마이닝, 시각화, 해석 전략들로 측정된다. 결합된 통합 전략은 대용량 데이터와 정보를 통해 임베디드 생태계에 숨겨져 있는 지식 발견을 용이하게 할 수 있다. 빅데이터 패러다임에서 정보 시스템 연구방법론의 평가는 조직에 미치는 영향에 대한 측정을 기반으로 한다. 빅데이터를 수반하는 정보 시스템 연구, 정보 시스템의 영향, 그리고 평가는 각 시스템과 공존하는 임베디드 생태계를 위하여 일관적이고 지속적으로 보고되고, 문서화된다.

임베디드 디지털 생태계와 관련된 빅데이터 영역에서의 데이터 모델링과 데이터 웨어하우징을 수반하는 프로젝트는 교육기관의 연구자들에게 새로운 지식을 제공할 수 있다. 다시 말해 현재 연구에서 이루어지는 다양한 데이터마이닝, 시각화, 해석 기법들은 임베디드 디지털 생태계와 관련된 프로젝트를 진행하는 연구자들에게 유용하다. 교육기관에서는 학생 기록, 성적, 새로운 혁신들을 문서화할 수 있을 뿐만 아니라 이러한 강건한 방법론을 사용하여 통합할 수 있다. 학생 기록에 대한 시간적, 공간적 정보와 연구자들의 혁신적인 아이디어들은 현재의 연구방법론에 포함될 수 있다.

빅데이터를 다루는 조직에 정보 시스템이 미치는 영향

정보 시스템은 아웃소싱 프로젝트 관리와 공급업체와의 사업 제휴를 만들어내기가 쉽다. 조직에서의 정보 시스템은 공급업체, 사업 파트너, 컨설턴트, 연구기관, 대학과 같은 외부 조직들과 긴밀히 협력한다. 정보 시스템은 정보 보안을 포함하여 하드웨어와 소프트웨어 구매에 관한 기준을 설정한다. 현재 정보 시스템 관행은 기업체, 정부 및 다른 사회적 네트워크 시스템과 호환되지 않으며, 사용자 친화적이지 않다. 인사, 회계, 재무, 마케팅, 경영을 구성하는 임베디드 시스템과 같은 더 복잡한 시스템은 본래 더 큰 조직에 내재되어 있다. 그러한 시스템의 데이터와 정보 자원들을 동시에 통합하고 관리하는 것은 어렵다. 다른 예로, 인간, 질병, 환경은 본질적으로 내재되어 있는 생태계지만 그에 대한 데이터와 정보 자원들을 관리하기는 어렵다. 최근의 연구들은 다양한 임베디드 시스템의 데이터와 정보를 관리하기 위한 새로운 접근들을 기술하고 있다. 새로운 시스템 접근이 미치는 영향은 막대하며 생명 주기는 길다. 새로운 정보 시스템의 작업 방식과 전략들은 과학적 환경뿐만 아니라 사업 또한 변화시킬 수 있다. 만약 기존의 통합 시스템을 추가한다면, 새로운 접근을 유지하는 것은 쉬우며, 생태계와 그것과 관련된 생태계가 필요로 하는 변화에 유연하다.

조직이나 과학적 개념에 작용하는 영향은 막대하다. 그 영향은 데이터마이닝, 시각화, 해석 전략들에 의해 측정된다(Nimmagadda & Dreher, 2011). 결합되거나 통합된 전략은 이러한 임베디드 시스템 내부에 있는 대량의 데이터와 정보들 아래 숨겨져 있는 지식 발견을 용이하게 한다. 정보 시스템 연구에 대한 보고는 각 시스템과 관련된 임베디드 시스템을 위하여 일관되고 지속적으로 문서화된다. 정보 시스템에 관한 실행 연구(action research) 접근법(Indulska & Recker, 2008; Neuman, 2000; Vaishnavi & Kuechler, 2004)에서는 조직과 대학에서 제안된 새로운 정보 시스템 방법론들과 협력할 것을 권장한다.

결론 및 제언

방법론적인 접근은 이질적이고 다차원적인 임베디드 생태계의 데이터 소스들을 분석함에 있어 강력하면서도 유연하다. 기존의 데이터 소스들을 기반으로 구축된 모델은 지구 생태계의 역동성을 유지하면서, 또 다른 밀접한 관계가 있는 시스템으로 더 멀리 확장할 수 있는 능력이 있다. 데이터마이닝과 시각화, 해석이 결합된 애플리케이션이 있는 웨어하우징 환경 속의 통합된 다중 생태계 데이터의 적용 가능성과 실행 가능성은 임베디드 생태계에 대한 단순한 이해와 인식을 바꿀 수 있도록 새로운 지식 발견에 막대한 영향을 미친다. 여기에서 제안된, 여러 단위로 쪼개진 다차원 데이터의 구조화 방법은 효과적인 데이터 마이닝, 시각화, 해석에 도움이 될 수 있다. 인간 생태계는 질병 및 환경 생태계 내재화에 중요한 역할을 한다.

인간 생태계에 관한 이해는 다른 생태계에 미치는 고유한 효과와 영향 때문에 매우 중요하다. 다중의 생태계는 궁극적으로 인간 존재에 영향을 미치는 것으로 보인다. 생태계들 간의 연결성은 분명하고 명백한 현상이자 관심 주제이다. 대용량의 빅데이터에는 이러한 현상에 영향을 미치는 매우 다양한 다학제적이고 이질적인 데이터 소스들이 있다. 저자들은 새로운 혁신적인 생각, 도구, 기술을 통해 획득한 지식과 학습경험을 IT/IS 프로젝트를 수반하는 연구자, 학생 커뮤니티와 주기적으로 공유할 것을 제안한다.

미래의 연구 트렌드와 기회

임베디드 디지털 생태계에 대한 IT/IS 연구 프로젝트를 수반하는 연구자들은 교육 시스템의 다양한 학자들이나 교육자들과 상호작용하고 연계할 수 있는 여지와 기회를 가지고 있다. 빅데이터 패러다임에서 구축된 새로운 지식은 반드시 연구 공동체들끼리 공유해야 한다. 이 연구에서 기술된 새로운 아이디어들과 도구들은 많은 다른 도메인에서의 연구 기회와 범위가 될 수 있다. 생태계와 테크놀로지에 주요한 돌파구와 이점들이 있음에도 불구하고, 다른 생태계에 영향을 미치는 인간 생태계를 묘사하는 임베디드 생태계와 마이닝에 대한 정밀한 기술과 규명은 미해결로 남아 있다. 질병 생태계와 관련된 이슈들과 이러한 시스템들이 생존하고 있는 환경이 탐구되고 있다. 추가적인 자원과 투입 없이도, 또 다른 많은 생태계들이 임베디드 생태계의 웨어하우징 데이터 패턴들에 대한 데이터마이닝에 의해 탐구될 수 있고, 발견될 수 있다. 데이터마이닝과 결합된 온톨로지 기반의 웨어하우스 모델링은 미래의 기술적 우위이자 경제적인 기회이다. 특히 건강관리 산업과 합병되었을 때 그 기회는 더욱 막대하다. 예를 들어 정교하고 강력한 IT 솔루션을 통해 또 다른 관련 생태계 데이터를 분석하고, 예측할 수 있는 폭넓은 기회를 가지고 있다고 저자들은 믿고 있다. 이는 질병과 환경에 영향을 받는 인간 생태계를 이해하고, 이 지구상에 살고 있는 수많은 인간들의 삶을 구제함에 있어 다양한 의미를 갖는다. 대기 중 탄소 수준 증가 측면에서 기후 변화에 대한 분석은 매우 필요한 연구이다. 우리가 제안한 테크놀로지들은 지식을 추출하고 인간과 질병 생태계에 영향을 미치는 지구 온난화와 탄소 배출(Nimmagadda & Dreher, 2009; Orr, 2004)을 해결할 수 있는 폭넓은 여지를 가지고 있다. 노천광에서의 채굴과 오일 및 가스 개발과 관련된 몇몇 데이터 소스들은 그것들을 인간과 질병 생태계에 영향을 미치는 환경과 통합할 수 있는 여지가 더 많다. 모델링과 맵핑의 과정에 더 많은 공간적 · 시간적 차원에서 더 많은 공간적 · 시간적 데이터 소스들을 추가하면서 연구는 계속되고 있다.

참고문헌

Agarwal, S., Agrawal, R., Deshpande, P., Gupta, A., Naughton, J., Ramakrishnan, R., et al. (1996). On the computation of multidimensional aggregates, in the *Proceedings of the Very Large Data Bases Conference* (pp. 506–521), 3–6 September 1996, Bombay. San-Francisco: Morgan Kaufmann.

Ali, M. M. (2013). Role of data mining in education sector. *International Journal of Computer Science and Mobile Computing, 2*(4), 374–383.

Baker, R. S. J. D. (2010). Data mining for education. *International Encyclopedia of Education, 7*, 112–118.

Cleary, L., Freed, B., & Elke, P. (2012). *Big data analytics guide*. Rosemead, CA: SAP.

Coronel, C., Morris, S., & Rob, P. (2011). *Database systems, design, implementation and management, course technology*. Boston, MA: Cengage Learning.

Debortoli, S., Muller, O., & Brocke, J. V. (2014). Comparing business intelligence and big data skills. *Business & Information Systems Eigineering, 6*(5), 289–300. doi:10.1007/s12599-014-0344-2.

Dhar, V., Jarke, M., & Laartz, J. (2014). Big Data. *WIRTSCHAFTSINFORMATIK, 56*(5), 277–279. doi:10.1007/s11576-014-0428-0.

Gornik, D. (2000). *Data modelling for data warehouses*. A rational software white paper. Lexington, MA: Rational E-Development.

Gruber, T. (2007). Collective knowledge systems: Where the social web meets the semantic web. *Web Semantics: Science, Services and Agents on the World Wide Web, 6*(1), 4–13. doi:10.1016/j.websem.2007.11.011; http://tomgruber.org/

Hadzic, M., & Chang, E. (2005). Ontology-based support for human disease study, *published in the Proceedings of the 38th Hawaii International Conference on System Sciences*, Hawaii, USA.

Hoffer, J. A., Presscot, M. B., & McFadden, F. R. (2005). *Modern database management* (6th ed.). Upper Saddle River, NJ: Prentice Hall.

Indulska, M., & Recker, J. C. (2008). Design science in IS research: A literature analysis. In G. Shirely, & H. Susanna (Eds.) *Proceedings 4th Biennial ANU Workshop on Information Systems Foundations*, Canberra, Australia.

Keller, G. (2005). *Statistics for management and economics* (7th ed.). Belmont, CA: Thomson Brookes/Cole.

Kemp, D. D. (2004). *Exploring environmental issues—An integrated approach* (pp. 1–406). London: Routledge.

Khatri, V., & Ram, S. (2004). Augmenting a conceptual model with geo-spatio-temporal annotations. *IEEE*

Transactions on Knowledge and Data Engineering, 16(11), 1324–1338.

Mattison, R. (1996). *Data warehousing strategies, technologies and techniques* (100–450p). New York, NY: Mc-Graw Hill.

Miller, H. J., & Han, J. (Eds.) (2001). Fundamentals of spatial data warehousing for geographic knowledge discovery. In: *Geographic data mining and knowledge discovery* (pp. 51–72). London: Taylor & Francis.

Moody, L. D., & Kortink, M. A. R. (2003). From ER models to dimensional models: Bridging the gap between OLTP and OLAP Design, Part 1 and Part 2. *Business Journal Intelligence*, Summer Fall editions, 8(3). http://www.tdwi.org.

Neuman, W. L. (2000). *Social research methods, qualitative and quantitative approaches* (4th ed.). Boston, MA: Allyn & Bacon, USA.

Nimmagadda, S. L., & Dreher, H. (2006). Ontology-base data warehousing and mining approaches in petroleum industries. In H. O. Negro, S. G., Cisaro, & D. Xodo (Eds.), *Data mining with ontologies: Implementation, findings and framework*. Calgary, AB: Idea Group. Retrieved from http://www.exa.unicen. edu.au/dmontolo/

Nimmagadda, S. L., & Dreher, H. (2007). Ontology based data warehouse modelling and mining of earthquake data: Prediction analysis along Eurasian-Australian continental plates. In *International Conference of IEEE in Industry Informatics Forum*, Vienna, Austria.

Nimmagadda, S. L., & Dreher, H. (2009). Ontology based data warehouse modelling for managing carbon emissions in safe and secure geological storages. In Paper presented in the international SEGJ symposium—*Imaging and Interpretation*, in a forum "Science and Technology for Sustainable Development", October, Sapparo, Japan; published in the digital library of Society of Exploration Geophysicists (SEG), USA.

Nimmagadda, S. L., & Dreher, H. (2011). Data warehousing and mining technologies for adaptability in turbulent resources business environments. *International Journal of Business Intelligence and Data Mining*, 6(2), 113–153.

Nimmagadda, S. L., & Dreher, H. (2012). On new emerging concepts of Petroleum Digital Ecosystem (PDE). *Journal Wiley Interdisciplinary Reviews Data Mining Knowledge Discovery*, 2, 457–475. doi:10.1002/widm.1070.

Nimmagadda, S. L., & Dreher, H. (2014). On robust methodologies for managing public health care systems. *International Journal of Environmental Research and Public Health, 11*, 1106–1140. doi:10.3390/ijerph110101106.

Nimmagadda, S. L., Nimmagadda, S. K., & Dreher, H. (2008, February). Ontology based data warehouse modelling and managing ecology of human body for disease and drug prescription management. In Proceedings of the *International Conference of IEEE-DEST*, Bangkok, Thailand.

Nimmagadda, S. L., Nimmagadda, S. K., & Dreher, H. (2010, April). Multidimensional ontology modelling of human digital ecosystems affected by social behavioural patterns. In Proceedings of the *IEEE-DEST-2010*, Dubai, UAE.

Nimmagadda, S. L., Nimmagadda, S. K., & Dreher, H. (2011, July). *Multidimensional data warehousing and mining of diabetes & food-domain ontologies for e-health management*. In Proceedings of the IEEE-INDIN-2011, Lisbon, Portugal.

O'Brien, J. A., & Marakas, G. M. (2009). *Management information systems* (9th ed.). Boston, MA: McGraw-Hill.

Orr, F. M., Jr. (2004). Storage of carbon dioxide in geologic formations. *Journal of Petroleum Technology, 56*(9), 90.

Pratt, J. P., & Adamski, J. J. (2000). Concepts of database management (3rd ed.). In *Excellence in information systems* (pp. 253–275): Cambridge, MA: Mass Course Technology.

Pujari, A. K. (2002). *Hyderabad*. India: University Press (India). Data mining techniques.

Rainer, K. R., & Turban, E. (2009). *Introduction to information systems* (2nd ed.). Hoboken, NJ: Wiley.

Romero, C., & Ventura, S. (2007). Educational data mining: A survey from 1995 to 2005. *Expert Systems with Applications, 33*(1), 135‒146.

Romero, C., & Ventura, S. (2010). IEEE educational data mining: A review of the state of the art. *IEEE Transactions on Systems, Man, and Cybernetics‒Part C: Applications and Reviews, 40*(6), 601‒618.

Rudra, A., & Nimmagadda, S. L. (2005). Roles of multidimensionality and granularity in data mining of warehoused Australian resources data. *Proceedings of the 38th Hawaii International Conference on Information System Sciences*, Hawaii, USA.

Schermann, M., Hemsen, H., Buchmüller, C., Bitter, T., Krcmar, H., & Markl, V. (2014). Big Data, an interdisciplinary opportunity for information systems research. *Business & Information Systems Engineering, 6*(5), 261‒266. doi:10.1007/s12599-014-0345-1.

Shanks, G., Tansley, E., & Weber, R. (2004). Representing composites in conceptual modeling. *Communications of the ACM, 47*(7), 77‒80.

Sidhu, A. S., Dhillon, T. S., & Chang, E. (2009). Data integration through protein ontology, a book chapter published under a title: Knowledge discovery practices and emerging applications of data mining: Trends and new domains. Retrieved from http://www.igi-global.com/

Siemens, G., & Baker, R. S. D. (2012). Learning analytics and educational data mining: towards communication and collaboration. In *Proceedings of the 2nd international conference on learning analytics and knowledge* (pp. 252‒254). New York, NY: ACM.

Vaishnavi, V., & Kuechler, W. (2004). Design research in information systems. Retrieved July 27 from http://www.isworld.org/Researchdesign/drisISworld.htm.

06

연구중심대학에서 숙의 공간의 필요성

Tony Harland

요 약 이 장에서는 신자유주의와 디지털 신기술에 대한 대학의 대처 방식이 연구와 교수-학습을 어떻게 변화시키고 있는지 다룬다. 업무의 재배치 전략으로 학계와 사회가 가치 있게 여기는 중요한 지적 목표를 달성하는 데 필요한 시공간이 줄어들고 있다. 이 목표는 진리, 이성, 비판, 해방 추구와 같은 계몽적 개념을 포함하고 있다. 저자는 대학교육의 목적이라는 관점에서 이러한 가치들을 고려하여 가장 먼저 '가치 있는 지식'이라는 개념을 소개한 후, 신자유주의라는 이데올로기가 고등교육의 지평을 어떻게 바꿔 놓고 있는지 그리고 이것이 어떻게 지속적으로 영향력을 행사하고 통제하는지에 대해서 살펴보았다. 마지막으로 현재의 연구 상황에서 디지털 기술을 관찰하고, 이 기술이 어떻게 지식 프로젝트를 바꾸어 놓고, 신자유주의 개혁에 영향을 끼쳤는지도 검토하였다. 결론에서는 숙의적 사고를 위한 공간을 만들기 위해 저항과 전복이라는 개념에 대한 몇 가지 아이디어를 제시했다.

주제어 신자유주의 / 교수학습 / 빅데이터 / 대학교육

서론

현대 사회에서 연구중심대학의 근본적인 목적은 지난 200년 동안 바뀌지 않고 유지되고 있다. 즉 교수는 연구하여 고급 지식을 양산하고, 그러한 지식을 교육 활동과 궁극적으로 사회의 안녕에 활용할 것이라는 기대를 받고 있다. 이런 관점에서 대학은 지식을 양산하

고 보급하는 장소라 할 수 있다.

그러나 실제 환경에서 이러한 활동이 수행되는 맥락은 끊임없는 변화하고, 이는 연구와 교수-학습의 질에 직접적인 영향을 주고 있다. 따라서 대학에서 교수들이 근무하는 환경과 상황이 교육과 연구의 질을 어떻게 높이고 있는지 또는 떨어뜨리는지를 이해하는 것이 중요하다. 지난 30년 동안 대학은 세계화라는 시기를 거쳤고, 신자유주의라는 정치경제 논리와 정보사회의 디지털 혁명이라는 변화에 맞추려고 부단히 노력해 왔다. 이러한 두 현상 중 하나는 본질적으로 정치적 발달이며, 또 다른 하나는 기술적 발달이라 할 수 있다. 이러한 발달은 때로는 공조해가면서 대학을 다양한 방식으로 긍정적 또는 부정적인 모습으로 바꾸고 있다. 그런데 두 가지 발달 모두 교수와 학생이 겪는 경험과 함께 대학교육의 사회 기여에도 심오한 영향을 미치고 있다. 만약 현대의 연구중심대학이 자신의 목표를 유지하면서 잠재력을 실현하고자 한다면, 우리는 신자유주의와 디지털 기술의 통합이 어떻게 해서 현재 달성된 것들을 수정하고, 어떤 결과를 가져오는지 이해해야 한다.

이 장에서는 신자유주의와 디지털 신기술에 대한 대처방식이 대학에서 연구와 교수-학습을 어떻게 변화시키고 있는지 다루고자 한다. 업무의 재배치로 인해 학계와 사회가 가치 있게 여기는 중요한 지적 목표를 달성하는 데 필요한 시공간이 줄어들고 있다. 이 목표는 진리, 이성, 비판, 해방 추구와 같은 계몽적 개념을 포함하고 있다. 저자는 대학교육의 목적이라는 관점에서 이러한 가치들을 고려하면서 가장 먼저 '가치 있는 지식'worthwhile knowledge이라는 개념을 소개하고, 신자유주의라는 이데올로기가 어떻게 고등교육의 지평을 바꿔놓았는지 그리고 이것이 어떻게 지속해서 영향력을 행사하고 통제하는지에 대해서도 살펴본다. 마지막으로 현재의 연구 상황에서, 디지털 기술에 대한 관찰을 통해 기술이 어떻게 지식 프로젝트를 바꾸고 신자유주의 개혁에 영향을 미치는지 검토한다. 결론 부분에서는 숙의적 사고[1]를 위한 공간을 만들기 위해서 저항과 전복이라는 개념과 관련된 몇 가지 아이디어를 제시하면서 마무리한다.

---

1. 역자 주 : 숙의(熟議, deliberative)란 심층적 사고와 토론의 과정을 거치면서 불완전한 자신의 견해를 교정하고 보다 정교화된 의견을 형성하는 것을 말한다.

대학의 목적

현대 사회에서 연구중심대학은 여러 목적을 가지고 있지만, 주요 책임은 지식창출에 있다 (Barnett, 1997). 지식창출 활동은 대개 교수, 연구원, 학생과 이러한 연구를 지원하는 국제 학술단체에 의해서 수행된다. 이런 의미에서 개인과 대학은 세계적으로 지식의 생성과 학습에 기여하며, 고등교육을 받은 학생들은 미래의 직장과 사회의 구성원으로 자리 잡게 된다. 사회는 이러한 미래의 시민들이 기업을 가치 있는 투자처가 되도록 만들 수 있는 기술과 역량을 갖추고 졸업할 것이라고 기대한다. 그러한 인식에 기초해서 대학은 학생들에게 선진 내용을 가르치고 가치를 심어주는 등 방대한 기능을 수행한다. 사회가 대학교육에 거는 기대는 미래 인재를 양성하는 것부터 민주주의를 수호하는 데 도움이 되는 것까지 매우 광범위하다.

대학이 의미하는 바와 교육 목적을 달성하는 방법에 대해서 학자들과 정치인 사이에 상당히 많은 논쟁이 이어지고 있지만, 모두가 근본적으로 동의하는 가치들이 있다. 다음 절에서는 이러한 가치들이 신자유주의와 디지털 혁명에 의해 수정되고 있음을 제시한다 (Harland & Pickering, 2011). 위에서 말한 가치는 일반적으로 '비판적'being critical이거나 '학문적'scholarly인 영역에 속해 있으며, 오랜 세월을 거치면서도 굳건히 자리를 지키고 있다. 여기에는 비판적 사고와 평가적 판단의 개발이라는 주요 개념들이 포함되는데, 이는 새로운 지식 발견에 대한 전조로도 볼 수 있다. 특히 '비판적'인 것은 진리 추구 활동의 핵심이고 대학이 어떻게 사회에 기여할 수 있는지를 보여주는 기반이 되기도 한다.

이상에서 제시한 근본적인 생각들은 여러 주제와 영역에 걸쳐 다양한 방식으로 실현되겠지만, 비판성은 보편적인 개념으로 학계의 폭넓은 지지를 받고 있다. 그러나 비판적 사회 참여에 대해서는 논쟁의 소지도 다분히 있는데, 이는 종종 인문학 분야의 고유 특징으로 인식되기도 한다. 여기에서 참여란 '사회의 비판과 양심'이 되도록 학습한다는 것을 내포하는데, 최소한 뉴질랜드에서는 이를 대학교육의 조건 중 하나로 교육법에 명시하고 있다(Education Act, 1989). 비록 뉴질랜드의 모든 학자와 학생들이 사회의 비판과 양심으로 행동할 책임을 가지고 있다 할지라도, 누군가는 이를 고품질의 지식을 창출하고 보급하는 핵심 과업의 부속물처럼 간주할 것이다. 그래도 그러한 의무로 인해 모든 대학은 지역사회와 세계에 기여를 하게 되고, 적어도 서구의 자유주의 전통에서 운영되는 대학은 객관적이면서 공공성을 띤 비판을 제공함으로써 민주적인 구조에 영향을 주고 이를 유지하도록 해준다.

또한 고급 지식을 많이 아는 것과 지식을 창출하는 것은 동일하지 않다. 대학에서 배우는 것은 지식의 유형과 질에 관련되어 있지만, 지식창출은 학문적 활동이어서 세심한 성찰과 숙의를 요하기 때문이다. '사회의 비판과 양심'이 되도록 연구하거나 생각하고 학습하는 데 있어 필요한 조건 중 하나는 이러한 활동에 시간이 소요된다는 점이다. 이를 실현하기 위해서는 교육 과정과 교수 활동을 위해 필요한 공간을 세심하면서 사려 깊게 만들어내고 유지하는 것이 요구된다. 오늘날 대학에서는 학교 업무가 신속하게 돌아감에 따라 교수들이 매우 바빠지고, 따라서 창의적이고 혁신적인 작업을 위한 시간을 갖는 것은 더욱 어려워지고 있다(Parkins, 2004).

Parkins(2004)는 학문은 초탈(超脫), 정적(靜寂), 신중함을 요구하는데, 숙의적 사고를 위한 공간에서는 이에 대해 박차를 가할 수 없다고 주장한다. 지름길이 존재하지 않기 때문에 교수들은 '가치 있는 것'worthwhile thing을 달성하기 위해 시간을 쓰는데(Reisch, 2001), '가치 있는' 것은 많은 생각을 필요로 하기 때문이다. 저자의 생각에 가치가 있는 것은 비판적인 영역으로 '강력한 지식'powerful knowledge을 개발하는 교육에서 비롯된다(Beck, 2013; Wheelahan, 2007; Young & Muller, 2013). 강력한 지식이란 다른 형태의 지식과 구분되는 특성을 가지고 있는 복합적 아이디어라 할 수 있다(Harland, 2016). 이를 배운 학습자라면 다음과 같은 특징을 가지고 있을 것이다.

- 자신만의 지식을 생성하는 데 능숙하다.
- 주장되는 지식을 평가할 수 있다.
- 시간이 경과함에 따라 다양한 지식 맥락에서 지식을 생성하고 평가할 수 있다.
- 자신과 타인을 위해 지식을 현명하게 사용할 준비가 되어 있다.

원칙적으로 이것들은 교수가 자신의 연구를 진행하면서 추구하는 것과 동일하며, 이를 뒷받침하는 힘은 해당 지식 분야의 전문적인 속성에서 도출된다(Beck, 2013). 그럼에도 불구하고 전문 지식에서 도출되는 힘은 한계가 있어서, 교수와 학생들은 그 이상의 것을 필요로 한다. 이는 그들이 학습한 것이 일상적인 상황에서도 작동되어 이후에는 상식적인 지식이 될 수 있도록 영향을 미치려 한다는 것이다. 이러한 결과를 제공하는 것은 바로 학문지식의 생성 원리인데, 이를 달성하는 방법 중 하나는 학생들을 진정한 연구자로 교육시키는 것이다(Jenkins, Healey, & Zetter, 2007). 그러한 지식 생성 경험은 학생들에게 다양한 방식으로 사고와 존재를 학습하는 기회를 제공해주어 사회에 나가서도 새로운 대화를 나눌 수 있게 해준다(Wheelahan, 2007). 또한 대학에서 연구를 통한 학습이 첫날부터 이루어진다면, 모든 학생들은 시간이 경과함에 따라 지속적으로 지식 생산에 참여할 수 있기 때문에 이러한 학습은 이들 모두에게 유용하면서도 '강력한' 어떤 것을 제공해준다. 이러한 경험은 학문 후속 세대를 양성할 것으로 생각되는 구식의 엘리트 교육 과정과 대조를 이룬다. 엘리트 프로그램을 이수한 학생들은 대학 졸업 후 자신의 연구 분야에서 일하지 않을 경우, 배웠던 대부분의 내용들을 곧 망각할 것이다(Custers, 2010).

대학교육이 (a) 교육 프로젝트의 기반이 되며, (b) 모든 학생들에게 강력한 지식을 제공하는 잠재성을 가지고 있고, (c) 사회가 필요로 하면서 중요하게 여기고 있음을 주요 특성으로 받아들인다면, 우리는 여기에 영향을 미친 모든 변화를 규명하고 철저히 이해해야 한다. 다음 절에서 고등교육에 일어난 두 가지 변화(신자유주의, 디지털 혁명)는 무엇이며, 이러한 변화가 교수 활동을 주로 규정에 대한 순응, 책무성, 행정 쪽으로 돌려놓음으로써 대학의 지식 프로젝트를 어떻게 바꿔 놓고 있는지 검토해본다.

신자유주의와 공립대학의 '민영화'

대학의 첫 번째 변화는 1970년대 말에 시작되었다. 세계 전역에서 신자유주의식 경제와 정치 개혁이라는 몸살을 앓기 시작하면서 세계화 시대가 도래하였다(Steger, 2013). 정치적 설득과 상관없이, 전 세계의 정부들은 다양한 방식으로 자신의 역할과 책임을 이해하기 시작했고, 자유시장은 지배적인 이데올로기가 되어 이러한 사고를 이끌어 갔다. 신자유주의가 등장하기 전에 정부는 사회의 경제적·사회적 측면 모두를 감독하는 데 훨씬 큰 역할을 담당하였다. 자유시장이라는 개념이 최우선 원칙이 될 때, 정부 기능의 드라마틱한 합리화가 있었고 사회계약이 변경되었다. 신자유주의를 통해 공공 부문에서 민간 부문으로, 집단에서 경쟁적 경제주체로서 개인을 새롭게 강조하는 전환이 일어났다.

공공기관의 개혁 및 민영화와 관련해서, 신자유주의가 특정 서비스에 있어서는 한계를 가지고 있어서 정부가 관리하는 기관들을 완전히 민영화하기에 어려움이 있었다. 여기에는 국공립 대학과 같은 교육기관도 포함되어 있다(Marginson, 2007). 그럼에도 불구하고 이러한 기관들은 민간 부문을 반영하면서 경제적 성과를 고양할 수 있도록 효율적인 비즈니스 방식으로 행동해야 한다는 기대가 여전히 있었다. 이를 위해 어떤 표준을 정하고, 이에 대해 다양한 규제를 도입함으로써 경쟁적인 환경을 생성하는 것이 요구되었다. 이것들은 성과를 향상시키고, 미래 경제를 위해 전략적으로 중시되는 교육 서비스를 좀 더 통제할 수 있도록 디자인되었다(Olsen & Peters, 2005).

동시에 대학들은 학문 자본주의[2]를 표방하면서 '세 번째 미션'[3]을 수행하여 기업들이 하는 상업적인 활동에 참여하면서 이윤 창출이 권장되었다(Leisyte & Dee, 2012). 일반적으로 중앙정부는 입법과 정책을 통해 영향력을 행사하면서 예산 삭감을 통해 재정 압박을 가할 수 있는 능력을 가지고 있다(Neave, 1988). 국공립 대학들이 글로벌 자유시장에서 사기업처럼 운영한 결과, 교육기관의 근본적인 변화가 생겼다. 교육기관들이 서로 다른 방식으로 관리되면서 고등교육의 대중화와 대학 유형의 분화로 이어졌다. 또한 학교 인력들은 현재 점점 비정규직화 되고(Schuster & Finkelstein, 2006), 가르치는 내용에 변화가 생기고, 다수의 규제가 대학으로 하여금 정부와 납세자에게 더 많은 책임을 지게 하는 방편이 되었다.

책무성과 규제의 예는 서구의 몇몇 연구중심대학에 영향을 미치고 있는 대학연구평가체제[4]이다. 정부는 제한된 예산을 재분배해야 하기 때문에 연구의 양과 질을 평가한다. 평

---

2. 역자 주 : 대학 자본주의(academic capitalism)라고도 불리며, '외부의 기금을 확보하기 위해 노력하는 대학과 교수들의 시장 행위와 유사 시장 행위'로 정의된다. 여기서 시장 행위(market behavior)는 대학이 직접 수익을 추구하는 행위로서 특허권이나 로열티를 파는 행위, 대학 산하에 기업을 설립하여 영리를 추구하는 행위, 대학의 로고 등을 상품화하여 판매함으로써 수익을 추구하는 행위, 서점, 문구점, 식당, 기숙사 등을 이용하여 대학의 수익을 창출하는 행위를 망라한다. 유사 시장 행위(market-like behavior)는 대학의 조직적 특성을 이용하여 외부 기금을 끌어들이는 행위로서 외부 연구 기금, 외부 기탁금, 발전기금, 산학협력에 의한 기업 자금 유입 등을 뜻한다.

3. 역자 주 : 대학의 세 번째 미션은 경제 발전에의 기여다. 훔볼트 모델에 따르면 대학의 첫 번째와 두 번째 미션은 각각 교육과 연구이다.

4. 역자 주 : 대학연구평가체제(research assessment exercises, RAE)는 대학 연구 활동의 질을 측정하기 위한 평가체

가는 개인에게 상이나 벌을 주고, 대학에는 국내 및 세계 순위가 매겨짐으로써 명성이 부여되곤 하는데, 이 때문에 연구를 교수(敎授) 같은 다른 활동보다 우위에 두는 경향이 있다(Elton, 2000). 신자유주의에서 나타나는 반응은 새로운 품질 보증 조치를 마련해서 연구자가 교수의 질을 책임지도록 하고, 교육 활동을 표준 수준으로 끌어올려 질을 보장함으로써 연구와 교육의 균형을 회복케 한다는 것이다(Cheng, 2011). 그러나 현재 연구와 교육 부문이 모두 측정되는 상황에서 여전히 연구는 교육보다 중시되고 있다. 이러한 차이를 보이는 이유는 복잡하다. 연구의 양적 평가 방법(저서의 수, 논문의 인용지수 등)에 비해 교육의 질을 측정하려는 시도에 있어 정밀도가 부족한 것이 일부 원인이 될 수도 있다.

　게다가 연구중심대학의 경우, 교수들은 주로 연구에만 단련되어 있어서 교육을 포함해서 이들에게 기대되는 모든 활동에 필요한 기술들은 거의 갖추고 있지 못한 형편이다. 이러한 상황은 교수 활동을 구성하는 요소마다 다른 가치 기반을 만드는데, 신자유주의 대학에서 연구와 교육 간의 관계가 급격히 변하고 있음을 여실히 보여준다(Elton, 2000). 연구를 사고와 지식의 질이라는 잣대로 평가했을 때, 과연 이것이 대학 전반을 진정 개선하고 있는 것인지 또는 현 상태를 유지하거나 쇠퇴시키는지 그리고 현재의 학생 경험과 학습을 더 향상시켰는지 악화시키는지에 대해서 아직 알려진 바는 없다.

　규제 기술은 대학에 부여된 것이 아니라 이들이 받아들인 것이다. 여러 대학들은 생산성 향상을 위해 동일한 성과 관리용 도구들을 채택하고 있다(Harley, 2002). 이러한 채택으로 새로운 유형의 교수 인력이 만들어지는데, 이들에게 적절한 업무 활동을 결정함에 있어 자유스럽지 않고, 동료애가 적으며, 관료적 업무가 꾸준하게 증가한다. 동시에 교수들은 신자유주의 개혁을 수락하고 받아들이는 데 열중하고 신자유주의자로서 자신을 재탄생시킨다(Ball, 2012 참조). 예를 들어 연구 예산에 압박을 가하는 것은 종종 교수들을 동료와 경쟁 관계에 놓이게 해 이들로 하여금 보다 많은 기업가적 활동을 하게 만든다. 부족한

제로 영국 고등교육재정위원회(higher education funding council of England, HEFCE)에서 운영되고 있다. 대학의 학과를 기본 평가대상으로 하며 7년간의 연구 업적에 대해 세계적 수준, 국내 수준, 평균 이하 등 총 5단계로 평가하고 전일제 근무 기준 연구원 수, 연구 주제에 따른 비용가중치, 지역별 물가 등 요소를 고려하여 대학 단위의 지원 금액을 최종 결정했다. 그러나 교육 중심의 소규모 대학이나 소외 학문 분야, 평가에 불리한 학제적 연구 등을 위축시켰다는 부정적 평가 등 2008년에 실시한 RAE에 제기된 이슈를 반영하여 연구의 질에 대한 정성 평가를 강화한 새로운 REF(Research Excellence Framework)를 2014년부터 도입 운영하고 있다. REF에서 1은 영국 내에서 인정되는 수준, 4는 세계 최고의 수준으로 구분된다.

자원을 통제하기 위해 내부 및 외부 성과 관리를 함으로써 승자와 패자가 양산된다. 대학에서 누군가는 권한을 부여받는 반면 다른 사람들은 그들의 지배하에 있게 된다. 교수들이 수행하는 업무가 성공에 필요한 기준을 충족시키기 위해 변경되며 이에 가치들은 점차적으로 타인이 설정한 새로운 표준에 맞게 조정된다.

신자유주의 개혁의 두 번째 모습은 고등교육의 대중화이다. 사회통합 관점에서 숫자의 증가는 원칙적으로 사회 중산층의 증가로 설명되고, 많은 수의 학생 성공을 양적 증가 관점에서 본다면 긍정적으로도 볼 수 있다(Marcenaro-Gutierrez, Galindo-Rueda, & Vignoles, 2007). 규모의 경제학과 인프라 및 자원의 최적 활용이라는 측면에서도 긍적적이다. 그러나 다양한 학생으로 이루어진 대규모 강의에서 가르친다는 것은 교수에게 많은 문제들을 안겨준다. 기존의 엘리트 시스템에서 가능했었던 것이 이제는 큰 난관에 봉착하게 만든다. 생태학 수업 사례를 들어보면, 1980년대 말 7일짜리 현장 실습을 수강하는 1학년 20명의 교실 상황은 오늘날 150명의 수강생이 듣는 수업에서는 상상조차 할 수 없는 일이다. 현재 이 과목을 수강한 학생들은 그들과 다른 교육 경험을 가지게 된다. 연구중심대학에서 학생 및 직원 수의 변동을 나타내는 데이터는 이러한 현상들을 설명해준다.

〈그림 6.1〉은 꽤 일정한 수준을 유지하는 교원과 연구원 수에 비해 비교적 가파른 폭으로 증가하는 학생 수를 대조해서 보여준다. 신규 사업을 추진하고 규제에 따른 일들을 처리하는 데 필요한 행정직원 수가 가장 큰 폭의 증가를 보이고 있다. 실적 양으로 측정해본

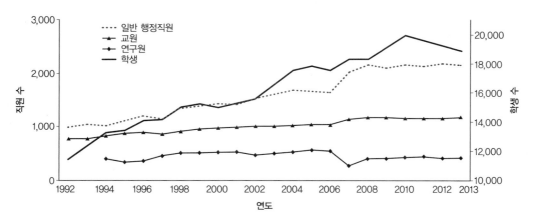

그림 6.1   오타고대학교의 전체 학생 수 대비 교원, 일반 행정직원, 연구원의 수(1992~2012년)

결과, 오타고대학교의 연구 실적은 2004~2014년 사이에 50%가량 증가했다. 이 상황이 타 대학에게도 얼마나 대표성을 가지는지 알 수 없지만, 대학들이 세계화의 압박에 유사하게 반응하는 경향이 있기 때문에 이러한 변화는 전 대학에 걸쳐 반영될 가능성이 있다. 그런데 여기에서 주목할 점은 대다수 서구권에서 교수의 행정 업무도 증가하고 있다는 점이다.

이러한 모든 변화는 시간이 흘러도 교수의 총 주간 근무시간에는 변함이 없기 때문에 발생한다. Tight(2010), Staniforth와 Harland(1999)의 분석에 따르면, 1960년대 말 이래로 신자유주의가 도입되면서 대학 교수들의 평균 근무시간이 약 50시간 정도로 집계되었다. 이렇게 제한된 시간에 더 많은 연구와 교육 활동을 하도록 요구받고 있으며, 행정 업무에 쏟는 시간도 늘어나고 있다(Ball, 2012; Menzies & Newson, 2007; Staniforth & Harland, 1999; Tight, 2010). Menzies와 Newson(2007)은 이러한 새로운 관료 업무를 '셀프 서비스 행정'(p. 93)으로 칭한다. 학생 수가 늘어나 교육에 대한 압박감이 커지고, 행정지원 인력이 엄청나게 늘어남에도 불구하고 학사업무 행정 처리가 더 늘어난다면 일주일이라는 한정된 시간에 연구에 대한 압박을 느끼고 업무의 강도는 높아진다(Hartman & Darab, 2012 참조). 또한 Tight(2010)는 의무 활동의 증가는 교육과 연구 활동의 질을 위협한다는 역설을 제시했다. Stephen Ball(2012)도 유사한 의견을 내었다.

> [중략] 우리는 그것을 하는 것보다 한 것을 의무적으로 보고하는 데 더 많은 시간을 할애하고 있다(Ball, 2012, p. 19).

그러나 교수들이 '근무 중'인지 여부는 이들의 공적인 것과 사생활의 경계가 모호해지는 경향이 있어 논점이 되곤 한다. 예를 들어 연구 문제를 생각하는 데 소요되는 시간은 설명될 수 없다는 점이다. Barnett(2011)은 교수들이 실제, 가상, 상상의 공간을 사용한다고 주장한다. 실제 공간이란 업무 일지로 기록되면서 활동이 문서화되는 곳을 말하며, 가상 공간은 집에서 논문 쓰는 것과 같이 문서화되지 않는 활동이 이루어지는 곳, 상상 공간의 경우 확장된 존재론적 공간에서 인지적으로 일하고 있는 곳을 말한다.

이와 유사한 이슈가 학생들에게도 영향을 주었는데 이들은 현재 '학습 강화'와 다양한 형태의 교육을 경험하고 있다. 저자가 있는 대학의 사례를 통해 이것의 의미를 살펴보자. 신자유주의라는 압박에 순응해서 우리 대학의 수업 방식을 변경하게 되었는데, 학위 프로그램과 한 번의 졸업 시험으로 운영되던 것에서 탈피하여 학기 및 모듈 단위의 구조를 갖추고, 학생들로 하여금 시험과 종합 평가를 자주 치르게 했다(Harland, McLean, Wass, Miller, & Sim, 2015). 학생들은 무엇을 공부할지 선택의 폭이 넓어짐에 따라 교육 소비자가 되어 갔다. 이들은 광범위한 모듈에 접근할 수 있어서 자신만의 학위 경로를 구성할 수 있었지만 각 모듈은 거의 다른 모듈과 독립적이어서 학생들의 학습은 보다 자주 평가되고 성적이 매겨져야 했다. 모듈과 그 하위 모듈에서 짤막한 단위 학습이 끝날 때마다 빈번하게 종합 평가가 이루어지는 방식은 학생들의 학습 경험을 점차적으로 바꿔 놓았다.

이러한 신규 시스템은 시간이 걸리는 고차원의 과제를 배제해서 학생들이 자율성을 갖춘 주체적인 학습자로 발전할 수 있는 기회를 거의 제공하지 않는다. 연구에서도 학생들이 자신의 성적에 집착하게 됨을 보여주고 있다. 교수들은 학생들이 그러한 보상을 받기 위해 공부한다는 것을 알고 자유롭게 성적을 매기는데, 이러한 교육의 변화도 학생이 이끌어낸 것이다. 학생들은 멀찌감치 떨어진 자리에 앉아서 시험을 보기보다 작은 모듈의 성적들이 축적되어 최종 성적으로 통합되기를 원하기 때문이다. 관련 연구를 보면, 많은 학생들은 3년제 학위 과정을 통틀어 주당 1회 이상 평가받고 채점되었다. 성적을 매기는 빈도는 대부분의 학생들이 지속적으로 가벼운 스트레스를 느끼면서 지낼 수 있음을 의미한다. 평가받는 것을 좋아하는 사람은 없을 것이며, 이것이 계속해서 이루어진다면 대학 생활은 결코 즐겁지 않게 된다.

일찍부터 과도한 평가를 받은 학생들에게 자율성은 찾아보기 어렵다. 배우는 내용이나 부여된 과제 외에는 아무것도 읽지 않았는데, 이런 의미에서 비판적 학습을 위한 공간은 거의 존재하지 않는다. 결국, 교육 과정을 작은 단위로 쪼개어 많은 내용을 습득하게 했지만 학생들은 이를 망각하고 결코 다시 공부하지도 않았다. May(May 2001 in Cribb & Gerwitz, 2013 참조)는 '지식 최소화'miniaturization of knowledge라는 개념을 응용해서, 학생들이 빈번한 시험을 통해 학습 강화를 경험하는 것을 '학습 최소화'miniaturization of learning라 명명했다. 그러나 해당 연구에 참여한 어떤 교수는 성적에 따른 보상이라는 규제를 지속하는 것은 훌륭한 신자유주의자를 양산해서 이들이 개인 간 경쟁과 보상이라는 특징을 가진 근무 환경에 적합하고 성공할 가능성이 있다고 지적하기도 했다. 위의 사례 연구에서 나타난 문제들이 대학 전반에 걸쳐 넓게 퍼져 있다면, 수업과 교육 과정에서 겪는 경험들을 각 대학에서 표방하는 핵심 가치에 부합되도록 해주어야 한다.

전체적으로 신자유주의가 이끈 주된 변화는 교수들의 일상이 성과가 강조되는 새로운 행정 업무로 전환된 것이다. 교육과 연구 활동을 수행하는 데 가용한 시간이 더 적어졌다고 볼 수 있지만, 이러한 상황은 대중화된 고등교육과 관련된 문제들에 의해 얽히고 설켜 있다. 분명한 점은 교수는 자신들의 핵심 업무인 교육과 연구에 보다 많은 시간을 할애하길 원하는 것이다. 그러나 전공을 불문하고 모든 교수가 사회의 비판과 양심으로서 민주적 시민 역할에도 비슷하게 비중을 두고 있는지 여부는 불분명하다(Harland & Pickering, 2001; Macfarlane, 2005). 현재로서는 연구 및 교육 부분에서 얻는 것은 그 자체로도 충분할 수 있다.

> 사회가 신자유주의 문화와 가치를 통해 정의됨에 따라, 사고하고 참여하는 시민을 창조하기 위한 조건들인 비판적 교육, 공중도덕, 시민 책무성 간의 관계가 금융 자본과 이윤 창출이라는 논리에 너무 희생되고 있다(Giroux, 2002, p. 427).

다양한 교수 활동에 대해 증가하는 압박과 관련된 신자유주의적 해결책 중 하나는 연구, 교육, 봉사와 같은 전통적인 역할들의 제약을 풀어버리고 선택된 과업에 전문성을 보유한 유사 교수들을 양산하는 것이다. 두 번째 해결책은 일정 기간 동안 파트타임으로 근무할 계약 교수를 임시 채용하는 것이다(예 : Ryan, Burgess, Connell, & Egbert, 2013). 이 두 전략들은 제한된 해결책에 불과하지만, 연구중심대학이 수행하는 비판적 프로젝트에 시사점을 제공한다.

빅데이터의 가능성

세계화 시대로 불리는 현대 사회는 정보통신기술ICT의 급격한 발전 덕분에 디지털 혁명시대로 이해되기도 한다. 이는 ICT가 현대 사회를 살아가는 데 있어 중요한 모티프가 되기 때문이다. 대부분은 ICT의 독보적인 발전과 이것이 지식과 교육에 미치는 영향을 살펴보는데, 이 절에서는 디지털 기술, 디지털 기술과 신자유주의 혁명의 관계, 디지털 기술이 대학에서 교수 활동과 비판적 프로젝트critical project에 미치는 영향에 대해 살펴보고자 한다. 여기에서 제시되는 주장은 커뮤니케이션과 정보의 흐름 면에서 효율성이 훨씬 높아졌음에도 불구하고 연구와 교육에서 지식 프로젝트의 질이 개선되었다는 증거가 거의 없다는 점이다. 디지털 기술이 특정 형태의 지식에 대한 접근성과 보급률을 향상시켰고, 이러한 기회를 많은 이들이 즉각적으로 이용 가능하다는 점에 대해서는 의심의 여지가 없다. 그러나 보다 많고 빠른 것이 반드시 더 나음을 의미하지는 않는다. 즉 ICT 기술이 교수를 업무로부터 해방시켜줌으로써 성찰 및 숙의를 위한 공간을 확대해주는 그러한 가능성은 아직 실현되지 않고 있다. 실상 그 반대일 수도 있는데, ICT 기술이 신자유주의식 통제기술로 활용되어 교수의 삶 전반에 영향을 끼치고 있기 때문이다. 이러한 ICT의 발전이 없다면 사회에서 동조와 순응이 거의 불가능해지는데, 이는 개인, 기관, 사회 사이에서 발생하는 경제적 비용을 높이는 결과가 초래되기 때문이다.

계속되는 ICT 기술의 발전은 대학에게 새로운 기회의 장을 열어주었지만, 동시에 규제를 확대해서 대학 환경에서 학자의 자유라는 전통적인 관점을 바꾸어 놓고 있기도 하다. 즉 대학 교수가 소명 의식을 가진 직업인에서 상업적으로 규제받는 지식 근로자가 되었다는 것이다. 그러나 신뢰와 자유에 대한 어떠한 기준 없이 교수가 지식, 학생, 사회민주주의 프로젝트에 대한 역할과 책임을 어떻게 충분히 이행할 수 있을지 생각해보자. 이러한 점에서 ICT 기술은 교수 활동의 핵심적인 부분을 축소시키는 데 도움이 되었지만 우리가 교육에 대해 이해하고 이야기하는 방식을 바꾸어 놓았다. 또한 ICT 기술은 이전에는 상상할 수 없었던 산업 분야 용어들(예 : 이윤, 지식 생산자, 서비스 제공업체, 고객으로서 학생)을 대학 전반에 걸쳐 널리 퍼지도록 했다.

ICT 기술의 진보는 정보의 흐름을 빠르게 해서 대학에서 많은 활동들을 보다 빠르고 효율적으로 만들어주었다. 이것들이 가져오는 이점에 대해서 논쟁을 벌이기는 어렵다. 예를 들면 지금 우리는 놀라운 속도로 지식에 접근할 수 있고, 최소한 엘리트 대학에서는 검열을 받지 않는 네트워크를 통해 누구와도 이를 효율적으로 공유할 수 있다. 이러한 커뮤니케이션은 교육에서 민주주의의 일부로 여겨질 수 있고, 많은 지식들이 대학의 전유물에서 벗어나 누구에게나 개방되는 결과를 낳았다고 할 수 있다. 이처럼 기술 자체는 해를 끼치지 않지만 개인과 공동체가 그것을 어떻게 활용하는지에 따라 그 결과는 달라질 수 있음이 주장되기도 한다. 연구를 목적으로 데이터를 수집할 수 있는 기술은 긍정적일 수 있지만 무의미한 규제를 위해 이러한 기술을 사용하는 것은 부정적일 수도 있다. 마찬가지로 교육을 위해 특별히 설계된 ICT 기술(예 : LMS)은 잘 활용될 수 있지만 그렇지 않을 수도 있다.

현대 기술은 일에 매진하는 시간을 줄여주기보다 가능한 업무의 양을 늘려서 교수의 삶을 보다 바쁘게 만들었다. 즉 ICT 기술의 발전에 따라서 교수들이 업무를 수행함에 있어 다양한 기술을 사용할 수 있게 되었고(Parkins, 2004), 그 결과로 일과 휴식의 경계, 누군가에게 평가받는 활동과 스스로 사유를 하기 위한 존재론적 공간의 구분도 모호해졌다. Towers, Duxbury, Higgins, Thomas(2006)는 '제3공간'[5](p. 597)에 대해서 언급했는데, 이는 모바일 기술로 가능해졌다. 교수들이 장소를 불문하고 어디에서나 일할 수 있기 때문에 근무지와 집의 구분은 더 이상 유용하지 않게 되었다. Parkins(2004)는 누구나 다른 사람의 요구에 빠르게 반응하기를 요청받기 때문에, 성찰에 필요한 시간을 확보하기란 힘들다고 했다. 캐나다의 어떤 연구에 따르면, 교수들 중에서 69%는 시간 압박과 빠른 속도로 일어나는 학술 활동 때문에 이러한 신기술 환경에서 살아남기 힘들다고 토로했다고 한다(Menzies & Newson, 2007). 따라서 지식의 생산 및 보급에 사용되는 시간도 이제는 '네트워크 시간'network time으로 표시되는 실정이다(Hassan, 2003).

한편 ICT 기술의 발전에 따라 또 다른 부담으로 작용하는 것은 교수 활동과 학술 활동이 더 이상 혼자의 일이 아니라 광범위한 학문 공동체에서 이루어지게 되었다는 것이다. 은둔 생활을 하며 연구하는 고독한 학자의 모습은 이미 미신에 불과하고, 지식은 이제 사회 공동체에서 만들어지게 되었다. 이러한 상황에서 ICT 기술은 개인과 공동체의 연결을 활성화시켜주고, 협동을 위한 새로운 가능성을 열어준다. 그러나 Stephen Ball(2012)은 우리는 '사회구조와 사회관계가 정보 구조로 대체되는'(p. 19) 세상에서 살고 있는데, 주어진 책무성에 따라 일을 하게 되는 상황에 익숙해지는 데 많은 시간을 허비하고 있다고 주장

---

5. 역자 주 : 제1공간인 가정, 제2공간인 직장 다음의 공간으로, '집과 사무실 중간에 존재하는 사회적이면서도 지극히 개인적인 공간, 즉 다른 사람과 관계를 맺는 공간이면서도 오롯이 혼자만의 시간을 가질 수도 있는 공간을 말한다.

한다. 교수들 사이에서 짧고 무의미한 교류가 보다 많아지면서, 커뮤니케이션에 있어서도 양이 질을 대체하고 있다(Menzies & Newson, 2007). 우리는 정보화 시대를 맞아 정보 구조 자체가 보다 효율적이지만 비인간화되는 상황을 맞고 있는데 이를 좀 더 깊이 생각해 보면, 사회 공간과 비판적 공간 모두가 침체의 늪에 빠지게 될 수도 있다는 것이다.

빅데이터와 학습분석 형태로 디지털 정보를 사용하는 것은 비교적 새로운 일이다. 이는 연산 및 분석 절차가 발전함에 따라 더욱 가능해졌다. 대학과 교수 활동의 관리를 위한 예측 가능성을 제공하는 방대하면서도 다양한 데이터를 활용할 수 있는 우리의 능력을 넘어 대학에 빅데이터 시대가 주는 의미에 대해서 많은 것을 이야기하지는 않겠다. 하지만 빅데이터의 잠재적 영향에 대한 충분히 알려지지 않았기 때문에 몇몇 이슈를 제기하고자 한다. 물론 이에 대한 낙관론이 있지만, 아직 증명되지는 않았다. 여기서는 자칫 해로운 영향을 끼칠 수도 있는 두 가지 우려 사항에 대해서 논의하고자 한다.

- 빅데이터는 고등교육의 신자유주의 개혁을 가속시키는 데 활용될 것이다.
- 빅데이터 덕분에 핵심 업무인 교육과 연구 외에 보다 많은 업무를 할 것이다.

신자유주의 프로젝트는 자신의 이데올로기적 목표를 지속적으로 충족하고 진화시키려면 빅데이터를 잘 활용할 수밖에 없다. 이와 같이 데이터가 어떻게 해석되고 관리되는지 그리고 어떤 궁극적 목적을 위해 사용되는지를 확인하는 것은 흥미로운 일이다. 특히 의사결정을 내리는 데 사용되는 정보를 실제로 소유한 사람은 보다 신중하게 고려해야 한다. 방대하면서 다양한 데이터를 '데이터마이닝'하는 것과 관련해서 윤리적인 문제가 발생할 수도 있기 때문이다. 이는 데이터를 통해 무엇을 파악할 것인지에 달려 있는데, 그러한 일을 위임받은 사람들은 교수 업무를 간섭하기 위해 해당 정보를 사용할 수 있기 때문이다. 예를 들어 경영진이 보다 정확한 예측을 할 수 있는 능력이 있다면 그러한 상황은 합리적으로 보일 수 있다. 그러나 수치로 나타내어 측정 가능한 데이터가 의사결정에 도움을 주기보다 오히려 결정 요인으로 고정되어 사회에 제공된다면, 대학이 표방하는 어떤 고유한 가치는 눈에 띄지 않고 취약해지기 마련이다.

이러한 취약성에 대한 우려는 ICT 기술이 사회적 동조 현상만을 지원하고, 관리 업무를 늘리면서, 교수의 학문적 삶과 생활을 압박할 수도 있다는 것이다. 이와 같은 해석에서, ICT는 이미 교육과 연구에 사용할 수 있는 가용 시간 측면에서 대학의 핵심적인 기능을 손상시켜 왔다고도 할 수 있다. 빅데이터는 다를 것인가? ICT처럼 빅데이터도 유익하거나 유해할 수 있다. 그러나 데이터 전문가들의 노력에도 불구하고, 빅데이터가 지식 프로젝트를 향상시키는 데 필요한 공간을 궁극적으로 확보할 수 있는지에 대해서는 의문이 든다. 이제는 질이라는 단일 척도로 빅데이터가 대학에 가치 있는 것인지를 판단해야 할 것이다.

숙의 공간과 빅데이터가 주는 가치에 대한 저항

교수가 대학의 지식 프로젝트에 부합하는 업무 관행을 지키면서 무언가를 창조할 수 있는 방법은 무엇일까? 신자유주의 대학에서는 이러한 질문에 대하여 교수 활동을 규제 및 자유시장으로 전환시키려는 강력한 개혁안으로 간주하여 답하지 않을 것이다. 마찬가지로, 디지털 혁명은 속도와 복잡성이라는 강력한 원동력이기 때문에, 교수의 연구 및 교육 활동도 속도와 복잡성이라는 압박 아래 이루어져야 하는 것이 이제는 불가피해 보인다. 물론 변화에 대해서는 일종의 마지노선이 있어서 개혁에도 한계가 있다. 교수직이 고급 인력에게 더 이상 매력적이지 않거나 연구와 교육의 질이 수용 가능한 기준 이하로 떨어지게 되면 이러한 한계에 도달하게 될 것이다. 그렇다면 이러한 기준이 무엇인지를 정하는 사람은 일반 대중인가, 정치인인가, 자유시장인가 아니면 학교인가? 만일 이러한 의사결정 과정에 대학이 참여한다면 이들은 교육의 질을 보증하는 책임을 져야 한다.

교수 활동을 위한 공간은 시간의 파괴를 필요로 한다. 바쁜 학자들은 더 많은 자유시간을 원하기보다 그들이 가치를 두는 것을 행하기 위해 충분한 시간을 가지려고 고군분투한다(Reisch, 2001). 이들이 가지는 책무성, 규제, 행정 부담에 대해 질문을 던질 필요가 있다. 이것들은 실제로 어떤 차이를 만드는가? 모든 형태의 규제는 이러한 기술의 수요를 평가하는 데 적용된 규칙을 동일하게 사용해서 검증되어야 한다. 정책이나 품질 보증 활동이 진정 교수의 연구와 교육 활동 혹은 학생의 학습에서 질을 향상시키는가? 이와 관련해서 질이 향상되었고, 그러한 개선이 가치 있게 여겨진다면 해당 정책이나 품질 보증 활동을 유지하는 근거가 될 수 있다. 하지만 어떠한 규제 활동도 그러한 검증을 거치지 않았고 오히려 규제 기술이 권한 배분에 변경을 가져왔기 때문에, 이제 권한을 가진 사람들은 이 상에서 제기한 프로세스들을 면밀하게 조사해서 공개함으로써 자신이 가진 권한을 쉽게 포기하려고 하지 않을 것이다.

한편 학자들이 신자유주의에 저항할 필요성을 이해하고 있는지도 불투명하다(Harland, Tidswell, Everett, Hale, & Pickering, 2010). 오늘날 대학에 근무하는 많은 이들은 1979년 이후 신자유주의자로 살았거나 대학에서 어떠한 직책을 맡고 있는데, 이들은 신자유주의 의 틀에서 연구와 교육 활동에 전념한 매우 성공적인 지식 근로자가 될 수 있다. 게다가 학 자들은 정신의 세계를 살아가고 있어서 개혁을 제한하기도 한다. 그러한 학자들은 여전 히 느린 학문 자세와 사고 및 학습을 위한 숙의 공간을 가질 수는 있다. 그러나 대학 전체 가 지식 프로젝트와 사회에 대해서 잠재력을 최대한 발휘할 수 있을지에 대해서는 논쟁의 여지가 있다. 성공적인 연구자와 교수들은 한때 사회와 연계된 여러 학회에 가입되어 있 었는데, 이처럼 막강한 집단이 점차 약화되면서 그동안 제공했던 많은 서비스와 책임들을 철회하기 이르렀다. 학문적 자치가 약화되면서 정치적 소양도 쇠퇴해(Macfarlane, 2005), 하나의 주제만을 연구하면서 가르치고 좁은 범위의 학술 활동에만 만족하고 있는 것으로 보인다.

기술 면에서 보면 어떤 저항도 성공 가능성이 낮아 보인다. 교강사들 사이에서 파워포 인트가 커뮤니케이션용 시각 자료로 선호되면서, 이것은 세계를 휩쓸고 우리의 의식을 형 성하게 되었다. 파워포인트가 커뮤니케이션을 급격하게 바꿔 놓았음에도 불구하고 이것 이 교수-학습에 미치는 영향을 실증적으로 확인한 연구는 없었다. 마찬가지로, 이메일, 소셜미디어, 모바일 기술을 통해 우리는 연결 상태를 유지하게 되고 영구적인 근무 또는 비상 대기가 가능하다. 혹자는 학자들이 ICT를 사용할지를 결정하는 것은 자유지만 실상 거의 선택권이 주어지지 않는다고 주장한다. 개인은 기관이나 이보다 더 큰 맥락에서 자 유롭지 않을 수 있기 때문이다. 예를 들면 교수는 자신의 대학이 제공하는 학습관리시스 템을 사용해야 하며, 부총장이 이메일로 커뮤니케이션을 원할 때 교수들이 만년필로 글을 써서 답장할 수는 없는 노릇이다. 일단 우리가 어떤 커뮤니케이션 방식에 익숙해지면, 좀 더 사색하는 학문적 삶의 특징을 가진 다른 방법으로 돌아가기란 힘들어진다는 것이다.

Hassan(2003)은 비판적 이성이 도구적 이성과는 다른 인식론적 가정에 기반하고 있고, 비판적 이성은 일반적으로 단기적 성과와 책임에 대한 요구를 따르기 위해서 행해질 수는 없다고 주장한다. 또한 비판적 이성은 실용적으로 사용되기도 하는데, 이는 모든 형태의 지식을 비판적, 성찰적 평가에 적용할 수 있기 때문이다. 이렇게 하는 것은 하나의 강력한 조치라고 할 수 있다. 그러나 학자들은 전통적으로 상상 가능한 모든 주제를 연구할 수 있음에도 불구하고 자신, 자신이 종사하는 대학, 자신들이 관리되는 방식에 대해서 비판적인 평가를 내리기 꺼린다. 이들이 이러한 과업을 수행하기 위해 상당한 수준의 노력을 기울일 때까지 정부와 자유시장은 점진적으로 대학의 목적을 결정하게 될 것이다. 학자들은 복종하는 지식 근로자로 재탄생하게 되고(Leisyte & Dee, 2012), 비판은 관심 있는 소수의 사회학자들과 고등교육을 연구하는 사람들의 몫으로 남겨질 것이다. ICT 기술에 의존하는 신자유주의 이데올로기와 빅데이터의 가능성에 대해서는 학계 전체와 사회 전반에서 비판적인 논쟁이 요구된다. 왜냐하면 이것들이 가져올 변화는 대학 프로젝트와 관련된 모든 이들에게 큰 영향을 미치기 때문이다.

참고문헌

Ball, S. (2012). Performativity, commodification and commitment: An I-Spy guide to the neoliberal university. *British Journal of Educational Studies, 60*(1), 17-28.

Barnett, R. (1997). *Higher education: A critical business.* Buckingham: Open University Press and Society for Research into Higher Education.

Barnett, R. (2011). *Being a university.* London: Routledge.

Beck, J. (2013). Powerful knowledge, esoteric knowledge, curriculum knowledge. *Cambridge Journal of Education, 43*(2), 177-193.

Cheng, M. (2011). The perceived impact of quality audit on the work of academics. *Higher Education Research and Development, 30*(2), 179-191.

Cribb, A., & Gerwitz, S. (2013). The hollowed-out university? A critical analysis of changing institutional and academic norms in UK higher education. *Discourse: Studies in the Cultural Politics of Education, 34*(3), 338-350.

Custers, E. J. F. M. (2010). Long-term retention of basic science knowledge: A review study. *Advances in Health Sciences Education, 15*, 109-128.

Education Act. (1989). Part 14 Establishment and disestablishment of tertiary institutions, S162, 4(a)(v), New Zealand Government.

Elton, L. (2000). The UK research assessment exercise: Unintended consequences. *Higher Education Quarterly, 54*(3), 274–283.

Giroux, H. A. (2002). Neoliberalism, corporate culture, and the promise of higher education: The university as a democratic public sphere. *Harvard Educational Review, 72*(4), 425–463.

Harland, T. (2016). Deliberate subversion of time: Slow scholarship and learning through research. In F. Trede & C. McEwen (Eds.), *Educating the deliberative professional: Preparing practitioners for emergent futures*. New York: Springer.

Harland, T., McLean, A., Wass, R., Miller, E., & Sim, K. N. (2015). An assessment arms race and its fallout: High-stakes grading and the case for slow scholarship. *Assessment & Evaluation in Higher Education, 40*(4), 528–541.

Harland, T., & Pickering, N. (2011). *Values in higher education teaching*. London: Routledge.

Harland, T., Tidswell, T., Everett, D., Hale, L., & Pickering, N. (2010). Neoliberalism and the academic as critic and conscience of society. *Teaching in Higher Education*, 15(1), 85–96.

Harley, S. (2002). The impact of research selectivity on academic work and identity in UK universities. *Studies in Higher Education*, 27(2), 187–204.

Hartman, Y., & Darab, S. (2012). A call for slow scholarship: A case study on the intensification of academic life and its implications for pedagogy. *Review of Education, Pedagogy, and Cultural Studies, 34*, 49–60.

Hassan, R. (2003). Network time and the new knowledge epoch. *Time & Society, 12*(2/3), 225–241.

Jenkins, A., Healey, M., & Zetter, R. (2007). *Linking teaching and research in disciplines and departments*. York: The Higher Education Academy.

Leisyte, L., & Dee, J. R. (2012). Understanding academic work in a changing academic environment. Faculty autonomy, productivity, and identity in Europe and the United States. In J. C. Smart & M. B. Pulsen (Eds.), *Higher education: Handbook of theory and research* (Vol. 27, pp. 123–206). Dordrecht: Springer.

Macfarlane, B. (2005). The disengaged academic: Retreat from citizenship. *Higher Education Quarterly, 59*(4), 296–312.

Macfarlane, B. (2011). The morphing of academic practice: Unbundling and the rise of the para-academic. *Higher Education Quarterly, 65*(1), 59–73.

Marcenaro-Gutierrez, O., Galindo-Rueda, F., & Vignoles, A. (2007). Who actually goes to university? *Empirical Economics, 32*(2), 33–357 (special issue "The Economics of Education and Training").

Marginson, S. (2007). The public/private divide in higher education: A global synthesis. *Higher Education, 53*, 307–333.

Menzies, H., & Newson, J. (2007). No time to think. Academics' life in the globally wired university. *Time*

& Society, 16(1), 83–98.

Neave, G. (1988). On the cultivation of quality, efficiency and enterprise: an overview of recent trends in higher education in Western Europe, 1986–1988. *European Journal of Education, 23*(1/2), 7–23.

Olsen, M., & Peters, M. A. (2005). Neoliberalism, higher education and the knowledge economy: From the free market to knowledge capitalism. *Journal of Education Policy, 20*(3), 313–345.

Parkins, W. (2004). Out of time. Fast subjects and slow living. *Time & Society, 13*(2/3), 363–382.

Reisch, L. A. (2001). Time and wealth. The role of time and temporalities for sustainable patterns of consumption. *Time & Society, 10*(2/3), 367–385.

Ryan, S., Burgess, J., Connell, J., & Egbert, G. (2013). Casual academic staff in an Australian University: Marginalised and excluded. *Tertiary Education and Management, 19*(2), 161–175.

Schuster, J. H., & Finkelstein, M. J. (2006). *The American faculty: The restructuring of academic work and careers*. Baltimore: Johns Hopkins University Press.

Staniforth, D., & Harland, T. (1999). The work of an academic: Jack of all trades or master of one? *International Journal for Academic Development, 4*(2), 142–149.

Steger, M. B. (2013). *Globalisation: A very short introduction*. Oxford: Oxford University Press.

Tight, M. (2010). Are academic workloads increasing? The post-war survey evidence in the UK. *Higher Education Quarterly, 64*(2), 200–215.

Towers, I., Duxbury, L., Higgins, C., & Thomas, J. (2006). Time thieves and space invaders: Technology, work and the organization. *Journal of Organizational Change Management, 19*(5), 593–618.

Wheelahan, L. (2007). How competency-based training locks the working class out of powerful knowledge: A modified Bernsteinian analysis. *British Journal of Sociology of Education, 28*(5), 637–651.

Young, M., & Muller, J. (2013). On the powers of powerful knowledge. *Review of Education, 1*(3), 229–250.

제2부

·

학습분석

07

대학에서 데이터 분석 및 학습분석에 관한 윤리적 고려사항

Lynne D. Roberts, Vanessa Chang, David Gibson

요 약 고등교육기관은 학습분석을 앞 다투어 채택하고 있으나 정작 이것의 활용에 있어서 윤리적 측면을 고려하지 못하고 있다. 이에 윤리적 문제가 학습분석에서 주요 관심사 중 하나로 부상하고 있다. 또한 대학 내에서 학습분석의 도입이 대학이나 시스템 전반에 걸쳐 있기보다 일반적으로 소규모 프로젝트로 행해지고 있어, '빅시스템' 관점에서 학습분석을 고려해야 한다는 점이 간과되고 있다. 이 장의 서론 부분에서는 대학과 시스템 전반에 걸쳐 학습분석을 도입함에 있어 윤리적 측면의 고려사항을 살펴봄으로써 이러한 간극을 다루고 있다. 그다음으로, 학습분석과 관련되어 윤리적 문제를 다룬 기존의 논문들을 바탕으로 학습분석을 도입하는 과정에서 대학이 고려해야 하는 주요 문제들을 규명했다. 마지막으로 이러한 문제들을 대학 내 시스템 구조 및 이해 관계자들의 역할들과 연결시켜보면서 윤리적 측면의 고려사항이 대학의 여러 수준마다 학습분석과 관련된 의사결정에 어떻게 영향을 미치는지 자세하게 살펴보았다.

주제어 학습분석 / 윤리적 고려사항 / 빅데이터 / 개인정보 / 학생 에이전시 / 동의 / 데이터 거버넌스

서론

학습분석은 '학습과 학습 환경을 이해하고 최적화하기 위한 목적으로 학습자와 이들의 맥락에 대한 데이터를 측정, 수집, 분석, 보고하는 것'(Siemens, 2013, p. 1382)으로 정의되

는, 급성장하고 있는 신규 분야이다. 미국의 뉴미디어 컨소시엄에서 발간한 보고서NMC Horizon Report 2015 고등교육편(New Media Consortium, 2015)에서는 향후 3~5년 내에 학습측정에 대한 관심이 증가하면서 학습분석을 고등교육에서 성장하고 있는 '중기 트렌드'midterm horizon 중 하나로 분류하고 있다. 실제로 대부분의 대학들이 제한적이기는 하지만 현재 학습분석을 검토하거나 활용 중에 있다(Siemens, Dawson, & Lynch, 2013).

고등교육기관은 학습분석을 앞 다투어 채택하고 있으나 정작 이것의 활용에 있어서 윤리적 측면을 고려하지 못하고 있다(Slade & Prinsloo, 2013; Swenson, 2014). 이에 윤리적 문제가 학습분석에서 주요 관심사 중 하나로 부상하고 있다(Siemens, 2013). 더 나아가 대학의 학습분석 도입은 대학 전반 혹은 시스템 전반에 걸쳐 있기보다 소규모 프로젝트성으로 이루어지고 있어(Siemens et al., 2013) '빅시스템' 관점에서 학습분석을 고려해야 하는 점이 간과되고 있다(Macfadyen, Dawson, Pardo, & Gaševic, 2014). 이 장에서는 대학 및 시스템 전반에 걸쳐 학습분석을 도입하는 데 있어 윤리적 측면의 고려사항을 소개하면서 이상과 현실의 괴리를 언급하고자 한다. 우선, 학습분석에서 윤리적 측면의 고려사항을 다룬 논문들을 통해 대학에서 학습분석을 도입하기 전 검토해야 하는 주요 문제들을 규명하고자 한다. 그다음으로 구조, 프로세스, 커뮤니케이션에 초점을 두어 대학 내 데이터 거버넌스의 대략적인 윤곽을 제공하고자 한다. 마지막으로 윤리적 측면의 고려사항을 대학 내 시스템 구조에 이해 관계자들의 역할과 연결해보고자 한다. 이러한 윤리적 측면의 고려사항이 학습분석과 관련된 의사결정에 있어서 대학의 각 수준마다 어떠한 영향을 끼치는지를 중간 수준에서 살펴보고자 한다(Buckingham Shum, 2012).

윤리적 측면의 고려사항

고등교육에서 학습분석을 신속하게 개발하여 실행하는 속도에 비해 윤리적 문제에 대한 체계적 고려는 이를 쫓아가지 못하고 있다(Slade & Prinsloo, 2013). 학습분석이 연구로 간주되어야 하는지 여부와 기관 내 윤리위원회의 승인(Graf, Ives, Lockyer, Hobson, & Clow, 2012) 혹은 기관의 행동강령 개발(Slade & Prinsloo, 2013)이 필요한지 여부에 대해 논쟁이 있어 왔다. 최근에 와서야 학습분석을 실행하는 데 있어 강령들이 만들어지기 시작했다.

이것들 중 잘 알려진 것에는 Open University(2014)의 학습분석용 학생 데이터의 윤리적 활용에 대한 정책Policy on Ethical Use of Student Data for Learning Analytics과 JISC 학습분석 행동강령 JISC Code of Practice for Learning Analytics 2015이 있다(Sclater & Bailey, 2015). 대학에서 학습분석의 초점을 연구용에 두든지 아니면 행동강령만 요구하는 핵심 사업에 두든지 간에 학습분석 활용과 관련하여 정책을 개발하고 실행에 옮길 때 해결하려고 노력할 필요가 있는 핵심적 고려사항이 있다. 지금부터 일련의 질문들을 통해 대학에서 학습분석을 도입하거나 개발하기에 앞서 고려해야 하는 윤리적 문제들을 살펴보고자 한다.

학습분석의 수혜자는 누구인가?

Slade와 Prinsloo(2013)는 고등교육기관에서 학습분석의 수혜자가 누구이며, 어떤 조건하에서 그러한지 윤리적 측면의 핵심 고려사항을 규명했다(p. 1521). 학습분석에 관심을 가지고 있는 교강사, 연구자, 학습설계자들을 대상으로 설문을 실시한 결과 핵심 수혜자로 인식된 사람들은 학습자, 교강사, 교육기관으로 나타났다(Drachsler & Greller, 2012). 학습자와 교강사에게 주어지는 혜택은 위험군에 있는 학습자를 규명해냄으로써 이들의 학습 습관에 통찰력을 제공하고, 향상을 위한 조언을 제공하고, 조기 개입으로 잠재 가능성을 높여주고, 개별화된 학습경험을 제공하는 것이다(Greller & Drachsler, 2012; Long & Siemens, 2011; Pardo & Siemens, 2014). 고등교육기관에 부여되는 혜택은 데이터에 근거하여 의사결정이 이루어지고(Dietz-Uhler & Hurn, 2013), 구성원들 간의 공유지식이 향상되고, 혁신 및 변화의 잠재성을 가지고 행정적 의사결정 및 자원 분배가 이루어지고, 조직의 생산성 및 효과성이 증대되는 것이다(Long & Siemens, 2011). 전반적으로 학습분석은 다음과 같은 경쟁우위를 보일 것으로 전망된다.

> "데이터로부터 제공되는 정보에 기반을 두어 기획, 의사결정, 교수-학습이 이루어지도록 전환된 교육 시스템은 그렇지 않은 곳보다 상당한 경쟁력을 가지면서 질적으로 우위를 점할 것으로 예상된다"(Siemens et al., 2013, p. 2).

그러나 학습분석의 잠재력에 대한 인상적인 주장들이 제기되고, 몇몇 기관의 학습분석에 대한 지지는 '무조건적으로 열정적이면서 맹종적'(Griffiths, 2013, p. 4)으로 묘사되고 있지만, 해당 분야가 성숙하지 않았을뿐더러(Siemens, 2013; Siemens et al., 2013) 학생 유지율 증가를 다루고 있는 별도의 보고서(예 : Arnold & Pistilli, 2012)가 있기는 하지만 이를 떠나서 기대되는 결과들은 아직도 구체화되지 않고 있다. 연구 도구들의 개발이 계속 이루어지고 있지만 현재 이것들은 시스템 수준의 통합이나 기관 지원이 가능하지 않다(Siemens, 2013). 고등교육기관이 정부 부처, 기업, 소프트웨어 회사들과 파트너십을 맺고 있음에도 불구하고, Siemens 등(2013)은 지금까지 '이러한 연구 결과물이나 성과들이 교수-학습 현장으로 옮겨지는 데 대부분 실패하고 있다'(p. 10)고 강조하고 있으며, MacNeill, Campbell과 Hawksey(2014)도 이와 동일한 의견을 나타내었다.

학습분석의 잠재적 피해자는 누구인가?

학습분석의 수혜자를 고려하는 것에 이어 득실을 가늠할 수 있도록 학습분석으로 인해 누가 잠재적으로 피해를 입을 수 있는지를 규명하는 것도 중요하다. 고등교육기관 내에서 학습분석과 관련된 이해 관계자들은 학생, 교수, 관리 및 행정직원들이 있다(Pardo & Siemens, 2014). 세심하게 관리되지 않는다면, 학습분석으로 인해 교직원과 학생들이 피해를 입을 수 있다.

교직원

일반적으로 교수진이나 학생의 의견 수렴 없이 관리자와 경영진들이 학습분석의 도입을 주도하고 이것의 활용을 좌우하는 현안들을 결정하고 있다. Griffiths(2013)는 이러한 학습분석의 사용은 책무성에 중점을 둔 교수 활동에 대해 관리 측면의 통제권을 더 발휘할 것이라고 주장한다. Griffiths는 가르치는 본연의 일은 소외된 채, 다른 교육 문제를 희생시키면서 재학생 유지율과 이수율에 중점을 두게 되는 위험을 예견하고 있다.

　교수 참여는 학습분석 적용의 성공적인 실행을 보장하는 데 있어서 중요하다(Campbell, DeBlois, & Oblinger, 2007). 어느 호주 대학에서 수행된 포커스 그룹 연구에서 대학은 학업수행과 학생 참여를 지원해주기 위해 학습분석이 제공하는 기회들에 흥미를 가지고 있으나 학습분석 이용에는 회의적이라고 보고하고 있다(Corrin, Kennedy, & Mulder,

2013). 교수진들은 학습분석 대시보드에 대한 혼재된 경험을 보고하고 있다. Arnold와 Pistilli(2012)는 교수진들이 학습분석 대시보드를 실행하기 전에 자신들에게 도움을 요청하는 학생들의 증가, 학생들의 의존도 증가, 모범사례에 대한 정보 부족에 대한 우려를 나타냈다고 했다. 그러나 막상 실행되고 난 후에는 우려되는 학생들로부터 이메일 수신이 늘어나기는 했으나 교수진들은 학습분석 대시보드 덕분에 고군분투하는 학생들에게 좀 더 일찍 피드백을 줄 수 있었고, 이들에게 평가 활동에 좀 더 일찍 참여하도록 장려할 수 있었다고 보고하고 있다(Arnold & Pistilli, 2012).

학생

학습분석 적용에 대해 일반적으로 학생들은 긍정적으로 받아들이고 있는 편이나 그리 보편적이지는 않다. Arnold와 Pistilli(2012)는 퍼듀대학교에서 설문조사를 시행한 결과, 1학년의 89%가 'Course Signals(학생들에게 이메일을 전송하는 학습분석에 기초한 신호등 시스템)' 사용 경험을 긍정적으로 보았고, 절반 이상의 학생들(58%)은 다른 수업에서 이것의 사용을 지지했다. 학생들은 시스템에서 제공되는 이메일을 대체로 교수진과 개인적인 커뮤니케이션 수단으로 보고 있었다. 그러나 수행을 잘하지 못하는 학생들에게서 다양한 반응이 나타났다. 예를 들어 Arnold와 Pistilli(2012)는 2명의 학생이 '교수자가 제공한 부정적인 메시지의 '거듭되는 공세'로 인해 사기가 저하되었음'(p. 269)을 언급했다. 학업 수행의 향상이 필요함을 나타내는 메시지는 포기하려는 학생에게 자기충족예언 역할을 했다(Dietz-Uhler & Hurn, 2013; Willis & Pistilli, 2014). 위험군 학습자들에게 효과적인 방법들을 정하는 데 있어서 추가 연구가 요구된다.

학습분석 결과는 위험군 학습자에게 추가 자원들을 제공하는 교육 분류의 기초로 사용될 수 있다(Prinsloo & Slade, 2014). 그러나 Prinsloo와 Slade는 대학에서 교육 분류 실행이 충분한 개념 및 이론 개발 또는 도덕적 희생에 대한 고려 없이 이루어지고 있음을 경고하고 있다. 더 나아가 학습분석 모델링에서 예측변인으로 입력되는 인구학 정보와 이전의 교육 정보는 집단 특성에 기초한 고정관념, 편견, 차별의 가능성을 품고 있다(Slade & Prinsloo, 2013).

의사결정자는 누구인가?

윤리적으로 고려되어야 하는 세 번째 핵심 사항은 기관 내에서 학습분석에 대한 의사결정을 내리는 사람이 누구인지이다. 의사결정할 내용에는 어떤 데이터를 수집, 분석, 시각화할 것인지, 누가 어떤 데이터에 접근할지가 포함되어 있다(Buckingham Shum, 2012; Campbell et al., 2007; Clarke & Nelson, 2013). 에듀코즈 회원이 참여한 설문에서 1/3 이상이 데이터의 오용에 대해 주요한 관심을 표명했다(EDUCAUSE, 2012). Kay, Korn, Oppenheim(2012)은 '비록 데이터가 광범위하면서 어떤 측면에서는 개방적일지라도 목적, 범위와 영역을 공개적으로 정의한다'는 명료성 원리를 따를 것을 권하고 있다(p. 6). JISC 학습분석 행동강령 2015(Sclater & Bailey, 2015)는 교직원이나 학생 대표들을 의사결정 과정의 일부에 포함시켜 이들의 의견을 청취하도록 권장하고 있다.

학습분석에 사용되는 데이터

고등교육기관에서 이러닝 사용이 증가하면서, 학습분석에 포함되는 데이터 양이 방대해졌다. 데이터베이스 전역에서 데이터 매칭으로 인한 오류 가능성도 증가하면서(Cumbley & Church, 2013), 부정확한 데이터가 설문에 참여한 에듀코즈 회원들 중 25% 정도의 지대한 관심사로 떠오르게 되었다(EDUCAUSE, 2012). 기관 내에서 수집된 데이터에 더해서 사회관계망 사이트 같은 외부 시스템에서 제공되는 데이터 매칭도 가능해지면서(Kay et al., 2012), 학생 신분 인증, 외부 사이트의 정책에 대한 통제 부족, 데이터 수집에 대한 학생 동의 필요성 등과 관련된 우려사항이 추가로 제기되고 있다(Slade & Prinsloo, 2013). Dringus(2012)는 학습분석의 효용성은 정확한 데이터 획득, 우수한 알고리즘의 사용, 투명성, 책임 있는 평가 및 활용에 달려 있으며, 그 결과들은 운영 과정과 실제 적용에 대한 정보를 제공하는 데 사용됨을 설명하고 있다. 이러한 구성요소들이 고려되지 않은 채 사용되는 학습분석은 도움이 되기보다 해가 될 수 있다.

학습분석 정보를 제공받아야 하는 사람은 누구이며, 이들이 알아야 할 내용은 무엇인가?

학교가 교직원과 학생들에게 그들의 행동을 추적하고 있음을 알릴 의무가 있는지 여부에 대해 꾸준히 연구되고 있다(Campbell et al., 2007). 데이터마이닝에 대한 인식이 높아지고 있음에도 불구하고 학생들은 자신이 속한 기관 내에서 학습분석을 사용하고 있음을 반드시 알 필요가 없다(Slade & Prinsloo, 2013). 그러나 수집된 데이터의 유형, 데이터 수집·저장·분석 방법, 그리고 활용 가능성에 대해 모든 이해 관계자들에게 알려주는 더 큰 투명성에 대한 요구가 논문에서 제기되고 있다(Pardo & Siemens, 2014; Willis & Pistilli, 2014). 이에 더해서 Pardo와 Siemens(2014)는 기관에서 학생 데이터 이용 약관을 개발해야 함을 주장하고 있다.

개인정보 보호규정의 적용 범위

Pardo와 Siemens(2014)는 개인정보 보호를 '개인의 디지털 정보가 본인에 의해 열람되거나 제3자에게 배포되는 방법에 대한 규제'(p. 438)로 학습분석 맥락에서 정의했으나 여전히 논쟁의 여지가 있다. 어떤 데이터가 수집되고, 개별 학생들과 관련된 분석 결과를 누가 열람할 수 있는지(예 : 수업에 직접 참여하지 않은 다른 교수진, 타 기관, 미래의 고용주), 데이터 열람 기간을 얼마나 해야 하는지와 관련된 문제들이 제기되고 있다(Rubel & Jones, 2016; Siemens, 2013). Pardo와 Siemens(2014)는 학습분석 연구에서 개인정보 보호privacy 권리에 대한 포괄적인 정의가 부재함을 강조하면서도, 과거의 학생 데이터를 사용하여 미래 학생들에게 잠재적인 혜택을 가져다주는 연구를 근거로 들면서 무조건적인 개인정보 보호의 필요성은 배격하고 있다. 그러나 아직까지 학생의 관점에서 학습분석 내 개인정보 보호에 대해 관심이 제한적이기 때문에 이제부터라도 해당 분야의 모범사례가 정해져야 할 것이다(Drachsler et al., 2015).

데이터 활용에 대한 학생 동의의 필요성과 방법

교수진과 학생들에게 데이터 트랙킹을 알려주는 것 이상으로 학생들이 자신의 데이터 사용에 대해 동의를 해야 하는지(Campbell et al., 2007), 그리고 어떤 조건하에서 어떤 빈도로 동의를 해야 하는지(Prinsloo & Slade, 2015; Slade & Prinsloo, 2013)에 관한 문제가 논문에서 제기되고 있다. Kay 등(2012)은 동의를 구하기 위한 세 가지 전략을 제시했다.

- 옵트인-옵트인opt in-opt in : 수업 혹은 학년 초기에 옵트인[1] 방식으로 시작하면서, 정책 또는 수집된 자료가 변경될 때 옵트인 방식으로 추가 동의를 받아냄
- 옵트인-옵트아웃opt in-opt out : 수업 혹은 학년 초기에 옵트인 방식으로 시작하면서, 정책 또는 수집된 자료가 변경될 때 옵트아웃[2] 방식으로 추가 동의를 받아냄
- 옵트아웃-옵트아웃opt out-opt out : 수업 혹은 학년 초기에 옵트아웃 방식으로 시작하면서, 정책 또는 수집된 자료가 변경될 때 옵트아웃 방식으로 추가 동의를 받아냄

Slade와 Prinsloo(2013)는 동의의 필요성은 학습분석 유형에 기반해야 한다고 제안했는데, 다수의 이익이 개인의 권리보다 중대하다는 점에 근거하여 개별화된 학습분석을 위해 옵트아웃 방식의 동의를 지지했지만 기관 보고 용도로는 해당 방식의 동의를 지지하지 않았다.

학생들은 학교 등록 시 자신의 데이터가 분석됨을 인지하지 못한 채 자신의 데이터 활용에 '동의'하고 있다. Fisher, Valenzuela, Whale(2014)은 학습분석 경험에 대한 인터뷰에 참여한 9명의 학생 중 그 누구도 LMS에서 자신이 생성한 데이터에 대해 대학이 사용하는 것에 대해 동의했다는 것을 기억해내지 못했다. 향후 감시라는 '넘지 말아야 할 경계선 creepy line'[3](Connolly, 2014)을 건너지 않는 학습분석 개발의 기초를 제공하는 '학습자 데이터 권리 장전' 수립이 요구된다(Beattie, Woodley, & Souter, 2014).

학생 데이터를 암호화해야 하는가? 그렇게 한다면 익명성 보호가 충족된 것인가?

교육관리분석academic analytics에서 사용되는 데이터는 쉽게 암호화 혹은 비식별화de-identificaion[4]될 수 있다. 그러나 데이터세트의 용량이나 내용 면에서 증가되고, 이것들이 결합되어 '빅데이터'가 될수록, 익명화된 데이터에서 개인을 재식별화reidentification[5]하기

---

1. 역자 주 : 개인정보를 처리하는 과정에서 정보주체에게 동의를 받아야만 기업이 개인정보를 수집, 제공, 이용할 수 있는 규제 방식이다.
2. 역자 주 : 기업이 정보주체의 별도 동의 없이도 개인정보를 처리할 수 있는 방식이다.
3. 역자 주 : 이는 학습자가 개인 데이터 분석과 관련해 불편하게 느끼는 경계를 말한다.
4. 역자 주 : 개인정보의 일부 또는 전부를 삭제·대체하거나 다른 정보와 쉽게 결합하지 못하도록 하여 개인식별 요소를 제거하는 방법이다.
5. 역자 주 : 비식별화한 개인정보를 다른 정보 또는 데이터와 비교, 연계, 결합 등을 통해 특정 개인을 알아볼 수 있도록 하

가 더욱 용이해진다(Cumbley & Church, 2013). 이 문제를 해결하기 위해, 어떤 대학에서는 두 단계를 거쳐 데이터를 비식별화하는 방법을 도입하여 데이터세트에 접근제한이 걸리도록 했다(de Freitas et al., 2014). 그러나 개별화된 학습 애플리케이션에 사용되는 학습분석 데이터는 사용 중에는 암호화될 수 없다. 현재 논문에서 권고되고 있는 바는 규제 프레임워크에서 지정된 기간 이후나(Slade & Prinsloo, 2013) 학생이 기관을 떠난 후에(Pardo & Siemens, 2014) 데이터 암호화를 하도록 하고 있다.

학습분석 데이터의 관리 및 보호에 대한 책임자는 누구인가?

출처가 기관 내부인지 외부인지 그 여부와 관계없이 일단 학습분석 데이터가 수집되면 데이터 보호, 보안 및 공유에 대한 책임을 누가 지는지와 관련된 문제가 발생한다(Campbell et al., 2007; Clarke & Nelson, 2013). JISC 학습분석 행동강령 2015(Sclater & Bailey, 2015)는 데이터 수집, 데이터 익명화, 분석 과정, 데이터 보존 및 관리를 위해 대학 내 특정 부서에서 책임을 지도록 권고하고 있다.

학습분석 데이터는 누구의 소유이며, 지적재산권 및 재사용 라이선스가 주는 함의는 무엇인가?

학습분석 데이터와 이 데이터에서 나온 결과물이 누구(학생, 대학 혹은 LMS 기업)의 소유인지에 대한 법적 지위는 현재로서 불분명한 상태로(Pardo & Siemens, 2014; Siemens et al., 2013), 지적재산권과 재사용을 위한 데이터 라이선스와 관련하여 문제들이 추가로 제기되고 있다. 기관들이 기관 외부에서 데이터를 더 이상 공유하지 못하도록 금하는 경우 신뢰가 높아질 수 있다(Pardo & Siemens, 2014).

기관은 학습분석 결과에 따라 조치를 반드시 취해야 하는가?

학습분석은 개별화된 학습으로 학생 성공을 높이는 결과를 가져온다는 가능성을 가지고 있다. 이와 같이, 학습분석 기법이 성공의 예측변인을 정하는 데 사용되면, 학습분석

는 일련의 조치이다.

애플리케이션을 실행하는 기관에 어떤 의무가 있는 것일까(Campbell et al., 2007; Willis, Campbell, & Pistilli, 2013)? Slade와 Prinsloo(2013)는 실행에 드는 재정비용에 대한 우려가 높아질 수 있음을 강조하면서, 실행으로 얻는 이득이 미미하다면 자원들을 다른 곳에 더 잘 할당할 수 있음을 주장했다.

학생을 자율적인 에이전트[6]로 인식하고 지원해야 한다.

학습분석 애플리케이션이 학생들을 어린아이 취급하여 자신의 학습에 책임을 지는 자율적인 성인으로 대하지 못하고(Willis & Pistilli, 2014), 이들의 프라이버시를 침해할 가능성(Graf et al., 2012)에 대한 우려가 제기되고 있다. 향후 연구에서 학습을 지원하기 위해 학생에게 피드백을 제공하는 최적의 방법을 정하는 것이 필요하다(Corrin et al., 2013). 특히 학습분석을 통해 제공되는 조언에 따라서 학생들이 행동할 의무가 없음을 보장해주어야 한다(Slade & Prinsloo, 2013).

구제 기회를 제공하는가?

구제redress[7] 기회를 추가적으로 고려해야 한다. Kay 등(2012)은 학습분석은 학생에게 예상치 못한 결과를 초래할 수 있다는 '결과와 불만' 원리(p. 6)[8]를 언급했다.

대학의 데이터 거버넌스, 구조 및 시스템, 그리고 역할

지금까지 살펴본 윤리적 측면의 고려사항은 대학이 학습분석의 실행을 가이드해줄 거

---

6. 역자 주 : 학생 에이전트(student agency)란 학생을 학습분석 정보를 수신하여 수동적으로 행동하는 존재가 아닌, 자율성을 가진 주체로 보는 것을 뜻한다. 학습분석 결과에 대해 학생들은 자신의 학습 과정에서 의사결정을 내리고, 다음에 취할 행동을 선택하는 주도권을 가진다. 이는 학습 과정의 몰입/참여에 중요한 요소이며, 학생의 학습과 성공에 기여한다(Wise, Vytasek, Hausknecht, & Zhao, 2016). [참고문헌 : Wise, A. F., Vytasek, J. M., Hausknecht, S., & Zhao, Y. (2016). Developing Learning Analytics Design Knowledge in the "Middle Space": The Student Tuning Model and Align Design Framework for Learning Analytics Use. Online Learning, 20(2), 155–182.]

7. 역자 주 : 기관은 학생들로 하여금 초기의 예측분석이 잘못되었거나 불완전함을 입증해보게 하거나 혹은 스스로 보완할 수 있는 기회를 제공해야 한다.

8. 역자 주 : 결과와 불만(consequence and complaint) 원리란 학습분석으로 인해 예기치 않은 결과가 발생할 수 있기 때문에, 이로 인한 불만 사항을 없애기 위한 메커니즘을 제공해야 한다는 원리이다.

버넌스 계획 수립의 필요성을 강조하고 있다. 고등교육기관에서 데이터 및 학습분석 활용이 널리 퍼지게 되면서 정보 및 데이터 분석 거버넌스가 비즈니스 필수사항business imperatives[9]으로 부각되었는데, 이는 비즈니스의 목적과 가치를 달성하는 데 핵심 요인이기 때문이다(Peterson, 2004a, 2004b). 지금까지 학습분석이 재학생 유지율을 예측하는 데 주로 초점을 두었으나(de Freitas et al., 2014), 데이터 및 학습분석에 대한 수요가 증가하면서 학생들에게 유의미한 지원을 제공하기 위해 점점 더 많은 학교, 행정가, 대학 경영진들이 대학으로 하여금 비즈니스 및 교수 과정을 개선할 수 있도록 도움을 주는 학생과 이들의 학습 행동, 그리고 활동에 대한 데이터를 요구하고 있다. 학생들을 위해 데이터 및 학습분석을 효과적으로 사용하도록 대학은 반드시 정책, 절차, 지침들을 변경해야 한다. 엄격한 규정 준수를 통해 데이터를 보다 잘 통제해야 한다면, 데이터 및 학습분석 거버넌스 프레임워크의 구축을 모든 대학에서 받아들여야 한다. 제대로 수립된 데이터 거버넌스[10] 메커니즘은 대학이 자신의 전략적 목표를 달성하고 경쟁우위를 달성할 수 있도록 도와줄 수 있다.

데이터 거버넌스 메커니즘은 학생 등록 데이터(예 : 인구통계정보, 대학 입학 전 교육정보, 사회경제적 수준, 기타)부터 학습 데이터(예 : LMS 접속정보, 학습활동, 평가 활동 및 성적)에 이르기까지 데이터가 위치한 다양한 소스 및 시스템에 접근을 가능하게 해준다. 데이터의 유형이 무엇이든 상관없이, 개입은 데이터세트와 이 데이터의 사용 형태로부터 나오는 정보를 바탕으로 이루어질 것이다. 이러한 개입은 학생과 대학 모두에게 이점을 제공해야 함에도, 특정 데이터가 사용되고 적용되는 방법과 관련된 위험요소들로 인해 학생들에게 긍정적인 효과와 함께 악영향도 초래할 수 있다는 점은 당면과제이다. 이 절에서는 먼저 학습분석과 관련된 대학의 데이터 거버넌스에 대해 살펴보고자 한다. 대학에서 데이터 및 학습분석 거버넌스 프레임워크를 실행하려는 결정은 아주 오랫동안 막대한 양의 데이터를 축적해 놓은 일부 대학의 경우에 특히 시급하다. 보다 엄격한 데이터 관리로

---

9. 역자 주 : 기업에서 필수적으로 실행해야 하는 계획, 목표, 전략을 말한다.

10. 역자 주 : 기업에서 가치 있는 양질의 데이터를 지속적으로 발굴·관리하여 비즈니스 자산으로 활용하기 위한 데이터 통합관리 체계를 말한다. 사람, 정책, 프로세스, 기술로 이뤄진 프레임워크로 조직의 데이터 매니지먼트 방식을 규정하고 있다. ICT 발전에 따라 기업 내 데이터양이 급증하고 정보 시스템도 분산되면서 데이터가 효과적으로 통합 관리되지 않아 사용되지 않는 다크 데이터가 많아졌다. 데이터 관리 소홀로 인한 정보 노출과 관리 비용을 줄이고, 고품질의 데이터를 발굴하여 기업의 가치 창출에 기여하기 위해서는 전사적으로 데이터를 관리하고 통제할 거버넌스가 필요하다.

데이터 및 학습분석 거버넌스 프레임워크를 생성하는 것은 모든 대학에 필수적인 일이다. 우리는 대학이 학습분석 역량을 확장하는 데 있어서 강력한 데이터 및 학습분석 거버넌스가 윤리적 측면의 고려사항을 어떻게 다룰 수 있는지를 살펴보고자 한다.

대학의 데이터 거버넌스를 학습분석에 적용

빅데이터 분석과 데이터마이닝에 대한 관심이 증가하면서, 교육기관들은 교수·학습 및 기관의 비즈니스 프로세스를 향상시키기 위해 대학이 빅데이터의 윤리적 사용에 있어 잘 수립된 정보 거버넌스 및 데이터 거버넌스를 수립하고 있는지를 확인하는 것은 필수적이면서 전략적인 것이 되었다. 일반적으로 거버넌스는 '조직의 목적 달성을 보장하기 위해 권한, 지시, 통제를 행사하는 것'으로 정의되고 있다(Gill, 2005, p. 15). Gill은 거버넌스의 네 가지 핵심요소로 책무성, 투명성, 예측 가능성, 참여를 제시했다. 이 구성요소들이 이해 관계자들의 투명성과 신뢰성을 보증할 때 건전한 거버넌스 메커니즘으로 발전해 나간다. 타당하면서 신뢰성 있는 추론을 이끌어내기 위해 데이터 품질, 해석력[11]과 분석 analytics[12], 윤리와 프라이버시, 신뢰성trust과 보안security 같은 이슈들을 이해하고 해결해야 한다(Graf et al., 2012). 이러한 광범위한 거버넌스 프레임워크 내에서 데이터 거버넌스는 데이터 저장, 모니터링, 보안, 관리 프로세스로 구성되어 있다(Bloor Research, 2014). 데이터의 분석과 활용이 대학의 거시적, 중간, 미시적 수준(예 : 시스템, 교수진, 학교, 교실, 학습 활동 수준) 등 어디에 적용되는지 여부와 상관없이, 아카데믹 데이터 및 학습 데이터의 사용은 부총장부터 예비대학생에 이르기까지 모든 이해 관계자에게 영향을 미친다. 대학은 그들이 책임지고 배포하는 데이터의 유효성[13], 복원, 저장 및 관리와 더불어 분석에

---

11. 역자 주 : 해석력(interpretability)은 빅데이터나 딥러닝, 데이터 과학 분야에서 설명 가능성, 해설 가능성, 해석 용이성, 해석성 등으로 혼용되고 있다.

12. 역자 주 : analytics와 analysis는 모두 '분석'으로 번역되고 있다. 그러나 의미상으로 analysis는 과거에 무슨 일이 일어났는지를 이해하기 위해 '복잡한 것을 보다 단순한 형태로 나누는 행위'를 말한다. 반면, analytics는 무슨 일이 왜 일어났고, 앞으로 어떤 일이 일어날지를 알아보기 위해 '데이터로부터 의미 있는 패턴을 발견하는 것'으로, '분석행위(analysis)를 위한 각종 기법을 체계적으로 정리한 것(학문)'으로 볼 수 있다. 일반적으로 분석(analytics)은 데이터마이닝을 통해 도출된 알고리즘 내지 모델을 활용하여 궁극적으로 문제를 해결하는 데 초점을 맞추고 있다. 이미 통계학, 데이터마이닝, 데이터 분석, 예측 분석 등을 포함하는 포괄적 의미로 analytics가 사용되고 있다.

13. 역자 주 : 데이터 정당성의 척도 또는 그 관계. 이것은 특수한 시험 등을 통해서 신뢰성을 밝히고, 데이터의 정당성, 수용성의 정도를 밝힌다.

대해 확신을 가져야 한다.

데이터 품질 이슈를 다루기 위해, Friedman(2006, p. 4)은 조직들이 '사람, 프로세스, 기술에 초점을 둔 전체적인 접근방식'을 채택하는 것을 권장하고 있다. 기술과 사람은 데이터 형태를 만들고 데이터가 어디로 가는지 말해주는데, 이런 점에서 데이터 거버넌스는 '사람과 기술'의 통치라고 할 수 있다(Thomas, 2006, p. 77). Thomas(2006, p. 92)는 '데이터 거버넌스란 사람과 정보시스템이 정보와 관련된 프로세스들을 수행하는 데 있어서 수반되는 조직, 규칙, 의사결정권과 책무성을 말한다'고 하고 있다. 이에 덧붙여 Thomas는 기업 (혹은 대학)이 의사결정을 위해 데이터를 사용할 때 데이터 거버넌스 프로그램은 기업에 의해 주도되어야 한다고 했다. 따라서 기업은 데이터를 정의한 후 통제해야 하고, 데이터와 그 데이터가 사용될 맥락과 사용되어야 하는 맥락에 접근 권한을 가지고 있어야 한다(Thomas, 2006).

정보 거버넌스와 데이터 거버넌스의 핵심은 데이터 분석이 제공되고 다루어지는 맥락이다. 데이터는 반드시 검증되어야 하며, 데이터 무결성은 데이터 정제cleansing, 데이터 중복제거deduplication, 데이터 탈익명화deanonymization, 데이터 재포매팅reformatting에서 비롯된다(Bloor Research, 2014). 데이터 거버넌스는 업무상 중요하기 때문에 기관들은 데이터가 오용되거나 유출되지 않도록 보장해야 한다. 여기에서 중요해진 것은, 데이터 분석이 대학과 기업에서 부각되면서, 데이터 사용 및 접근이 모니터링되면서 통제되는 것이다. 대학들은 다양한 애플리케이션, 시스템, 플랫폼에 걸쳐 전체 데이터를 소유할 수 있지만, 데이터 거버넌스 프로세스를 주도하는 관리자의 리더십이 필요하다(Cohen, 2006). Marinos(2004)는 데이터 거버넌스의 핵심 성공요인을 다음과 같이 제시했다.

- **전략적 책무성**strategic accountability : 데이터 거버넌스 프로세스에 참여할 조직 내 인력의 역할과 책임을 정의해야 한다.
- **표준**standards : 데이터 표준의 정의는 기업 데이터를 정의하고, '목적에 부합' 하는지를 확인해야 할 때 중요하다.
- **관리 사각지대**managerial 'blind spot' : 데이터 관련 기술, 프로세스, 조직체가 비즈니스 목표와 연계되어야 한다.

- **복잡성 수용embracing complexity** : 데이터 이해 관계자 관리는 다양한 이해 관계자들이 데이터를 수집, 보강, 배포, 소비, 보관할수록 복잡해진다.
- **부서 간 문제cross-divisional issues** : 데이터 거버넌스 구조는 우선순위들을 조정하고, 갈등을 더 신속히 해결하고, 데이터 품질 지원을 권장하도록 조직의 모든 수준에서 참여가 이루어지는 방식으로 설계되어야 한다.
- **메트릭스metrics** : 결과 데이터 품질 메트릭스의 정의는 데이터 거버넌스 성공을 가늠하는 데 있어 중요하다.
- **파트너십partnership** : 조직이 다른 조직들과 데이터를 공유할 때, 양 조직의 데이터 관리 노력을 약화시키지 않기 위해서 조직의 파트너가 조직의 데이터 품질을 책임지도록 해야 한다.
- **전략적 제어점 선택choosing strategic points of control** : 제어는 데이터의 품질을 언제, 어디에서 평가하고 다루어야 하는지를 정하기 위해 시행될 필요가 있다.
- **규정 준수 모니터링compliance monitoring** : 데이터 관리 방침 및 절차는 그 방침과 절차를 준수하고 있는지 보장하기 위해서 주기적으로 평가될 필요가 있다.
- **훈련과 인식training and awareness** : 데이터 이해 관계자들은 데이터 거버넌스의 가치를 인식할 필요가 있다. 이들의 인식을 제고하기 위해서 데이터 품질의 중요성과 품질 좋은 데이터가 주는 이점에 대해 데이터와 관련된 모든 이해 관계자들끼리 의사소통될 필요가 있다.

구조, 프로세스, 관계 커뮤니케이션

효과적인 정보 거버넌스 및 데이터 거버넌스는 대학의 구조, 정책, 커뮤니케이션 프로세스가 조직되고 실행되는 방식에 영향을 받는다. 고등교육 학계 전반에 걸쳐 학습분석에서 데이터 윤리, 투명성, 신뢰성 및 활용과 관련된 문제들이 점점 더 주목받고 있다. 전 세계의 대학들은 빅데이터의 이점이 무엇인지를 평가하기도 해야 하지만, 교수와 학생들에게 그들이 수집하고 활용하는 데이터에 대해서도 설명해주어야 한다. 데이터 프라이버시를 충실히 지키는 것은 법률적으로 준수해야 하는 의무지만, 때로는 '윤리 및 동의'라는 복잡한 과정에서 책임이 뒤따르기도 한다. 데이터 분석 및 학습분석에서 사전 동의가 필요하지만, 데이터를 기반으로 한 의사결정의 목적 및 의도를 주요 이해 관계자들에게 설명하기 위해서는 관계형 모델[14] 및 공유 모델을 이용해야 한다. 항상, 개인적이면서 민감한 데이터들은 위험 요인을 줄이기 위해 익명화되어 보호되어야 하며, 데이터가 개인정보 비식별화와 재식별화가 되도록 신뢰성이 보장되어야 한다. 위험 요인 감소, 데이터 유효성 및 복원을 보장하기 위해서 보안 및 전체 데이터 관리, 그리고 구조, 프로세스, 커뮤니케이션으로 구성된 데이터 거버넌스 프레임워크를 필요로 한다.

기업에서 IT 거버넌스ITG[15]를 개선하기 위해 노력을 기울인 Peterson(2004a, 2004b), De Haes와 Van Grembergen(2004)은 ITG 프레임워크의 3대 핵심요소를 조직 구조structures, 프로세스processes, 관계 커뮤니케이션relational communications[16]으로 설정했다. 이 요소들은 데이터 및 학습분석 프레임워크에도 마찬가지로 적용될 수 있다(표 7.1 참조). 뿐만 아니라 이 요소들은 Marinos의 데이터 거버넌스 핵심 성공요소와 잘 맞아떨어진다. 해당 거버넌스 프레임워크와 관련지어보면, 조직 구조는 고위 임원진 및 위원회가 수행하는 기능, 역할과 책임을 의미한다. 그는 조직 구조를 '전략적 책무성'으로 봤는데, 이것은 조직의 다양한 역할과 책임을 정의하는 데 있어 중요하다. 두 번째 요소인 '프로세스'는 전략적 의사결정과 실행, 이에 대한 모니터링을 말한다. 이를 잘 수행하기 위해, 데이터를 효과적으로 관리하게 해주는 표준과 메트릭스가 필요하다. Marinos에 따르면, 표준과 메트릭스는 데이터 거버넌스의 핵심요소이다. 그는 정확한 데이터 추출은 기술, 프로세스, 조직의 비즈니스 목표들이 서로 일치하는지 여부에 크게 좌우된다고 주장한다. 세 번째 요소인 '관계 커뮤니케이션'은 이해 관계자들의 참여와 협업, 공유 활동을 말한다. Marinos는 데이터 이해 관계자의 관리는 복잡하므로 데이터는 기관 전체가 참여해서 설계되어야 한다고 했

---

14. 역자 주 : 조직의 업무에서 사용하는 데이터를 어떻게 구성하고, 조작하며, 데이터 조작 시 데이터가 어떻게 반응해야 하는지에 대한 템플릿이다.

15. 역자 주 : 보스턴컨설팅그룹(BCG)은 기업이 지녀야 할 IT 통치 기능을 IT 거버넌스로 명명하였다. IT를 얼마나 효과적으로 기업경영에 활용할 것인지가 경영혁신의 관건이라는 인식이 높아짐에 따라 IT를 경영 전략과 연계하여 유효하게 활용할 수 있는 기업 내부의 메커니즘을 어떻게 구축할 것인지가 하나의 이슈로 떠오르고 있다.

16. 역자 주 : 본래 Peterson, De Haes와 Van Grembergen의 원서에는 관계 메커니즘(relational mechanism)으로 되어 있다. 첫째, 구조는 ITG의 감독 및 보고체계 등 조직적인 구조를 의미하며, 이를 통해 각 집단의 책임이 명확해진다. IT 관련 의사결정의 권한과 책임소재를 구체적으로 제시하게 된다. 둘째, 프로세스는 IT 투자 및 관리에 대한 의사결정과 성과를 구현하기 위해 필요한 관리 프로세스를 정립하고 운영하는 것을 모두 포함한다. 셋째, 관계 메커니즘은 구조와 프로세스가 작동되도록 활성화시키고 IT 운영 성과를 전달하며 조직 내 구성원 간에 관련 정보를 공유할 수 있는 체계를 구축하는 것을 의미한다.

다. 다양한 이해 관계자들은 서로 다른 요구와 필요, 목표를 가질 수 있으므로, '부서간' 문제들과 우선순위들을 사전에 다루어야 한다. 파트너십을 공유한 공동 작업은 영향을 받는 모든 당사자들로 하여금 데이터 거버넌스 및 데이터 관리에 주로 초점을 두게 만든다.

구조, 프로세스, 관계 커뮤니케이션의 요소들은 대학이 업무 개선, 교수·학습 실천 및 연구 활동을 위해 해당 요소들의 보강, 사용, 배포, 공유, 보고, 보존과 더불어 데이터 통합을 관리·감독하도록 가이드하는 데 적절하면서 적용 가능한 것으로 여겨지고 있다. 각 요소들은 또한 Marinos가 강조한 핵심 성공요소를 다루고 있다. 이 프레임워크의 총체적

표 7.1 데이터 및 학습분석 거버넌스 실행 프레임워크

조직 구조	프로세스	관계 커뮤니케이션
• 역할과 책임 • 대학협의회, 대학위원회 (예 : 수업위원회, 교수학습위원회, 학사위원회, 입학위원회) 　－ 보직자 　－ 최고관리자 • 데이터 커스터디언[17] 　－ IT 운영위원회 　－ 프로젝트 운영위원회 • 데이터 스튜어드십[18] • 유저그룹/역할(예 : 교직원, 시간강사, 관리자)	• 전략적 의사결정 • 데이터 정의 및 표준 • 메타데이터 관리 • 메타데이터 저장소 • 메트릭스 개발 및 모니터링 • 데이터 프로파일링 • 데이터 정제 • 데이터 복원 • 프라이버시, 신뢰성, 보안 프로토콜 • 윤리 '공지 및 동의' • 법 준수 • 서드파티[19] 서비스 수준 협약(약정) • 위험요소 경감계획 • 정보 보호 전략 및 계획	• 주요 이해 관계자들의 적극적인 참여 • 주요 이해 관계자들 간 협업 • 전략적 대화 • 공유학습/학습동아리(CoP) • 투명성 및 교육 • 비즈니스 목표에 대한 공유된 이해 • 보고용 윤리성 검증

---

17. 역자 주 : 데이터를 저장하고 보호하는 책임자로, 데이터베이스 관리자, 데이터 모델러 등의 다양한 직업 명칭을 갖는다. 데이터의 기밀성, 무결성, 가용성을 보존하고 보호하는 방법으로 데이터를 유지, 보호하며, 데이터 소유자로부터 위임받은 데이터에 대한 관리(유지 및 보안, 백업 등)를 책임지고 보안 정책에 의거 실질적인 절차를 수행한다. 반면 '데이터 스튜어드(data steward)'는 데이터 관리와 유지를 하는 각 사업 부서에 존재하는 데이터 관리자로 정보 전문가, 기록보관담당자, 사서, 준법감시인 등을 포함하고 있다. 비즈니스 관점에서 데이터 생성, 가공, 활용 등 단계별로 데이터 관리를 한다. 데이터 스튜어드는 비즈니스적·기술적 지식과 경험을 기반으로 각 조직별로 해당 영역과 관련된 데이터에 대한 총괄책임을 진다.
18. 역자 주 : 데이터 관리 원칙. 데이터 자산(data asset)을 관리하고 조직의 요구에 맞춰 데이터를 활용할 수 있도록 운용하는 것이다.
19. 역자 주 : 해당 분야에 그 분야를 처음 개척했거나 원천기술을 확보하고 있는 등의 주요기업이 아닌, 해당 분야에 호환되는 상품을 출시하거나 타 기업의 주기술을 이용한 파생상품 등을 생산하는 회사들을 지칭한다.

접근 방식은 대학 시스템에 저장된 데이터가 상호 연계되어 있고, 동적이며, 본질적으로 시스템과 하위 시스템이 상호 의존적이라는 점에서 데이터 분석 및 학습분석 거버넌스가 복잡함을 보여주고 있다.

대학 구조

대학 구조란 대학 내 구성원들에게 부여된 역할과 책임을 말한다. 데이터 및 학습분석 거버넌스의 효과성에 대한 책임은 최고정보책임자CIO나 교학 부총장[20]에게 극히 일부만 있을 뿐이다. 이것이 지속 가능한 프레임워크와 프로세스로 실행되도록 공동의 책임과 대학 전반의 노력으로 간주되어야 한다. 책임은 대학의 모든 수준에 걸쳐 공유되어야 한다. 대학의 최상위 수준에서, 대학협의회는 정책을 승인하고, 전략적 차원에서 협의회를 활용하여, 비즈니스·계획·혁신을 전략적으로 조율하고, 예산안을 검토하는 책임을 맡고 있다. 대학협의회는 자산데이터asset data 관리 및 데이터 사용 및 배포에 대한 전반적인 책무성을 지고 있다. 협의회 구성원들은 대학 경영자와 외부의 고위직 대표들로 구성되어 있는데, 이들은 현재의 경영 및 전략적 활동들과 더불어 대학 운영과 관련된 잠재적 득실에 대해 꿰뚫고 있어야 한다. 특히 학습분석 데이터를 이용한 재학생 유지 전략과 학생들의 학습 행동에 대한 최신의 지식을 갖고, 협의회 차원에서 학습분석 데이터의 가용성, 적용, 활용과 연관된 잠재적 득실에 대해 의문을 제기할 수 있어야 한다. 수업위원회, 교수학습위원회, 연구위원회와 같은 대학위원회는 학습 데이터 사용과 관련된 책임을 지며, 입학위원회, 학사위원회는 재학생 유지 데이터에 대한 책임을 진다. 이러한 위원회들은 함께 학습분석 데이터 사용을 승인하고, 대학의 목적과 가치에 부합하는 개입 전략을 검토하여 동의하기 위해 대학협의회와 밀접한 파트너십을 갖고 함께 일한다.

데이터 및 학습분석 거버넌스의 수립으로 대학 내 역할과 책임이 분명해질 뿐만 아니라 각종 위원회들의 업무에 도움이 되고, 학생들에게 최고의 학습경험과 지원을 제공하려는 대학의 목표를 달성하기 위해 학생 데이터 및 학습 데이터에 접근하는 데 필요한 요건들을 감독할 수도 있다. 학생 및 학습 데이터의 중요성을 고려하면, IT와 LMS도 전략적 프

---

20. 역자 주 : 이 장에서 언급되는 직위와 위원회 명칭은 호주 대학에서 통용되는 것으로, 다른 나라의 경우 다르게 명명될 수 있다.

로젝트를 관리 감독하는 데 특정 책임이 있는 운영위원회와 동일한 방식으로 관리되어야
한다.

이러한 책임을 공유하는 또 다른 핵심 이해 관계자들로는 보직자(예 : 교학부총장, 부총
장보, 교무처장, 학장), 교무처 직원(수업담당자, 코디네이터, 시간강사), 그리고 사무처
직원이 있는데, 이들은 데이터를 수집하여 처리하고 보고한다. 이 데이터 사용자들은 데
이터와 관련된 이슈들을 보고하는 책임이 있는데, 데이터를 효율적으로 수집하는 데 도움
이 되는 기능을 요청하고, 보고에 필요한 요구사항을 구체적으로 명시한다. 학생들도 또
다른 주요한 이해 관계자라 할 수 있는데, 이들은 매일매일 다양한 활동(예 : 출석, 참여도
등)을 통해 데이터를 제공한다.

데이터를 살펴보면, 자산 데이터의 경우 대학을 대표하여 데이터 커스터디언이 이를 관
리해야 한다. 데이터 커스터디언은 자산 데이터의 질에 대해 책임을 지고 있다. 또한 데이
터 관리 및 데이터 정제 계획을 승인하며, 데이터가 목적에 부합하는지 확인하고, 이해 관
계자들 관리도 담당하고 있다. 이것은 또한 데이터 스튜어드십을 보장하는 데 있어서 중
요한데, 이로 인해 데이터 스튜어드의 기능과 역할이 강화될 수 있다. 데이터 스튜어드는
비즈니스 프로세스 및 데이터 요건에 대한 구체적인 지식을 가지고 있을 뿐만 아니라 우
수한 IT 지식을 활용하여 비즈니스 요구사항을 기술 요구사항으로 전환시킬 수 있다. 또
한 데이터 사용자들 교육을 담당하기도 한다.

대학 프로세스

대학들이 학습분석 데이터에 대한 신뢰를 유지하기 위해 그 대학의 모든 시스템 내에 있
는 전체 데이터의 정확성, 견고성, 유효성, 품질을 모니터링하는 것은 중요하다. 데이터
무결성을 보장하기 위해서는, 학습분석 데이터를 광범위하게 사용하고 배포하기 전에 〈표
7.1〉의 프로세스 아래에 나열된 항목들이 잘 설정되어야 한다. 어떤 데이터가 입력되어 수
집되는지, 교육목표를 달성하기 위해 이 데이터를 학습경험 강화에 어떻게 사용할 것인지
에 대해 완벽한 투명성을 갖춘 명확한 대학 정책과 프로토콜이 수립되어야 한다.

〈표 7.1〉의 학습분석 데이터 정책과 프로토콜이 수립되고 효과적으로 실행될 때, 대학
은 유효성 검증 기능과 적절한 경우에 데이터 익명화 및 탈익명화 기능을 가진 학습분석

을 위해서 의미 있는 데이터를 수집하고, 개인정보 보호, 윤리 및 법규를 항상 준수하면서, 수행할 개입방식을 정하고, 요청 시 학생 개인 데이터와 학습 데이터를 합법적으로 폐기하기가 더 용이해진다.

관계 커뮤니케이션

학습분석 데이터의 효과적인 사용은 대학의 행정가, 교직원, 학생들 간의 적극적인 협력 및 커뮤니케이션과 관련되어 있다. 학생의 인구학적 정보 및 학습 데이터 수집의 목적과 활용, 보고에 대해 학생회와 학생 대표들에게 의견을 구하는 것은 중요하다. 또한 대학은 수업에서 학생의 학습 및 행동과 관련하여 학습분석이 행해지고 있음을 포함하는 명확한 가이드라인을 제공해야 한다. 학습분석은 대학에게 학생 유지율과 참여 및 학습을 향상시키는 새로운 전략이기 때문에, 학생에게 이들의 학습 데이터가 의무적으로 '옵트인' 방식으로 수집될 것이며, 필요한 경우 적절한 개입 전략이 사용될 수 있음을 알려주는 것도 중요하다. 이러한 정보는 대학이 사전에 학생 단체에게 정보를 제공하고, 동의를 구하는 한에 있어서 전략적이라 할 수 있다.

학습이 정말로 향상되려면, 학생은 자신의 의사결정을 내리는 것과 관련하여 자신의 학습에 대해 처리된 모든 학습분석 데이터를 볼 수 있어야 한다. 이렇게 책임을 공유하는 활동은 학생들로 하여금 자신의 학습 행동에 주목하게 만들어 학습을 성찰하고, 어떠한 개입이라도 더 잘 이해하여 받아들이게 되어, 자신의 학습에 책임감을 가질 수 있게 한다. 공유 활동은 교수진끼리도 일어날 수 있는데, 이는 궁극적으로 교수 전략 개선, 학습 목표와 학생 만족감 향상으로 이어질 수 있다. 모든 주요 이해 관계자들이 공유하기 위한 의사소통 및 협업 노력은 학습분석 데이터의 효과적이면서 의미 있는 사용을 보장하는 데 있어 중요하다.

데이터 분석 및 학습분석 거버넌스의 시행은 위험 요인을 최소화하고, 윤리적 동의 및 프라이버시 문제가 해결되어야 함을 보장해야 한다. 대학의 상호 의존적인 시스템이 철저하면서 견고한 데이터 및 학습분석 거버넌스를 따른다면, 학습 데이터 제공에 대한 학생들의 참여 철회는 해결될 수 있다. 그러한 대학 전반의 시스템이 괜찮은 구조 및 커뮤니케이션과 함께 〈표 7.1〉의 프로세스의 항목 목록들을 준수할 때, 상호 연계된 다양한 시스템들 속에 있는 데이터는 보다 수월하게 관리되고 통제될 수 있을 것이다.

전체 학생들을 걸쳐서 개발된 학습분석을 개별 학생들에게 적용하는 불확실성 정도를 특히 유저그룹과의 관계 커뮤니케이션에 정확하게 반영해야 한다. 호주 커틴대학교의 최근 연구(2015; Chai and Gibson, 2015)에서 많은 정보가 모델링 과정에 점점 추가되면서 예측 알고리즘이 시간이 지나감에 따라 개선됨을 보여주었다. 이는 초기의 추론이 이후의 추론보다 정확성 확률이 더 낮음을 이해하면서 학생 개인의 교육 여정에 있어 초기 단계에 내려진 의사결정들이 조정되어야 함을 의미한다. 추론과 해석에 대한 잠정적 입장은 커뮤니케이션을 조정하여, 긍정적 변화로의 가능성 및 미래 지향성이 모든 커뮤니케이션의 일부가 되도록 보장하는 데 도움을 줄 수 있다. 이는 학습분석 결과가 최종적이면서 불변인 것처럼 보이는 것을 방지할 수 있고, 시간이 지남에 따라 확실성이 높아질 때까지 결과 커뮤니케이션[21]보다 초대 커뮤니케이션[22]이 이루어지도록 도움을 줄 수 있다.

조직 구조, 프로세스, 커뮤니케이션 프레임워크 내에서 윤리적 문제 연결

조직 구조, 프로세스, 커뮤니케이션이라는 프레임워크는 계획된 학습분석 활동이나 전략과 연관된 윤리적 문제들을 면밀히 검토하는 데 적용될 수 있다. 하나의 사례로, 이 프레임워크를 다음의 계획된 전략을 탐색하는 데 사용할 수 있다—'재학생 유지와 관련된 프로젝트팀은 개입과 서비스를 향상시키기 위해 유지의 동인들(촉진 요인과 저해 요인)을 이해하고자 가능한 모든 학생의 데이터소스를 사용한다'. 이해 관계자들의 역할을 4개의 범주(학생, 교강사, 학장, 경영자/관리자)로 단순화하여, 〈표 7.1〉에서 제시된 데이터 및 학습분석 거버넌스와 Marinos(2004)의 데이터 관리에 있어 핵심 성공요인을 고려하면서 '윤리적 측면의 고려사항' 부분에서 제기된 질문들에 기초하여 가능한 윤리 문제들을 고려해볼 수 있다. 〈표 7.2〉의 매트릭스 프레임워크는 이해 관계자 집단별로 각각의 윤리 문제를 검토하는 데 사용될 수 있다.

매트릭스는 이 장의 '윤리적 측면의 고려사항' 부분에서 제기된 윤리 문제들을 다루기

---

21. 역자 주 : 타인의 행동이나 자세를 관찰하여 얻는 정보로, 특정 환경 내에서 개인이 활동한 결과로 일어나는 커뮤니케이션을 말한다.

22. 역자 주 : 내용이 아닌 관계에 초점을 둔 커뮤니케이션으로, 사람들이 상호작용에 관심이 있거나 타인의 초대에 반응할 때 신호를 보내는 것 등을 말한다.

위해 만들어졌다. 매트릭스의 첫 번째 열은 주요한 이해 관계자들이 누구인지와 관련되어 있다. 두 번째 열은 '학습분석의 수혜자는 누구인가?'에 대한 문제를 다루고 있다. 세 번째 열은 '의사결정자는 누구인가?', '학습분석 데이터의 관리 및 보호에 대한 책임자는 누구인가?', '기관은 학습분석 결과에 따라 조치를 반드시 취해야 하는가?', '구제 기회를 제공

표 7.2 이해 관계자별 윤리 문제 검토용 매트릭스

역할	학습분석의 수혜자는 누구인가?	누가 의사결정을 하고, 조치를 취하고, 구제하는가?	누가 동의하는가? 누가 통보받는가?	어떤 위험요소가 있는가?
학생	학생들은 학생 서비스를 통해 개선된 맞춤식 프로그램의 혜택을 받는다.	학생들은 학생 서비스팀이 제공하는 옵션을 선택할 수 있다. 인증 정보가 부정확한 것으로 인식되면 학생은 구제받을 권리가 있다. 개입 옵션에 대한 권고사항을 무시해도 불이익은 없다.	재학생 유지 대책팀의 정보 사용에 대한 실제 동의가 필요하다. 학생 개인별로 어떤 개입이 선택될지에 대한 방향이 정해지기 때문이다.	학생은 자신의 수행 데이터에 따라 개입 옵션이 제공됨에 당황할 수 있다. 또한 개입 옵션의 장점을 역이용할 위험이 있다.
교강사	(간접)	(해당사항 없음)	(해당사항 없음)	(해당사항 없음)
학장	(간접)	(해당사항 없음)	학장은 재학생 유지와 관련된 데이터 패턴과 그에 따른 개입 옵션에 대해 집단별 데이터를 보고받는다.	(해당사항 없음)
경영자/ 관리자	재학생 유지 프로젝트팀은 학생에 대한 빅픽처를 제공해주는 실행 가능한 정보로부터 보다 많은 혜택을 받는다.	프로젝트팀원은 목표집단과 개인을 결정한 후, 현재의 개입과 선택할 수 있는 개입 방법을 조율하는 조치를 취한다.	분석과 관련된 프로젝트팀은 보호되어야 하는 상세한 개인정보를 제공받는다. 식별정보가 있는 상세보고서의 경우, 내부 정책에 따라 이를 누가 받아야 할지 결정된다.	프로젝트팀 내에 정보보안의 위험요소가 있기 때문에 기밀을 위반할 경우 제재 조치가 필요하다.

하는가?'에 대한 질문을 다루고 있다. 네 번째 열은 '학생들이 자신의 데이터 활용에 동의할 필요가 있는가, 만약 그렇다면 어떻게 동의해야 하는가?', '학생을 자율적인 에이전트로 인식하고 지원해야 하는가?', '학습분석 정보를 제공받아야 하는 사람은 누구이며, 이들이 알아야 내용은 무엇인가?'에 대한 질문들을 다루고 있다. 마지막 열은 '학습분석의 잠재적 피해자는 누구인가?', '학생 데이터를 익명화해야 하는가? 그렇게 한다면 익명성 보호가 충족된 것인가?', '개인정보 보호규정의 적용 범위는?', '학습분석 데이터는 누구의 소유이며, 지적재산권 및 재사용 라이선스가 주는 함의는 무엇인가?'에 대한 질문들을 다루고 있다. 이 장에서는 설명을 위해 간단한 매트릭스가 제공되었지만, 열과 행에 각각의 질문과 각 유형별 이해 관계자를 넣은 자세한 매트릭스 설정이 가능하며 이를 권장한다. 이러한 매트릭스 형태는 신규 혹은 기존의 학습분석 활동이나 전략과 연관하여 윤리적 문제들을 검토하는 데 적용될 수 있다.

역할들은 명시적으로 매트릭스 첫 번째 열에 포함되는 반면, 프로세스와 관계 커뮤니케이션은 다른 4개의 열을 통해 추론되어야 한다. 예를 들면 학생 관점을 제시하는 첫 번째 행은 동의 및 개인정보 보호 프로세스의 필요성을 나타내고 있으며, 학생 서비스팀과 재학생 유지 프로젝트팀 간 관계 커뮤니케이션의 중요성을 강조하고 있다. 즉 매트릭스의 특정 강조점들은 하나 혹은 그 이상의 프로세스와 혹은 관계 커뮤니케이션에 있어서 조치가 필요함을 알려줄 것이다. 이러한 프로세스와 관계 커뮤니케이션은 데이터 거버넌스 계획에 병합될 수 있다.

결론

고등교육 전반에 빅데이터 사용이 증가하면서, 학습분석을 가이드해줄 현재의 거버넌스 구조, 프로세스, 관계 커뮤니케이션을 대학이 검토하는 것은 시의적절하다고 할 수 있다. 이 장에서는 윤리적 측면의 고려사항을 개략적으로 살펴보았고, 거버넌스 프레임워크 개발에 필요한 여러 원리의 중요성을 강조했으며, 주요 이해 관계자들의 관점으로 현재 혹은 향후 계획된 학습분석 활동이나 전략들과 연관된 윤리적 문제들을 검토하는 데 적용될 수 있는 매트릭스를 제공했다. 학습분석은 급성장하는 분야이며, 대학은 부상하고 있는 분야에 대응할 필요가 있다. 매트릭스는 부각되고 있는 학습분석과 연관된 윤리적 측면의 고려사항을 해결하기 위한 도구로 활용될 수 있다.

참고문헌

Arnold, K. E., & Pistilli, M. D. (2012). Course signals at Purdue: Using learning analytics to increase student success. *Proceedings of the 2nd International Conference on Learning Analytics and Knowledge (LAK '12)* (pp. 267-270). New York: ACM.

Beattie, S., Woodley, C., & Souter, K. (2014). Creepy analytics and learner data rights. In B. Hegarty, J. McDonald & S. -K. Loke (Eds.), *Rhetoric and reality: Critical perspectives on educational technology. Proceedings ascilite* (pp. 421-425).

Bloor Research. (2014). *Creating confidence in big data analytics.* Retrieved from http://www.bloorresearch. com/research/white-paper/creating-confidence-big-data-analytics/.

Buckingham Shum, S. (2012). *Learning analytics. UNESCO Policy Brief.* Retrieved from http://iite.unesco. org/pics/publications/en/files/3214711.pdf.

Campbell, J. P., DeBlois, P. B., & Oblinger, D. G. (2007). Academic analytics: A new tool for a new era. *EDUCAUSE Review, 42*(4), 40-52.

Chai, K. E. K., & Gibson, D. (2015). Predicting the risk of attrition for undergraduate students with time based modelling. *Proceedings of the 12th International Conference on Cognition and Exploratory Learning in the Digital Age, CELDA 2015* (pp. 109-116). Retrieved from http://www.scopus.com/inward/record. url?eid=2-s2.0-84961786619&partnerID=tZOtx3y1.

Clarke, J., & Nelson, K. (2013). Perspectives on learning analytics: Issues and challenges. Observations from Shane Dawson and Phil Long. *The International Journal of the First Year in Higher Education, 4*(1), 1-8. doi:10.5204/intjfyhe.v4i1.166.

Cohen, R. (2006). What's in a name? Data governance roles, responsibilities and results factors. *Information Management.* Retrieved from http://www.information-management.com/news/columns/-1057220-1. html.

Connolly, B. (2014). *Don't cross the 'creepy line' of data analytics. CIO Australia.* Retrieved from http://www. cio.com.au/article/538947/don_t_cross_creepy_line_data_analytics/

Corrin, L., Kennedy, G., & Mulder, R. (2013). Enhancing learning analytics by understanding the needs of teachers. *Electric dreams. Proceedings* (pp. 201-205). Ascilite.

Cumbley, R., & Church, P. (2013). Is "Big Data" creepy? *Computer Law & Security Review, 29*(5), 601-609.

Curtin University Foundation. (2015). *Annual Report 2014*. Retrieved from http://about.curtin. edu.au/ files/2015/03/curtin-2014-annual-report-full-report.pdf.

de Freitas, S., Gibson, D., du Plessis, C., Halloran, P., Williams, E., Ambrose, M., et al. (2014). Foundations of dynamic learning analytics: Using university student data to increase retention. *British Journal of Educational Technology*. [Online]. doi:10.1111/bjet.12212.

De Haes, S., & Van Grembergen, W. (2004). IT governance and its mechanisms. *Information Systems Control Journal, 1*, 1-7.

Dietz-Uhler, B., & Hurn, J. E. (2013). Using learning analytics to predict (and improve) student success: A faculty perspective. *Journal of Interactive Online Learning, 12*, 17-26.

Drachsler, H., & Greller, W. (2012). The pulse of learning analytics: Understandings and expectations from stakeholders. In *Proceedings of the 2nd International Conference on Learning Analytics and Knowledge* (pp. 120-129). ACM.

Drachsler, H., Hoel, T., Scheffel, M., Kismihók, G., Berg, A., Ferguson, R., et al. (2015, March). Ethical and privacy issues in the application of learning analytics. In *Proceedings of the Fifth International Conference on Learning Analytics and Knowledge* (pp. 390-391). ACM.

Dringus, L. P. (2012). Learning analytics considered harmful. *Journal of Asynchronous Learning Networks, 16*(3), 87-100.

EDUCAUSE Center for Applied Research. (2012). ECAR *analytics maturity index for higher education*. Retrieved September 29, 2014, from http://www.educause.edu/ecar/research-publications/ecar-analytics-maturity-index-higher-education.

Fisher, J., Valenzuela, F-R., & Whale, S. (2014). *Learning analytics: A bottom-up approach to enhancing and evaluating students' online learning*. Retrieved from http://www.olt.gov.au/system/files/resources/ SD12_2567_Fisher_Report_2014.pdf.

Friedman, T. (2006, March). Key issues for data management and integration, 2006, *Gartner Research*. ID number: G00138812.

Gill, M. D. (2005). *Governing for results: A director's guide to good governance*. Bloomington, IN: Trafford.

Graf, S., Ives, C., Lockyer, L., Hobson, P., & Clow, D. (2012). *Building a data governance model for learning analytics*. Panel at LAK'12, Vancouver.

Greller, W., & Drachsler, H. (2012). Translating learning into numbers: A generic framework for learning analytics. *Educational Technology & Society, 15*(3), 42-57.

Griffiths, D. (2013). The implications of analytics for teaching practice in higher education. *Cetis Analytics Series, 1*(10). Retrieved from http://publications.cetis.ac.uk/wp-content/\uploads/2013/02/Analytics-for-Teaching-Practice-Vol-1-No-10.pdf.

Kay, D., Korn, N., & Oppenheim, C. (2012). Legal, risk and ethical aspects of analytics. *Cetis Analytics Series, 1*(6). Retrieved from http://publications.cetis.ac.uk/2012/500.

Long, P., & Siemens, G. (2011). Penetrating the fog: Analytics in learning and education. *EDUCAUSE Review, 46*(5). Retrieved from http://www.educause.edu/ero/article/penetrating-fog-analytics-learning-and-education.

Macfadyen, L. P., Dawson, S., Pardo, A., & Gaševic, D. (2014). Embracing big data in complex educational systems: The learning analytics imperative and the policy challenge. *Research & Practice in Assessment, 9*, 17–28.

MacNeill, S., Campbell, L. M., & Hawksey, M. (2014). Analytics for education. *Journal of Interactive Media in Education*. Retrieved from http://jime.open.ac.uk/jime/article/view-Article/2014-07/html.

Marinos, G. (2004). Data quality: The hidden assumption behind COSO. *DM Review, 14*(10), 12–15.

New Media Consortium. (2015). *NMC Horizon Report: 2015 Higher Education Edition*. Retrieved from http://www.nmc.org/publication/nmc-horizon-report-2015-higher-education-edition/.

Open University. (2014). *Policy on ethical use of student data for learning analytics*. Retrieved from http://www.open.ac.uk/students/charter/essential-documents/ethical-use-student-data-learninganalytics-policy.

Pardo, A., & Siemens, G. (2014). Ethical and privacy principles for learning analytics. *British Journal of Educational Technology, 45*(3), 438–450. doi:10.1111/bjet.12152.

Peterson, R. R. (2004a). Information strategies and tactics for information technology governance. In W. Van Grembergen (Ed.), *Strategies for information technology governance*. Hershey, PA: Idea Group.

Peterson, R. (2004b). Crafting information technology governance. *Information Systems Management, 21*(4), 7–23.

Prinsloo, P., & Slade, S. (2014). Educational triage in open distance learning: Walking a moral tightrope. *The International Review of Research in Open and Distance Learning, 15*(4), 306–331.

Prinsloo, P., & Slade, S. (2015). Student privacy self-management: implications for learning analytics. In *Proceedings of the Fifth International Conference on Learning Analytics and Knowledge* (pp. 83–92). ACM.

Rubel, A., & Jones, K. (2016). Student privacy in learning analytics: An information ethics perspective. *The Information Society., 32*(2), 143–159.

Sclater, N., & Bailey, P. (2015). *Code of practice for learning analytics 2015*. Retrieved from https://www.jisc.ac.uk/guides/code-of-practice-for-learning-analytics.

Siemens, G. (2013). Learning analytics: The emergence of a discipline. *American Behavioral Scientist, 57*, 1380–1400.

Siemens, G., Dawson, S., & Lynch, G. (2013). Improving the quality and productivity of the higher education sector: Policy and strategy for systems-level deployment of learning analytics. Retrieved from http://www.olt.gov.au/system/files/resources/SoLAR_Report_2014.pdf.

Slade, S., & Prinsloo, P. (2013). Learning analytics ethical issues and dilemmas. *American Behavioral Scientist, 57*, 1510–1529.

Swenson, J. (2014, March). Establishing an ethical literacy for learning analytics. *Proceedings of the Fourth*

International Conference on Learning Analytics and Knowledge (pp. 246–250).

Thomas, G. (2006). *Alpha males and data disaster: The case for data governance*. Orlando, FL: Brass Cannon Press.

Willis, J. E., III, Campbell, J., & Pistilli, M. (2013). Ethics, big data, and analytics: A model for application. *Educause Review*. Retrieved from http://www.educause.edu/ero/article/ethics-bigdata-and-analytics-model-application.

Willis, J. E., III, & Pistilli, M. D. (2014). Ethical discourse: Guiding the future of learning analytics. *EDUCAUSE Review* [Online]. Retrieved from http://www.educause.edu/ero/article/ethical-discourse-guiding-future-learning-analytics.

08

빅데이터, 고등교육과 학습분석 :
공정성을 넘어 돌봄의 윤리로

Paul Prinsloo, Sharon Slade

요 약 고등교육에 있어 빅데이터가 막대한 잠재력을 가진다는 것에는 의심의 여지가 없다. 그러나 이에 대한 근본적인 인식론과 패러다임에 대한 탐색은 반드시 필요하다. 이러한 탐색을 통해 학습의 참여, 지속, 성공을 증가시킬 수 있는 학습분석의 잠재성에 대해 이해할 수 있다. 학생 데이터의 수집, 분석, 적용은 중립적인 행동이 아니며, 사회적·정치적·경제적·문화적 의제에서 비롯되며 영속적이다. 따라서 빅데이터와 학습분석에 내재하는 문제, 모순, 갈등을 명확하게 인식하는 것은 매우 중요하다. 재정 지원에 대한 제약이 늘어나는 상황에서, 신자유주의의 영향, 시장 위주의 커리큘럼, 입학 자격, 책무성과 보고 체제의 확산으로 인하여 고등교육기관은 필수적으로 고려해야 하는 공정성justice과 윤리 ethics 문제를 등한시한 채 학생 데이터를 모으고, 분석하고, 사용하는 현실을 받아들이고 있다. 도덕과 정치적 실천을 행하는 고등교육을 고려하여, 이 장은 공정성과 돌봄의 윤리를 기반으로 정보 공정성 information justice을 위한 프레임워크 수립을 제안한다. 공정성의 윤리와 돌봄의 윤리 간에 내재된 긴장은 고등교육에서 빅데이터를 둘러싼 과도한 집중에 대한 비판적인 접근을 요구하고 있으며 이를 고려해야 한다.

주제어 빅데이터 / 돌봄의 윤리 / 공정성의 윤리 / 고등교육 / 정보 공정성 / 학습분석

서론

빅데이터에 대한 최근의 담론은 '분석의 시대'(Tene & Polonetsky, 2012, p. 1)뿐만 아니

라, 사회 물질적 알고리즘 규제socio-material algorithmic regulation의 개념(Henman, 2004), '알고리즘으로의 전환'(Napoli, 2013, p. 1), 그리고 점점 보편화되고 있는 '알고리즘 문화'(Granieri, 2014)를 소개하고 있다. "가공되지 않은 데이터는 모순이다"(Gitelman, 2013), 그러므로 빅데이터는 편향을 피할 수 없다(Danaher, 2014). 빅데이터는 무조건적으로 좋은 것이라고 간주되지는 않을 것이다(Boyd & Crawford, 2013).

많은 분석가들은 데이터를 액면 그대로 받아들이며, 데이터가 마치 완전히 중립적이고 객관적이며 사전 분석적인 것처럼 취급한다. 하지만 사실 데이터는 기술적, 경제적, 윤리적, 시간적, 공간적, 철학적인 토대에서 만들어진다. 데이터는 그 데이터를 생성하고, 처리하고, 분석하기 위해 이용하는 아이디어, 도구, 실천, 맥락, 지식과 독립적으로 존재하지 않는다(Kitchin, 2014b, p. 2).

인류 역사를 통틀어 기술과 데이터의 이용은 매우 이데올로기적이었고, 권력 관계를 내포해 왔다(Coll, 2014; Henman, 2004; Selwyn & Facer, 2013; Selwyn, 2014). "빅데이터로의 전환은 정치적이고 문화적인 변화이며, 우리는 이제 막 그 빅데이터가 가진 능력을 목도하기 시작했다"(Crawford, 2014, par. 5).

고등교육 맥락에서 빅데이터와 학습분석은 효과성과 비용 효율성의 향상을 약속한다(Siemens, 2011; Siemens & Long, 2011; Hargreavs & Braun, 2013). 빅데이터는 "모든 것을 바꾸고"(Wagner & Ice, 2012), "학습에 혁신을 일으킬 것"(Van Rijmenam, 2013)이라는 주장들이 있다. "새로운 원유"(Watters, 2013)로서 학생 데이터의 수집, 분석, 이용은 "새로운 대세"(Booth, 2012)가 될 것이라고 주장한다('빅데이터에 대한 은유'에 대한 논의를 위하여 Puschmann과 Burgess(2014)를 참조하라).

빅데이터에 대한 대대적인 선전과 약속 속에, 교육에서의 증거의 본질에 대한 문제, 사생활과 그 범위의 문제, 감시의 영향 등에 관한 우려 또한 점점 증가하고 있다(Biesta, 2007, 2010; Eynon, 2013; Morozov, 2013a; Prinsloo & Slade, 2013; Wagner & Ice, 2012). 또한 책무성이 증가하고 있는 상황에서, 빅데이터는 "수사학적인 통치의 기술"(Suspitsyna, 2010, p. 567)을 제공하는 것처럼 보인다. 따라서 현재의 많은 담론들은 빅데이터가 '기술-해결주의'techno-solutionism(Morozov, 2013b) 또는 '기술-낭만주의'techno-romanticism (Selwyn, 2014)와 닮아 있다고 생각될 수 있다. 빅데이터가 잠재적으로 새로운 인식론과 패러다임의 변환을 가져온다는 것은 점점 더 분명해지고 있다. 또한 학생들과 우리의 관계에 대한 이해 방식에 중요한 변화를 가져올 것이라 예고한다(Kitchin, 2014a). 학생 개인 데이터를 기반으로 개인에 대한 완벽한 이해에 다가갈 수 있을 것이라는 주장의 맥락에서, 빅데이터가 "우리의 세상을 연구하고 이해하는 방법에서의 패러다임 변화"(Eynon, 2013, p. 237)를 예고하고 있다는 것은 분명하다.

그렇다면 빅데이터의 부상과 교육, 교육에서 테크놀로지의 윤리적 활용과는 무슨 관계가 있는가(Eynon, 2013)? 만약 우리가 테크놀로지로서의 데이터 사용은 "문제, 모순, 갈등으로 가득한 사회, 정치, 경제와 문화적 안건들이 묶여 있는 매듭으로서 이해될 필요가 있다"(Selwyn, 2014, p. 6)는 것을 받아들인다면, 학생 데이터의 수집, 분석, 활용에서의 도전들과 잠재성에 대한 우리의 이해에 어떠한 영향을 미치는가? '데이터 공정성'data justice은 어떻게 정의되며, 누구에 의해 그리고 누가 그것을 제공하는가?

데이터는 본질적으로 편향될 수 있다는 것을 고려하면, 결과적으로 사회적 특권이나 사회적 소외감은 데이터의 수집, 분석, 사용에 있어 필연적인 특징이다(Johnson, 2013, p. 2). 따라서 우리는 데이터 공정성은 돌봄의 윤리ethics of care뿐만 아니라 공정성의 윤리로 이루어진다고(돌봄의 윤리가 공정성의 윤리로 동화된다는 의미 없이) 주장할 것이다(Clement, 1996).

이 장은 공정성의 윤리와 돌봄의 윤리 사이에 존재하는 긴장과 관계를 논의하기 전에 고등교육 맥락에서의 빅데이터 이용과 학습분석에 존재하는 문제를 다룰 것이다(Botes, 2000; Diller, 1996; Gilligan, 1982; Held, 2005; Johnson, 2014; Katz, Noddings, & Strike, 1999; Patton, 2000; Prinsloo & Slade, 2014; Ruiz, 2005; Sadowski, 2013; Stoddart, 2012; Smith, 2001). 고등교육은 "도덕적이고 정치적인 실천"(Giroux, 2003, p. 180)이라는 명제를 기반으로, 우리는 정보 공정성information justice의 범위와 한계를 가능한 재구성하고 재탐색하기 위한 적절한 기반으로서 공정성과 돌봄의 윤리를 제안한다.

공정성과 돌봄의 윤리 맥락에서 빅데이터와 교육의 문제

논의에 앞서 Kitchin(2014a, p. 1)이 내린 빅데이터 정의를 살펴보자.

- **대량** : 테라바이트 또는 페타바이트의 데이터로 구성된다.
- **고속** : 거의 실시간으로 데이터가 생성된다.
- **다양성** : 정형 데이터와 비정형 데이터로 구성된다.
- **포괄성** : 전체 집단 혹은 시스템을 저장한다.
- **잘게 쪼개진 입도** : 상세한 정보를 담고 있어 고유 식별이 가능하다.
- **관계형** : 다른 데이터세트와 결합이 가능한 공통 필드를 가지고 있다.
- **유연성** : 기능이나 규모 측면에서 확장성(손쉽게 새로운 필드를 추가하거나 빠르게 규모를 확장)이 있다.

위의 정의에 비추어볼 때, 빅데이터는 광범위하고 다양한 데이터 소스뿐만 아니라 점점 더 실시간의 완전한 관계형 데이터를 아우르고 있다. 여기에서 교육관리분석과 학습분석의 결과로 Solove(2004)가 표현한 "정교한 격자 모양의 정보 네트워킹"(p. 3)이 나오게 된다.

디지털 학습의 증가로 고등교육기관은 점점 더 거대한 데이터세트에 접근하고 있다. 하지만 이러한 데이터세트, 심지어 데이터 소스들(학사관리시스템, 학습관리시스템, 인구통계 데이터)의 결합 형식은 빅데이터 형태로서 상당 부분 적합하지 않다(Prinsloo, Archer, Barnes, Chetty, & Van Zyl, 2015 참조). 고등교육 내에서 진행되고 있는 '수량화'에 대한 집착(Morozov, 2013a)과 데이터 활용에 기초하여 효과를 극대화하려는(Prinsloo et al., 2015) 노력을 고려해볼 때, 고등교육이 접근하고 있는 학생 데이터세트와 관련하여 Kitchin(2014b)이 정의한 빅데이터 특성을 예견할 수 있을 것이다. 따라서 공정성의 윤리와 돌봄의 윤리 관점에서 "정교한 격자 모양의 정보 네트워킹"(Solove, 2004)의 개념과 의미는 미래에 발생할 문제들에 대비하여 고등교육을 준비하는 데 도움이 될 것이다.

이 '정보 격자'information lattice(Solove, 2004)가 더 효과적으로 정보를 공유하고 개입할 수 있는 공간을 넓히는 동안, 여기서 우리는 기술로서의 빅데이터가 "문제, 모순, 갈등으로 가득 차 있는 사회, 정치, 경제 및 문화적 안건들…"(Selwyn, 2014, p. 6)에 적용되고 있다는 전제하에, 학생 데이터를 윤리적으로 수집하고 분석하고 사용해야 한다고 제안한다. 이와 같이 우리는 빅데이터의 잠재성뿐만 아니라 위험에 대해서도 인지하고 있어야만 한다(예 : Boyd & Crawford, 2013; Dormehl, 2014).

따라서 광범위한 학생 데이터 사용의 **부분집합**subset으로서 학습분석(Siemens & Long, 2011 참조)은 중립적인 것이 아니다. 그리고 학습분석은 "지식과 학습의 본질에 관한 현재 신념에 의해 영향을 받고, 성/인종/계층/자본/문해력에 대한 가정에 의해 왜곡되고, 그리고 신구 권력관계를 영속화하고 기여하는" 구조화 장치가 되어 가고 있다(Prinsloo, 2014). 국제적 · 국가적인 법적 프레임워크 및 가이드라인이 약간의 확실성과 의지할 것을 제공하고 있기는 하다. 하지만 우리는 그러한 프레임워크는 충분하지도 않으며, 현재 "새로운 감시 도구와 데이터베이스를 법제화"(p. 9)하는 것이 충분하지 않을 수 있다는 Haggerty와 Ericson(2006)의 주장에 동의한다. 규제와 법적 프레임워크에 대한 상대적 제한을 수용한다는 것이 데이터 완전성과 알고리즘적인 책무성(데이터 관리와 접근 절차나 단계, 적절하고 허가받은 과정을 반드시 보장해야 한다는 것)을 확실히 보장하는 것에 대하여 관심이 적고 덜 엄격하다는 것을 의미하지 않는다. [데이터의 수집, 분석, 이용에 관한 담론에서의 다른 이슈에 관한 언급은 Citron & Pasquale(2014), Crawaford & Schultz(2014), Lagoze(2014), Pasquale(2015), Slade & Prinsloo(2013), Tene & Polonetsky(2013), Wigan & Clarke(2013) 등을 참조하라.] '공정성'에 대한 개념과 다양한 유형이 유용한 법적 프레임워크와 규제 프레임워크를 제공하고 있다. 하지만, 고등교육이 도덕적 실천의 측면이라는 관점에서, '공정성'은 그 자체로 충분하지 않고, '돌봄'과 반드시 결합되어야 한다고 진술하는 것은 당연한 것이다.

다양한 유형의 공정성(예 : 분배 공정성과 인과응보, 절차 공정성 및 실체적 공정성, 노력과 공정성이 직접적으로 관련되어 있고, 마땅한 권리에 내재되어 있는 우려와 관련된 자격의 문제)에 대하여 논의하고 분석하는 것은 이 논문의 범위를 벗어나는 것이다. 공정성에 관한 이론들의 중심에는 '무엇이 옳고 공평한가?'에 대한 문제뿐만 아니라, '누가 무엇에 대한 권리가 있는가'와 같은 문제들이 있다(Noddings, 1999, p. 8). 인류 역사를 통틀어 공정성에 대한 우리의 이해는 서로 다른 권리를 가진 계급들 안에 내재되어 있다. 예를 들어 비시민권자에 대비되는 시민권자의 권리, 미성년자의 권리는 물론 인간이 아니라고 여기거나, 종교적 희생을 위해 학살할 가치도 없다고 여겨지는 '미개인' 및 인간 제물에 해당하는 '또 다른 사람들'의 권리이다(Agamben, 1998).

데이터, 증가하는 빅데이터를 통해 모든 사람을 우리가 가진 공평함과 공정성에 대한 자체적인 기준으로 나눌 수 있다(Andrejevic, 2014; Henman, 2004). 데이터의 자애로운 사용의 이점에 대한 사례는 분명히 존재한다. 그럼에도 불구하고 종종 비대칭적인 권력 관계 속에서 이루어지는 불분명하고 확인되지 않은 데이터의 사용은 "유전적 데이터, 인구통계적 데이터, 지리-위치적 데이터, 그리고 이전에는 예측하지 못한 종류의 데이터에 따라 (영향을 받는) 사람들을 불투명하고 접근하기 어려운 상태로 내버려두는 방식으로 중요한 삶의 순간에 사람들을 구분 짓는 세상"(Andrejevic, 2014, p. 1681)을 초래한다. '알고크라시'algocracy[1](Danaher, 2014)와 그것에 내재되어 있는 '기술주의적 예측 논리'technocratic predictive logic(Henman, 2004, p. 173)의 위협에 대해 심각하게 고려해야 한다. 특히 실수와 오해의 가능성이 장기적인 영향을 미칠 수 있는 보다 복잡한 상황에서는 더욱 그렇다. Subotzky와 Prinsloo(2011)는 학생의 성공은 학생, 교육기관, 보다 폭넓은 사회적 요인들이 결합되어 있는 다양한 단계에서 이루어지는 비선형적이고, 다차원적이며, 상호의존적인 상호작용 결과라고 제안한다. 따라서 학생 데이터를 수집하고, 분석하고 활용하는 것은 서로 다른 예측변수들 간의 관계와 이러한 변수들이 결합하여 발생하는 효과에 대하여 반드시 인지하고 있어야 한다(Subotzky & Prinsloo, 2011, p. 182).

고등교육은 지속적으로 학생 데이터에 접근해 왔으며, 교육기관의 주기적인 계획이나 보고를 위하여 이러한 데이터를 이용해 왔다. 역사적으로 이러한 대부분의 사용은 **집계된** 학생 데이터를 기반으로 하고 있다. 학습관리 시스템의 도입으로 개별 학생들의 성과에 영향을 미치고 그 성과를 모니터할 수 있는 가능성이 큰 폭으로 증가하고 있다. 이제 고등교육기관은 데이터를 통해 식별한 학생들에게 맞춤화되고, 개별화되고, 집중화된 보충학습이나 조기학습 기회를 제공하면서 실시간으로 학생의 행동에 반응할 수 있는 능력을 갖게 되었다. 이것은 "보이지 않는 부상자 분류 꼬리표를 달고 다니는 학생들을 야기할 것이다. 또, 그러한 데이터를 통해 식별된 꼬리표는 오직 교수자들만 볼 수 있는가? 이것이 공평한가? 또는 이것이 실용적인가?라는 의문을 불러일으킬 수 있다. 전쟁터에서의 의료적 치료와 마찬가지로, 교수자들의 관심은 한정되어 있다"(Manning, 2012, Prinsloo & Slade, 2014, p. 306에서 인용). 우리는 어떻게 공평할 뿐만 아니라 도덕적 실천으로서의 고등교

---

1.   역자 주 : 알고리즘에 의한 지배.

육과 긴밀히 연결되는 방식으로 학생 데이터를 활용할 것인가? 또한 우리는 어떻게 돌봄의 윤리를 구현할 것인가(Prinsloo & Slade, 2014)?

1. **정보 공정성을 향하여** : "데이터 구조화의 본질로 인하여 데이터 자체에 불공정함injustice이 포함될 가능성이 매우 많다"(Johnson, 2013, p. 2). Johnson(2013)은 다음의 두 가지 문제를 설명하기 위해서 '정보 공정성'information justice이라는 단어를 사용한다. 첫 번째 문제는 독점권이다. "데이터 수집 과정에 의해 개인, 개인의 경험과 가치, 흥미는 정보 시스템에서 누락된다"(p. 13). 이 과정은 데이터 수집뿐만 아니라, 데이터의 확산과 전체 데이터의 운영까지 포함한다. 두 번째 문제는 "정보의 수집과 사용에 있어서의 가정들과 그 안에 내재된 가치들이 차지하는"(p. 13) 역할을 말한다. 정보 공정성은 데이터와 데이터 수집, 그리고 데이터 활용의 이데올로기적 본질을 고려할 뿐만 아니라 데이터의 수집, 분석, 활용을 철저히 조사하는 비판적인 입장을 요구한다. Johnson(2013, p. 16)은 "만약 현대 사회가 — 부유한 지역과 아닌 곳 — 많은 사람들이 예상하는 것처럼 데이터를 중심으로 구조화된다면, 우리는 현재의 사회 구조가 정보 시스템에 의해 어떻게 영구화되고, 악화되고, 완화되는지를 알 필요가 있을 것이다"라고 언급했다. 정보 공정성의 개념은 데이터 거버넌스, 접근 등에 관한 규제 프레임워크에서 발견되는 것과 같이 교육기관의 대응을 알려주며, 반드시 알려주어야 한다.

학생 데이터의 수집, 분석 및 활용의 복잡성을 다루는 유용한 휴리스틱으로서 정보 공정성을 고려함에 있어, 정보 공정성에 대한 우리의 개념 정의에 따라 '누구(학생, 대학, 기관 또는 사회)를 위한 공정성'인가에 관한 문제를 제기하는 것(만약 다루지 않는다면) 또한 매우 중요하다. 학생과 고등교육기관 간의 비대칭적인 권력 관계에서, 정보 공정성에 대한 기관의 인식은 다양한 규제 및 법률 프레임워크의 보고 및 준수 체제에 의해 실제로 결정될 수 있다(Prinsloo & Slade, 2015). 만약 우리가 고등교육의 개념을 도덕적 실천으로서 받아들이고, 고등교육의 선량한 관리자로서 주의 의무를 받아들인다면, 우리는 학생들의 권리와 돌봄을 받을 권리 모두를 보호하는 입장으로 나아가야만 한다. 이것이 우리의 데이터 거버넌스 정책과 구조든 또는 알고리즘의 책무성 문제든 간에, 이 장은 정보 공정성을 공정성의 윤리와 돌봄의 윤리 모두를 포함하는 대항 서

사로서 제안할 것이다.

2. **공정성의 윤리와 돌봄의 윤리** : 돌봄의 윤리와 공정성의 윤리는 종종 서로 반대의 입
   장을 취한다(Botes, 2000). 이 두 관계는 '듀엣duet 또는 대결duel'로 묘사되기도 한다
   (Jorgensen, 2006). Gilligan(1982)은 돌봄과 공정성이 서로 상반되고 상호 배타적으로 보
   일 수도 있지만, 이 둘 모두는 윤리적 의사결정의 지위를 가지고 있으며, "두 가지 측면
   은 불가분하게 연결되어 있고 끊임없이 상호작용하고 있다"고 주장한다(Botes, 2000, p.
   1073). 만약 윤리의 공정성justice of ethics과 돌봄의 공정성justice of care이 연결되어 있으
   며 끊임없이 상호작용한다는 것을 수용한다면, 돌봄의 윤리가 공정성의 관점으로 동화
   되는 위험을 초래할 것이다(Clement, 1996). 또 다른 위험은 돌봄의 윤리가 동정심에 따
   른 감상주의적인 입장으로 포괄된다는 것이다(Slote, 2007).

   이 장에서 우리는 돌봄 없는 공정성은 심한 '불공정'injustice을 야기할 것이며, 공정성
   없는 돌봄은 사실상 '무관심'uncaring이 될 수 있다는 것을 제안한다. 공정성의 윤리와
   돌봄의 윤리 간 관계에 대한 이해가 필요하다는 가정에 기초하여, 그들 간의 서로 다른
   측면과 독특한 주안점에 대해서도 반드시 고려할 필요가 있다.

   공정성의 윤리는 보통 규칙기반적인 것이며, 환원주의적인 것으로 묘사된다(Botes,
   2000; Clement, 1996; Katz et al., 1999; Slote, 2007). 공정성의 윤리 관점에 따르면 고
   등교육에서 정보 공정성에 접근한다는 의미는 모든 가능한 예외들과 새로운 문제들
   을 다룰 수 있는 충분한 규칙이 정립되어야 할 필요가 있음을 인정해야만 한다는 것이
   다. 이에 따라 공정성의 윤리는 개인의 복잡성, 교차성, 개인의 다차원적 특징, 서로 다
   른 맥락에서의 다양한 관계를 충분히 다루거나 수용하지 않을 가능성이 높다(Slade &
   Prinsloo, 2013). 역으로, 돌봄의 윤리는 보다 전체론적이고 가치 주도적이다. 다시 말
   해 돌봄의 윤리는 관계에 초점을 맞추며, '옳은 것'이 될 수 있지만 반드시 '공정한 것'
   은 아니라고 간주될 수 있다는 구조적 제약에 따른 영향력을 인정한다(Botes, 2000;
   Gilligan, 1982; Katz et al., 1999; Ruiz, 2005).

   먼저 돌봄의 윤리는 데이터의 수집, 분석, 사용에 대한 관계적 이해를 의미하며, 교
   육기관이 일방적으로 주장하는 감시 프로세스와 관행에 대한 대항-서사이다(Epling,
   Timmons, & Wharrad, 2003; Knox, 2010; Kruse & Pongsajapan, 2012). 따라서 돌봄의

윤리는 고등교육에서 증거의 역할에 대한 우리의 가정, 학생 데이터의 본질과 사용, 관리 문제, 개인정보 보호 및 데이터 접근에 관해 '주의를 기울여라'고 제안한다. 또한 돌봄의 윤리는 학생들을 '보살핀다'는 개념을 기반으로 한다. 뿐만 아니라 자원의 제한이 증가하고 있는 세계에서 교육기관의 지속가능성을 보장할 수 있도록 학생을 유지하고 학생 성공을 향상시키기 위하여 학생 데이터를 수집하고 분석하고 사용해야 한다.

학습분석을 둘러싼 현재의 많은 담론들은 학생의 성공, 윤리 및 사생활 문제를 증가시킬 수 있는 학습분석의 사용과 잠재성에 중점을 둔다. 우리 스스로 고등교육에서의 데이터 사용에 관한 근본적인 가정을 상기하여야 하며, 그다음에 정보 공정성을 위한 기초로서 공정성과 돌봄의 윤리에 대한 제안으로 나가는 것이 매우 중요하다. "직설적으로 말하면, 교육에서의 테크놀로지 사용에 대한 모든 설명은 명백히 권력 분배에 대한 사회적 갈등의 측면에서 표현될 필요가 있다"(Selwyn, 2014, p. 19). 공정성의 윤리와 결합한 돌봄의 윤리는 빅데이터, 학습분석 그리고 고등교육에 대하여 "지나치게 낙관적으로"(Selwyn, 2014, p. 15) 접근함으로써 종종 아무런 의심 없이 받아들여지는 가정들에 대한 필연적인 대항-서사를 제공할 수 있게 한다.

교육기관에서 학생 유지 및 성공을 향상시키기 위하여 전략적으로 진행하는 학생 데이터의 수집, 분석, 활용을 사회비판적으로 이해하기 위해서는 교육기관과 학생 모두와 관계가 있고 얽혀 있는 에이전시를 고려할 필요가 있다(Subotzky & Prinsloo, 2011). Subotzky와 Prinsloo(2011)는 구조적이고 사회-물질적 조건들에 의해 경계가 지어지는 것처럼 학생과 기관 모두가 위치해 있는 구조를 강조한다. 이러한 위치구속성은 그 에이전시의 범위와 내용에 영향을 미치고, 자기효능감과 그들 각자의 통제 위치locus of control[2]를 결정하며, "성공을 추구함에 있어 필요한 속성을 개발하고, 성장시키고, 변형시켜야 하는"(p. 184) 학생과 기관 모두의 자유를 제한하게 만든다.

다음 절에서 우리는 공정성의 윤리와 돌봄의 윤리 사이에 양립하고 있는 몇몇 요소들을 탐구하고, 학생 데이터의 수집, 분석, 활용의 의미에 대해 성찰해보고자 한다.

---

2. 역자 주 : 개인이 사건을 통제해서 영향을 미칠 수 있는 정도를 나타내는 사회심리학 용어. 내부적 통제 위치가 높은 사람은 사건이 자신의 행동으로부터 비롯된다고 생각하며, 내부적 통제 위치가 낮은 사람은 사건이 다른 사람이나 운명, 우연으로부터 비롯된다고 생각한다.

공정성 대 돌봄

공정성의 윤리는 '모든 사람을 반드시 공정하고 공평하게 대하는 것을 보장하기 위하여' 보편적인 규칙과 원칙을 형성하고 적용하는(Botes, 2000, p. 1072) '자주적이고, 객관적이며 공정한 에이전트'의 결정을 기반으로 한다(Edwards, 1996, Botes, 2000, p. 1072에서 재인용). 반면에, 돌봄의 윤리는 "다른 사람들의 요구를 충족시켜주고 조화로운 관계를 유지"하는 데 집중한다(p. 1072). 예를 들어 건강 관련 직업에서 공정성의 윤리에 대한 비판은 비인격화, 개인에 대한 객관화 및 "품질 관리 활동의 일환으로서 모든 업무 활동의 표준화"에 기초하고 있다(Botes, 2000, p. 1072). 일부는 이러한 상황이 현재의 고등교육 상황과 유사하다고 말하고 있으며, 동시에 많은 연구자들이 이러한 고등교육과 건강실천 간의 유사점들을 비판하고 있다는 것에 주목할 필요가 있다(예 : Biesta, 2007, 2010).

따라서 공정성의 윤리에 기반한 원칙과 이를 통해 규명된 특징으로는 복잡성, 교차성, 개인의 다차원적 특징과 다른 맥락에서의 다른 관계들을 충분히 설명할 수 없으며 수용할 수도 없다. 이러한 긴장감의 예는 '분리하되 평등하다'라는 원칙에 따른 학교의 분리를 폐지했던 1954년 브라운 대 교육위원회(Brown v. Board of Education) 재판에서의 미국 연방 대법원의 결정이다(Noddings, 1999). Noddings(1999)는 "사람들에게 주어진 보편적 권리는 사람들이 그 권리를 추구하든 안 하든 간에 정체성, 집단 존중, 공동체 의식의 상실을 보상할 수 없다"는 가능성을 지적했다(p. 12). 그녀는 **법은 동일성**sameness**을 통해 필연적으로 달성된다**는 개념에 대해 계속해서 이의를 제기하고 있다. 이러한 문제에 딱 들어맞는 사례는 교과 과정의 표준화 그 자체만으로는 모든 학생들의 흥미나 능력에 맞추어 교과 과정을 제공할 수 없다는 것을 들 수 있다. 따라서 Noddings(1999)는 "돌봄에 대한 우리의 주장은 일시적인 도덕적 결정을 기반으로 하는 게 아니라, 오히려 돌봄의 관계가 유지되고 있는 지속적인 증거를 기반으로 하고 있다"고 제안했다(p. 14). 실제로, 학습분석은 일률적인 접근 방식을 전제하지 않고, 학생들의 **개별적인** 요구사항의 처리를 약속한다. 하지만, 동시에 학생들에게 지원을 주지 않거나, 장기적으로 원치 않는 결과를 학생들에게 제공하는 확장된 교육 과정을 밟게 하는 결정을 야기할 수도 있다.

또한, 목적이 수단을 정당화한다는 제안을 하고 싶지만, 우리는 공정성과 돌봄의 맥락에 있는 윤리적 고려의 범위를 넘어서는 절차적 문제를 찾아내고 제재할 수 없으며, 그렇게 해서도 안 된다(Thomas, 1996; Wright & Wright, 2002).

돌봄과 평등성

Noddings(1999)는 "결정이 내려졌을 때, 그곳에는 여전히 해결해야 할 윤리적인 일들이 많이 존재한다"(p. 16)는 흥미로운 점을 제기한다. 평등한 교육 기회를 제공한다는 맥락에서, 돌봄은 다양한 합리적 대안과 자원을 제공하고 조사하는 것을 의미한다. 돌봄과 평등성equity을 결합할 때 나타나는 복잡성의 예시로는 일반 교실에 특별한 도움이 필요한 학생들을 배치하는 것이다. 이는 잠재적으로 모든 학생들에게뿐만 아니라 교수자가 이용할 수 있는 교수법적 전략과 그 효과성에 영향을 미친다. Noddings(1999)는 모든 사람을 똑같이 대한다는 것은 우리가 모든 사람에게 그들이 원하는 것을 제공한다는 것을 반드시 의미하지 않으며, 오히려 최소한의 요구에 부합하는 것이라고 주장한다. 평등성과 돌봄의 접근은 "거짓된 보편주의를 가정하는 것이 아니라, 심각하면서도 아마도 제거할 수 없는 차이점을 인식하는 것을 의미한다. 그 차이점은 사람들의 삶에 직접적으로 영향을 미치며 스스로 선택한 전략들을 효과적으로 사용할 수 없게 만드는 포괄적인 해결책에 대해서는 반대한다"(p. 19).

고등교육에서의 준비가 부족한 많은 학생들을 고려할 때, 우리는 학습분석을 통해 실제적으로 접근성과 평등성을 넘어 돌봄으로 이동할 수 있다. 반대로 알고리즘으로 인한 낙인찍기와 '특별한 경로'는 개인의 취약성을 증가시킬 수 있다는 위험을 가지고 있다. 돌봄과 평등함의 균형을 유지하기 위해서는 여전히 균형 유지를 위한 어떠한 행동이나 '도덕적 줄타기' 행동을 해야 한다(Prinsloo & Slade, 2014).

돌봄, 공정성 그리고 권력

학생과 교육기관의 대응은 역사적, 그리고 현재의 사회적 · 문화적 · 경제적 · 기술적 · 정치적 · 환경적 권력 관계에 의해 형성된다. 돌봄, 공정성 그리고 공평함fairness에 대한 이해와 실천 또한 이상적으로는 이러한 비판적 이해의 방식 안에 포함되어야 한다(Subotzky & Prinsloo, 2011). 법적 프레임워크가 항상 지배적인 신념과 사회적 권력 구조를 승인하기 위해 사용되어 왔다는 데는 충분한 증거가 있다. 따라서 돌봄에 관한 법과 관습은 특정 상황이나 사회적 가치를 상징한다. 역사적으로, 공정성과 돌봄은 (지금까지도) 종교적, 문화적, 계층 관계에 의해 영향을 받고 성적 특징을 반영했다. 사회적 가치는 그러한 지배적인 믿음과 가정들을 지속하고 영속하게 하는 사회적 구조에 영향을 미친다. 예를 들어 몇 십 년 전만 해도 만인교육, 인종차별, 동성애자의 권리, 종교적 다양성에 관한 관용과 존중 등에 관한 다양한 제도가 있었다. 이 각각의 기간 동안에 공정성과 돌봄이 효과적으로 다양한 형태를 취하고 있었다는 것을 인식해야 한다.

지금 현재 사회는 신자유주의와 소비지상주의가 장악하고 있다. 이러한 맥락에서 고등교육의 학업 제공, 교육 과정, 평가 관행 및 경영 관행이 시장 여론에 따라 반응하고, 지위와 권력에 대한 개념 정의가 상업적 이익과 소비지상주의적 이해관계에 크게 좌우된다는 사실은 그다지 놀랍지 않다. 교육기관의 규칙과 기준들은 학생과 교육기관 간의 불평등한 권력 관계를 내포하고 있다. 따라서 학생들의 중도탈락과 실패를 다루는 것 또한 이러한 의심할 수 없는 가정과 권력 관계 속에 내재되어 있다. 돌봄의 윤리는 불평등하고 비대칭적인 권력 관계를 보다 명확하게 인정하고 있는 것처럼 보인다. 그리고 돌봄의 윤리는 종종 예측 불가능한 공정성 윤리의 영향과 비용 그리고 확장성을 고려함과 동시에, 그 의도와 과정들에 대하여 명백하게 만드는 것에 전념한다.

실증적 합리성 대 확장된 의사소통적 합리성

합리성의 개념에 따르면 결과가 논증을 통해 정당화될 수 있다. 공정성의 윤리는 보편적으로 적용할 수 있는 규칙들과 원칙들을 만들어내기 위하여 복잡성을 줄이고 객관성을 확보하는 실증주의 또는 현대적인 합리성에 기초하여 수립되었다. 공정성의 윤리를 반대하는 사람들은 도덕적 · 사회적인 현상은 복잡하며, 역동적이고 다면적이며, 이로 인해 공평함과 공정함의 정의를 미리 결정하는 것은 거의 불가능하다는 개념을 제기한다. 사회 비판적인 측면에서 학생의 성공과 실패는 상호의존적이며, 때로는 다양한 변수가 상호 구성 요소가 될 수 있는 복잡한 관계이다. 이러한 다양한 변수로 인하여 모든 가능한 조합들과 시나리오를 포괄하는 세부 규칙과 규정들을 상세히 만드는 것은 거의 불가능하다. 이에 Subotzky와 Prinsloo(2011)는 학생과 교육기관 간의 관계와 '실천 가능한 상호 지식'의 중요성을 강조한다(p. 183).

환원주의적 보편성 대 총체주의적 맥락성

"아마도, 환원주의적 접근은 공정성의 윤리가 가진 취약점이다. 객관성을 목적으로, 가치와 감정을 격하시키기 위하여 윤리적인 문제들을 축소하는 것이 그럴듯하지 않기 때문이다"(Botes, 2000, p. 1074). 돌봄의 윤리는 연구할 필요가 있는 현상은 전체적인 측면에서 인과관계적 권력 구조와 영향을 고려해야 한다고 제안한다. 이 점에 대한 적절한 사례는 사회·경제적 레거시 시스템을 인정하는 것이고, 그리고 그러한 시스템이 어떻게 고등교육과 개방형 원격 학습에 필요한 학생들의 학업준비도를 형성하도록 만들었고, 여전히 만들고 있다는 것을 인정하는 것이다. 교육기관의 입학 기준—또는 교육적 부진자의 분류에 대한 범위와 관행을 알려주는 표준—은 사회 구조의 인과관계적인 역사적 유산임을 인지할 필요가 있다(Prinsloo & Slade, 2014). (또한 Andrejevic, 2014; Johnson, 2013; Henman, 2004 참조.)

공정성의 윤리와 돌봄 윤리 간의 차이(아마도 상호배타적인 특징)에 관한 대부분의 문헌에서는 맥락에 상관없이 보편적으로 타당하고 적용 가능한 가이드라인이나 기준을 만들 수 있다는 가정이 공정성 윤리의 기반이라고 설명한다. 다른 한편으로, 돌봄의 윤리는 맥락의 중요성을 강조한다. 그리고 때에 따라 맥락적인 요소에 따라 공정성의 윤리에서 비롯된 가이드라인과 기준을 지키지 않을 필요가 있음을 돌봄의 윤리는 강조한다. [돌봄의 윤리에서의 맥락 중요성에 대한 논의는 Prinsloo와 Slade(2014)를 참조하라.]

고등교육에서의 공정성과 돌봄의 윤리를 위한 프레임워크 제고

다음의 제안은 학생들의 유지와 성공을 지원할 수 있는 교육기관의 전략을 알아내기 위하여 학생 데이터를 수집하고, 분석하고, 활용하는 것의 복잡성과 연계할 수 있는 잠정적 방법을 제공하는 것을 목적으로 한다. 이 제안은 공정성의 윤리가 가지고 있는 제한점을 고려할 때 우리를 인도할 뿐만 아니라, 돌봄 윤리의 복잡성에 대해 이해하도록 하는 것을 목표로 한다. 그러한 제안은 결코 최종적이거나 완전하다고 할 수는 없다. 하지만 고등교육에서는 받아들일 수 없는 중도 탈락률이나 실패율에 대하여 우리가 대응함에 있어 공정성을 넘어설 수 있는 생산적인 프레임워크를 제공한다.

공정성과 돌봄은 항상 맥락적이며 상황에 따라 달라진다

우리에게는 규칙과 규정이 필요하다. 특히 대중을 위한 개방형 원격 학습의 맥락에서, 학생, 교수, 행정가들이 수행하는 광범위한 변수들이 있다는 것은 매우 중요하다. 규칙과 규정은 우리가 학생들과의 관계에서 반드시 공평하고 정의로울 수 있도록 보장해야 한다. 하지만 교육은 '개방적이고 순환적인 시스템'(Biesta, 2007, p. 8)이어서 서로 다른 변수들이 존재하며, 상호의존적이고 때로는 상호구성적인이라는 것을 절대 잊지 말아야 한다 (Subotzky & Prinsloo, 2011). 맥락은 학생들뿐만 아니라 교육기관에도 영향을 미친다. 그리고 Subotzky와 Prinsloo(2011)가 보여주듯이, 역할 수행자들은 모두 상황적이며 그들이 속해 있는 기관에 따라 제한적이다. 학생과 교육기관 모두 프리 에이전트가 아니다. 따라서 '실행 가능한 상호 지식'(Subotzky & Prinsloo, 2011, p. 183)은 돌봄 윤리의 전제조건이다.

다차원적이고 역동적이며 투명성을 가진 공정성의 윤리와 돌봄의 윤리

교육은 '개방적이고 순환적인 시스템'(p. 8)이라는 Biesta(2007)의 정의에 동의하면서, 윤리적인 돌봄의 결정을 내릴 수 있는 실현 가능한 환경을 폭넓게 제공해야 한다는 요구와 그 결정의 제한점을 우리의 정책들이 어떻게 인식하는지에 대해서 생각해보아야만 한다. Noddings(1999)는 돌봄, 평등, 공평을 고려함에 있어 몇 가지 중요한 문제를 제기한다. 정의롭거나 공정하도록 설계된 일련의 기준들이나 프레임워크가 반드시 보다 더 공평하고, 보다 더 잘 보살피는 결과를 가져오지 않는다. 따라서 돌봄의 윤리를 다루고자 하는 목적을 가진 정책들과 실천들은 명료해야 하며, 모든 이해 관계자들과의 협의를 포함해야 하는 것은 매우 중요하다(Prinsloo & Slade, 2014).

Biesta(2007, 2010)는 또 증거기반의 경영과 교육의 맥락에서, 효과성이 타당성을 보장하지 않는다는 것을 인식하는 것이 중요하다는 사실을 지적한다. 도덕적 실천으로서 교육은 목적과 수단을 분리할 수 없다(분리해서도 안 된다)는 것을 포함하고 있다. 비록 우리가 어떤 중재는 다른 어떤 것보다 더 효과적이라는 것을 알고 있다 하더라도, 이러한 행동들이 반드시 항상 바람직한 것만은 아니다. 이에 따라 Biesta(2007)는 "교육이 치료와 중재라는 생각, 즉 교육은 미리 수립된, 특정한 목적을 달성하고자 하는 인과관계 수단"(p. 10)이라는 것을 거부한다. 대신 그는 교육자들이 "비공식적인 규칙, 휴리스틱, 규범 및 가치의 맥락하에 특정한 상황에 맞는 가장 적절한 행동 방침"(Sanderson, 2003, Biesta, 2007, p. 10 에서 인용)에 관한 결정을 내려야 한다고 제안한다.

돌봄의 윤리에 있어 비용과 확장성

개방형 원격 학습 맥락에서 비용과 확장성의 문제에 대하여 심각하게 고려하지 않는다 면 돌봄의 윤리에 관한 프레임워크는 실패할 것이다. 개별 학생들의 요구를 고려함에 있 어 맥락을 고려해야 한다는 요구도 하나의 방법이다. 하지만, 교육기관이 모든 학생에 대 해 어떻게 공평함을 보장하는지, 동시에 보다 일반적인 규칙을 적용하려고 할 때 특별한 사례의 특정 맥락을 고려하고 있음을 어떻게 보장하는가? 따라서 Prinsloo와 Slade(2014)가 제기한 질문인 "자원이 (점점) 제한적일 때 우리는 어떻게 도덕적 결정을 내릴 것인가?"를 고려하는 것은 중요하다.

돌봄의 윤리와 동정과의 차이

돌봄, 연민, 공감, 동정은 매우 다르다. Zembylas(2013)는 돌봄과 동정 간 차이에 대한 풍 부하고 비판적인 탐색을 제공한다. 그는 연민과 돌봄은 행동과 결속solidarity을 요구하지 만, 동정은 반드시 결속을 포함하지 않으며, 사실상 동정의 목적을 비인간적으로 만들 수 있다고 지적한다. 돌봄, 연민, 그리고 결속은 학생의 실패와 중도 탈락을 다루고자 하는 모든 행동의 비용, 확장성, 적절성에 대한 세심한 저울질을 암시한다. 더욱이, 결속과 돌 봄은 에이전시와 학생의 자기효능감을 무시하지 않는 학생 중심이라는 것을 함축하고 있 지만, 동정으로부터 발현된 행동은 에이전시와 제한되어 있는 학생들의 자주성을 반드시 인식하지는 않는다(Subotzky & Prinsloo, 2011).

결론

현재 고등교육의 많은 담론들은 참여를 넓히고 접근의 기회를 증가시켜야 한다는 요구에 서 비롯된 문제들이 지배적이다. 또한 테크놀로지의 발달, 교수 학습의 디지털화, 그리고 자금조달의 제약이 급증하고 있는 상황에서 효과성을 향상시켜야 한다고 요구하고 있다.

이러한 담론들 속에는 반드시 평등과 변화transformation를 보장해야 한다는 요구, 그리고 반드시 공정성에 대한 특정한 개념을 제공해야 한다는 요구가 내재되어 있다. 이 장에서 우리는 공정성과 공평을 보장하는 실천과 행동하는 정의justice로서 '돌봄'에 대한 고려는 분리할 수도 없고, 또 분리해서도 안 된다고 제안했다. 도덕적 실천으로서의 고등교육, 학생에 대한 고등교육의 선량한 관리자로 주의 의무, 그리고 고등교육과 학생 간 비대칭적인 권력 관계를 고려해봤을 때, 우리는 "결정에 막 이르렀을 때, 여전히 거기에는 해야 할 많은 윤리적인 일이 있다"(p. 16)는 Noddings(1999)의 제의에 동의하는 경향이 있다.

이러한 논쟁의 맥락에서, 우리는 학생 데이터를 수집, 분석, 사용하는 데 있어서 공정성과 돌봄 모두를 포함하는 '정보 공정성'(Johnson, 2013)을 보장해야 한다는 요구를 인식해야 한다고 제안했다. 우리가 학생 데이터를 수집하고 분석하고 활용할 때, 우리는 동등한 학습 경험을 보장하는 것과 보편적 접근이 반드시 돌봄의 윤리에 적합하지 않다는 것을 깨닫는 것 사이, 즉 표면적으로는 모순인 것처럼 보이는 이해 관계들의 균형을 잡으며 '도덕적 줄타기'(Prinsloo & Slade, 2014)를 하며 걷고 있다. 반면에, 학습의 개인화는 공정성과 돌봄을 형상화할 수 있는 가능성을 제공하지만, 또 다른 한편으로 개인화의 확장성과 장기적으로 미치는 영향에 관한 문제를 제기한다.

공정성과 돌봄의 개념과 실천의 균형을 맞추기 위한 시도 속에서, 우리는 돌봄의 윤리를 실행하기 위한 네 가지 원칙에 기반을 둔 잠정적 프레임워크를 제안했다. 첫 번째 원칙은 학생 데이터는(그리고 학생 데이터의 사용은) 항상 맥락적이며 특정 상황에 따라 달라진다는 것에 대한 인식이 중요하다는 것이다. 두 번째 원칙은 만약 교육이 개방적이고 순환적인 생태학(Biesta, 2007, 2010)이라면, 공정성과 돌봄을 다차원적이고, 역동적이며, 투과성이 있는 것으로서 받아들임으로써 학생들의 요구에 대한 교육기관의 '적절한' 반응을 이끌어내어야 한다는 것이다. 우리의 데이터 수집 방법, 알고리즘 그리고 의사 결정 구조는 역동적이고 다차원적인 학생들의 맥락에 따라 즉각적이고 세심하게 반응해야 한다.

처음 두 가지 원칙은 아마도 이상적일 수 있다. 반면, 세 번째와 네 번째 원칙은 돌봄의 비용과 확장성을 인식함에 있어서, '동정'과 '돌봄'을 구분하는 보다 실용적인 접근에 대한 주장이다. 첫째로, 이것은 고등교육이 이전보다 더 많은 학생 데이터에 접근할 것이라는 것만큼이나 학생 데이터를 수집하고 분석하고 활용하는 데 있어서 결정적인 요소이다. 두 번째로 우리가 접근하는 수많은 데이터는 우리가 통제할 수 있는 범위를 넘어선 학생들의 일상 세계에 대한 정보를 제공할 것이다.

빅데이터(풍부하고, 세세하고, 밀접한 관계를 가지며, 시기적절하고, 비용이 낮은 데이터 홍수)는 "우리가 살고 있는 세상과 사회에 대한 보다 정교하고, 보다 넓은 범위에서, 보다 미세한 이해를 제공할 수 있다고 약속한다"(Kitchin, 2013, p. 263). 고등교육에서 빅데이터의 잠재성을 받아들이고 있음에도 불구하고, 학생 데이터의 수집, 분석, 활용은 우리가 묻는 질문과 다름없다(Kitchin, 2013). 데이터는 스스로 말하지 않는다. 학생 데이터를 선정하고 수집하는 것은 중립적인 행동이 아니라 사회, 정치, 경제, 문화적 안건들에 내재되어 있는 것이다(Selwyn, 2014).

만약 우리가 고등교육을 '도덕적이고 정치적인'(Giroux, 2003) 실천이라고 받아들인다면, 행위praxis로서 정보 공정성은 현재의 '기술 해결주의'[3](Morozov, 2013b) 헤게모니와 '기술 낭만주의'(Selwyn, 2014)의 담론에 맞서는 강력한 대항-서사로서 기능할 수 있다.

참고문헌

Agamben, G. (1998). *Homo sacer. Sovereign power and bare life* (D. Heller-Roazen, Trans.). Stanford: Stanford University Press.

Andrejevic, M. (2014). The Big Data divide. *International Journal of Communication, 8*, 1673–1689.

Biesta, G. (2007). Why "what works" won't work: Evidence-based practice and the democratic deficit in educational research. Educational Theory, 57(1), 1–22. doi:10.1111/j.1741-5446.2006.00241.x.

Biesta, G. (2010). Why 'what works' still won't work: From evidence-based education to value-based education. *Studies in Philosophy and Education, 29*, 491–503. doi:10.1007/s11217-010-9191-x.

Booth, M. (2012, July 18). Learning analytics: The new black. *EDUCAUSE Review*. Retrieved October 29, 2014, from http://www.educause.edu/ero/article/learning-analytics-new-black.

Botes, A. (2000). A comparison between the ethics of justice and the ethics of care. *Journal of Advanced Nursing, 32*, 1071–1075. doi:10.1046/j.1365-2648.2000.01576.x.

Boyd, D., & Crawford, K. (2013). *Six provocations for Big Data*. Retrieved October 29, 2014, from http://papers.ssrn.com/sol3/papers.cfm?abstract_id=1926431.

---

3. 역자 주 : 기술만으로 경제/사회 문제를 해결할 수 있다는 기술획득 중심의 혁신정책.

Citron, D. K., & Pasquale, F. A. (2014). The scored society: due process for automated predictions. *Washington Law Review, 89*, 1-33.

Clement, G. (1996). *Care, autonomy, and justice. Feminism and the ethics of care.* Boulder, CO: Westview Press.

Coll, S. (2014). Power, knowledge, and the subjects of privacy: Understanding privacy as the ally of surveillance. *Information, Communication and Society, 17*(10), 1250-1263. doi:10.1080/13 69118X.2014.918636.

Crawford, K. (2014, May 30). *The anxieties of big data.* Retrieved October 29, 2014, from http://thenewinquiry.com/essays/the-anxieties-of-big-data.

Crawford, K., & Schultz, J. (2014). Big Data and due process: Toward a framework to redress predictive privacy harms, *Boston College Law Review, 55*(1). Retrieved June 15, 2015, from http://lawdigitalcommons.bc.edu/bclr/vol55/iss1/4.

Danaher, J. (2014, January 7). *Rule by algorithm? Big data and the threat of algocracy. Retrieved October 29*, 2014, from http://ieet.org/index.php/IEET/more/danaher20140107.

Diller, A. (1996). Ethics of care and education: A new paradigm, its critics, and its educational significance. In A. Diller, B. Houston, K. P. Morgan, & M. Ayim (Eds.), *The gender question in education: Theory, pedagogy and politics.* Boulder, CO: Westview Press.

Dormehl, L. (2014). *The formula. How algorithms solve all our problems and create more.* London: WH Allen.

Epling, M., Timmons, S., & Wharrad, H. (2003). An educational panopticon? New technology, nurse education and surveillance. *Nurse Education Today, 23*, 412-418.

Eynon, R. (2013). The rise of Big Data: What does it mean for education, technology, and media research? *Learning, Media and Technology, 38*(3), 237-240. doi:10.1080/17439884.2013.77 1783.

Gilligan, C. (1982). *In a different voice: Psychological theory and women's development.* Cambridge, M A: Harvard University Press.

Giroux, H. A. (2003). Selling out higher education. *Policy Futures in Education, 1*(1), 179-311.

Gitelman, L. (Ed.). (2013). "Raw data" is an oxymoron. London: MIT Press.

Granieri, G. (2014, May 17). *Algorithmic culture. "Culture now has two audiences: people and machines" A conversation with Ted Striphas.* Retrieved October 29, 2014, from https://medium.com/futurists-views/2bdaa404f643.

Haggerty, K. D., & Ericson, R. V. (Eds.). (2006). *The new politics of surveillance and visibility.* Toronto, ON: University of Toronto Press.

Hargreaves, A., & Braun, H. (2013). *Data-driven improvement and accountability.* Boulder, CO: National Education Policy Centre. Retrieved October 29, 2014, from http://co.chalkbeat.org/wp-content/uploads/sites/2/2013/10/PB-LB-DDIA-POLICY-FINAL-EMBARGOED.pdf.

Held, V. (2005). *The ethics of care: Personal, political, and global*. New York: Oxford University Press.

Henman, P. (2004). Targeted!: Population segmentation, electronic surveillance and governing the unemployed in Australia. *International Sociology, 19*, 173–191. doi:10.1177/0268580904042899.

Johnson, J. A. (2013). From open data to information justice. Paper presented at the Annual Conference of the Midwest Political Science Association, April 13, Chicago, IL. Retrieved October 29, 2014, from https://papers.ssrn.com/sol3/papers.cfm?abstract_id=2241092.

Johnson, J. A. (2014). The ethics of big data in higher education. *International Review of Information Ethics, 7*, 3–10.

Jorgensen, G. (2006). Kohlberg and Gilligan: Duet or duel? *Journal of Moral Education, 35*(2), 179–196. doi:10.1080/03057240600681710.

Katz, M. S., Noddings, N., & Strike, K. A. (Eds.). (1999). *Justice and caring. The search for common ground in education*. London: Teachers College Press.

Kitchin, R. (2013). Big data and human geography: Opportunities, challenges and risks. *Dialogues in Human Geography, 3*, 262–267. doi:10.1177/2043820613513388.

Kitchin, R. (2014a). Big data, new epistemologies and paradigm shifts. *Big Data & Society, 1*, 1–12. doi:10.1177/2053951714528481.

Kitchin, R. (2014b). *The data revolution. Big data, open data, data infrastructures & their consequences*. London: Sage.

Knox, D. (2010). Spies in the house of learning: a typology of surveillance in online learning environments. Paper delivered at EDGE, e-Learning and Beyond, Newfoundland, Canada, 12–15 October, 2010.

Kruse, A., & Pongsajapan, R. (2012). *Student-centered learning analytics*. Retrieved October 29, 2014, from https://cndls.georgetown.edu/m/documents/thoughtpaper-krusepongsajapan.pdf.

Mayer-Schönberger, V., & Cukier, K. (2013). Big data. London: Hachette.

Morozov, E. (2013a, October 23). The real privacy problem. *MIT Technology* Review. Retrieved October 29, 2014, from http://www.technologyreview.com/featuredstory/520426/the-real-privacy-problem/.

Morozov, E. (2013a). *To save everything, click here*. London: Penguin.

Napoli, P. (2013). The algorithm as institution: Toward a theoretical framework for automated media production and consumption. *Media in Transition Conference* (pp. 1–36). doi:10.2139/ssrn.2260923.

Noddings, N. (1999). Care, justice, and equity. In M. S. Katz, N. Noddings, & K. A. Strike (Eds.), *Justice and caring* (pp. 7–20). New York, NY: Teachers College Press.

Pasquale, F. (2015). *The black box society. The secret algorithms that control money and information*. New York: Harvard University Press.

Patton, J. W. (2000). Protecting privacy in public? Surveillance technologies and the value of public places. *Ethics and Information Technology, 2*, 181–187.

Prinsloo, P. (2014). A brave new world: student surveillance in higher education. Paper presented at the 21st

Southern African Association for Institutional Research (SAAIR), Pretoria, 16–18 September. Retrieved October 29, 2014, from http://www.slideshare.net/prinsp/a-brave-new-world-student-surveillance-in-higher-education.

Prinsloo, P., Archer, E., Barnes, G., Chetty, Y., & Van Zyl, D. (2015). Big (ger) data as better data in open distance learning. *The International Review of Research in Open and Distributed Learning, 16*(1), 284–306.

Prinsloo, P., & Slade, S. (2013). An evaluation of policy frameworks for addressing ethical considerations in learning analytics. *Proceedings of the Third International Conference on Learning Analytics and Knowledge* (pp. 240–244). Retrieved September 24, 2014, from http://dl.acm.org/citation.cfm?id=2460344.

Prinsloo, P., & Slade, S. (2014). Educational triage in higher online education: Walking a moral tightrope. *International Review of Research in Open Distance Learning* (IRRODL), 14(4), 306–331. Retrieved October 29, 2014, from http://www.irrodl.org/index.php/irrodl/article/view/1881.

Prinsloo, P., & Slade, S. (2015). Student privacy self-management: Implications for learning analytics. *Proceedings of Proceedings of the Fifth International Conference on Learning Analytics and Knowledge Conference* (pp. 83–92). New York: ACM. Retrieved June 15, 2015, from http://oro.open.ac.uk/42395/.

Puschmann, C., & Burgess, J. (2014). Metaphors of Big Data. *International Journal of Communication, 8*, 1690–1709.

Ruiz, B. R. (2005). Caring discourse: The care/justice debate revisited. *Philosophy & Social Criticism, 31*(7), 773–800. doi:10.1177/0191453705057303.

Sadowski, J. (2013, June 28). The injustices of open data. *Slate Magazine*. Retrieved September 24, 2014, from http://www.slate.com/blogs/future_tense/2013/06/28/open_data_can_promote_social_injustice.html.

Selwyn, N. (2014). *Distrusting educational technology. Critical questions for changing times.* New York: Routledge.

Selwyn, N., & Facer, K. (Eds.). (2013). *The politics of education and technology. Conflicts, controversies, and connections.* New York: Palgrave Macmillan.

Siemens, G. (2011). *Learning analytics: A foundation for informed change in higher education.* Retrieved September 24, 2014, from http://www.educause.edu/library/resources/learning-analytics-foundation-informed-change-higher-education.

Siemens, G., & Long, P. (2011, September 12). Penetrating the fog: Analytics in learning and education. *EDUCAUSE Review*. Retrieved October 29, 2014, from http://www.educause.edu/ero/article/penetrating-fog-analytics-learning-and-education.

Slade, S., & Prinsloo, P. (2013). Learning analytics: Ethical issues and dilemmas. *American Behavioral Scientist, 57*(1), 1509–1528.

Slote, M. (2007). *The ethics of care and empathy.* Abingdon: Routledge.

Smith, M. (2001). Global information justice: Rights, responsibilities and caring connections. *Library*

Trends, 49(3), 519–537.

Solove, D. J. (2004). *The digital person: Technology and privacy in the information age.* New York: NyU Press.

Stoddart, E. (2012). A surveillance of care: Evaluating surveillance ethically. In K. Ball, K. D. Haggerty, & D. Lyon (Eds.), *Routledge handbook of surveillance studies* (pp. 369–376). London: Routledge.

Subotzky, G., & Prinsloo, P. (2011). Turning the tide: A socio-critical model and framework for improving student success in open distance learning at the University of South Africa. *Distance Education, 32*(2), 177–193.

Suspitsyna, T. (2010). Accountability in American education as a rhetoric and a technology of governmentality. *Journal of Education Policy, 25*(5), 567–586. doi:10.1080/02680930903548411.

Tene, O., & Polonetsky, J. (2012). Big data for all: Privacy and user control in the age of analytics. *Northwestern Journal of Technology and Intellectual Property, 239*, 1–36. Retrieved October 29, 2014, from http://papers.ssrn.com/sol3/papers.cfm?abstract_id=2149364.

Tene, O., & Polonetsky, J. (2013). Judged by the tin man: Individual rights in the age of big data. *Journal of Telecommunications and High Technology Law, 11*, 351–368.

Thomas, J. (1996). Introduction: A debate about the ethics of fair practices for collecting social science data in cyberspace. *The Information Society, 12*(2), 107–118.

Van Rijmenam, M. (2013, April 30). *Big data will revolutionise learning.* Retrieved October 29, 2014, from http://smartdatacollective.com/bigdatastartups/121261/big-data-will-revolutionize-learning.

Wagner, E., & Ice, P. (2012, July 18). Data changes everything: Delivering on the promise of learning analytics in higher education. *EDUCAUSE Review.* Retrieved October 29, 2014, from http://www.educause.edu/ero/article/data-changes-everything-delivering-promise-learninganalytics-higher-education.

Watters, A. (2013, October 13). *Student data is the new oil: MOOCs, metaphor, and money.* Retrieved October 29, 2014, from http://www.hackeducation.com/2013/10/17/student-data-isthe-new-oil/.

Wigan, M. R., & Clarke, R. (2013). Big data's big unintended consequences. *Computer, 46*(6), 46–53.

Wright, T. A., & Wright, V. P. (2002). Organizational researcher values, ethical responsibility, and the committed-to-participant research perspective. *Journal of Management Inquiry, 11*(2), 173–185.

Zembylas, M. (2013). The "crisis of pity" and the radicalization of solidarity: Toward critical pedagogies of compassion. *Educational Studies, 49*(6), 504–521. doi: 10.1080/00131946.2013.844148.

09

빅데이터 관점에서
대학의 교육과정과 학습분석

Colin Pinnell, Geetha Paulmani, Vivekanandan Kumar, Kinshuk

요 약　분석학은 통찰에 관한 것이다. 학습분석은 학습자의 능력, 학습 행태, 학습과 관련된 중요한 사항에 대한 예측, 학습자와 학습자들 간의 인지개발과 같은 요인들의 통찰에 관한 것이다. 학습분석 시스템은 학습자들이 다른 사람이 생성해 놓은 통찰을 발견하고 평가하며, 학습 요인들에 대한 모델이 무엇인지 살펴보도록 참여시킬 수 있다. 이 장은 학습분석이 가지고 있는 이러한 구체적인 비전을 제시하고자 한다. 특히 학생들이 활용하는 모든 자원과, 그 자원들을 활용하여 학습이 이루어지는 학습 에피소드에서 엄청난 양의 데이터를 수집할 수 있는 능력의 관점에서 학습분석의 비전을 제시하려 한다. 더 나아가 이 장은 교육 과정에 대한 통찰을 기반으로 변화를 제안하고, 특정 교육 과정의 효과성을 설명하고자 할 때 학습분석을 활용할 수 있음을 주장한다.

교육의 목적

교육은 말 그대로 학습 촉진에 관한 것이다. 개인은 교육 없이도 학습할 수 있다. 다시 말해 독학자들은 중단 없이 그들만의 단계에 따라 스스로 학습할 수 있다. 그리고 보다 기본적인 수준에서, 우리 모두는 삶을 살아가는 과정에서 분명하고 의식적인 노력을 통해서, 또는 무의식적으로 사실이나 기술을 스스로 배울 수 있다. 학습에 도움을 줄 수 있는 많은 것들 중에서, 교육은 학습을 보다 쉽고 빠르게, 더 효율적이거나 즐겁게 만들어 학습을 향상시키는 활동이다.

교육 시스템에는 학습 촉진을 위하여 활용할 수 있는 수많은 방법이 있다. 교육자들은 놀면서 배울 수 있는 게임을 제공할 있으며, 시범을 활용하고, 과제를 부여하거나 학생들이 살펴볼 수 있는 읽기 자료와 여러 가지 활동을 추천할 수 있다. 교육자들은 학습 과정을 측정하기 위해 학습자의 성과와 행동을 평가할 수 있다. 이러한 평가는 수많은 장점이 있다. 평가는 교육자에게 중재가 효과적인지 아닌지에 대한 단서를 제공하며, 중재를 향상시킬 수 있는 방법을 제안하거나, 학습자의 지식 부족, 오개념, 재능 영역이 무엇인지 제안해줄 수 있다. 학습자 측면에서 학습자는 평가를 통한 피드백을 바탕으로 스스로의 노력을 내적으로 평가하고 재조명할 수 있다.

21세기에 들어서면서 이러한 평가와 피드백 기법의 도입은 공식 교육 시스템의 지속적 성공을 위하여 매우 중요하다. 평가와 피드백의 도입은 교육기관의 운영 방법에 필연적인 변화를 불러올 것이다. 교육기관들이 자체 과정을 비판적으로 평가하고 현 시대에 적절한지 여부를 스스로에게 질문하는 것은 현명한 행위가 될 것이다. 우리는 정보로 가득 차 있는 빅데이터의 특징을 바탕으로 교육과정 및 학습분석의 세계를 독자들에게 소개하고자 하며, 이러한 과제 배후에 있는 시스템, 과정, 구조, 이론을 연구한다.

전통적 학습 시스템에서 학습분석

학습분석은 교육에서 오래된 분야이다. 전통적 학습 시스템에는 과제와 시험의 창출·관리·사정, 교실 내에서의 학습자 활동의 평가, 그리고 교육 과정의 설계와 학습 계획에 관한 전통이 확립되어 있다. 변덕스러운 행정과 정치에 따라 교육방법과 평가방법에서의 유행도 쉽게 나타났다 사라지곤 한다. 하지만 학습자의 상태 및 과정에 대한 기본적 평가 구조는 학습에 대한 분석analysis이 이루어지는 실제의 핵심으로서 유지되고 있다.

이러한 실천들에도 전반적으로 문제가 있다.

학습심리학과 동기에 대한 조사를 통해 현대의 학습 맥락에서 이루어지는 수많은 실천들이 비효율적이고, 비효과적이거나, 교육 시스템의 목적에 비추어 가끔은 정반대로 가고 있음이 밝혀지고 있다. 이는 전통적 학습 시스템들이 오랜 역사를 가지고 있지만, 학습과 조직의 효율성에 대한 완전하고도 현대적인 이해를 기반으로 이를 활용할 수 있는 시스템으로 대체되어야 함을 시사한다. 하지만 지금까지의 교육기관의 역사를 바라볼 때 대학, 대규모의 교육기관, 지방 교육위원회에 이르기까지 모든 학습 시스템에서 유의미한 변화를 가져오는 것에 어려움이 있는 것으로 입증될 것이다.

다행스럽게도 교육은 변화하고 있다. 마이크로프로세서의 출현을 시작으로 정보혁명은 평가와 해석에 대한 우리의 사고방식을 변화시키기 시작했다. 일찍이 과학 연구 영역이었던 통계방법을 수업에서 활용할 수 있으며, 인터넷의 도입은 학습을 위한 완전히 새로운 플랫폼을 제공하고 있다. 온라인 공개 강의MOOC, 무들MOODLE, 기타 디지털 학습 플랫폼은 현대의 원격 교육이라고 할 수 있다. 더 나아가 유비쿼터스 컴퓨팅과 센싱은 학습과정에서의 학습자 행태에 관한 거대한 양의 데이터를 우리에게 제공하고 있다(Boyd & Crawford, 2011).

정교화된 통계 기법들, 고대역 커뮤니케이션, 유비쿼터스 컴퓨팅과 센싱, 이러한 모든 요소들의 결합은 학습자, 교육자, 교육 과정, 그리고 행정에 대한 평가방법을 변화시킬 수 있는 토대를 제공해주고 있다. 또 이러한 요소들을 활용하여 현 상황을 혼란스럽게 하지 않으면서도 새로운 평가 기법과 관점을 순조롭게 통합할 수 있다. 이러한 요소들을 이용하여 빅데이터 학습분석 시스템을 개발할 수 있다(Almosallam & Ouertani, 2014).

학습분석의 정의

학습분석은 교육과 학습 분야에 특별히 관심을 갖는 일반적인 분석학의 하위 분야이다. 학습분석은 일반적인 분석학과 특성을 공유하지만, 특별히 주목할 만한 학습분석만의 독특한 특성을 가지고 있다(Chatti, Dyckhoff, Schroeder, & Thüs, 2012).

일반적인 분석학의 주요 목표는 '상황 인식'situational awareness의 창출이라고 할 수 있다. 분석학은 개체 내의 상태를 이해하기 위하여 수행된다. 교육 분야에서 이러한 인식은 학습자 내부의 지식 상태에 대한 인식으로 간주할 수 있다.

학습분석에서 중요한 목표는 통찰insight을 활용하여 학습자들의 내적인 성장을 발생시키는 것이다. 통찰이 학습자의 긍정적인 성장을 촉진하는 것과 같이, 통찰에 의한 성장이란 통찰을 창출하기 위하여 학습자의 지식 상태에 대한 인식을 활용하는 것이라고 할 수 있다. 일반 분석학 또한 성장을 촉진하는 것과 관련이 있다. 하지만 학습분석은 다른 분석 분야보다 이러한 요인에 보다 더 집중한다. 학습분석은 복잡하고, 역동적이며, 예측할 수 없는 인간의 교육적 성장에 관심을 가진다.

비즈니스 애널리틱스 대시보드dashboard를 활용하는 최고경영자CEO를 생각해보면 이러한 차이를 더 잘 알 수 있다. 이 대시보드의 주요한 관심은 비즈니스 활동에 대한 인식을 시시각각으로 최고경영자에게 제공하는 것이다. 최고경영자는 이를 통해 문제를 처리하고, 관심사항을 조사하고, 새로운 아이디어를 실제 세계의 데이터와 비교하여 검토할 수 있다. 회사 운영방법에 대한 새로운 통찰을 창출하기 위해 대시보드를 활용할 수 있지만, 대시보드의 가장 주요한 관심은 매일매일 이러한 인식을 유지하는 것이다.

어떤 주제를 처음 접하는 학생의 학습 과정과 비교해보자. 일반적으로 학습은 연습, 반복, 공부를 통해 천천히 점진적으로 진행된다. 하지만, 학습은 또한 유레카 순간이라고 널리 알려진 깨달음의 사태로 특징지어진다. 깨달음의 사태란 학생들이 '이해했을' 때 나타나는 통찰의 폭발이라고 할 수 있다. 공부하고 연습하는 기간은 명확해지는 순간을 위한 준비 과정이다.

분석학은 학습 과정에 집중한다. 이에 따라 분석학은 느리고 점진적인 **평형** 상태 equilibrium 단계, 학습 과정 중에 능력이 간간이 극적인 점프를 하는 **통찰**insight 단계에 관심을 갖는다. 강바닥 위의 조약돌이 약동하는 것처럼, 학습은 한 수준에서 다음 수준으로 도약하는 것이라고 할 수 있다. 학습분석은 학생들이 보다 높은 수준의 지식으로 나아갈 수 있도록 도와줄 수 있는 **통찰**을 창출하려는 전체적인 목적하에 평형 상태의 순간 동안에 나타나는 **과정에 관한 인식**progress awareness을 제공하는 것에 관심을 갖는다(Arnold & Pistilli, 2012).

통찰의 유형

학습분석은 학습 과정을 이해하는 것과 관련하여 세 가지 방식으로 통찰과 상호작용한다. 첫째, 이미 다른 사람들이 해명했거나 경험했던 학습 통찰의 순간에 대한 발견이다. 이것은 이미 수집되어 있는 통찰에 노출될 수 있도록 누군가의 데이터세트를 다른 누군가의 모델에 적용하는 것과 유사하다. 기존의 통찰이 표출되는 순간을 이해하는 것은 중요한 정보가 될 수 있다. 특히 그러한 통찰의 표출이 학습 에피소드의 외부가 아닌 학습 에피소드의 이력trace 안에서 일어나는 것이라면 더욱 중요하다. 학습 맥락에서 통찰의 표출은 해당 학습 맥락에서의 성공을 위해 시사하는 바가 크다. 그러한 표출의 발견을 통해, 학습 시스템은 학습자들이 어떻게 학습하는지, 교육 과정이 통찰과 관련된 학습목표와 적절한지, 그리고 교육자의 중재가 성공적인지 아닌지에 대한 중요한 진술을 할 수 있다. 뿐만 아니라 이러한 정보는 학습자가 스스로 고찰하고 자기조절할 수 있도록 통찰의 순간을 학습자에게 직접 전달할 때 이용할 수 있다.

또 학습분석 시스템은 모델이나 데이터세트를 구성하거나 해석하기 위하여 이러한 정보를 활용할 수 있다. 즉 학습자는 통찰에 도달하기 위하여 자신의 데이터세트를 이용할 수도 있고 누군가가 창출한 모델에 접근할 수도 있다. 또는 학습자는 통찰에 도달하기 위하여 자신만의 모델을 창출할 수도 있으나 다른 누군가의 데이터세트를 가질 수도 있다. 이러한 사례 모두가 통찰의 순간에 대한 **분석**analysis이다. 풍부한 통찰이 발생했다는 것은 새로운 능력이 발생했다는 것을 의미하며, 학습자 내에 메타인지가 존재한다는 것을 보여주는 것이다. 또 성공적인 교육과정 설계를 위한 새로운 방향을 보여주는 것이다. 학습분석 시스템은 이러한 시사점을 만들고 새로운 모델을 구축하며, 교육환경에서 작용하고 있는 요소들에 대한 보다 깊이 있는 이해를 위하여 이러한 통찰의 순간을 이용할 수 있다.

학습이 발생하는 맥락에 대한 깊이 있는 이해를 바탕으로, 학습분석 시스템은 학습자들을 위하여 통찰의 순간을 **창출**하기 위한 시도를 할 수 있다. 이것이 학습분석과 통찰 간의 세 번째 상호작용 지점이다. 학습자들은 데이터세트를 창출하며, 새로운 통찰을 생성하기 위한 모델을 창출한다.

분석 저장소에는 학습이 어떻게 일어나는지에 관한 수많은 모델이 있는데 개별 학습자의 정보를 잘 드러내는 **정밀**precise 모델과 문헌으로부터 도출된 최신의 지식을 담고 있는 **집계**aggregate 모델로 양분된다. 이러한 모델은 학습분석 시스템을 활용하는 학습자, 교육자, 행정가들이 시도해야 하는 새로운 행동과 취해야 하는 새로운 방향을 제안하는 학습이론과 비교될 수 있다. 그 시스템은 각각의 이용자들에게 이러한 제안들을 직접 할 수 있다. 또는 새로운 통찰의 창출을 위해 필요한 자극을 시스템 이용자들에게 제공하기 위하여 단순히 시스템 자체의 운용에 변화를 줄 수 있다.

학습분석의 수준

학습분석에는 수많은 실제가 있다. 학습 진도를 평가하는 것을 넘어서, 학습분석은 교육자의 효율성, 학습 자원의 유용성, 교육 과정의 전반적인 효율성 같은 것들을 고려한다. 이렇게 다양한 분석 목적에 따라 분석의 범위는 달라지며, 그러한 분석 범위를 고려하여 집단을 분리한다. 이러한 구분을 위하여 수많은 분할이 제안되었는데, 가장 단순한 것은 미시적 수준과 거시적 수준 간의 구분일 것이다. 미시적 수준 분석은 개인 이용자, 즉 전형적인 교육 시스템에서의 학습자에 관한 통찰과 과정에 관심을 갖는다(van Harmelen, 2006). 반면, 거시적 수준 분석은 교육기관, 프로그램, 자원, 교수방법, 교육과정 요소, 교육 시스템의 특징적인 집합에 관한 통찰과 과정에 관심을 갖는다.

학습분석learning analytics 대 학습분석learning analysis

분석학analytics의 실천과 분석analysis의 실천 사이에는 다소 모호한 차이가 있다. 이 두 단어는 매우 밀접한 관련이 있지만, 그 차이는 교육 분석과 범용적인 분석의 맥락에 있어 모두 중요하다. 이러한 차이는 학습분석의 다양한 수준과 흡사한데, 대체로 어느 수준에 집중하느냐에 따라 달라진다.

대체로 '분석analysis'은 입력 데이터를 의미 있는 출력 정보로 변환하기 위하여 수학이나 통계를 사용하는 과정을 기술하는 데 쓰인다. 분석을 진행하는 과정에서, 연구자들은 연구 문제를 설정한 후 특정한 과정을 활용하여 조사하고, 해당 문제에 대한 답을 찾는다. 특히 답을 찾기 위해 사용되는 특정한 과정이 있다. 예를 들어 회귀 검정을 수행하는 과정은 카이제곱 검정과는 다르다. 연구자가 이미 데이터세트를 보유하고 있다 해도 그 데이터세트 내에 있는 아직 알려지지 않은 답을 찾기 위하여 새로운 통계 분석방법이나 모델을 만들어내는 것은 매우 드물다.

분석학analytics은 통찰을 향한 분석analysis의 관점을 능가한다. 분석학은 가용한 각각의 분석 과정을 통찰과 답을 찾는 잠재적 도구로 간주한다. 이에 분석은 설정된 연구 문제들과 가용한 정보를 고려하여 이 과정들을 적절하게 선정하는 것과 관련되어 있다. 분석에 대한 이러한 이해에 기초하여, 분석을 수행하는 연구자가 계획적으로 조사 목적으로서 통찰을 선정했다면, 분석학에 참여한다고 말할 수 있다.

더욱이 빅데이터 맥락에서 분석학은 그 이상의 의미를 가지고 있다. 데이터 규모는 매우 크고, 지속적으로 변화하기 때문에 데이터에 요청될 쿼리들을 사전에 알 수 없다. 이에 따라 중요한 것은 빅데이터상에서 수행되고 있는 모든 분석적 혹은 분석학적 과정이 미리 수행되어 큐레이션되는 대신 요구에 따라 이루어진다는 것이다. 이러한 유형의 큐레이션은 종종 가능하지 않을 때가 있다. 따라서 분석학은 요구에 따른 실시간 분석을 의미한다.

이러한 정의를 염두에 둔다면, 실제적인 학습분석 플랫폼은 다음과 같은 구성요소로 이루어졌다고 볼 수 있다—(1) **툴킷** : 역동적인 분석 과정의 저장소, (2) **데이터풀** : 학습 시스템을 통해 수집되는 실시간 데이터의 거대한 저장소, (3) **분석기** : 특정한 쿼리, 모델, 추론을 위하여 적절한 분석 도구를 선택하여 구동하는 일련의 과정, (4) **모델 저장소** : 플랫폼이 생산한 일련의 모델과 추론.

학습 흔적의 유형

학습 흔적learning trace은 학습 시스템의 참여자들이 수행하는 모든 활동에 대한 실시간의 역동적인 기록이다. 일반적으로 학습 흔적은 학습에 대한 특정한 측정measurement을 제공하는 관찰된 학습 활동들의 네트워크이다. 이것은 학생 활동뿐만 아니라 교사, 행정가, 튜터, 그리고 시스템과 연결된 모든 사람들의 활동까지 기록한다.

학습 흔적을 교육 기록이나 증명서와 동일한 것으로 간주하는 것은 적절치 않다. 교육기록이나 증명서도 학습 흔적의 중요한 요소이다. 하지만 적절한 흔적으로 간주하기에는 규모의 크기 측면에서 부족하다. 실시간 데이터를 적절한 학습 흔적으로 간주하기 위해서는 몇 가지 방식을 포함해야 한다. 학습 흔적의 특징 중 하나는 미세한 입도granularity이다. 학습 흔적은 결과를 기록하는 것뿐만 아니라 그러한 결과에 이르는 행동까지 포착할 수 있도록 미세한 크기로 데이터를 파일화해야 한다. 학습 흔적을 교과 성적표와 대조해보라. 교과 성적표에는 평가 결과가 포함되어 있지만 어떤 행동이 그러한 결과에 영향을 미쳤는지에 대한 기록은 없다. 이러한 맥락에 대한 보존은 학습 흔적에서 가장 중요한 요소이다.

학습 흔적은 대략적으로 결과를 기록하는 메트릭스와 결과에 영향을 미치거나 미치지 않는 행동을 기록하는 메트릭스로 나눌 수 있다. 이러한 구분은 전통적인 메트릭스 대 빅데이터 메트릭스로 구분하여 생각할 수 있다. 전통적인 교육 환경에서는 다수의 결과 메트릭스를 기록해 왔지만, 반면 대부분의 전통적인 환경에서는 행동을 기록하지 않는다. 하지만 이러한 구분 방식이 엄격한 것은 아니다.

결과 메트릭스는 과제나 시험 점수와 같은 인간이 평가한 역량, 학습 과정에서의 활동을 컴퓨터가 평가한 역량, 학습목표 달성에 대한 평가, 교육자의 효율성 조사, 교과목의 효율성 조사, 참여 점수, 출석 점수 등과 같은 메트릭스들이다. 이 메트릭스들은 실시간 메트릭스는 아니다. 하지만 교육적 맥락의 어떤 측면에서 이 메트릭스들이 성공이나 실패와 관계가 있다는 것에 주목할 필요가 있다.

행동 메트릭스는 타이핑 기간, 타이핑 속도, 웹페이지의 스크롤링 속도, 시선의 움직임, 체온이나 다른 계량화된 생체학적 정보, 일일 출석, 주의력, 질문, 포럼이나 교실에서 사용하는 언어, 교과목 웹사이트나 웹 자원에서 머무는 시간과 기간, 실험 자원 등의 활용과 같은 메트릭스들이다. 결과 메트릭스와 달리 이러한 행동 메트릭스는 참여자의 매우 미세한 크기의 행동에 관심을 갖는다. 대신 훨씬 큰 규모이며, 실시간적 구성요소를 포함하는 경향이 있고, 성패와 별 관계가 없다(del Blanco, Serrano, Freire, Marinez-Ortiz, & Fernandez-Manjon, 2013).

다리로서의 학습분석

현재 활용하고 있는 전통적인 학습 플랫폼의 교체는 실제적으로 매우 어려운 일이다. 학습 흔적을 포착하는 기술적 어려움 이상으로 변화에 완강히 저항하는 교육기관으로부터 충분한 지원을 얻어내기란 훨씬 더 어려운 장애물이기 때문이다. 학습 플랫폼 교체가 어려운 이유는 다음과 같다. 교육은 매우 중요한 일이기에 교육기관은 이용할 수 있는 모든 신기술이나 기법을 좇아가지 않는 대신에 일련의 시범적 도입 후에 검증된 플랫폼만을 채택한다(Miller, Baramidze, Sheth, & Fishwick, 2004).

교육기관에서 학습 플랫폼의 채택이 효과적이기를 기대하지만 학습 플랫폼은 교육 맥락에 따라 성공 여부와 유용성이 제한적일 수 있기 때문에 이는 매우 어려운 문제이다. 그러나 학습분석 플랫폼은 이러한 방식을 필요로 하지 않는다. 적절하게 설계된 학습분석 플랫폼은 기존 시스템에서 제공하는 메트릭스와 학습분석 플랫폼에서 제공하는 학습 흔적을 검토하여 종합적으로 역량을 평가할 수 있어, 양쪽 도메인에 적용 가능하며, 교육행정가들이 신뢰할 수 있을 정도로 충분한 학습 흔적을 제공한다.

따라서 학습분석 플랫폼은 교육 시스템으로 하여금 다른 교육 시스템으로 이동할 수 있게 해주는 다리 역할을 하여, 학습자의 학습 과정에 대한 일원화된 평가를 유지하게 해준다. 또한 이러한 분석 시스템의 결과물은 학습자가 실제 무슨 행동을 했고, 무슨 주제를 실제 배웠는지에 대한 영구적 기록이며, 교육을 받는 동안 계속해서 보유할 수 있다. 이러한 기록은 깊이 있고 전체를 아우르면서 영구적인 평생교육 여권이라 할 수 있다. 이러한 다리를 통해 학습자로 하여금 그들의 학습에 대하여 더욱 자신감을 갖게 해줄 수 있다. 더욱 중요한 것은 교육자들이 학습분석을 통해 다양하고도 강력한 새로운 교육 설계 시스템을 이용하게 해주어 교육행정의 관료주의나 여론에 손쉽게 대응할 수 있을 것이다.

학습에 대한 계산 모델

전통적으로 교육 시스템은 학생들의 학습 역량 모델을 구축해 왔다. 이러한 역량 모델은 과제와 시험에 대한 수동적 평가를 통해 구축되었고, 전체 등급이나 역량 평가로 집계되었다. 때때로, 이러한 역량 모델은 수업에서의 참여, 출석, 다른 행동 정보와 같은 요소를 포함한다. 그러나 일반적으로 전통적인 시스템에서의 모델은 단순하고 환원주의적이다. 전통적 시스템에서의 모델은 학습 상황에서의 정교한 행동들에 대한 해석을 위하여 모델 기반 시스템을 이용하는 대신 교육자들의 관심에 의지한다.

정교화된 학습분석 플랫폼에는 단 하나의 학습 역량 모델을 의지하기보다는 각각 자체적인 초점과 목적을 가진 일련의 계산 가능한 모델을 유지한다. 예를 들어 일련의 역량 모델 이외에도, 학습자들은 그들의 동기 수준, 학습 전략과 자기규제 기법에 대한 지식과 활용, 교육 자료에 관한 정서적 상태 등에 대한 모델을 보유할 수도 있다(Blikstein, 2013).

이러한 모델들과 전통적 학습 시스템에 의해 만들어진 모델 간의 중요한 차이점은 학습 모델의 생산 자동화와 학습 모델의 업데이트에서 알 수 있다. 전통적으로, 모델들은 학기 동안 수동적으로 평가되는 점수가 점진적으로 누적되며 만들어진다. 학습분석 플랫폼은 정보가 이용 가능해지면 실시간으로 그 모델들을 구성하고 업데이트하며, 수동적인 개입은 필요하지 않다. 교육자, 튜터, 또 다른 참여자들이 관심을 갖는 측정은 계산 모델의 구성요소로서 시스템 내에 포함되어 있다.

학습분석이 다양한 영역을 가지고 있는 것처럼, 학습분석 플랫폼의 모델 저장소 안에 있는 모델들도 다양하다. 정밀 모델은 미세한 규모의 분석에 존재하며, 시스템 내부의 개인 참가자와 관련된 데이터를 포함하고 있는 모델들에 관심을 갖는다. 정밀 모델은 전통 시스템의 개별 학생 성적표와 연관성이 있다고 할 수 있다. 정밀 모델과 대조적인 것은 문헌으로부터 관찰되어 온 최신의 지식이라고 할 수 있는 집계 모델이다. 필요로 하는 모델이나 질문에 따라 집계 모델의 범위는 다양하며, 한 쌍의 학습자부터 전체적인 교육기관의 행동에 이르기까지 어떤 것이든 고려될 수 있다.

정밀 모델과 집계 모델은 구조와 목적이 겉으로 드러난다는 점에서 동일하며 수많은 특성을 공유한다. 두 모델 간의 차이는 그 모델들 내에 있는 내용의 유형을 통해 알 수 있다. 개인으로부터 발생한 데이터는 일반적으로 양적으로 부족하고, 교육 맥락 외부의 이벤트와는 큰 차이가 있다. 즉 수면, 오락, 일 그리고 교육과 관계없는 것과 같은 일상적인 행동은 학습분석 플랫폼의 범위 밖에 있으며 이용이 불가능하다. 이것은 개인의 학습 흔적을 질적으로 일관되지 않도록 만든다. 한편 집계 모델은 문헌에 보고된 개인들의 수많은 학습 흔적을 합산함으로써, 그리고 문헌으로부터의 집계 모델을 통합함으로써 구성된다. 이러한 결합은 집계 모델이 보다 지속적이어야 하며, 부족하지 않아야 한다는 것을 의미한다. 하지만 통합 메커니즘이 가지고 있는 자체적인 문제도 제기될 수 있다. 분석에서는 해답을 알아내기 위하여 이용하는 분석 방법에 대한 관심이 필요한 것처럼, 학습분석 플랫폼에서는 학습분석 플랫폼의 모델을 구성하고 집계하기 위해 이용하는 분석 방법에 대한 관심이 필요하다.

다양한 학습 모델

각각의 자체적인 관심 영역과 경계를 가진 다양한 학습 모델이 구성될 수 있다(Barber & Sharkey, 2012). 이러한 모델들은 전반적인 목적에 따라 그룹으로 범주화할 수 있다.

온톨로지와 메타온톨로지

온톨로지ontology는 학습 모델과 아이디어나 요약을 보여주는 모델들의 구성에 있어 핵심 개념이다(Prinsloo & Slade, 2015). 온톨로지는 개념들을 관계 네트워크로 배열하고, 그러한 개념과 개념 간의 관계에 대해 정의한다. 이러한 방법으로 온톨로지는 각각의 개념이 전체 체계 중 어디에 위치해 있는지를 보여준다. 온톨로지는 교육 맥락에서의 다양한 학습 영역과 목적들을 규명하고 구조화된 방법으로 지식을 기술하고자 할 때 유용하다. 예를 들어 영어 능력은 쓰기 능력, 읽기 능력, 말하기 능력, 듣기 능력이라는 하위 범주를 포함하는 온톨로지 범주라고 할 수 있다.

메타온톨로지는 온톨로지가 지식을 정의하고 기술하는 방법, 그리고 온톨로지 범주들이 서로 어떠한 관계가 있는지를 기술한다. 이 모델은 학습분석 플랫폼 외부의 시스템과 커뮤니케이션하거나, 플랫폼 안의 모델을 사람이 읽을 수 있는 보고서와 같이 다른 형식으로 변환할 때 매우 유용하다.

수행 모델

수행 모델은 학습자들의 학습 과정과 능력 수준, 또는 학습목표에 대한 학습자 역량에 관하여 진술하는 모델들을 포함한다. 이러한 모델은 전통적 학습 시스템에서 창출되는 정보와 거의 유사하다. 전통적 학습 시스템은 역량을 측정하고 과정을 보여준다. 이 매트릭스들은 학습 목표의 달성 여부를 결정하는 주체이기 때문에, 학습분석 플랫폼에게 중요하지만 결코 유일한 메트릭스는 아니다. 생각하는 것만큼 수행 모델이 중요하지 않을 수 있지만, 메트릭스들 중 다수는 중요하다. 특히 수행 모델이 학습 목표에 관한 정보를 전달하긴 하지만, 장기간의 학습 패턴은 장기적인 측면에서 학습자들에게 매우 중요하다. 따라서 단순한 부분적 수행을 넘어 이러한 패턴들은 처음부터 끝까지 측정되어야 한다.

메타인지 모델

수행 모델이 학습 영역에서 외적인 수행을 기술하는 것이라면, 메타인지 모델은 추론을 통한 정신 상태를 기술한다. 정교한 학습분석 플랫폼은 행동 관찰을 통해 학습자들의 인지 상태를 가장 잘 추측할 수 있는 모델들을 구성할 수 있다. 학습자의 인지 상태는 그들이 수행하는 학습이 효과적인지, 자기조절이 되고 있는지, 과제에 집중하는지를 알아보기 위하여 분석될 수 있다. 이러한 모델들을 만들어 검증하기는 어렵다. 하지만 이 모델들이 학습자 스스로 학습을 어떻게 수행하는지에 대한 장기적인 현황을 제공할 수 있다는 가능성 측면에서 추구할 만한 가치가 있는 목표라 할 수 있다.

상호작용 모델

대부분의 학습은 진공 상태에서 수행되지 않는다. 다시 말해 학습은 최소한 학습자와 교육자 간에 수행되는 사회적 훈련이다. 보통, 학습은 튜터, 학생, 친구, 형식적·비형식적으로 수업 활동에 참여하는 외부인들에 의해 제공된다.

이러한 관계는 매우 중요하다. 학습하는 동안 우리가 커뮤니케이션하는 방식들, 학습 공간 내·외부에서 서로 접촉하는 방식은 우리가 어떻게 배우는지를 보여준다. 이러한 방식들은 우리가 학습할 때 직면하는 문제들과 우리가 극복하고자 하는 방식들 모두에서 유용하다. 또 이러한 방법들은 학습에서의 장애라고 할 수 있는 지연행동과 역효과를 유발하는 행동을 규명할 때 유익하다. 상호작용 모델은 사람들 간 일련의 복잡한 상호작용을 정확히 포착하려 한다(Ferguson & Shum, 2012; Teplovs, fujita, & Vatrapu, 2011).

인구통계학적 모델

상호작용 모델이 각 개인들이 수행하는 복잡한 관계망에 대한 정보를 포착하고자 한다면, 인구통계학적 모델은 집단에서 나타나는 경향성에 대해 보다 더 관심을 갖는다. 교육 접근성과 교육 능력이 균등하지 않다는 것이 하나의 사례이다. 다시 말해 공동체 내의 삶의 환경, 사회집단, 민족성을 통해 개인이 가진 학습 이슈와 관련된 중요한 정보를 알 수 있다.

인구통계학적 모델은 개인들이 속한 다양한 인구통계학적 집단과 관련지으려 한다. 그리고 인구통계학적 모델은 이러한 관계를 통해 개인들이 해당 집단에서 정상적 또는 비상적인 어려움에 직면하는지 여부를 결정한다. 개인이 몇 개의 인구통계학에 동시에 속해 있는지에 주목해야 하며, 한 인구통계학의 구성원 자격과 다른 인구통계학에 속하는 구성원 자격은 혼동되거나 모호할 수 있다. 분석에 있어 모든 것이 그런 것처럼, 인구통계학적 모델도 결코 명확하지 않다.

커뮤니케이션 모델

현 시대의 사람들은 커뮤니케이션할 수 있는 방법이 매우 많다. 면대면, 전화, 이메일, 트위터, 포럼 등 이러한 커뮤니케이션 채널은 메시지의 내용, 미디어의 선택 및 이용 모두에서 풍부한 정보를 담고 있다. 커뮤니케이션 모델은 그러한 메시지의 의미와 미디어 선택의 중요성을 밝혀내는 것에 많은 관심을 갖는다(Teplovs et al., 2011).

다양한 분석 방법과 분석을 위한 하나의 방식

데이터 수집은 분석analysis의 처음 단계이면서 가장 중요한 단계이다. 이 단계에서, 학습 에피소드 내에 있는 활동들이 흔적에 결합된다. 이것이 가장 중요한 단계라는 근거는 이 단계의 강건함과 정확성에 따라 다른 모든 단계의 유용성이 제한될 수 있다는 것이다. 이 단계가 부정확하거나 불완전하게 되면, 다음 경로에서 보다 나은 정확성과 완성도를 기대할 수 없다. 따라서 가능한 학습 흔적이 많은 메트릭스를, 가능한 정확하게, 가능한 자주 모아지고 있는지에 대해 반드시 주목해야 한다(Cuzzocrea & Simitsis, 2012).

모아진 학습 흔적들은 **모델**을 창출하기 위해 사용된다. 모델들은 실세계의 단순화이다. 모델들은 약간의 오류가 있지만 실제 세계에서 반영할 수 있는 예측을 만들기 위해 계산되거나 조작될 수 있다. 상당히 많은 모델이 존재하며, 원하는 정보의 유형에 따라 보다 더 많은 모델이 구성될 수 있다.

이것이 마무리되면, 그 모델들은 **추론**, 또는 예측을 만들어내기 위해 사용된다. 이러한 추론은 사용자 쿼리에 대한 응답으로 발생하거나, 자동으로 또는 요구에 의해 발생한다. 이러한 쿼리와 응답들은 학습분석 플랫폼의 기능 요소이며 플랫폼의 유용성이 발생하는 부분이다.

분석방법에 따라 모델의 구성과 후속 추론은 달라진다. 특정한 결과를 만들어내기 위한 각각의 특화된 방법들이 있으며 이는 선택 가능하다. 플랫폼 디자이너의 역할은 모델을 구성하고 쿼리를 수행하기 위해 정확한 분석도구를 활용하는 것이다. 하지만 이것은 단순하고 쉬운 과업이 아니다. 각각의 영역, 관점, 오차 허용범위, 그리고 다른 중요한 요소들로 구성된 매우 다양한 방법이 있다. 게다가 각각의 방법들은 서로 다른 정보를 요구하며, 서로 다른 신뢰 수준을 예상한다. 학습분석 플랫폼 디자이너는 다양한 분석 기법에 익숙해야 하며, 그것의 활용에 있어서도 자신감이 있어야 한다.

학습분석의 실행

빅데이터의 초석이라 할 수 있는 현대의 고용량 컴퓨팅은 특정 시점에서의 요구에 따라, 그 요구에 맞는 컴퓨팅 파워의 역동적인 이용 가능성에 달려 있다. 최종 소비자들에게 질 높은 서비스를 제공하면서도 역동적이고 유연한 업무 처리를 위하여 서버에서의 프로세스 실행을 분산된 네트워크에서 활용하는 대부분의 업무들은 클라우드 컴퓨팅으로 산업이 이동하고 있다. 학습분석 플랫폼에서 생성되는 대용량의 학습 흔적은 동일한 조건을 필요로 하며, 동일한 솔루션을 만든다. 따라서 성공적인 학습분석 플랫폼은 시험 전후나 학기 초와 같이 중요한 순간에 시스템이 리소스를 초과하거나 부족하지 않도록 클라우드 리소스를 적절히 사용하여 구성될 것이다(Benzaken, Castagna, Nguyen, & Siméon, 2013).

다행히도, 아직까지 많은 시스템들은 클라우드 기반의 인프라와 호환이 가능하다. 분석 과정은 개인, 지역 분석에서 글로벌 분석 계획까지 그 범위가 다양하다. 그리고 각각의 범위 수준에 따라 과업에서 사용되는 자원들의 양적인 요구가 다르다.

개별부터 글로벌까지, 중첩된 분석 수준

가장 정밀하게 집중적으로 수행되는 분석은 개별 수준의 분석이다. 즉 단일 학생, 교수자 또는 다른 학습자들에 대한 모델링과 예측이다. 일반적으로 분석은 한 개인의 학습 흔적에 대한 추론을 수반하기 때문에, 분석을 위해 필요한 컴퓨터 용량과 데이터베이스는 작은 편이다. 그러나 몇몇 모델은 실행을 위해 매우 많은 컴퓨터 용량이 필요하다. 예를 들어 복잡한 의미망이나 신경망은 매우 많은 양의 서버 메모리를 요구한다. 따라서 너무 많은 요청들이 동시에 수행되지 않도록 반드시 주의해야 한다.

반면, 일부 개인화 모델들은 글로벌 데이터, 인구통계학적 데이터, 또는 개인과 직접적으로 연관되지 않은 다른 소스를 통해 구성된다. 이러한 모델을 구성하기 위해 필요로 하는 정보는 일반적으로 개인 정보 이상이지만, 실제는 필요로 하는 데이터의 양이나 유형에 따라 다르다.

상기 모델들은 정밀 모델의 예이다. 이러한 모델은 단일 개인에 기초한 예측과 정보를 보유한다. 개인이 교육기관에 머무는 시간 동안 만들 수 있는 학습 흔적의 양은 제한적이기 때문에 이러한 모델들은 다소 희귀한 편이다. 개인의 기록에는 수면이나 개인적인 시간으로 인하여 커다란 공백이 포함되어 있으며, 그 흔적들은 개인이 기록할 수 있거나 기록하기를 원하는 행동이나 활동들만을 포함한다.

집계 모델은 정밀 모델과 대조적이다. 이러한 모델들은 다양한 개인들부터 발생한 학습 흔적들이 함께 협력한다. 다시 말해 집계 모델들은 교실, 코호트, 성적, 교육기관, 학습자 그룹을 대표하는 더 큰 세트를 생성하기 위하여 다수의 정밀 모델을 집계한다. 이러한 데이터세트는 변화의 범위에 따라 더 많은 데이터베이스의 접근을 필요로 하며, 보다 큰 학습 흔적과 모델 풀pool을 이용해야 한다. 뿐만 아니라 수행되는 분석의 종류에 따라 집계모델을 창출하기 위하여 더 큰 프로세싱 리소스가 필요할 수도 있고, 필요하지 않을 수도 있다. 그러나 일반적으로 집계 모델은 정밀 모델보다 더 많은 규모의 데이터를 활용하며, 어떠한 특정 정밀 모델에 공백이 있다면 다른 사람들의 정보로 채워지기 때문에 희소성이 훨씬 작다고 할 수 있다.

규모, 다양성, 속도, 정확성 : 빅데이터의 기초

빅데이터 분야는 현대 세계에 대한 이해를 창출하는 것에 관심을 갖는다. 소스는 넘쳐나고, 그 소스로부터 감당 못할 만큼의 데이터가 밀려들고 있어 전통적인 데이터 수집과 해석 기법으로는 처리할 수 없게 되었다. 검색할 수 있는 시간은 충분하지 않으며, 데이터 형식은 너무나 다양하고, 데이터세트의 정확성은 영원하지 않다. 새로운 저장, 종합, 분석 기법 없이는 전 세계에서 수집되고 있는 정보를 이용할 수 없을 것이다. 구글 같은 현대의 검색 엔진은 이렇게 매우 거대한 데이터세트를 관리하는 능력을 보여주고 있다. 그리고 모든 학습분석 플랫폼도 구글처럼 빅데이터의 다양하고 독특한 특징을 관리해야 한다 (Bader-Natal & Lotze; Dibre & Xhafa, 2014).

규모의 도전

가장 명확하게 빅데이터를 구분할 수 있는 특징 중 한 가지는 데이터의 **규모**volume이다. 빅데이터는 전통적인 데이터 시스템과 비교하여 단위시간당 매우 많은 수의 측정이 이루어지며, 매우 상세하게 측정한다. 이러한 예는 학생이 작성한 과제의 단락paragraph에서 찾을 수 있다. 전통적으로, 완성된 단락이 학습관리 시스템의 데이터베이스에 도착한 것을 측정으로 간주한다. 그 후의 분석은 완성된 작문에 집중할 것이며, 제출 시간, 제출 위치나 해당 이벤트의 또 다른 상세 요소의 측정을 포함할 것이다.

　그와 대조적으로, 빅데이터 관점에서의 측정은 훨씬 더 미세한 항목에 집중한다. 측정은 아마도 학생들이 만들어내는 개별적인 키보드 입력까지 포함할 만큼 자주 이루어진다. 이를 통해 글을 쓰는 동안의 멈춤, 삭제, 편집, 다른 이벤트까지 측정한다. 완성된 작문 단락이라는 최종 결과는 동일하지만, 이러한 미세한 항목들을 모두 포함하게 되면 학생이 제출한 산출물의 질에 대해 보다 잘 추론할 수 있고 조사 대상에 대해 더 잘 이해할 수 있다. 물론 분석을 위하여 반드시 전송되고, 저장되고, 분류되고, 처리되어야 하는 훨씬 큰 데이터 풀pool도 생성한다. 그러나 정면으로 맞서야 할 문제도 발생한다.

　오늘날 데이터베이스 테크놀로지는 이러한 문제를 다루기 위해 존재한다. 전통적인 데이터베이스는 미리 정의된 대형 테이블에 정보를 저장하는 것과 비유할 수 있는 관계 구조를 활용한다. 하지만 이는 효율적이기는 하지만 잘 확대되지는 않는다. 왜냐하면 테이블이 점차 커지고, 정보의 서브셋을 수집하기 위해 검색에 필요한 시간이 대폭 증가하기 때문이다. 현대의 분산형 데이터베이스들은 이러한 테이블을 좀 더 다루기 쉽도록, 더 작게 만들어서 네트워크 전체에 걸쳐서 또는 클라우드에 테이블을 분할한다. 데이터베이스 쿼리는 관리자에게 정보를 요청하는 것이다. 이때 관리자는 클라우드에 쿼리를 요청하며, 클라우드는 자체 검색을 수행하여 그 결과를 관리자에게 회신한다. 그 응답들은 하나의 대형 응답으로 통합되어 제시된다.

이 구조의 가장 중요한 특징은 클라우드가 지연현상이나 일종의 오작동을 경험할 수 있으므로 주어진 모든 쿼리에 대한 응답은 네트워크 조건에 따라 불완전할 수 있다는 것이다. 이러한 부정확성을 처리하는 것은 빅데이터에서 중요한 측면이며, 모든 학습분석 시스템이 반드시 다루어야 하는 대용량 데이터에 대한 요구조건이다.

다양성의 도전

빅데이터의 또 다른 주요 특징은 학습분석 플랫폼에서 발견되는 데이터의 다양성variety이다. 위에서 언급한 예를 다시 살펴보면, 전통적인 과제 측정은 아마도 학생들이 작성한 단락, 제출 일자, 시간일 것이다. 이러한 데이터 포인트(데이터 안에서 규명할 수 있는 요소)는 과제를 완성하지 않은 학생들을 제외하고 시스템 내 모든 학생들에게는 표준적일 것이다. 이러한 모든 측정은 텍스트 처리와 과제 완성 속도의 추적, 분석 유형의 제한과 관련이 있을 것이다. 여기서의 분석은 단락에 대한 언어분석과 타임 스탬프를 위한 몇몇 간단한 시간기반 분석을 말한다.

빅데이터를 수집하는 시스템은 측정단위당 데이터 포인트가 훨씬 더 다양해서 연구자나 이용자들에게 더 큰 분석 세트를 제공할 수 있다. 그러한 시스템은 타이핑 속도, 마우스 커서의 움직임과 위치, 페이지 브라우저 히스토리와 스크롤 속도, 심지어 시선 추적 같은 보다 난해한 정보나 체온과 심박수 같은 생체정보를 수집한다. 이러한 데이터 포인트는 학습자들이 이용할 수 있는 하드웨어뿐만 아니라 그들의 승인 여부에 따라 개별 학습자들에게 제공할 수도 있다.

이 결과로 대량 데이터가 생성되고, 엄청난 양의 다양성은 정교한 분석을 가능하게 해주어 훨씬 흥미로운 추론을 생성할 수 있다. 동시에 이러한 다양성은 전통적인 데이터베이스 시스템에서는 문제일 수 있다. 관계형 데이터베이스는 각각의 엔트리가 이용할 수 있는 동일한 데이터 유형의 균일한 테이블을 이용한다. 변동이 심한 데이터는 시스템상에 나타나는 새로운 데이터 유형에 따라 변경되어야 하는 거대한 테이블들을 만들어낸다. 이로 인해 전통적 데이터베이스는 빅데이터 프로젝트에 필요한 다양한 데이터를 처리함에 있어 선택의 오류가 있다(Agarwal, Shroff, & Malhotra, 2013).

다행히도, 현대의 클라우드 기반 데이터베이스 테크닉은 이러한 문제에 적합하다. 지금은 데이터가 데이터베이스 스토리지 클라우드 전반에 분산되어 있다는 점을 고려한다면, 각각의 클라우드는 보편적인 표준을 준수할 필요 없이 각자의 방법에 따라 데이터를 저장하며 자체적인 테이블이나 문서를 유지한다. 쿼리에서 회신되는 모든 정보의 통합을 담당하는 관리자가 잘 설계되어 있다면, 그러한 시스템은 데이터의 엄청난 다양성을 처리할 수 있으며 학습분석 플랫폼을 관리할 때 수반되는 다양성 문제들에 대해 매우 적합하다.

속도의 도전

빅데이터 시스템의 세 번째 이슈는 도착 시간arrival time이다. 전통적인 시스템은 과제의 마감일이 지날 때 분석이 발생하기 때문에 도착 시간에 별로 민감하지 않다. 다시 말해 전통적인 시스템들은 대체로 실시간 분석에 무관심하다. 반면 학습분석 플랫폼은 학습자 상태에 대한 실시간 지식을 제공하는 것에 많은 관심을 갖는다. 가령 정보가 언제 도착하는지, 도착했을 때 그 정보가 어떤 상태인지에 대한 문제가 매우 중요해지고 있다.

전통적인 과제는 학습 시스템에 정보가 저장되는 지점인 마감일 전에 제출되며, 분석은 그다음에 일어난다. 이러한 시스템은 단지 단일 측정만을 수신하므로, 도착시간에 대한 문제는 상대적으로 고려할 가치가 없다. 그 정보는 나타날 수도 있고 없을 수도 있으며, 분석에서 포함되거나 제외된다.

반면, 학습분석 플랫폼은 실시간으로 다양한 대용량의 데이터를 수집한다. 분석 플랫폼에서 작성된 동일한 단락은 단락의 일부, 단편문장, 삭제 이벤트, 시선 움직임, 멈춤, 또 다른 학습 흔적 등을 만들어낼 것이다. 그러한 일련의 흔적들은 전통적인 학습 흔적과 동일한 방식으로 처리될 수 없다. 즉 미완성 단락, 편집 중인 단락은 완성된 과제와 동일한 방식으로 분석될 수 없다. 완료된 산출물의 평가는 현재 수행되고 있는 활동 측면에 집중하며 확정적인 것이 아니라 잠정적이어야만 한다. 그래야 보다 정교한 분석이 가능하다. 뿐만 아니라 분석 기법이 적절한지에 대해 더 많은 주의를 기울일 필요가 있다.

더욱이 학습분석 플랫폼에 필요한 클라우드 기반 데이터베이스와 프로세싱 시스템의 구조는 그 시스템에 잠재되어 있는 문제를 인식하고 처리해야 한다. 클라우드에서 다양한 곳에 위치해 있는 스토리지로 이동하는 정보는 서로 다른 시간에 도착할 것이기 때문에 최초 스토리지에 저장되어 있는 동안과 쿼리에 대한 응답이 오는 동안 모두에서 동일한 시간에 활용하지 못할 수 있다. 이에 따라 모든 학습분석 플랫폼은 이러한 잠재적 문제에 민감해야 한다. 이러한 분석의 산출물은 잠복되어 있는 정보가 나타나면 바뀔 수도 있으므로 반드시 잠재적인 것으로 간주되어야 한다.

정확성veracity의 도전

또 다른 고려사항 ― 마지막이 결코 아닌 ― 은 수신 데이터가 정확한 것이라고 입증될 수 있는지에 대한 문제이다. 전통적인 시스템하에서는 믿을 수 있는 소스(교육자나 학습 환경 소프트웨어를 호스팅하는 안전한 서버)로부터 데이터를 수신한다. 이러한 맥락에서는 들어오는 모든 정보는 유효하다는 암묵적인 가정이 있으며, 이러한 가정은 대체로 옳다. 즉 안전한 포털 웹사이트를 통해 제출된 과제는 제출 시간에, 학습자가 로그인하여 제출된 것이라고 가정할 수 있다.

그러나 빅데이터 측면에서 규명된 요인 중 하나는 소스에 있는 모든 정보가 시스템에 들어오고 있다는 것이다. 학습자들은 잘 알려지지 않거나 신뢰할 수 없는 소프트웨어나 컴퓨터를 사용할 수 있으며, 그들이 보내는 정보는 예상되거나 그렇지 않은 것일 수도 있다. 이 점을 고려할 때, 정확성의 문제는 전통적 시스템에서의 동일한 이슈보다 더 심각하고 현실적인 것이다. 보안 프로토콜과 정확성의 검증에 대한 논의는 여기서의 논의 범위를 벗어난다. 그러나 이러한 관심은 타당하며, 빅데이터를 처리하는 모든 학습분석 플랫폼은 반드시 데이터 검증에 관한 문제를 다루어야 한다고 할 수 있다.

불확실성 다루기 : 학습분석에서의 타당성 확보

학습분석은 혼돈스럽고 정보가 풍부한 학습 흔적으로부터 정연한 모델을 창출하는 것이다. 이는 실제 세계에서 수행되고 있는 활동들을 단순하고 제한적인 메타포로 만드는 것이라고 할 수 있다. 이러한 축소의 과정에서는 반드시 분석 엔진의 결과가 타당한지 여부를 확인해야 한다. 분명히 이러한 과정에는 단순화되어서는 안 되지만 단순화되고, 또는 어디에도 균등성은 존재하지 않는다는 균등성에 대한 가정을 하며, 몇몇 또 다른 중요한 단계는 당연한 것처럼 받아들여진다.

이러한 문제는 해결할 수 없는 것처럼 보인다. 사실 엄밀한 의미에서 그것은 해결할 수 없다. 어떤 모델은—자체의 속성상—세계의 단순화가 될 것이며 모든 차이를 설명하기에는 불충분할 것이다. 그러나 모델이 적절한지 아닌지를 묻는 질문은 완벽한 정확성을 요구하는 것이 아니다. 학습분석 플랫폼에 있어 우리의 주요한 관심은 세 가지 질문으로 대신할 수 있다.

1. 우리의 모델에 들어오는 데이터는 그 모델을 형성할 만큼 현실을 충분히 정확하게 반영하는가?
2. 그 모델은 쿼리에 응답해야 하는 영역을 충분히 포함하는가? — 그것은 완전한가?
3. 그 모델은 충분히 현실을 정확하게 반영하는가? — 그것은 정확한가?

학습분석 플랫폼에 들어오는 데이터의 품질에 대한 우리의 첫 번째 질문은 데이터를 수집할 때 활용하는 다양한 센서에 따라 달라지며, 매우 다양할 것이다. 그러나 완전성과 정확성에 대한 최종 질문은 학습분석 플랫폼 영역 안에 있다.

위험한 가정 : 완전성과 정확성

우리의 모델이 정확하며, 그 모델들이 상황의 실제성을 정확하게 반영하고 있는지에 대해 생각해보아야 한다. 이것은 수량화 과정이 가지고 있는 오래된 이슈이다. 활동activity을 숫자, 일련의 숫자들이나 단순 관계로 평가할 수 있다면, 해결된 문제로 여기기 쉽다. 이러한 축소는 복잡한 상황을 단순하게 만들어주며, 탐구자들이 상황에 대한 그들의 이해가 확실하다고 생각하도록 만든다.

이것은 모델 설계자들이 하는 위험한 가정이다. 우리의 모델은 불완전하며, 따라서 플랫폼이 요구하는 필수 질문의 답이 **충분한 완정성**을 갖추었는지 반드시 확인해야 함을 기억해야 한다. 이러한 충분함을 보장하기 위해서는 그것의 산출물이 어떠한 경우에서도 정확하다는 것을 입증할 수 있도록 다양한 상황에서 반복적으로 검증해야 한다. 한 영역에서 부족하다는 것은 모델이 불완전하며, 이전에는 없었던 새로운 요인들을 조사해야만 한다는 것을 시사한다.

생각해보아야 할 또 다른 가정은 우리의 모델은 정확하다, 다시 말해 그 모델이 세상을 정확하게 반영하고 있다는 것이다. 이 가정은 스스로를 **확증편향**에서 벗어나지 못하게 한다. 확증편향이란 사람들은 그들의 오래된 신념이 틀렸다는 것을 반증하는 정보를 받아들일 때 더 힘든 시간을 보낸다는 인간의 단점을 말한다. 우리의 모델에는 적합하지 않은 정보라고, 또는 무시할 만한 특이점이라고 여길 수도 있고, 충분히 교육을 받는다 해도 이것에 맞설 수 없다고 여기기 쉽다. 숙련된 과학자는 그들의 가설이 틀렸음을 입증하는 것을 기각할 수 있는 엄청나게 많은 이유를 가지고 있다. 따라서 최상의 방어는 우리들 스스로가 반대하는 아이디어들에 대해 심사숙고하고 기꺼이 받아들이는 것이다.

모든 교육 모델들이 학습분석 분야에서 적절하고 **정확**할 것이라는 개연성은 매우 낮다. 심지어 물리학도 진정한 정확함을 달성하는 데 어려움을 겪는다. 그러나 가능한 한 실제적 정확성에 가깝게 접근하는 것은 학습분석 플랫폼의 결론과 추론이 신뢰할 만하다는 것을 입증하기 위해서 중요하다. 이러한 추론은 실제 인물, 때론 소수자들을 평가하기 위해 활용될 것이다. 최고 수준의 정확성을 추구하는 것은 결코 비윤리적인 것이 아니다.

쟁점 : 데이터 소유권

한 번 모델이 만들어지면, '이 정보는 누구의 소유인가?'라는 질문은 반드시 제기해야 하는 중요한 질문이다. 이 질문은 21세기의 개막을 정의할 수 있는 질문으로 여겨질 수 있고, 현 시대 사람들의 사생활, 익명성 그리고 보안의 범위와 형태를 결정함에 있어 대단히 중요하다.

학습분석 플랫폼을 활용하는 사람이 만들어낸 정보는 그 사람에게는 유일무이한 것이다. 학습 흔적이라는 용어는 정보의 소유권과 관련하여 중요한 의미가 있다. 손가락 지문처럼, 학습 흔적은 독특한 식별자이다. 학습분석 플랫폼 내에는 매우 밀도 있고, 매우 세부적인 학습 흔적들이 있으며, 이러한 흔적들은 사람의 특성에 대한 서명과 매우 흡사하며, 한 사람의 삶에 있어 매우 의미 있는 사적인 기록이다.

그러한 맥락에서의 윤리성은 명확하다. 개인이 만들어내는 모델과 흔적은 그들의 삶을 통해 완전한 소유권과 통제를 가져야 하며 윤리적으로 계속 그들의 소유가 되어야 한다. 이것은 그들의 승인이나 이득 없이 사생활과 개인의 정체성 일부분을 교육기관이나 정부에게 넘겨주는 것이나 다름없다. 이러한 보안 유지의 보장은 모든 플랫폼 설계자의 의무이다.

물론 이것은 개인의 소유권 수준을 어떻게 보장할 수 있을 것인가에 대한 물음으로 확대된다. 대부분의 현대 시스템은 학습 기관이 이러한 데이터의 소유권을 가지고 있다는 가정을 함으로써 그 질문을 완전히 무시한다. 윤리적으로 설계된 학습분석 플랫폼은 그러한 혜택을 누리지 않는다. 대신 그러한 시스템은 그것의 정보가 분리될 수 있다는 것, 다시 말해 각각의 개인 데이터세트는 소유자의 요구에 따라 메인 데이터베이스로부터 분리되거나 연결될 수 있다는 것을 반드시 보장한다. 더욱이 각각의 개인들은 데이터의 활용은 이용자 측의 계획적이고 의식적인 결정이라는 요구조건을 포함하여 데이터에 대한 완전한 통제권을 명시적으로 부여받는다(Jensen, 2013; Prinsloo & Slade, 2015).

이러한 두 가지 특징은 윤리적인 학습분석 플랫폼의 개발에 있어 이용자의 사생활과 자율권 측면에서 매우 중요하다. 그러나 그러한 컴퓨터 시스템의 구성이 장점이 없는 것은 아니다. 학습자들이 그들의 모델과 흔적을 쉽게 분리하고 옮길 수 있다면, 학습자들은 매우 생생한 학습경험의 기록을 유지할 것이다. 이러한 것들은 고용이나 새로운 학습 기관으로의 입학을 용이하게 해주는 자격증처럼 교육의 평생 근거로서 활용될 수 있다. 그러한 교육 여권educational passport은 교육이 일상생활과 상호작용하는 방법과 개인이 교육에 접근하는 방식을 변화시킬 수 있다.

교육과정 분석

교육은 학습 과정에서 학습자를 지원하는 것에 관한 것이며, 잘 만들어진 학습분석은 이러한 과업에 집중될 것이다. 그러한 플랫폼은 학습자들과 교수자들의 전체적인 경험을 향상시킬 수 있도록 학습자와 교수자들에게 제안, 인식, 피드백을 제공할 것이다. 지금까지 논의한 모델과 분석이 학습자의 과정과 학습자 행동을 인지하는 것과 관련되어 있는 이유는 바로 그 때문이다.

그러나 이것이 학습분석의 유일한 목적이 아니다. 생물체가 자신의 상태를 스스로 인식할 수 있는 감각들을 가진 것처럼, 교육 시스템도 문제점을 발견할 수 있도록 교육 시스템의 성공과 결함에 대한 인식을 포함하고 있어야 한다. 학습분석은 학습 경험의 향상이라는 총체적인 목표를 주시하며, 시스템이 교육기관의 결함을 인식할 수 있게 하고 교육기관의 성공을 이해할 수 있도록 해준다. 이는 **교육과정 학습분석**curricular learning analytics의 분야로 이해될 수 있다. 교육과정 학습분석은 교육 계획과 과정을 이해하고 향상시키기 위하여 학습분석의 과정을 활용하는 것이다.

학습분석 플랫폼의 동일한 모델과 분석의 산출물은 특정한 교육 과정의 효과, 교수자나 교수자 그룹의 효과성, 서로 다른 유형의 학습자와 다양한 학습 상황에서의 교수법 비교를 진술하기 위해 사용할 수 있다. 학습분석 플랫폼에서처럼, 교육과정 분석이 있는 학습분석 플랫폼은 사용자 쿼리, 사용자 정보 보기, 또 다른 추정을 가능하게 한다. 그러나 기본적인 학습분석 플랫폼과 달리 이러한 정보는 교육과정 설계자, 행정가 그리고 다른 교육자들이 학습 자료를 향상시키고 평가하고 설계하는 데 반영이 될 것이다.

학습 대시보드

학습분석 과정 중에서 가장 중요한 부분은 단언컨대 그것의 결과를 제시하는 것이다. 훌륭한 추론은 데이터 큐레이션data curation에서 이루어지는데 정작 사용자가 그러한 추론의 결과들을 이해할 수 없다면 그것은 무용지물이 된다. 특히 분석 엔진에서 쿼리 결과가 주는 유용성은 피드백의 질과 같다. 품질이 낮으면서 흥미롭지 않은 추론이더라도 학생이나 교육자들에게 유용한 정보를 제공한다면 이것은 적절하게 제시된 것이다.

쿼리 시스템의 제시와 그것의 반응에 대한 제시는 일반적으로 **대시보드**dashboard를 통해 수행된다. 대시보드는 그것이 조사하는 일들에 대하여(이 경우에는 학습 환경에 대한) 실시간 피드백을 제시한다. 특정한 영역에서 활동하는 특정한 학습자의 세부사항부터 교육기관의 전체적인 교육과정 효과성에 이르기까지 모든 이용자들은 학습 환경에서의 변화를 모니터하고 조회할 수 있다(Duval et al., 2012).

모든 학습분석 플랫폼 이용자들은 학습 상황에서의 역할, 그들이 활동하고 있는 학습 영역, 그리고 그들의 삶에 대한 세부사항에 따라 서로 다른 목표들을 가질 것이다. 이러한 모든 변인에 잘 적용될 수 있는 단일한 인터페이스를 제시하는 것은 어려운 문제이다. 다중 역할의 문제를 해결하기 위해 두 가지 경로를 취할 수 있다. 첫째, 사전에 만들어 놓은 유용한 기본 쿼리 세트와 추적을 위한 기본 데이터세트에 각각의 역할을 부여한다. 예를 들어 학습자들은 같은 영역에서 활동하고 있는 다른 사람들과 자신들을 비교하기 위해 사전에 만들어진 쿼리를 통해 현재 자신의 능력에 대해 알 수 있다. 또 교육자들은 모든 학생의 학습 과정에 대한 비교 관점, 동일한 교육기관에서 진행되는 다른 수업과 자신의 수업을 비교할 수 있다.

완전히 맞춤화된 추적이 가능한 쿼리 시스템과 대시보드를 설계하는 것은 보다 유용하면서도 더 복잡하다. 이용자들에게 그들의 관점에서 이용 가능한 데이터와 추론 생성을 허용하는 것은 학습분석 플랫폼 설계자들에게 딜레마이다. 맞춤화가 가능한 관점을 제공하는 것은 매우 바람직한 일이다. 그러나 이러한 시스템에서의 데이터와 추론은 근본적으로 복잡하기 때문에 특별한 지식이 없는 이용자는 고객 관점의 생성이 어렵다. 동시에 이러한 관점이 없다면 학습분석 플랫폼의 유용성을 완전히 이용할 수 없을 것이다. 또 그러한 유용성을 이용자들에게 보여주지 않는다면 복잡한 시스템을 배우기 위해 이용자들이 시간과 노력을 투자하기는 쉽지 않을 것이다.

유용한 교육적 도구로서 학습분석 플랫폼을 제시함에 있어 이러한 문제를 해결하는 것은 주요한 도전이다. 학습분석 플랫폼 같은 시스템이 제공할 수 있는 유용한 추론에 이용자들이 접근할 수 있도록 상세하고 직관적인 쿼리 시스템의 개발이 필요하다.

결론

우리 대부분이 빅데이터 분석에 대해 알고 있지 못하지만, 우리의 삶에 있어 그 중요성은 증가하고 있다. 인류가 만들어내는 믿을 수 없을 만큼 많은 정보는 우리 모두에게 더 나은 삶을 위해 유용하다. 그러나 대부분, 이러한 데이터 중 많은 부분이 미개발 상태이다. 과거의 시스템은 데이터가 사일로로 분리되어 있어, 해석할 수 있는 데이터 형식의 범위가 좁다. 새로운 시스템은 이러한 격차를 연결할 수 있을 것이다. 그러나 새로운 시스템들은 더 간단하게 진술할 수 있는 분석 엔진인 강력한 추론 시스템이 부족하다. 적절한 분석 엔진은 이러한 데이터의 바다를 이해할 수 있고, 폭넓고 종합적으로 진술할 수 있다.

교육기관, 교육과정 설계, 그리고 학생 지원의 세계에서 이러한 사실들은 지속적으로 유효하다. 빅데이터 분석방법을 이용함으로써, 학습분석 플랫폼은 교육 시스템의 모든 구성원을 위하여 통찰의 순간을 발견하고, 조사하고, 창조할 수 있을 것이다.

참고문헌

Agarwal, P., Shroff, G., & Malhotra, P. (2013). Approximate incremental big-data harmonization. In *2013 IEEE International Congress on Big Data* (*BigData Congress*) (pp. 118–125).

Almosallam, E., & Ouertani, H. (2014). Learning analytics: Definitions, applications and related fields. In T. Herawan, M. M. Deris & J. Abawajy (Eds.), *Proceedings of the First International Conference on Advanced Data and Information Engineering* (*DaEng-2013*), *Vol. 285* (pp. 721–730). Singapore: Springer. (ISBN: 978-981-4585-17-0). Retrieved from http://dx.doi.org/10.1007/978-981-4585-18-7_81.

Arnold, K. E., & Pistilli, M. D. (2012). Course signals at Purdue: Using learning analytics to increase student success. *In Proceedings of the 2nd International Conference on Learning Analytics and Knowledge* (pp. 267–270). ACM. (ISBN: 978-1-4503-1111-3). Retrieved from http://doi.acm.org/10.1145/2330601.2330666.

Bader-Natal, A., & Lotze, T. (2011). Evolving a learning analytics platform. In *Proceedings of the 1st International Conference on Learning Analytics and Knowledge* (pp. 180–185). ACM. (ISBN: 978-1-4503-0944-8). Retrieved from http://doi.acm.org/10.1145/2090116.2090146.

Barber, R., & Sharkey, M. (2012). Course correction: Using analytics to predict course success. In *Proceedings of the 2nd International Conference on Learning Analytics and Knowledge* (pp. 259–262). ACM. (ISBN: 978-1-4503-1111-3). Retrieved from http://doi.acm.org/10.1145/2330601.2330664.

Benzaken, V., Castagna, G., Nguyen, K., & Siméon, J. (2013). Static and dynamic semantics of NoSQL languages. *SIGPLAN Not, 48(1)*, 101–114. doi:10.1145/2480359.2429083. Retrieved from http://0-doi.acm.org.aupac.lib.athabascau.ca/10.1145/2480359.2429083.

Blikstein, P. (2013). Multimodal learning analytics. In *Proceedings of the Third International Conference on Learning Analytics and Knowledge* (pp. 102–106). ACM. (ISBN: 978-1-4503-1785-6). Retrieved from http://0-doi.acm.org.aupac.lib.athabascau.ca/10.1145/2460296. 2460316.

Boyd, D., & Crawford, K. (2011). Six provocations for big data. In *A decade in Internet time: Symposium on the dynamics of the internet and society.* Retrieved from http://dx.doi.org/10.2139/ssrn.1926431.

Chatti, M. A., Dyckhoff, A. L., Schroeder, U., & Thüs, H. (2012). A reference model for learning analytics. *International Journal of Technology Enhanced Learning, 4*(5), 318–331. Retrieved from http://dl.acm.org/citation.cfm?id=2434498.

Cuzzocrea, A., & Simitsis, A. (2012). Searching semantic data warehouses: Models, issues, architectures. In *Proceedings of the 2nd International Workshop on Semantic Search over the Web* (pp. 6:1–6:5). ACM. (ISBN: 978-1-4503-2301-7). Retrieved from http://0-doi.acm.org.aupac. lib.athabascau. ca/10.1145/2494068.2494074.

del Blanco, A., Serrano, A., Freire, M., Martinez-Ortiz, I., & Fernandez-Manjon, B. (2013). E-learning standards and learning analytics. Can data collection be improved by using standard data models? In *Global Engineering Education Conference (EDUCON), 2013 IEEE* (pp. 1255–1261).

Dobre, C., & Xhafa, F. (2014). Parallel programming paradigms and frameworks in big data era. *International Journal of Parallel Programming, 42*(5), 710–738. doi:10.1007/s10766-013-0272-7.

Duval, E., Klerkx, J., Verbert, K., Nagel, T., Govaerts, S., Parra Chico, G. A., et al. (2012). Learning dashboards & learnscapes. *Educational Interfaces, Software, and Technology*, 1–5. Retrieved from https://lirias.kuleuven.be/handle/123456789/344525.

Ferguson, R., & Shum, S. B. (2012). Social learning analytics: Five approaches. In *Proceedings of the 2nd International Conference on Learning Analytics and Knowledge* (pp. 23–33). ACM. (ISBN: 978-1-4503-1111-3). Retrieved from http://doi.acm.org/10.1145/2330601.2330616.

Jensen, M. (2013). Challenges of privacy protection in big data analytics. Paper presented at the *2013 IEEE International Congress on Big Data (BigData Congress)* (pp. 235–238).

Miller, J., Baramidze, G., Sheth, A., & Fishwick, P. (2004). Investigating ontologies for simulation modeling. In *Proceedings of the 37th Annual Simulation Symposium, 2004* (pp. 55–63).

Prinsloo, P., & Slade, S. (2015). Student privacy self-management: Implications for learning analytics. In *Proceedings of the Fifth International Conference on Learning Analytics and Knowledge (LAK' 15)* (pp. 83–92). New York: ACM. Retrieved from http://dl.acm.org/citation.cfm?id=2723585.

Teplovs, C., Fujita, N., & Vatrapu, R. (2011). Generating predictive models of learner community dynamics. In *Proceedings of the 1st International Conference on Learning Analytics and Knowledge* (pp. 147–152). ACM. (ISBN: 978-1-4503-0944-8). Retrieved from http://0-doi.acm.org.aupac.lib.athabascau. ca/10.1145/2090116.2090139.

van Harmelen, M. (2006). Personal learning environments. In *Proceedings of the Sixth International Conference on Advanced Learning Technologies, 2006* (pp. 815–816).

10

학습분석을 활용한 개입과 평가 : 영국 개방대학 사례

Bart Rienties, Simon Cross, Zdenek Zdrahal

요 약 최근 몇 년 동안 학습분석 연구에서 상당한 진전을 보이고 있는 부분은 어떤 학습자 집단이 위험군에 속할지를 예측하는 것이다. 이 장에서는 학습분석 연구 및 실제에서 가장 큰 과제라고 할 수 있는 학습분석 모델링을 사용해서, 어떤 유형의 개입을 제공하는 것이 학습자의 태도, 행동, 인지(일명 A-B-C)에 긍정적인 영향을 끼치는지에 대해 다루고자 한다. 이를 위해 사회과학과 과학 분야에서 두 가지 임베디드 사례연구를 살펴보면서, 개입 효과를 평가하는 시나리오(준실험, A/B 테스팅, 무작위 대조군 실험)로 증거기반연구의 개념을 설명하고자 한다. 마지막으로 영국 개방대학에서 설계기반 연구 및 증거기반연구의 원리들을 적용하여 운영하고 있는 학습분석 프레임워크인 LA-IEFLearning Analytics Intervention and Evaluation Framework에 대해 소개하고자 한다.

주제어 학습분석 / 증거기반연구 / 임베디드 사례연구 / A/B 테스팅 / 무작위 대조군 실험

서론

전 세계의 많은 기관과 조직들은 분석(학)과 빅데이터가 자신의 조직들을 목적에 부합하고, 융통적이면서, 혁신적으로 만들어줄 것이라는 높은 기대를 품고 있는 것처럼 보인다. 교육 분야에서 학습분석 애플리케이션은 학습자의 진도를 지원하고, 대단위 규모로 개별

화되면서 풍부한 학습을 가능케 하는 기회를 기관에 제공할 것으로 기대된다(Bienkowski, Feng, & Means, 2012; Hicky, Kelley, & Shen, 2014; Siemens, Dawson, & Lynch, 2013; Tempelaar, Rienties, & Giesbers, 2015; Tobarra, Robles-Gómez, Ros, Hernández, & Caminero, 2014). 대규모 데이터세트의 가용성 증가, 강력해진 분석 엔진(Tobarra et al., 2014), 정교하게 설계된 분석 결과의 시각화 기능(González-Torres, García-Peñalvo, & Therón, 2013) 등으로 인해, 기관들은 과거의 경험들을 활용하여 주요 학습 과정을 지원하면서 통찰력 있는 모델 생성이 가능해졌다(Baker, 2010; Ferguson & Buckingham Shum, 2012; Papamitsiou & Economides, 2014; Stiles, 2012). 일부 학자들(García-Peñalvo, Conde, Alier, & Casany, 2011; Greller & Drachsler, 2012; Stiles, 2012; Tempelaar et al., 2015)은 대부분의 기관이 교수·학습을 위해 다양한 데이터세트를 이용하거나 혹은 학습 설계하는 데 요구되는 역량을 지닌 인력을 갖추지 못했을 것이라고 지적하고 있지만 Bienkowski 등(2012, p. 5)은 '교육에서 개별화된 학습이 이루어지는 것을 이제 목전에 두고 있다'고 하고 있다.

최근 2~3년 동안 학습분석 연구에서 어떤 학생이 수업을 성공적으로 마칠지, 어떤 학생이 위험(군) 수준에 있는지를 예측하기 위해 예측 모델링, 기계학습, 베이시안 모델링, 사회연결망 분석, 군집분석과 같은 기법을 사용하여 실제적 진전이 이루어지고 있다(Agudo-Peregrina, Iglesias-Pradas, Conde-González, & Hernández-García, 2014; Aguiar, Chawla, Brockman, Ambrose, & Goodrich, 2014; Calvert, 2014; Gasevic, Zouaq, & Janzen, 2013; Tempelaar et al., 2015; Tobarra et al., 2014; Wolff, Zdrahal, Herrmannova, Kuzilek, & Hlosta, 2014). 이 연구들의 공통점은 다양한 소스에서 (종단) 데이터를 수집하여 학습자와 이들의 학습에 대한 모든 정보들로부터 학습 성과를 예측하는 정확성이 증가하고 있다는 점이다.

이 장에서 학습분석 연구와 실제에 있어 가장 큰 과제라고 할 수 있는 학습분석 모델링을 사용해서, 어떤 유형의 개입을 제공하는 것이 학습자의 태도, 행동, 인지에 긍정적인 영향을 끼치는가?를 살펴보고자 한다. 현재 대부분의 논문에서는 학습분석 방법의 예측력을 설명하기 위해 특정 맥락이나 수업에서 학생들 표본을 취하는 편의표집을 사용하여 학습분석 원리의 검증과 적용에 초점을 두고 있는 것처럼 보인다. 그런데 이러한 연구에서 주장과 논지를 검증하고 타당화하는 데 필요한 강력한 **설계기반연구**design-based research(Collins, Joseph, & Bielaczyc, 2004; Rienties & Townsend, 2012) 또는 **증거기반연구**evidence-based approach(예 : 무작위 대조군 실험[1], A/B 테스팅[2], 사전사후 모델링)가 부족해 보인다(예 : Hess & Saxberg, 2013; McMillan & Schumacher, 2014; Rienties et al., 2012; Rienties, Giesbers, Lygo-Baker, Ma, & Rees, 2014; Slavin, 2008). 실은 Collins 등(2004, p. 21)에 따르면, 설계기반연구는 '보다 나은 교육 개선을 위해 중요한 두 부분, 즉 핵심적인 설계 요소들을 중점적으로 설계하고, 이를 평가하는 두 활동을 종합해야 한다'는 특징을 가지고 있다.

학습분석이 다양한 학습자군과 목적에 따라 강력한 학습경험을 제공할 수 있음을 인정하지만 이 장에서는 주로 위험군에 있는 학습자를 위한 학습분석 활용에 중점을 두고자 한다. 만약 기관에서 학습개선을 위해 학습분석 방법을 채택하고자 한다면, 연구자들은 그 방법이 (1) 위험군에 있는 학습자를 규명하고, (2) 이들에게 맞춰진 개입 방법을 제공하고, (3) 이것이 비용효과적임을 강조하는 증거기반 결과들을 제공할 필요가 있다. 어떤 유형의 개입이 어떤 조건하에서 잘 작동하는지와 그렇지 않은지를 학생, 연구자, 교육자, 정책입안자에게 알려주는 증거기반의 학습분석 프레임워크 개발이 절실히 필요하다. 이 장에서는 유럽에서 등록 학생 수가 가장 많은 대학인 영국 개방대학교에서 검증되고 타당화된 **학습분석에서 개입 및 평가 프레임워크**Learning Analytics Intervention and Evaluation Framework, LA-IEF를 제시해보고자 한다(Calvert, 2014; Richardson, 2012a). 첫째, 현재 학습분석 연구들을 간단하게 살펴본 후 보다 강력한 증거기반연구들이 필요함을 뒷받침하는 주장을 제시할 것이다. 둘째, 증거기반연구가 학습분석에서 어떻게 실행될 수 있는지를 보여주는 두 가지 사례를 제시할 것이다. 이러한 두 사례연구를 통해 LA-IEF 모델이 어떻게 만들어지고, 조정되고, 현장에 적용되었는지를 살펴보고자 한다.

---

1. 역자 주 : 무작위 대조군 실험이란 데이터의 편차를 줄이기 위하여 피험자를 무작위로 실험군과 대조군으로 나누어 비교하는 실험이다.

2. 역자 주 : A/B 테스팅이란 두 가지 이상의 안 중에서 최적안을 선정하기 위한 테스팅 방법이다. 일반적으로 웹페이지나 앱 개선 시 사용자 인터페이스를 최적화하기 위해 실사용자들을 두 집단으로 나누어 기존의 웹페이지 디자인 A안과 새로 개선된 B안을 각각 무작위로 보여준 후, A와 B 중 선호도가 높게 나온 쪽으로 결정한다. A/B 테스팅은 단순히 선호도 조사이기 때문에 쉽고 직관적이지만, 사용자가 어떤 부분을 왜 선호하는지와 같은 심층 조사를 할 수 없다.

A-B-C 모델과 학습분석

학습분석은 2010년 전에는 존재하지 않았던 다양한 간학문적 관점을 취하는 비교적 새로운 연구 분야임을 감안한다면, 지금까지 이루어진 대부분의 연구 노력이 학습분석의 개념, 범주, 일반적인 방법을 규명하고, 인식을 제고하는 데만 초점을 두었다는 사실은 그리 놀랄 만한 일이 아니다(Ferguson, 2012; Papamitsiou & Economides, 2014; Wise, 2014). 이것의 대안으로, 학습분석이 학습에 미치는 영향을 A-B-C(Attitudes-Behaviour-Cognition) 모델을 사용해 개념화할 수 있다. 학습자의 태도attitudes는 행동에 긍정적인 영향을 끼치는 데(Giesbers, Rienties, Tempelaar, & Gijselaers, 2013; Jindal-Snape & Rienties, 2016; Pintrich & De Groot, 1990; Rienties & Alden Rivers, 2014; Rienties et al., 2012; Tempelaar et al., 2015), 내재적 동기, 자기효능감, 호기심, 목표 지향성과 같은 것들은 학습자들로 하여금 특정 행동을 유발케 한다. 이와 대조적으로 부정적인 태도는 학습자를 방해할 수 있다(Martin, 2007; Pekrun, Goetz, Frenzel, Barchfeld, & Perry, 2011; Rienties & Alden Rivers, 2014; Tempelaar, Niculescu, Rienties, Giesbers, & Gijselaers, 2012). 지루함, 근심, 스트레스와 같은 태도는 행동을 제한하거나 참여율 감소, 심지어 학업 중단까지 이어질 수 있다. 예를 들어 730명의 학생을 대상으로 한 Tempelaar 등(2012)의 연구에서 학습에 대한 긍정적인 감정은 학습활동에 집중하는 온라인 학습자가 되도록 긍정적인 영향을 주었던 반면 지루함과 같은 부정적인 감정은 학습 행동에 부정적인 영향을 끼쳤음을 밝혀냈다. 이와 유사하게, 교육학 전공의 박사과정생들에게 도움을 주는 133명의 교강사들이 가입되어 있는 온라인 커뮤니티에서 Nistor 등(2014)은 교강사의 자기효능감과 전문성이 온라인 활동에 기여할 수 있음을 밝혀냈다.

다수의 학습분석 애플리케이션은 클릭 수(Siemens, 2013; Wolff, Zdrahal, Nikolov, & Pantucek, 2013), 토론 게시판의 학습자 참여(Agudo-Peregrina et al., 2014; Macfadyen & Dawson, 2010) 또는 지속적으로 이루어지는 컴퓨터 기반 형성평가(Papamitsiou, Terzis, & Economides, 2014; Tempelaar et al., 2012, 2015; Wolff et al., 2013)와 같은 학습 활동에서 생성된 행동behaviour 데이터를 사용한다. 학습자의 행동 데이터는 빈번하게 가상의 학습 환경(Macfadyen & Dawson, 2010), 그리고 교육 흔적을 담고 있는 학습자 입학 시스

템(Arbaugh, 2014; Calvert, 2014; Richardson, 2012a)에서 추출된 배경 데이터로 종종 채워진다. 예를 들어 첫 번째 학습분석 연구 중 하나인 생물학 전공자 118명을 대상으로 한 Macfadyen과 Dawson(2010)의 연구에서 모두는 아니지만(예 : 접속 시간) 일부 가상학습 환경 변수(예 : 토론 게시글 수, 완료된 평가 횟수, 전송된 메일 수)는 재학생 유지 및 학업성취도에 대한 유용한 예측변수라는 것을 밝혀냈다. 그러나 최근 *Computers in Human Behaviour* 학회지에서 발간된 학습분석 특별호(Conde & Hernández-García, 2015)에서는 단순한 학습분석 메트릭스(예 : 클릭 수, 다운로드 횟수)가 실제로는 학습분석 연구를 방해하고 있음을 지적했다. 예를 들면 서로 다른 3개의 가상학습 환경에서 120개 이상의 변수를 종단 데이터로 분석하고, 다양한 동기와 감정, 학습유형 등의 지표를 사용하여 연구를 수행한 Tempelaar 등(2015)은 대부분의 가상학습 환경에서 사용되는 '단순한' 학습분석 메트릭스가 시간에 따라 복잡해지는 학습역동성을 제한적으로 보여줌을 밝혀냈다. 연구자들은 자신의 연구에서 학습동기와 감정(태도), 연속 평가가 이루어지는 동안 학습자가 보여준 활동(행동)에 대한 분석이 이들의 향후 학습 여정에서 비교적 초기에 교사가 위험군 학습자들에게 도움을 줄 수 있는 기회를 제공해줌을 제시했다. 이와 유사하게, 보다 세밀하게 연구한 Giesbers 등(2013)은 110명의 학생들이 토론 게시판과 실시간 비디오 컨퍼런싱에서 보여준 학습 활동과 도구 사용(행동), 그리고 동기 수준(태도)은 인지에 유의미한 영향을 끼침을 밝혀냈다.

마지막으로 인지cognition는 새로운 기술을 배우는 것, 이론적 개념을 이해하고 평가하는 것, 혹은 학습한 것을 실제에 적용하는 것과 같은 구인으로 개념화된다. 서구교육에서 인지는 종종 시험, 퀴즈, 선다형 시험, 논술과 같은 종합평가에서 보인 성과로 종종 번역되기도 한다(Agudo-Peregrina et al., 2014; Calvert, 2014; Macfadyen & Dawson, 2010; Tempelaar et al., 2015). 그러나 인지의 '증거'는 게시글 수, 웹기반 비디오 컨퍼런싱에서 담화의 표현, 블로그 게시글이나 성찰과 같은 형성적인 학습 활동에서 더 찾아볼 수도 있다(Ferguson & Buckingham Shum, 2012; Knight, Buckingham Shum, & Littleton, 2013; Rienties et al., 2012). 즉 인지를 어떻게 개념화하느냐에 따라서 학습분석 모델은 비교적 협소한 방법(예 : 학습자가 모듈을 성공적으로 마쳤는가?)을 취하거나 보다 광범위한 방법(예 : 특정 주제에 대해 논하는 토론 게시판의 게시글에 비판적 평가 기술이 있다는 증거가 있는가?)을 취할 수 있다.

학습 분석에서 증거기반연구의 필요성

초기에 이루어졌던 연구 논문들이 새로운 분야로서 학습분석의 기초를 형성하는 데 실질적인 기여를 했지만 푸딩의 증거[3]는 학습분석이 학습자의 태도, 행동, 인지, 그리고 교사와 교육기관에 근본적이면서 측정 가능할 정도로 영향을 줄 수 있는지에 달려 있다. 우리가 아는 한, 증거기반연구evidence-based research라고 할 수 있는 학습분석 연구가 없다(MacNeill, Campbell, & Hawksey, 2014; Slavin, 2002, 2008). 교육 분야에서 기초적인 증거기반연구는 실험에 근거한 과학적 방법으로, 이것은 가장 유용하고, 중요하고, 신뢰할 수 있는 증거들로 교육적 의사결정을 내릴 수 있게 해준다. 의학, 농업, 교통, 기술과 같은 많은 분야에서 무작위 대조군 실험(Torgerson & Torgerson, 2008)과 A/B 테스팅(Siroker & Koomen, 2013)을 사용하여 개발 과정, 엄격한 평가, 현장에 결과 공유와 같은 일련의 활동은 지난 50년 동안 전례없는 혁신을 제공한 반면(Slavin, 2002) 교육 연구 및 학습분석 분야에서는 아직까지 증거기반연구 원리를 채택하지 않고 있다(Hess & Saxberg, 2013; McMillan & Schumacher, 2014; Torgerson & Torgerson, 2008).

기술연구와 상관연구의 주요한 잠재적인 문제는 특정 학습분석 연구가 수행된 각각의 맥락 이상으로 연구 결과를 일반화하는 데 있다(Arbaugh, 2005, 2014; Hattie, 2009; Rienties, Toetenel, & Bryan, 2015). 초기 학습분석 연구에서 특히 표본 선정의 편파 문제가 우려되었다. 35개에 달하는 실험연구를 메타분석한 최근 논문(Papamitsiou & Economides, 2014)에서 대부분의 학습분석 연구가 연구를 위해 자신들의 실제를 공유하고자 원하는 교사들과 학습자들의 상황을 사용하여 단일 모듈 혹은 단일 분야의 분석에 초점을 두고 있음을 지적했다. 이러한 연구들이 데이터 분석 기법의 원리에 대한 이해와 데이터 시각화 도구의 개념 검증을 제공하고 있기는 하지만, 두 가지 이상의 조건에 학습자(교수자)를 무선 할당하지 않고서는 효과가 있다는 증거를 입증하는 데 상당한 어려움이 있다(McMillan & Schumacher, 2014; Slavin, 2008; Torgerson & Torgerson, 2008). 예를 들면 자신의 학생

---

3. 역자 주 : '푸딩이 맛있는지 없는지는 먹어봐야 안다'라는 의미의 영국 속담으로, 백문이 불여일견, 즉 직접 경험해봐야 안다(결과가 나올 때까지 예단할 수 없다)는 뜻이다.

들에게 피드백을 제공하기 위해 데이터 시각화 도구를 사용하는 열성적인 교사는 해당 도구를 통해 제안된 피드백에 학생들이 따라오도록 직접적인 반응을 유발할 수 있다. 그러나 이 연구를 다른 학습자 집단이나 다른 교사에게, 또는 다른 맥락에서 동일하게 진행했을 때 완전히 다른 결과가 도출될 수 있다. 이와 유사하게, A/B 테스팅이나 무작위 대조군 실험 설계 없이 데이터 시각화 도구와 다른 도구(방법)를 서로 비교하기 위한 사전-사후 검증 설계에서 특정 데이터 시각화 도구가 학습에 긍정적인 영향을 끼친다고 하면, 학습설계에 있어서 다른 요소들이 이러한 긍정적인 효과에 영향을 줄 수 있음에도 불구하고 다른 연구자들로 하여금 시각화 도구가 긍정적인 효과가 있다는 결론에 이르게 할 수 있다.

지금부터 살펴볼 내용은 사회과학 및 과학 분야의 개론 수업에서 이루어진 2개의 임베디드 사례연구이다. 첫 번째는 기관이 잠재적 위험군에 속한 학습자에게 조기경보 이메일을 발송하기 위해 학습분석 방법을 사용할 수 있음을 보여주는 사례연구이다(Inkelaar & Simpson, 2015). 두 번째는 다양한 정적·동적 데이터 소스가 가용할 때 내부의 고급 학습분석 애플리케이션이 어떤 학습자가 위험군에 속해 있는지를 규명하는 데 어떻게 사용될 수 있는지 설명해주는 사례연구이다. 현재 영국 개방대학교에서 20만 명 이상의 학습자들이 주로 원격교육 형태로 공부하고 있다. 임베디드 사례연구[4]는 개성과 고유성으로 인식되는 낱개의 분석단위(1명의 학습자, 하나의 집단 혹은 기관)가 지닌 특징들을 면밀히 조사하기 위해 수행된다. Yin(2009)은 사례연구가 심층적이면서 자연스러운 맥락 속에서 하나의 현상을 알아보는 것임을 강조했다. 두 가지 사례연구는 저자들이 개발한 LA-IEF에서 제공되는 개입의 평가와 관련된 문제해결 실마리를 제공해주면서 이해도 도와준다. 증거기반연구의 개념을 사용하여 연구자들이 어떻게 이러한 개입의 효과를 보다 심층적으로 이해할 수 있게 되는지를 보여주는 몇 개의 시나리오를 제안하고자 한다.

---

4. 역자 주 : Yin(2009)에 따르면 홀리스틱 사례연구(왼쪽)와 임베디드 사례연구(오른쪽)로 구분되며, 홀리스틱 사례연구는 하나의 분석단위를, 임베디드 사례연구는 여러 개의 분석단위를 가지고 사례연구를 시행한다.

사례연구 1 : 위험군 학습자에게 이메일 전송

36주간 진행되는 사회과학 개론 수업 모듈에서 1,076명의 학습자들은 교육 프로파일(예 : 낮은 사전지식 수준, 이전 모듈에서 낮은 평가 점수)과 수업 참여(예 : 가상학습 환경에서 지난 2주간의 클릭 수)로 잠재적 '위험군' 학습자로 규명되었다. 이 집단은 4주 후에 '모듈 중간에 진도 점검차 공부 진도를 잘 따라가고 있는지 살펴보도록 격려하는' 의도를 가진 이메일을 제공받았다. 학습자는 '진도 따라가기'와 같은 웹사이트 지침을 참고했다. 이러한 개입을 받은 이후에, 자신의 진도가 염려되는 학습자의 경우 앞으로 진행해야 하는 진도 정보, 연락 가능한 인적 정보를 얻을 수 있었고 연기, 중단, 취소와 관련된 웹사이트를 참고했다. 이러한 개입의 또 다른(간접적인) 목적은 다양한 ICT와 행정 시스템을 통해 학습자의 참여를 이끌어내고 측정하여 모듈 전반에 걸친 학습자의 여정에 대한 보다 총체적인 관점을 제공하는 데 있다.

〈그림 10.1〉에서 보듯이, 이메일을 수신한 1,076명의 학습자 중 742명(69%)은 1주 이내에 이메일을 확인한 반면 51명(4.7%)은 '진도 따라가기' 웹사이트, '공부방법' 웹사이트[5], 학생지원팀에 연락과 같은 추가 정보를 제공하는 다양한 링크 중 하나 이상을 클릭(행동)했

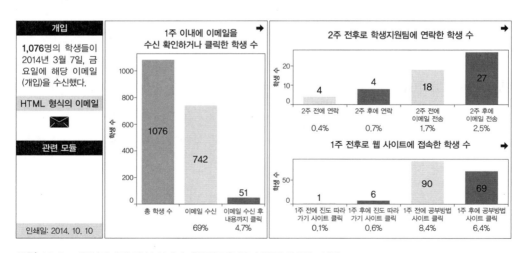

그림 10.1　개입(이메일 전송)이 후속 활동(도움 찾기 행동)에 주는 영향

---

5. 역자 주 : 스트레스 관리, 학습 환경 관리, 시간 관리 등을 위한 팁을 제공하고 있다.

다. '진도 따라가기' 웹사이트의 경우 개입 전에 1명, 개입 후 1주 이내에는 6명의 학습자가 접속했다. '공부방법' 웹사이트의 경우 개입 전에 90명, 개입 후에는 69명이 접속했다. 학생지원팀과 연락한 경우 개입 전에 4명, 개입 후 2주 이내에 8명의 학습자가 연락을 취했다. 이와 유사하게, 18명의 학습자가 개입 전에 학생지원팀에 이메일을 보냈고, 개입 후에는 27명이 보냈다.

얼핏 보기에 이러한 개입은 예상 행동에 긍정적인 영향을 줄 수 있는 것처럼 보이는데, 개입 제공 전과 비교했을 때 보다 많은 학생들이 2개의 지원 웹사이트에 접속하거나 학생지원팀과 연락을 취하는 행동을 했기 때문이다. 그러나 이러한 개입이 태도, 행동, 인지(A-B-C)라는 관점에서 '효과 있었음'으로 결론짓는 것에 주의를 기울일 필요가 있다. 그 이유는 다음과 같다.

첫째, '예상' 행동을 한 학습자들의 수는 비교적 적었으며(5% 미만), 이것이 통계적으로 유의미한지 여부는 의문의 여지가 있다.

둘째, 학생지원팀에 연락을 취한 8명의 학습자 중 7명은 이미 이 계획을 하고 있었거나 또는 아마도 25명의 학습자는 학생지원팀에 연락을 취할 계획이 있었으나 정작 개입을 받은 후 해당 모듈을 계속하는 것은 합리적이지 않고, 중도에 그만두겠다는 결정을 내렸을 수 있다.

셋째, 개입을 받은 후 선택이라는 문제 선상에서, 아마도 긍정적인 태도(예 : 내적 동기화된)를 가진 학습자들은 제안된 조치를 따르려고 하는 경향이 있었던 반면(Richardson, 2012b; Rienties et al., 2012), 실제로 도움이 필요한 학습자들은 메시지를 무시했을 수 있다. 즉 연구자들은 A-B-C에 예상되는(개입 설계 시 계획된) 효과와 이를 측정하기 위해 사용된 도구의 민감도 간의 관계 및 적합도에 대해 투명해질 필요가 있다. 이러한 문제들 중 일부를 완화하기 위해, 증거기반연구에 기반한 5개의 시나리오를 살펴보고자 한다. 이 시나리오들은 위에서 제시한 사례연구의 효과를 입증하면서 그것이 가진 강점과 제한점을 보여주고 있다.

시나리오 1 : 이전의 수행과 비교 연구

개입 효과를 비교하기 위한 자연스러운 선택은 특정 모듈의 이전과 이후 수행에서 학습자

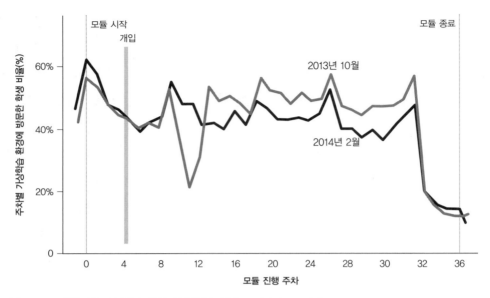

그림 10.2 개입 전후 가상학습 환경의 학생 참여율(2013년과 2014년)

의 A-B-C를 대조해보는 것이다. 〈그림 10.2〉는 2014년 2월에 시작된 모듈에서의 수행과 2013년 10월의 수행을 비교한 것이다. 4주 차에 개입이 시작된 이후의 2주간을 살펴보면, 가상학습 환경에서 집계된 참여 비율은 두 집단 간 큰 차이를 보이지 않는다. 4주 차 개입의 효과성 여부는 연구자가 어떤 종류의 관계를 보려는지와 이를 어떻게 측정했는지에 달려 있다고 할 수 있다. 더욱이 각 주차마다 가상학습 환경에 방문했던 학습자 비율이 2014년 실행치를 보면 개입 전이 더 높았고, 개입 후 4주간은 비슷한 추세를 따르는 것처럼 보였기 때문에 두 집단의 시작점이 비슷했는지 여부에 의문을 제기할 수 있다. 2013년 10월 그래프에서 10주 차 이후의 활동이 상당한 폭으로 감소한 것은 아마 크리스마스 휴가 때문일 수 있지만 12주 차부터는 2014년에 비해 학습자 참여율이 상당히 많아졌다. 아마도 이러한 집계 데이터를 시각화하는 것은 서로 다른 A-B-C를 가진 학습자의 복잡하면서 역동적인 참여를 과소평가나 과대평가하는 것일 수 있다. 인지의 관점에서, 2개의 모듈에서 수료율이 비슷하게 나타났다. 즉 개입의 효과를 알아보기 위해 이것이 제공되지 않은 이전 실행과 비교하는 것이 매력적으로 보이지만 인과관계를 언급하는 것은 곤란해 보인다 (Hess & Saxberg, 2013; Torgerson & Torgerson, 2008).

시나리오 2 : 준실험 후속 연구

기관은 잠재적인 윤리적 문제(예 : A집단에게 유리한 처치를 하고 B집단에게 덜 매력적인 처치를 제공하는 것) 때문에 A/B 테스팅이나 무작위 대조군 실험을 수행할 수가 없다. 혼재변수를 적절하게 통제한다면, 준실험 연구는 이러한 문제들의 일부를 제거하여 각 집단에 있는 모든 학습자들에게 동일한 처치를 받게 한다(Collins et al., 2004; Rienties et al., 2012; Torgerson & Torgerson, 2008). 해당 모듈의 다음 번 실행에서 설계기반연구의 원리를 사용하여 더 많은 학습자들이 첫 이메일을 읽고 조치를 취할 수 있도록 격려하는 메시지의 내용을 조정하거나 후속 리마인더의 양과 강도를 변경해보았다. 예를 들면 내러티브 형식의 메시지로 조정하거나(메시지의 사회적인 요소에 더 초점을 맞추기) 개별 학습자를 언급하는 방식으로 변경하거나('학생에게'보다는 '존에게') 공부하는 데 유용한 '진도 따라가기' 웹사이트를 찾느라 고생한 학습자들에게 어떤 안내문구를 제공하여 관련성을 생성하게 할 수 있다(Bienkowski et al., 2012; Siroker & Koomen, 2013). 이후 2주 동안 학습자 행동을 추적함으로써, 준실험에서의 개입이 준실험 통제조건(초기 실행)과 비교하여 학습자의 행동을 바꾸는 데 있어 어느 정도 성공적이었는지 여부를 나중에 결정할 수 있다. 최종적으로 재학생 유지에 영향을 주는 요인을 결정하기 위해 신규 집단과 이전 집단 간의 학업수행 차이를 비교할 수 있다. 반면 시나리오 1과 같은 유형은 사후연구에서 학습자의 구성에 있어 태도, 행동, 인지(A-B-C)가 달라질 수 있으며, 연구를 수행한 환경(예 : 다양한 가상학습 환경 도구, 교수자, 학습자 지원, 재정 구조)이 바뀔 수 있다는 점에서 한계를 가지고 있다.

시나리오 3 : 전환반복설계 연구

세 번째 시나리오는 준실험연구의 일종인 전환반복설계[6]로 진행되었다. 집단을 반으로 구분하여 A집단에게는 새로운 형태의 개입 이메일을 3주 차에 수신하게 했고, B집단은 4주 차에 수신토록 했다. 〈그림 10.3〉에서 보는 바와 같이, 3주 차에는 A집단이 개입집단이 되

---

6. 역자 주 : 처치가 반복되어 실행되며, 이러한 반복 과정에서 두 집단의 역할이 전환된다(두 번째 단계에서 통제집단은 처치집단, 처치집단은 통제집단). 모든 실험 참여자들은 처치를 받게 된다.

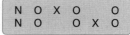

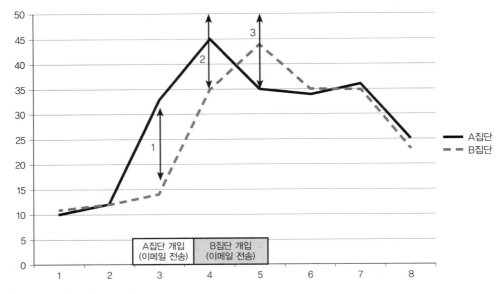

그림 10.3 시간차를 두고 개입을 제공한 준실험설계

어, 행동(공부방법 웹사이트 접속)의 관점에서 통제집단인 B집단과 비교/대조되었다. 예를 들어 개입집단에서 33명의 학습자가 3주 차에 '공부방법' 모듈에 접속했고, 통제집단에서는 14명의 학습자만 '공부방법' 모듈에 접속했다면, 개입의 효과로 19명의 학습자가 〈그림 10.3〉의 1번 화살표에서 표시한 만큼 기대 행동을 보였다고 주장할 수 있을 것이다. 4주 차에는 A집단 45명의 학습자가 '공부방법' 모듈에 접속했고, 개입(이메일)을 받은 B집단에서는 35명의 학습자가 접속했다(그림 10.3의 2번 화살표). 5주 차 이후에 〈그림 10.3〉의 3번 화살표에서 보듯이, A집단의 35명 학습자와 B집단 44명의 학습자가 공부방법 사이트에 접속했다. 모든 학습자들은 시기의 차이가 있지만 이메일을 받았으며, 비슷한 수의 학습자가 모듈이 끝날 때까지 공부방법 사이트에 접속했고, 1주 늦게 이메일을 받은 B집단도 동일한 효과를 나타내었다. 이러한 개입이 2주라는 기간 동안 A집단과 B집단에 속한 약 30명에 달하는 학습자들로 하여금 공부방법 웹사이트에 접속하게 했다고 주장할 수 있다.

시나리오 4 : 단일 사례연구에서 A/B 테스팅

네 번째 시나리오는 A/B 테스팅으로 실행되었는데(Siroker & Koomen, 2013), 두 집단은 비슷한 처치를 동시에 받았으나 메시지 내용, 룩앤필[7], 내비게이션에 차이를 두었다. 예를 들면 A집단은 4주 차에 주로 인지 차원에서 표현된 개입 메시지를 받았다(예 : '진도 따라가기' 웹사이트에 접속한 학습자들이 모듈을 통과할 확률이 23% 정도 높다는 것을 알고 있나요?). 반면 B집단은 이전 학습자들의 개별 사례를 포함하는 수정된 개입 메시지를 받았다(예 : 지난 주 '진도 따라가기' 웹사이트를 본 23명의 학습자들이 그 사이트가 매우 유용했음을 발견했답니다. 예를 들면, 리버풀 출신 메리는 "바쁜 업무 생활을 하면서 사랑스럽지만 까다로운 두 아이를 돌봐야 하기 때문에 수업에 충분한 시간을 할애할 수 있을지 조금 불확실했어요. '진도 따라가기' 웹사이트는 내가 진도를 잘 따라가고 있다는 피드백을 주었으며, 이 수업을 끝낼 수 있을 것이라는 자신감을 주었죠"라고 말했답니다). 이상적으로 A/B 개입은 교육적으로 가치 있고 진보적인 것으로 간주되어야 하며, '다른' 집단의 교육 경험에 불이익을 주지 않아야 한다.

A집단과 비교하여 4주 차에 30명 이상의 학습자가 B유형 메시지에서 후속 링크를 클릭했다면, 개별 사례를 추가한 것이 (어떤 집단의) 학습자 행동을 활성화할 수 있었다고 결론 내릴 수 있다. A/B 테스팅은 어느 유형의 개입이 특정 학습자 집단에 적합한지를 밝히고 이해하는 데 특히 유용하다. 예를 들면 아마도 자녀가 있는 여성은 메리의 이야기 때문에 B유형에서 링크를 따라가려고 할 것이며, 아마도 자녀가 없는 여성 혹은 의미를 부여하지 못한 여성은 메리의 이야기와 관련지을 수 없기 때문에 실제 참여할 경향은 적을 것이다. 특별한 개입을 계획할 때, 연구자들은 영향을 주고자 하는 A-B-C 효과의 종류, 이러한 효과를 어떻게 측정할 것인지, 이러한 가설을 검증하거나 기각하는 데 어떤 유형의 통계방법을 사용할지를 명확히 할 필요가 있다.

시나리오 5 : 단일 사례연구에서 무작위 대조군 실험

마지막 시나리오는 무작위 대조군 실험RCT(Rienties et al., 2014; Slavin, 2008; Torgerson & Torgerson, 2008)으로, 집단에서 무선 할당한 1/3에게는 개입 메일을 발송한 후 확인전화

---

7. 역자 주 : 룩앤필(look-and-feel)은 전체적인 외양은 화면 디스플레이, 단어들의 영상적 배열, 화면의 회화적인 특징을 의미하며, 느낌은 사용자들이 컴퓨터의 기능을 수행할 때 어떻게 상호작용하는가를 의미한다. 즉 컴퓨터에 명령을 내릴 때, 화면에 나타난 그림 또는 메뉴를 보고 난 후 어떤 명령을 내릴 것인가를 생각하는 상황을 말한다. 이는 기존의 입력장치인 키보드 앞에서 명령을 생각하고 난 후 키를 쳐서 입력하는 방식(think-and-type)과 비교된다.

를 했고, 1/3에게는 개입 메일만 발송했으며, 나머지 1/3에게는 플라세보 이메일("영국 암연구재단을 위해 대학 사이클링팀이 기금을 모금하고 있는데, 여러분도 도움을 주시겠습니까?"와 같은 과제와 무관한 메시지)을 주거나 혹은 어떤 개입도 제공하지 않았다. 통제집단과 두 실험집단의 학습자 행동을 추적하여 개입 유형과 강도의 인과관계를 결정할 수있어야 한다. 특히 세 유형의 개입과 A-B-C를 연결하여 어떤 학습자 집단(예 : 낮은 자기효능감이나 근심이 있거나 가상학습환경에서 참여율이 낮은 학습자)에게 추가 전화가 긍정적인 효과를 주었는지, 어떤 집단(예 : 매우 적극적인 학습자나 내적으로 동기화된 학습자)에게 예상치 못한 부정적인 효과나 '아이 취급'을 했는지를 알 수 있었다. 그러나 무작위 대조군 실험이 가진 한계는 이러한 종류의 연구를 계획, 설계, 실행, 평가하기 위해 상당한 시간과 노력이 소요되며, 빠른 개입이 필요할 때 이것이 항상 가능하지 않다는 점이다. 이러한 접근방법은 개입이 유익할 것 같거나 유익할 것이라고 기대되어야 하는 사전증거가 없거나 혼재된 경우에 특히 유용했다.

사례연구 2 : 예측 모델링으로 규명된 위험군 학습자에게 도움 제공

두 번째 사례연구에서 OU가 개발한 매우 정교한 학습분석 시스템을 다루고자 하는데, 이것은 잠재적으로 위험군에 있는 학습자를 규명하기 위해 다양한 고급통계와 머신러닝 방법을 사용한다. 과학 개론이라는 수업 모듈에서 'OU Analyse'를 사용하여 1,730명에 달하는 학습자 데이터를 모니터링했다. OU Analyse의 목적은 수업이 진행될 때 가급적 초기에 위험군 학습자(예 : 참여율 저조, 중단 가능성)를 예측하는 것으로, 비용효과적인 개입이 가능하다. 이 모듈에서 예측정확도는 수업 초기에 약 50%에서 시작하여 말미에는 90% 이상으로 올랐다. 학습한 내용을 회상하는 검사의 경우 50% 대로 안정적이었으나 말미에는 이전 평가 결과가 불충분하여 약 30%로 떨어졌다. OU Analyse는 두 단계로 예측을 계산해낸다.

- 예측모델은 동일한 수업의 이전 화면에서 저장된 레거시 데이터[8]를 사용해 머신러닝

---

8. 역자 주 : 과거의 프로그래밍 언어로 개발된 오래된 과거 데이터를 말한다.

방법으로 만들어진다.

■ 학습자 수행은 예측 모델과 현재 화면의 학습자 데이터로 예측된다(Wolff et al., 2013, 2014).

머신러닝 방법은 형성평가와 총괄평가에서, 그리고 수업에서 성공, 실패, 중단에 대한 전형적인 레거시 데이터의 패턴을 캡처하여 예측 모델을 만든다. 예측 모델링을 위해 두 가지 유형의 데이터를 사용하는데, 인구통계학 데이터와 가상학습 환경에서 학습자 상호 작용 데이터(VLE 데이터)를 말한다. 인구통계학 데이터는 연령, 교육 이력, 학력, 성, 지역, 복합적 박탈지수[9] 점수, 동기, 등록한 학점, 수강한 과목 수 등을 포함하고 있다. VLE 데이터는 학습자와 온라인 스터디 자료 간의 상호작용 정보를 담고 있는데, 가상학습 환경VLE에서의 상호작용은 **활동 유형**activity types과 **행위**action로 분류된다. 각 활동 유형[10]은 특정 유형의 스터디 자료와의 상호작용에 해당된다. 예를 들면 리소스라는 활동 유형은 전형적으로 수업 내용의 일부를 검색하는 활동을 말하는 반면, OU 콘텐츠라는 활동 유형은 평가를 지칭하고 있다(Wolff et al., 2013, 2014).

이러한 데이터는 매일 수집되지만, OU Analyse 알고리즘은 주 단위로 모아진 데이터를 사용한다. OU Analyse는 정보기반 적합도 지수[11]를 적용하여, 다음 차수의 평가 결과와 최종 시험 결과[12]에 가장 많은 정보를 제공해주는 4~6개 정도의 활동 유형을 선택한다. 이러한 활동 유형들은 예측 모델을 만드는 데 사용된다. 선택된 활동 유형들과 더불어 학습자의 활동 빈도는 학습자들이 어떤 스터디 자료 사이트에 얼마나 방문했는지를 제시해준다. 활동 유형들은 지식의 잠재적 격차를 나타내는 데 사용되는 것이 아니라 개별화된 스터디

9. 역자 주 : 박탈의 7개 영역으로 고용, 소득, 건강, 범죄, 교육, 생활환경, 서비스 장벽이 있다.

10. 역자 주 : Wolff 등(2014)의 논문에서 위험군 학습자를 예측하기 위해 활용하는 유용한 정보로 네 가지 활동 유형(리소스, 포럼, 서브페이지, OU 콘텐츠)을 제시했다. '리소스'는 학생이 참고하는 책과 기타 교육용 자료, '포럼'은 학생과 튜터 혹은 학생끼리 커뮤니케이션하는 사이트, '서브페이지'는 VLE 시스템 내의 내비게이션, 'OU 콘텐츠'는 튜터에 의한 평가로 구분했다.

11. 역자 주 : 최적 모형 탐색 지수 중 하나로, 대표적으로 BIC(Bayesian information criteria)가 있다. 모형의 적합도를 확인하기 위해 모수의 수와 표본 수에 따라 서로 다른 패널티를 부과하는 IC값으로 검증하는 것이다. 적합도 지수는 상대적으로 소수의 모수를 이용하여 높은 로그우도 수치를 만들어내는 모형을 선호한다. 즉 IC는 그 값이 작을수록 최적의 잠재 유형 수를 가진 모형임을 의미하며 가장 낮은 수치를 가진 최적의 모형을 비교하는 데 활용된다.

12. 역자 주 : OU의 가상학습 환경(VLE)에서 수업 모듈이 시작되면, 학습자는 연속되는 n번의 평가와 모듈이 종료되기 전 최종 시험을 치르게 된다.

자료 추천 기능을 위한 입력값으로 예측 모델에서 사용된다.

OU Analyse는 베이시안 분류기[13], 회귀 및 분석 트리[14], 인구학적·정적 데이터를 활용한 k-최근접이웃[15] 알고리즘, VLE 데이터를 활용한 k-최근접이웃 알고리즘 등 4개의 예측 모델을 개발하기 위해 3개의 러닝머신 방법을 이용한다. 이러한 4개의 예측 모델은 데이터의 서로 다른 속성을 고려하기 때문에 상호 보완하고 있다. 각 모델은 학습자들을 '다음 평가에 응시할지 안 할지', '코스를 통과할지 못할지'의 클래스로 분류한다. 예측의 최종 판단은 4개의 모델에서 내놓은 예측치들을 종합하여 가장 많은 득표를 한 클래스로 예측하는 투표 기법[16]을 사용해 행해진다(Wolff et al., 2014).

다음 평가에 응시하지 않을 것으로 예상되는 학습자 목록은 매주 해당 모듈팀으로 송부된다. 여기에는 학습자들의 이전의 평가 결과와 인구학적·정적 데이터가 포함되어 있다. 〈그림 10.4〉에서 모듈은 집단의 평균 점수를 보여주고, 모든 학습자마다 신호등 모양으로 된 결과와 간단한 이유를 단 결론들을 목록화하여 보여준다. 현재 시점까지의 학습자의 활동 유형을 궤적으로 기록하기 때문에, 이것은 학생들로 하여금 성공적으로 평가를 마칠 수 있도록 최적의 스터디 자료를 추천해주는 데 활용될 수 있다.

〈그림 10.4〉에서 보듯이 OU Analyse는 네 번째 총괄평가가 있기 전에 329명의 학습자들을 '위험군' 학습자로 예측했다. 〈그림 10.4〉에서 그래프의 음영 처리된 왼쪽 부분은 가상 학습 환경VLE에 평균 참여율과 동일한 모듈에서 이전의 실행치(파선)를 비교하고 있다. 이 꺾은선 그래프에서 17주 차의 참여율이 이전보다 현저히 낮음을 알 수 있다. OU Analyse

---

13. 역자 주 : 베이시안 분류기(Bayesian Classifier)는 클래스에 대한 사전 정보와 새로 획득된 데이터로 추출된 정보를 결합시키는 통계원리인 베이즈 정리를 이용하여 어떤 데이터가 특정 카테고리에 속하는지를 분류하는 것이다.

14. 역자 주 : 회귀 및 분석 트리(Classification And Regression Tree, CART) 분석법은 분류 트리와 회귀 트리를 아울러 일컫는 용어이다. 데이터마이닝에서 사용되는 결정 트리 분석법(데이터마이닝에서 일반적으로 사용되는 방법론으로, 몇몇 입력 변수를 바탕으로 목표변수의 값을 예측하는 모델을 생성하는 것을 목표로 한다)은 크게 두 종류가 있는데, 분류 트리 분석은 예측된 결과로 입력 데이터가 분류되는 클래스를 출력한다. 회귀 트리 분석은 예측된 결과로 특정 의미를 지니는 실수값을 출력한다(예 : 주택의 가격, 환자의 입원 기간). 회귀 트리와 분류 트리는 일정 부분 유사하지만, 입력 자료를 나누는 과정 등에서 차이점이 있다.

15. 역자 주 : k-최근접이웃(k-Nearest Neighbours, k-NN) 알고리즘은 분류나 회귀에 사용되는 비모수 방식으로, 가장 간단한 머신러닝 알고리즘에 속한다. 예를 들어 k를 5라고 설정한 경우 가장 거리가 가깝게 측정된 영화 5개가 로맨스로 분류된 영화 4개와 액션으로 분류된 영화 1개로 나오면 로맨스가 더 많으니 이 영화는 로맨스로 분류할 수 있다.

16. 역자 주 : 각각 약 80% 정도의 정확도를 가지고 있는 학습된 분류 모델 몇 개(CART, k-NN 등)로 더 나은 분류 모델을 만들기 위해 각각의 모델들에 대한 예측치들을 종합하여 가장 많은 득표를 한 클래스로 예측하는 것이다. 이런 다수결 분류 모델을 엄격투표(hard voting) 분류 모델이라고 한다.

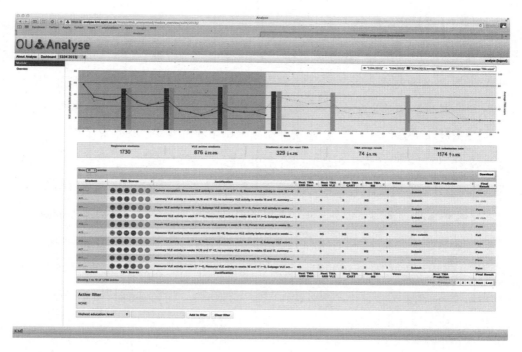

그림 10.4   OU Analyse에서 17주 차 위험군 학습자 예측 모델링 결과

는 또한 두 번째 Y축에서 평가의 평균 점수를 막대도표로 보여주는데, 이전 실행과 비교하여 네 번째 평가 평균 점수는 세 번째 평가의 평균 점수보다 낮게 예측되었다. 〈그림 10.4〉의 아랫부분을 보면 개별 학습자를 신호등 형태로 위험군 학습자에 속하는지 여부를 보여준다. 예를 들어 첫 번째 학습자는 3개의 총괄평가를 높은 점수로 통과하여 앞으로 있을 네 번째 평가에서도 역시 잘 치를 것으로 예측되었다. 두 번째 학습자의 경우, 첫 번째 평가에서 간신히 통과했고 두 번째와 세 번째 평가에서는 경미하게나마 나은 점수를 받았다. 그러나 여전히 이 학습자는 14, 16, 17주 차에서 다양한 VLE 활동에 참여하지 않아 해당 모듈을 통과하는 데 있어 여전히 위험군에 속해 있었다. 〈그림 10.4〉에 있는 여섯 번째 학습자의 경우 첫 번째 평가에서 실패한 바 있으며, 두 번째와 세 번째 평가를 치르지 않았기 때문에 네 번째 평가에도 응시하지 않을 것이며, 해당 모듈을 통과하지 못할 것으로 예측되었다. 연구자들에게 개입의 효과를 평가할 수 있도록, 다음과 같이 4개의 시나리오를 제안했다.

시나리오 1 : 준실험 후속 연구

모듈 담당자는 2014년의 VLE 운영 경험과 설계기반연구 원리에 기반하여 세 번째 평가가 종료된 후 특정 모듈에서 학습 활동의 일부를 재설계했다. 해당 시점에서 학습자 집단이 VLE 활동의 낮은 참여율과 네 번째 평가에서 이전보다 더 낮은 점수를 받을 것이라는 점이 강조되었기 때문이다. 예를 들면 학습자 평가에서 질적인 피드백과 튜터가 입력한 내용을 통해, 13주부터 18주에 이르는 기간 동안 이들이 2개의 교과서 중 하나가 어렵고 너무 축약된 것으로 여겼음을 알 수 있었다. 이에 결과적으로, 해당 모듈 담당자는 물리학 원리들이 어떻게 적용되는지 충분한 연습 기회와 실세계 사례를 제공해줌으로써 보다 접근성이 좋으면서 상호작용적인 온라인 교과서로 바꿀 수 있었다. OU Analyse에서 학습자들이 13~18주 동안 보인 VLE 활동을 이전 활동과 비교할 수 있다. 더 중요하게는 'OU Analyse'가 각 개별 학습자를 트랙킹함으로써 이 개입으로 인해 성공할지 그 예측 수준의 수정 여부를 결정할 수 있다.

시나리오 2 : 전환반복설계 연구

또 다른 시나리오는 전환반복설계로 수행되었다. 대상자들 중 절반인 A집단은 본래 사용되는 교재와 개별 과제로 13~15주 차에 수업을 시작한 반면 나머지 B집단은 새로운 교재로 시작했다. 16주 차에 A집단은 새 교재로, B집단은 원래 교재로 수업을 듣게 했다. 이러한 방식으로 두 집단은 동일하게 두 교재와 관련 과제를 제공받았지만 서로 다른 순서로 수업에 참여했다. 이를 통해 서로 다른 교재가 학습자의 A-B-C에 준 효과를 비교하고 대조할 수 있다.

시나리오 3 : 단일사례연구에서 A/B 테스팅

세 번째 시나리오는 A/B 테스팅을 적용해본 것이다. 두 집단은 유사한 처치를 받았으나 다음과 같은 차이를 두었다. A집단은 14주 차에 제공된 상호작용적인 교재에서 비디오 퀴즈로 연습을 하고, 이어서 이론 수업을 들은 후 짤막한 형성평가로 마무리한 반면 B집단은 텍스트 기반의 교재에서 동일한 퀴즈를 보고 수업을 들었다. 이러한 사례연구는 교재에 포함되어 제공된 비디오 형태의 퀴즈가 이론 수업에 보다 많은 학생 참여를 유도하여, 인지 측면에도 영향을 주었는지 여부를 트랙킹하도록 해주었다(Siroker & Koomen, 2013).

시나리오 4 : 단일 사례연구에서 무작위 대조군 실험

마지막 시나리오는 무작위 대조군 실험으로 진행되었다. 집단의 1/3은 새로운 교재와 함께 상호작용적인 과제를 제공받았고, 다른 1/3은 새로운 교재와 함께 텍스트 기반의 과제를, 나머지 1/3은 본래 교재로 수업을 들었다. 이러한 방법을 통해 새로운 교재가 학습자의 행동과 인지(B-C)에 더 영향을 주는지와 어느 정도의 상호작용 수준이 풍부한 학습을 하게 하는지 혹은 방해하는지 여부를 검증할 수 있었다. OU Analyse가 태도 데이터와 인구학적 데이터를 포함하고 있음을 고려해본다면, 특정 집단을 대상으로 이 세 가지 조건의 효과를 확인할 수 있었다.

학습분석 개입 및 평가 프레임워크LA-IEF에 대한 논의

최근 몇 년 동안 학습분석을 통해 어떤 학습자 집단이 위험군에 속하는지를 예측하게 되면서 해당 분야의 실제적 진전이 이루어지고 있다(Agudo-Peregrina et al., 2014; Calvert, 2014; Gasevic et al., 2013; Macfadyen & Dawson, 2010). 그러나 학습분석 연구 및 실제에 있어서 학습분석 모델링을 사용하여 어떤 개입이 학습자의 태도, 행동, 인지에 긍정적인 영향을 끼치는지는 여전히 우리가 풀어야 할 가장 큰 숙제이다. 증거기반연구방법이 학습분석에서 어떻게 사용될 수 있는지를 이전의 수행과 비교 연구, 준실험 연구, 전환반복설계 연구, A/B 테스팅, 무작위 대조군 실험을 통해 사회과학과 과학 분야에서 임베디드 사례연구로 살펴보았다.

이러한 5개의 시나리오는 각각 독특한 행동유도성affordances과 한계점을 가지고 있다. 교육연구에 익숙하여 데이터 해석 능력이 충분한 연구자들은 특히 시나리오 1~3이 설계기반연구 원리를 적용하여 실행하기에 비교적 수월하다고 생각했을 것이다(Collins et al., 2004; Rienties & Townsend, 2012). 이러한 해석 능력이 없는 연구자들의 경우, 교육심리학자, 교수 학습 전문가 혹은 데이터 전문가들의 도움을 받아 사후 개입을 위한 정보를 제공받아야 할 것이다(Clow, 2014; Rienties et al., 2012). 연구자와 교수자는 이전 데이터와 현재 데이터를 활용하여 다양한 소스에서 가능한 한 많은 데이터를 수집하고, 질적·양적 데이터들을 삼각측정하여 학습 설계에 있어서 장애물이 무엇이고, 개입이 학습자의 A-B-C에 어떠한 영향을 주는지를 규명할 수 있다. 이후, 설계에 기반한 개입은 학습자의 A-B-C에서 예상된 변화가 실제로 구체화되는지 여부를 검증, 입증, 비교, 대조하게 해준다(Collins et al., 2004).

연구에서 '최적의 표준 모델'로 불리는 A/B 테스팅이나 무작위 대조군 실험RCT을 수행하면서, 조직 문제, 기술 문제, 윤리적 문제로 인해 다소 복잡해지기도 한다(Slavin, 2002, 2008; Torgerson & Togerson, 2008). 예를 들면 모든 가상학습 환경 시스템이 교수자로 하여금 학습자들을 2~3개의 서로 다른 집단에 무선할당해주지 않으며, 통제조건보다 실험조건에서 학습자들이 다르게 행동하는지 여부를 트랙킹하여 적응적으로 경로를 지정해주지도 않는다. 설령 해당 시스템이 A/B 테스팅이나 적응적으로 경로를 지정해준다 하더라도, 학습자들을 서로 다른 조건에 할당하기 위해 상당한 노력이 요구된다. 비교적 표본 수가 적은(200명 미만) 학습자들을 서로 다른 조건하에 있도록 무선할당하더라도 이들의 특징(A-B-C)이 각 조건에 걸쳐져서 동일하게 분포되도록 보장하지 않기 때문에 연구자들은 적절하게 표집되었는지를 점검할 필요가 있다. 마지막으로 A/B 테스팅이나 RCT를 수행하는 데 있어 윤리적 동의를 구하는 것은 녹록지 않으며, 때때로 제안된 개입이 비실용적이거나 비윤리적일 수도 있다. 그럼에도 불구하고, Slavin(2008)의 주장과 같은 견지에서 어떤 조건하에서 학습분석이 비용 효과적이면서도 풍부한 개입을 학생들에게 제공하는지를 RCT와 A/B 테스팅만으로도 견고하면서도 신뢰성 있는 증거를 제공할 수 있다.

LA-IEF 실행하기

영국 개방대학교OU는 현재 1학년을 대상으로 하여 다양한 분야에 걸친 15개의 수업 모듈로 구성된 LA-IEFLearning Analytics Intervention and Evaluation Framework를 운영하고 있다. OU와 같은 기관에서 학습분석 방법을 채택하고 지속적으로 투자하고자 한다면, 연구자들은 이들에게 증거기반 결과들을 제공해야 한다. OU의 경우 OU Analyse를 사용하여 위험군 학습자를 규명하여 이들에게 효과적이고 맞춤화되면서 무엇보다도 비용 효과적인 개입을 제안할 수 있었다. OU의 1학년 모듈을 선택한 실용적 이유는 재학생 유지율이 전통적으로 다른 학년들보다 더 낮기 때문이다(Calvert, 2014; Richardson, 2012a). 가장 필요한 곳에 학습분석의 검정력을 사용하여, 다양한 분야에 걸쳐서 어떤 특정 개입이 제공되는 조건하에서 학습자의 A-B-C에 영향을 주는 데 성공할지를 증거기반연구로 제공할 수 있기를 기대하고 있다.

〈그림 10.5〉에서 보듯이, 2014년 9월부터 2015년 4월 사이에 기초연구가 진행되었는데, 설계기반연구 원리를 사용하여(Collins et al., 2004; Rienties & Townsend, 2012) 주요 이해 관계자들(모듈 담당자, 튜터, 사서, 멀티미디어 설계자, IT 담당자, 학습자)과 심도 깊은 대화가 이루어졌다. 여기에서 이해 관계자별로 15개의 모듈 각각에서 어떤 부분이 잘 운영되고 있고, 문제점이 무엇인지를 정했다. 동시에 해당 모듈은 OU와 함께 학습분석 방법과 기존 방법으로 평가되어서 탄탄한 기초연구가 수행되었다.

모듈 담당자와 이해 관계자 간에 사후 논의가 2014년 11월부터 그해 12월까지 진행되었다. 학습분석에서 제시된 정보를 사용하여, 2015년 2월에 증거기반연구로 실행될 다음 차수의 모듈에 어떤 유형의 개입을 제공할지에 대해 결정했다. 어떤 모듈은 준실험 연구로 진행되었는데, 기초연구를 통해 모듈 일부를 변경했다. 또 다른 모듈의 경우, A/B 테스팅

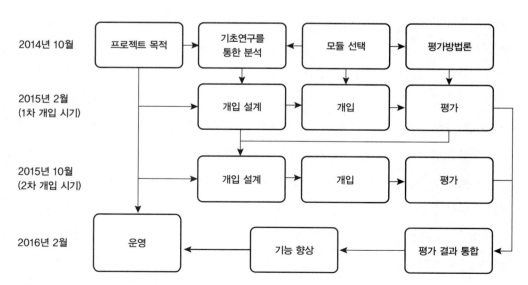

그림 10.5 OU의 학습분석 프레임워크 : LA-IEF

이나 RCT를 사용하여 특정 개입의 인과관계를 직접 규명하고자 했다. 다양한 분야에 걸쳐서 이러한 개입을 계획, 실행, 평가하는 것이 더욱 중요한데, LA-IEF 모델은 증거기반연구를 사용하여 다양한 영역과 맥락에 걸쳐 연구 결과를 비교/대조함으로써 학습분석 연구의 방법론적인 견고성을 한층 높여줄 수 있다.

LA-IEF에서 핵심은 대부분의 개입과 혁신이 예기치 않은 결과를 낳거나 심지어 부정적인 결과까지 초래할 수 있음을 인식하는 데 있다. 15개의 개입 중에서 몇 개는 학습자의 A-B-C에 긍정적인 영향을 줄 것이라고 기대되지만 몇몇 개입은 A-B-C에 아무런 영향을 끼치지 못하거나 심지어 직간접적으로 부정적인 영향을 줄 수도 있다. 40년간의 교육 연구에서 조망해주듯 학습과 인지는 본래 복잡한데(Arbaugh, 2005, 2014; Hattie, 2009; Richardson, 2012a; Rienties et al., 2012; Slavin, 2008), 증거기반연구만이 연구자들로 하여금 어떤 조건하에서 특정 맥락에 있는 위험군 학습자들에게 도움을 줄 수 있을지를 찾아내고 이해할 수 있게 해준다. 교육에서 동일한 효과를 지닌 다른 방식의 교수방법이 여러 개 있다고 가정하면, A/B 테스팅이나 RCT를 통해 효과가 있느냐 없느냐를 저울질하거나 혹은 작은 변화량을 알아볼 필요가 없고, A라는 학습 설계와 B라는 학습 설계 사이에 초점을 둘 수 있다. 이 각각의 학습 설계에는 실패 위험이 따르지만 잠재적인 효과를 기대할 수 있는 여러 근거가 존재할 수 있다. 사실은, 연구 문제를 '학습설계가 얼마나 자주 효과가 있는가'에서 '학습설계가 얼마나 자주 실패하는가'로 바꾸면, 학습설계란 위험 요소를 최소화하는 활동이라는 시각을 갖게 된다.

OU는 향후 2년 동안 개입의 지속적인 개선을 계획하고 있는데, 초기에 긍정적인 효과를 보인 개입들은 검증되고 정교화되어 일반화될 것이다. 긍정적인 효과를 보이지 않았던 개입들은 의학 분야의 메타포를 취하여 개입의 양, 수준, 유형에 따라 어디에서 효과가 있는지 여부를 좀 더 명확하게 해야 한다. 개입은 다양한 모듈을 거치면서 반복적으로 계획, 설계, 실행, 평가되어, 모듈 책임자와 좀 더 다양한 기관들이 이러한 개입의 '레시피'를 자신들의 현장에 스며들게 할 것이다. 최종적으로 증거기반연구의 목표는 교수와 학습 현장에 적용되어, 대학 전반에 걸쳐 학습분석이 견고하고 융통적이면서도 비용 효과적으로 실행되어 중도 탈락률을 낮추고 모든 학생이 자신의 역량을 최대로 끌어올리는 데 있다.

참고문헌

Agudo-Peregrina, Á. F., Iglesias-Pradas, S., Conde-González, M. Á., & Hernández-García, Á. (2014). Can we predict success from log data in VLEs? Classification of interactions for learning analytics and their relation with performance in VLE-supported F2F and online learning. *Computers in Human Behavior, 31*(February), 542–550. doi:10.1016/j.chb.2013.05.031.

Aguiar, E., Chawla, N. V., Brockman, J., Ambrose, G. A., & Goodrich, V. (2014). *Engagement vs performance: Using electronic portfolios to predict first semester engineering student retention.* Paper presented at the Proceedings of the Fourth International Conference on Learning Analytics and Knowledge, Indianapolis, IN.

Arbaugh, J. B. (2005). Is there an optimal design for on-line MBA courses? *Academy of Management Learning and Education, 4*(2), 135–149. doi:10.5465/AMLE.2005.17268561.

Arbaugh, J. B. (2014). System, scholar, or students? Which most influences online MBA course effectiveness? *Journal of Computer Assisted Learning, 30*(4), 349–362. doi:10.1111/jcal.12048.

Baker, R. S. (2010). Data mining for education. *International Encyclopedia of Education, 7*, 112–118.

Bienkowski, M., Feng, M., & Means, B. (2012). Enhancing teaching and learning through educational data mining and learning analytics: An issue brief (pp. 1–57). US Department of Education, Office of Educational Technology.

Calvert, C. E. (2014). Developing a model and applications for probabilities of student success: A case study of predictive analytics. *Open Learning: The Journal of Open, Distance and E-Learning, 29*(2), 160–173. doi:10.1080/02680513.2014.931805.

Clow, D. (2014). *Data wranglers: Human interpreters to help close the feedback loop.* Paper presented at the Proceedings of the Fourth International Conference on Learning Analytics and Knowledge.

Collins, A., Joseph, D., & Bielaczyc, K. (2004). Design research: Theoretical and methodological issues. *The Journal of the Learning Sciences, 13*(1), 15–42.

Conde, M. Á., & Hernández-García, Á. (2015). Learning analytics for educational decision making. *Computers in Human Behavior, 47*, 1–3. doi:10.1016/j.chb.2014.12.034.

Ferguson, R. (2012). Learning analytics: Drivers, developments and challenges. *International Journal of Technology Enhanced Learning, 4*(5), 304–317. doi:10.1504/ijtel.2012.051816.

Ferguson, R., & Buckingham Shum, S. (2012). *Social learning analytics: Five approaches.* Paper presented at the Proceedings of the 2nd International Conference on Learning Analytics and Knowledge, Vancouver, BC.

García-Peñalvo, F. J., Conde, M. Á., Alier, M., & Casany, M. J. (2011). Opening learning management systems to personal learning environments. *Journal of Universal Computer Science, 17*(9), 1222–1240. doi:10.3217/jucs-017-09-1222.

Gasevic, D., Zouaq, A., & Janzen, R. (2013). "Choose your classmates, your GPA is at stake!": The association of cross-class social ties and academic performance. *American Behavioral Scientist, 57*(10), 1460–1479. doi:10.1177/0002764213479362.

Giesbers, B., Rienties, B., Tempelaar, D. T., & Gijselaers, W. H. (2013). Investigating the relations between motivation, tool use, participation, and performance in an e-learning course using web-videoconferencing. *Computers in Human Behavior, 29*(1), 285–292. doi:10.1016/j.chb.2012.09.005.

González-Torres, A., García-Peñalvo, F. J., & Therón, R. (2013). Human–computer interaction in evolutionary visual software analytics. *Computers in Human Behavior, 29*(2), 486–495. doi:10.1016/j.chb.2012.01.013.

Greller, W., & Drachsler, H. (2012). Translating learning into numbers: A generic framework for learning analytics. *Journal of Educational Technology & Society, 15*(3), 42–57.

Hattie, J. (2009). *Visible learning: A synthesis of over 800 meta-analyses relating to achievement.* New York: Routledge.

Hess, F. M., & Saxberg, B. (2013). *Breakthrough leadership in the digital age: Using learning science to reboot schooling.* Thousand Oaks, CA: Corwin Press.

Hickey, D. T., Kelley, T. A., & Shen, X. (2014). *Small to big before massive: Scaling up participatory learning analytics.* Paper presented at the Proceedings of the Fourth International Conference on Learning Analytics and Knowledge.

Inkelaar, T., & Simpson, O. (2015). Challenging the 'distance education deficit' through 'motivational emails'. *Open Learning: The Journal of Open, Distance and E-Learning, 30*(2), 152–163. doi:10.1080/02680513.2015.1055718.

Jindal-Snape, D., & Rienties, B. (Eds.). (2016). *Multi-dimensional transitions of international students to higher education.* London: Routledge.

Knight, S., Buckingham Shum, S., & Littleton, K. (2013). *Epistemology, pedagogy, assessment and learning analytics.* Paper presented at the Proceedings of the Third International Conference on Learning Analytics and Knowledge.

Macfadyen, L. P., & Dawson, S. (2010). Mining LMS data to develop an "early warning system" for educators: A proof of concept. *Computers & Education, 54*(2), 588–599. doi:10.1016/j.compedu.2009.09.008.

MacNeill, S., Campbell, L. M., & Hawksey, M. (2014). Analytics for education. *Journal of Interactive Media in Education, 2014*(1), 7. doi:10.5334/2014-07.

Martin, A. J. (2007). Examining a multidimensional model of student motivation and engagement using a construct validation approach. *British Journal of Educational Psychology, 77*(2), 413–440. doi:10.1348/000709906X118036.

McMillan, J. H., & Schumacher, S. (2014). *Research in education: Evidence-based inquiry.* Harlow: Pearson

Higher Ed.

Nistor, N., Baltes, B., Dascălu, M., Mihăilă, D., Smeaton, G., & Trăuşan-Matu, Ş. (2014). Participation in virtual academic communities of practice under the influence of technology acceptance and community factors. A learning analytics application. *Computers in Human Behavior, 34*, 339–344. doi:10.1016/j.chb.2013.10.051.

Papamitsiou, Z., & Economides, A. (2014). Learning analytics and educational data mining in practice: A systematic literature review of empirical evidence. *Educational Technology & Society, 17*(4), 49–64.

Papamitsiou, Z., Terzis, V., & Economides, A. (2014). *Temporal learning analytics for computer based testing.* Paper presented at the Proceedings of the Fourth International Conference on Learning Analytics and Knowledge, Indianapolis, IN.

Pekrun, R., Goetz, T., Frenzel, A. C., Barchfeld, P., & Perry, R. P. (2011). Measuring emotions in students' learning and performance: The achievement emotions questionnaire (AEQ). *Contemporary Educational Psychology, 36*(1), 36–48. doi:10.1016/j.cedpsych.2010.10.002.

Pintrich, P. R., & De Groot, E. V. (1990). Motivational and self-regulated learning components of classroom academic performance. *Journal of Educational Psychology, 82*(1), 33–40.

Richardson, J. T. E. (2012a). The attainment of White and ethnic minority students in distance education. *Assessment and Evaluation in Higher Education, 37*(4), 393–408. doi:10.1080/02602938.2010.534767.

Richardson, J. T. E. (2012b). The role of response biases in the relationship between students' perceptions of their courses and their approaches to studying in higher education. *British Educational Research Journal, 38*(3), 399–418. doi:10.1080/01411926.2010.548857.

Rienties, B., & Alden Rivers, B. (2014). *Measuring and understanding learner emotions: Evidence and prospects* (LACE review papers, Vol. 1). Milton Keynes: LACE.

Rienties, B., Giesbers, S., Lygo-Baker, S., Ma, S., & Rees, R. (2014). Why some teachers easily learn to use a new virtual learning environment: A technology acceptance perspective. *Interactive Learning Environments, 24*(3), 539–552. doi:10.1080/10494820.2014.881394.

Rienties, B., Giesbers, B., Tempelaar, D. T., Lygo-Baker, S., Segers, M., & Gijselaers, W. H. (2012). The role of scaffolding and motivation in CSCL. *Computers & Education, 59*(3), 893–906. doi:10.1016/j.compedu.2012.04.010.

Rienties, B., Toetenel, L., & Bryan, A. (2015). *"Scaling up" learning design: Impact of learning design activities on LMS behavior and performance.* Paper presented at the 5th Learning Analytics Knowledge conference, New York.

Rienties, B., & Townsend, D. (2012). Integrating ICT in business education: Using TPACK to reflect on two course redesigns. In P. Van den Bossche, W. H. Gijselaers, & R. G. Milter (Eds.), *Learning at the crossroads of theory and practice* (Vol. 4, pp. 141–156). Dordrecht: Springer.

Siemens, G. (2013). Learning analytics: The emergence of a discipline. *American Behavioral Scientist, 57*(10),

1380–1400. doi:10.1177/0002764213498851.

Siemens, G., Dawson, S., & Lynch, G. (2013). Improving the quality and productivity of the higher education sector policy and strategy for systems level deployment of learning analytics. Canberra: Office of Learning and Teaching, Australian Government. Retrieved from http://solaresearch.org/Policy_Strategy_Analytics.pdf.

Siroker, D., & Koomen, P. (2013). *A/B testing: The most powerful way to turn clicks into customers*. Hoboken, NJ: Wiley.

Slavin, R. E. (2002). Evidence-based education policies: Transforming educational practice and research. *Educational Researcher, 31*(7), 15–21. doi:10.2307/3594400.

Slavin, R. E. (2008). Perspectives on evidence-based research in education—What works? Issues in synthesizing educational program evaluations. *Educational Researcher, 37*(1), 5–14. doi:10.3102/0013189X08314117.

Stiles, R. J. (2012). Understanding and managing the risks of analytics in higher education: A guide. (pp. 1–46). Educause.

Tempelaar, D. T., Niculescu, A., Rienties, B., Giesbers, B., & Gijselaers, W. H. (2012). How achievement emotions impact students' decisions for online learning, and what precedes those emotions. *Internet and Higher Education, 15*(3), 161–169. doi:10.1016/j.iheduc.2011.10.003.

Tempelaar, D. T., Rienties, B., & Giesbers, B. (2015). In search for the most informative data for feedback generation: Learning analytics in a data-rich context. *Computers in Human Behavior, 47*, 157–167. doi:10.1016/j.chb.2014.05.038.

Tobarra, L., Robles-Gómez, A., Ros, S., Hernández, R., & Caminero, A. C. (2014). Analyzing the students' behavior and relevant topics in virtual learning communities. *Computers in Human Behavior, 31*, 659–669. doi:10.1016/j.chb.2013.10.001.

Torgerson, D. J., & Torgerson, C. (2008). *Designing randomised trials in health, education and the social sciences: An introduction*. London: Palgrave Macmillan.

Wise, A. F. (2014). *Designing pedagogical interventions to support student use of learning analytics*. Paper presented at the Proceedings of the Fourth International Conference on Learning Analytics and Knowledge, Indianapolis, IN.

Wolff, A., Zdrahal, Z., Herrmannova, D., Kuzilek, J., & Hlosta, M. (2014). *Developing predictive models for early detection of at-risk students on distance learning modules*. Workshop: Machine Learning and Learning Analytics. Paper presented at the Learning Analytics and Knowledge, Indianapolis, IN.

Wolff, A., Zdrahal, Z., Nikolov, A., & Pantucek, M. (2013). *Improving retention: Predicting at-risk students by analysing clicking behaviour in a virtual learning environment*. Paper presented at the Proceedings of the Third International Conference on Learning Analytics and Knowledge.

Yin, R. K. (2009). *Case study research: Design and methods* (Vol. 5). Thousand Oaks, CA: Sage.

11

활동 데이터 기반
소셜러닝 분석 도구

Ángel Hernández-García, Ignacio Suárez-Navas

요 약 이 장은 학습관리 시스템인 무들에서 게시판의 활동 데이터를 소셜 그래프로 변환시켜 Gephi로 소셜러닝 분석을 가능케 해주는 웹 서비스 애플리케이션인 GraphFES에 대해 전반적으로 다루고 있다. 이를 위해 온라인 컴퓨터 기반 협력학습 맥락에서 소셜러닝 분석에 대해 개괄한 후 교육 데이터로 사회연결망 분석을 해주는 기존의 도구들을 설명했다. 아울러 데이터 소스(무들 로그)와 소셜러닝 분석도구인 Gephi와 연관된 주요 개념을 살펴본 후 GraphFES의 디자인 및 작동 방식에 대해서 자세하게 소개했다. 소셜러닝 분석을 하기 위해 GraphFES와 Gephi가 어떻게 조합되어 사용하는지 두 가지 코스 사례를 통해 구체적으로 제시했다. 이 장의 마지막 부분에서는 효과적인 소셜러닝 분석의 가능성에 대해 논의했다.

주제어 학습분석 / 사회연결망 분석 / 소셜러닝 분석 / 학습관리시스템 / 게시판 / 컴퓨터 기반 협력학습 / Gephi / 교육 데이터 / 시각화 / 무들 로그

서론

면대면 학습, 블렌디드 러닝, 온라인 학습의 가장 큰 차이점은 교사와 학생, 학생 간의 물리적 상호작용 수준이다. 면대면 학습과 블렌디드 러닝에서 교사는 과제물 결과와 수업 지원과는 별개로 개인, 그룹, 수업 수준에서 학생들의 참여 수준과 학습 진행 상황을 파악

하기 위해 종종 실시간 피드백에 의존하곤 한다(Reffay & Chanier, 2003).

그러나 물리적 상호작용이 현저히 부족한 온라인 학습 환경에서 교수자와 수업 코디네이터가 학생들의 활동을 추적하기란 쉽지 않다. 학생들의 온라인 참여 수준과 학습 진행 상황을 확인할 적절한 수단이 없다면 교사들이 인식하지 못하는 사이에 일부 학생들이 뒤처지게 될 위험이 있으며 이는 결국 학생들의 학업 실패로 이어질 수 있다. 더욱이 시기적절한 정보가 부족하면 소셜러닝의 관점에서 이상적인 수업 역동성과 실제 간의 불일치가 발생할 수 있다.

이러한 불일치는 교사-학생 비율이 높은 컴퓨터 기반 협력학습 상황에서 특별히 중요한 의미가 있다. 현재 가상학습 환경이나 학습관리 시스템에서 활용 가능한 원시 데이터가 너무 많기 때문에 교수자가 학생들의 학습 진행 상황을 점검하는 것은 어렵고 시간이 많이 소요된다(Macfadyen & Dawson, 2012). 정규 학습 환경 외에도 학습 과정의 일부가 되어버린 개별학습 환경, 사회연결망 사이트, 무크MOOC와 같은 새로운 교육 방법들은 교수자에게 온라인 수업에서 사회적 역동성을 분석하는 도구를 제공할 필요가 있다.

사회적 역동성에 대한 분석 결과는 수업에서 언제라도 학습 과정을 개선하기 위해 개입하거나 세심하게 조율할 수 있도록 교수자에게 충분하고 의미 있는 정보를 제공해야 한다. 이러한 필요성 때문에 학습분석learning analytics이라는 새로운 학문 분야가 등장하게 되었다. 학습분석은 학습 상황을 잘 이해하고 최적화하기 위해 교육 데이터를 수집, 분석, 보고하는 일에 초점을 맞춘다(Long & Siemens, 2011).

Hernández-García와 Conde(2014)는 학습분석의 수준을 (1) 적절한 지표 분석, (2) 학습 행위에 대한 분석, 이해, 설명, (3) 적응적 학습 메커니즘으로 규정했다. 세 가지 수준은 서로 연관되어 있지만 대체로 두 번째 수준이 학자들과 실무자들 사이에서 가장 큰 관심을 끌고 있다. 아마도 즉각적으로 분석 결과의 해석이 내려지며, 이론 구축에도 훌륭한 가치를 가지기 때문일 것이다.

이러한 접근 방식을 취하는 대부분의 연구들은 '데이터는 스스로 말한다'라는 가정하에 기술기반 교육 환경이나 학습관리 시스템에서 학생들의 활동에 대해 연구하고 있지만 네트워크 환경에서 활용된 평가 도구나 지식의 공동형성이라는 사회적 속성에서 제공되는 상황적 정보를 간과하고 있다(De Laat & Prinsen, 2014).

이렇게 상황적 정보가 누락되는 이유는 팀기반 온라인 협력학습 환경과 관련이 깊다. 왜냐하면 (1) 많은 학생들이 등록한 수업에서 교수자가 참여가 부족한 학생이나 제대로 활동하지 않는 그룹을 탐지하는 것은 매우 어려우며 (2) 협력학습에서의 평가는 교육 내용에 대한 이해와 학습 참여 수준을 반영해야 하기 때문이다(Barkley, Cross, & Major, 2005). 팀 학습 맥락에서 평가는 주로 측정하고 비교할 수 있는 최종 결과물을 기반으로 이루어진다. 그러나 이런 평가는 그룹 구성원의 개인적인 참여 수준은 고려하지 않는다. 또한 온라인 환경에서 수업 참여에 관한 정보를 수집하는 것은 복잡하고 번거로운 과정이 되기 쉽다(Fidalgo-Blanco, Sein-Echaluce, García-Peñalvo, & Conde, 2015).

온라인 협력학습에서 학생들의 수업 참여에 관한 대부분의 데이터는 학습 플랫폼에 저장되어 있다. 그러므로 교육 데이터를 이용한 사회연결망 분석[Buckingham-Shum과 Ferguson(2012)의 경우 소셜러닝 분석으로 칭하고 있음]은 분석적 관점이나 시각적 관점에서 모두 수업 참여에 대한 통찰을 제공할 수 있다.

이 장에서는 무들의 게시판 활동 데이터를 추출하는 GraphFESGraph Forum Extraction Service에 대해 소개하고 GraphFES에서 얻은 데이터를 이용하여 온라인 학습 환경에서 학습 과정을 이해하고, 설명하며, 개선하기 위한 목적으로 오픈소스 사회연결망 분석(이하 SNA) 도구인 Gephi(Bastian, Heymann, & Jacomy, 2009)를 이용해 학생들의 수업 참여 수준을 분석하고 시각화하는 방법을 설명한다. 이를 위해 2개의 코스에서 생성된 데이터를 활용하는데, 하나는 소수 학생들이 팀 과제를 수행하는 석사 과정 수업이며, 다른 하나는 다수 학생들이 팀 프로젝트를 수행하는 학부 수업이다.

이 장은 다음과 같이 구성되어 있다. '소셜러닝 분석' 절은 소셜러닝 분석에 대한 문헌 연구를 살펴보고, '소셜러닝 분석도구' 절은 온라인 학습과 정보통신기술 기반 학습 환경에서 활용 가능한 몇 가지 소셜러닝 분석도구를 설명한다. '무들 로그 데이터 추출과 시각화', '사회연결망 분석도구 Gephi', 'GraphFES 디자인과 운영' 절에서는 무들 로그 데이터의 활용 가능성, Gephi 소프트웨어, GraphFES의 디자인과 운영에 대해 자세히 설명한다. '사례연구' 절에서는 실증적 연구에 활용된 각 코스의 특징을 설명하고 SNA를 통해 도출된 주요 결과를 소개한다. 마지막으로 '결론'에서는 연구의 주요한 결과에 대해 논의하고 현 연구의 한계점과 향후 연구 방안에 대해 논의한다.

소셜러닝 분석

온라인 학습 시스템은 학생들에게 학습 자료를 제공하고 퀴즈나 에세이 등의 평가 도구를 통해 개인이 스스로 학습할 수 있도록 지원한다. 학습관리 시스템은 동기적(채팅) 또는 비동기적(게시판) 커뮤니케이션 도구를 통해 교수자와 학생, 학생과 학생 간의 물리적 접촉을 보완하고 함께 지식을 만들어 갈 수 있도록 한다. 학습은 이제 언제 어디서나 발생할 수 있는 유비쿼터스 환경으로 변했기에 게시판은 온라인 학습 환경에서 소셜러닝의 필수적인 부분이 되었다.

프로젝트 기반 학습, 팀워크 기반 학습과 같은 협력학습에서 소셜러닝은 학습 과정의 중심적인 위치에 있다. 소셜러닝은 사회적 맥락에서 인지 처리가 개인과 환경 간의 상호 호혜적인 상호작용에 의해 이루어지며(Bandura, 1971), 지식은 사회 안에서 개인 간 상호작용에 의해 창조되고 구축된다는 생각에 기반하고 있다(Berger & Luckman, 1967). 또한 컴퓨터 기반 협력학습과 온라인 커뮤니티에 관한 연구는 대화 참여를 통한 지식 창출에 관심을 보여 왔다(Hmelo-Silver & Barrows, 2008; Lave & Wenger, 1991; Zhao & Chan, 2014).

온라인 학습 맥락에서 상호작용, 참여, 사회적 교류, 담화기반 지식의 형성 과정은 기본적으로 수업 게시판에서 발생한다. 그러므로 연구의 흐름이 온라인 학습 환경의 게시판에서 발생하는 사회적 역동성을 이해하고, 설명하는 작업에 초점을 맞추는 것은 자연스러운 일이다. 온라인 학습에서 사회적 역동성 연구에 관한 새로운 접근 방식 중 하나는 소셜러닝 분석Social Learning Analytics으로 알려진 SNA 방법을 코스 데이터에 적용하는 것이다(예 : Oshima, Oshima & Matsuzawa, 2012).

Buckingham-Shum과 Ferguson(2012)에 의하면, 소셜러닝 분석은 SNA와 담화 분석으로 나뉜다. 전자는 수업 과정에서 사회적 역동성을 이해하고 설명하기 위해 데이터를 활용하여 SNA를 하는 것인데, 이는 이 장에서 다루는 주요한 내용이다(우리는 소셜러닝 분석을 교육 데이터로의 SNA로 한정했다). 후자는 수업 내에서 주요 에이전트 간의 담화 구조와 내용을 탐색하는 것인데, 이는 우리의 연구 범위를 벗어난다. Buckingham-Shum과 Ferguson은 소셜러닝 분석의 기본 가정을 다음과 같이 제시했다. ICT 기반의 네트워크 학습은 행위자(사람과 자원)와 이들의 관계로 구성되어 있으며, SNA는 이러한 네트워크의 과정 및 연결, 관계, 역할과 같은 속성, 그리고 네트워크 형태를 알아내는 것이다. 그래서 SNA는 학습 과정을 개선하기 위해 그래프 이론, 사회학, 커뮤니케이션 이론을 기반으로 한다. 소셜러닝 분석의 주요 용도는 커뮤니티를 찾아내고(Buckingham-Shum & Ferguson, 2012), 위기 학생, 지식 중개인, 영향력 있는 학생과 같은 학습 에이전트를 식별하는 것이다(Hernández-García, González-González, Jiménez-Zarco, & Chaparro-Peláez, 2015).

소셜러닝 분석은 분석과 시각화라는 두 가지 방법을 사용한다. 우선 분석 방법은 각 노드의 SNA 속성값 및 메트릭스와 네트워크 전체 속성값을 계산한다. 네트워크 속성값에는 네트워크 평균 차수[1](네트워크 노드의 진입 차수와 진출 차수 평균), 네트워크 밀도(네트워크에 존재하는 에지의 개수를 모든 노드끼리 전부 연결되어 있다고 가정한 상태에서의 에지 개수로 나눈 것), 네트워크 직경(네트워크 내에 임의의 두 노드 간의 최단 경로 거리 중 가장 긴 거리)이 있다. 중심성centrality 측정에 관한 내용은 Freeman(1979)의 논문을, 학습분석을 위한 SNA 메트릭스에 관한 내용은 Herenádez-García(2014; p. 156)를 참조하면 된다.

사회연결망 시각화는 네트워크에 연결되어 있지 않은 학생들을 한눈에 식별할 수 있도록 해준다. 더욱이 노드의 속성에 기반한 그래프 변형을 통해 해당 코스의 사회적 역동성을 이해하는 데 도움을 줄 수 있다. 이러한 분석의 장점은 소셜 그래프의 여러 속성을 수치적인 방법으로 특성화할 수 있다는 것이다(관련 지식이 없는 교수자가 SNA의 여러 변수와 속성을 이해하기 어려워 분석 결과의 유용성이 제한적이기는 하다).

소셜러닝 네트워크와 관련하여, Herenádez-García 등(2015)은 일반적으로 교사들은 코스에서 학생들의 참여와 사회적 교류 중에서 가시적인 부분에 접근한다고 설명했다. 코스 게시판의 게시글이 대표적인 예다. 대체로 온라인 코스에서 평가는 학생들이 학습관리 시스템에서 제출한 퀴즈나 에세이뿐만 아니라 학생들의 참여와 게시판에 올린 콘텐츠의 질에 기반한다. 더욱이 이러한 가시적 행위들을 통해 교사는 학생들이 실제로 다양한 개념들을 잘 학습하고 있는지와 대화의 적극적 몰입 수준 여부를 판단할 수 있다. 그러나

---

1. 역자 주 : 차수(degree)는 노드로 들어오는 에지(edge)의 개수인 진입 차수(in degree)와 노드에서 나가는 에지의 개수인 진출 차수(out degree)가 있다. 여기에서 에지는 연결선, 간선, 링크로도 불린다.

Herenádez-García 등은 동료 학생이나 교사와 상호작용하지는 않지만 다른 이들이 만든 콘텐츠에 관심을 갖고 활용하는 수동적인 사회적 교류가 존재하는데, 교사들이 의식하지 못하고 간과하는 이런 유형의 상호작용도 학생 참여에 대한 부가적인 정보를 제공할 수 있다고 한다. Wise와 Hausknecht(2013)에 의하면 대화에 적극적으로 몰입하지 않는 것이 학습하지 않는다거나 참여 부족을 의미하지 않는다. 왜냐하면 학생들은 각기 다른 학습 유형을 갖고 있고 일부 학생들은 다른 학생들과는 공유되지 않는 외부 지식을 통해 학습하거나 학습 목격자 또는 '보이지 않는 학생'처럼 행동하며(Beaudoin, 2002) 다른 학생들이 생성하거나 공유한 콘텐츠를 기반으로 자신의 학습을 진행하기 때문이다.

Herenádez-García(2014)는 두 가지 유형의 네트워크를 분석할 수 있는 SNA 도구를 제안했다. 그는 SNA 도구인 Gephi로 학습 플랫폼에서 추출한 데이터를 분석하는 사례를 제시했다. Herenádez-García는 게시판 로그 데이터를 학생들이 작성한 게시글에 기반한 학생들 사이의 관계('댓글 네트워크'로 누가 누구에게 댓글을 달았는가), 게시글을 보는 행위에 기반한 학생들 사이의 관계('읽기 네트워크'로 게시한 글을 누가 읽었는가), 게시글 사이의 관계(각 게시글과 상위 토론 주제와의 관계, 메시지 트리 구조로 스레드 형태로 제시) 등 3개의 데이터세트로 분류했다.

이 장에서 소개하는 웹 서비스 GraphFES의 목표는 학습관리 시스템(무들)에서 추출한 로그 데이터를 이용해 이상의 세 가지 네트워크를 자동적으로 생성하고 각기 다른 특징을 가진 2개의 코스에서 추출한 데이터로 소셜러닝 분석 사례를 보여주는 것이다.

소셜러닝 분석도구

가상학습환경과 LMS와 같은 일반적인 학습환경에서 SNA가 가능한 기존 도구에 대해 간략하게 살펴보고자 한다. 가장 많이 쓰이는 오픈소스 학습관리시스템인 무들(Edutechnica, 2015)에 적용할 수 있는 도구에 초점을 맞춰 3개의 도구(SNAPPSocial Networks Adapting Pedagogical Practice, 포럼그래프Forum Graph, Meerkat-ED), 그리고 소셜러닝 분석용으로 범용적인 SNA 도구에 대해 자세하게 설명한다. '사례연구'에서는 각 도구에서 만들어낸 시각화 정보를 보여줄 것이다.

SNAPP

SNAPP는 현재 광범위하게 사용되고 있는 주요 학습관리시스템(Blackboard, Sakai, Moodle, Desire2Learn)의 게시판 활동 데이터를 추출하고 자바 애플릿으로 사회연결망을 분석하는 웹 브라우저 북마크렛bookmarklet[2]이다. 현재 2개의 버전(1.5와 2.1)이 있고 둘은 유사한 기능을 갖고 있다.

SNAPP 자바 애플릿은 몇 개의 탭으로 구성되어 있고 처음 3개의 탭에 여러 가지 기능이 있다. 첫 번째 탭은 사회연결망 그래프를 보여주고 학생 개인 노드를 선택하거나 다른 레이아웃을 생성하는 등의 조작이 가능하다. 노드는 게시판에 참여한 개별 학생을 의미한다. SNAPP 2.1은 게시판에서 글이 게재된 시간을 보여준다. 두 번째 탭은 SNAPP 1.5 버전에서는 각 학생들의 게시글 숫자를 보여주고 SNAPP 2.1에서는 사회연결망의 주요 속성값(차수, 진입 차수, 진출 차수, 매개 중심성, 위세 중심성, 네트워크 밀도)을 보여준다. 세 번째 탭에서는 GraphML과 VNA 형태의 그래프 내보내기 기능이 있고(SNAPP 1.5), SNAPP 2.1에서는 주석 달기 기능도 포함한다(SNAPP 2.1의 첫 번째 탭에서도 내보내기 기능을 포함하고 있으며 Gephi GEFX 형태로 내보내기가 가능하다).

SNAPP 2.1은 현재 업그레이드가 진행되지 않아 최신 무들 버전에서는 동작이 원활하지 않다. 두 버전 모두 데이터를 이용해 테스트가 불가능했다. 또한 제대로 설치하기 위해서는 자바 런타임 환경에서 보안 예외사항과 외부 데이터 연결을 위한 적절한 환경 설정을 해야 한다. 소셜 그래프를 만들기 위해 스레드thread[3]에 관한 모든 데이터를 적재하고 HTML 형태의 데이터를 변형하는 작업이 필요하다.

포럼 그래프

포럼 그래프는 무들의 플러그인 형태의 소프트웨어로 제공되며 하나의 게시판에 관한 소셜 그래프를 생성한다. 하나의 게시판에서 각 학생의 게시글 숫자를 의미하는 노드의 크기와 학생들이 게시판 글에 몇 개의 댓글을 달았는지를 의미하는 에지로 구성된 소셜 그

래프를 시각화한다. 소셜 그래프는 SVG 이미지 형태로 내보내기가 가능하다. 교수자와 학생의 노드는 다른 색으로 구별되고, 각 유저들이 작성한 게시글의 숫자, 댓글 숫자와 같은 추가적인 정보가 제공되며 각 노드를 클릭하면 각 유저들의 무들 로그 데이터 정보에 바로 접속할 수 있다('무들 로그 데이터 추출과 시각화' 절을 참조하라). 또한 게시판에서 가장 활동을 많이 한 상위 3명의 명단을 리스트로 보여준다. 설치가 쉬운 장점에도 불구하고 시각화를 위한 옵션이 매우 제한적이며 학생 수가 많은 수업에서 사용하기에는 적당하지 않다(그래프의 디스플레이 크기 제한 때문이다). 더욱이 포럼 그래프는 사회연결망 분석의 주요 속성값에 대한 정보를 포함하지 않으며 사회연결망 분석 기능도 없다.

Meerkat-ED

Meerkat-ED는 Reihaneh Rabbany가 개발한 자바 애플리케이션이며 무들 백업 파일(무들 버전에 따라 .xml, .mbz 파일이 있다. 데이터를 이용하기 위해서는 유저가 각 코스의 파일 저장 권한이 있어야 한다)에서 게시판 활동 데이터를 적재하고 소셜 그래프를 그리기 위한 데이터를 추출한다. Meerkat-ED는 SNA와 담화 분석 기능을 모두 갖고 있다.

사회연결망 분석을 위해 Meerkat-ED는 각 학생들이 글을 게시하는 활동[Hernández-García 등(2015)은 '댓글 네트워크'라고 함] 정보를 제공하고 그들의 차수 중심성[4]과 모듈성[5] 정보도 함께 제공한다. 또한 각 노드를 선택하면 그래프로 노드의 중심성 정보도 제공한다. Meerkat-ED는 기본적인 노드 조작 기능(노드 선택과 드래깅, 네트워크 드래깅과 확대 축소)을 제공한다. Meerkat-ED의 흥미로운 특징은 시간대와 시간 범위를 지정하여 역동성을 분석할 수 있다는 것이다.

담화분석 기능으로 Meerkat-ED는 게시판 주제, 게시글에 따라 필터링이 가능하고 가장 자주 쓰이는 용어와 그 관계에 관한 네트워크를 형성할 수도 있다. 시각적으로는 모든 스레드의 제목을 계층적으로 표시하며 용어의 동시출현 빈도 관계 네트워크와 워드클라우드를 만들 수 있다.

---

4. 역자 주 : 연결 정도 중심성으로도 불린다. 한 노드에 연결되어 있는 다른 노드들의 합.
5. 역자 주 : 한 노드가 특정 커뮤니티와는 가깝고 그 밖의 커뮤니티에서는 거리가 있는 정도를 나타냄.

사회연결망 분석 도구

SNAPP와 포럼 그래프 같이 특정 소프트웨어에 플러그인 형태로 개발된 소프트웨어의 문제점은 네트워크 시각화 이외에는 제공되는 정보가 적고 다양한 SNA 기법을 이용할 수 없다는 것이다. Meerkat-ED는 무들 로그 데이터 레이어와 데이터 처리 및 시각화 레이어를 분리하고 기본적인 담화 분석 기능까지 갖추어 외부 애플리케이션이 분석과 시각화를 개선할 수 있는 중간 수준의 사례를 보여준 경우라고 할 수 있다.

그러나 이러한 도구들은 학습관리시스템 게시판에서 발생하는 사회적 상호작용에 관한 기본적인 정보를 분석하기에는 적당하지만 수업 내에서 발생하는 소셜러닝을 이해하고 더 깊게 분석하기 위해 필요한 SNA 기능과 고급 시각화 기능이 부족하다. 더욱이 여기에서 소개하는 세 가지 도구는 사용자에게 보이는 네트워크는 관찰할 수 있지만 게시판 글 읽기와 같이 보이지 않는 네트워크 형성 기능은 제공하지 않는다.

반면, SNA 도구들은 이러한 작업을 수행하기 위해 전문적으로 개발되었다. 소셜러닝 분석에 활용할 수 있는 다양한 오픈소스 및 상업용 도구들이 있다. 그러나 SNA는 유용함에도 불구하고 몇 가지 단점이 있다.

- 일반적인 SNA 용도로 개발된 도구이므로, 소셜러닝 분석을 위해서는 다소의 수정이 필요하다.
- 주요 기능은 SNA에 한정되어 있기 때문에 효과적인 분석을 위해서는 약간의 훈련이 필요하다. 또한 분석에 관련된 개념들은 같지만 각 도구들의 작동 방법은 서로 많이 다를 수 있다.
- 학습관리 시스템 또는 일반적인 학습 시스템 데이터는 해당 플랫폼의 고유한 형태로 저장되어 있고 각 시스템의 데이터베이스 설계 디자인도 SNA에 적절하지 않다. 온라인 학습 플랫폼에서 추출한 교육데이터로 SNA를 하려면 학습관리 시스템 데이터베이스로부터 데이터를 추출하여, SNA 소프트웨어에서 이용할 수 있는 데이터 형태로 변형되어야 한다.

몇몇 연구자들은 SNA 도구들이 소셜러닝 분석에도 유용하다고 옹호하지만 학습관리 시스템 데이터를 SNA 도구에 맞는 형태로 변형하는 플러그인 소프트웨어 개발의 필요성을 지적하고 있다(Amo Filvà, García-Peñalvo, & Alier Forment, 2014; Hernández-García, 2014). 이 연구의 목적은 GraphFES와 오픈소스 학습관리 시스템 무들을 이용해 이러한 문제를 해결하는 것이다.

GraphFES의 중요한 목표는 소셜러닝 분석을 위해 무들 데이터를 Gephi에서 활용 가능한 데이터로 변형하는 데이터 추출 레이어를 제공하는 것이다. GraphFES에서의 데이터 변형 과정을 이해하기 위해서는 무들의 데이터 시스템과 Gephi, 데이터 변형 도구GraphFES의 디자인과 작동 방식을 이해해야 한다.

무들 로그 데이터 추출과 시각화

무들은 모든 사용자들의 학습관리 시스템 내에서의 상호작용 기록을 저장할 수 있는 자체 로그인 시스템을 내장하고 있다. 학습관리 시스템의 로그인 시스템은 시스템 내에서의 상호작용, 특히 온라인 학습에서 발생하는 사회적 상호작용을 분석하고 시각화하는 데 결정적으로 중요한 데이터 소스이다.

무들의 초기 버전에서는 학습 플랫폼에서의 모든 활동 이력을 기록했음에도 불구하고 시스템 내에서의 이러한 상호작용의 학습적 맥락에 대한 정보를 제공하지 않았고 확장성과 성능에 대한 문제가 있었다. 학습분석이 대두됨에 따라 무들 2.6 버전은 다양한 종류의 분석을 촉진하는 로그인 시스템을 강화했다.

무들의 새로운 로그인 시스템은 이전 시스템(무들 2015)과 비교했을 때 많은 장점이 있다. 풍부한 정보를 얻을 수 있고 높은 확장성을 위해 로그 데이터를 요약하고 수집되는 정보를 점검하며 분석과 시각화를 위한 외부 시스템의 저장 장치를 이용할 수 있다. 따라서 버전 2.6부터는 세 가지 로그인 시스템이 갖추어졌다. 새로운 버전인 스탠더드 로그, 예전 버전인 레거시 로그, 외부 로그 데이터베이스와의 연결을 가능하게 하는 외부 로그가 그것이다.

무들은 로그 정보를 생성하기 위해 이벤트 API와 로그인 API를 이용한다. 이벤트 API는 사용자들이 학습관리 시스템에서 할 수 있는 다양한 활동을 기록하고 통지한다. 로그인 API는 다양한 이벤트로부터 촉발되는 데이터를 기록, 보고, 설정하기 위한 몇 가지 세부 플러그인 프로그램으로 구성되어 있다.

사용자가 무들의 어떤 모듈에서 어떤 행위를 하면 시스템은 이벤트라는 것을 생성한다. 로그 매니저log manager는 이벤트를 자세히 살펴보고 시스템의 설정에 따라 해당 이벤트에 대한 로그 기록을 남길지, 남긴다면 어느 곳에 기록할지를 결정한다. 만약 해당 이벤트가 기록되어야 한다면 로그 매니저는 그에 대한 정보를 플러그인 소프트웨어에 전달하고 그 정보를 대응하는 데이터베이스 테이블에 저장한다.

반면, 데이터의 추출, 보고, 시각화는 데이터베이스에 저장된 정보를 읽어 와야 한다. 예를 들어 무들에 내장된 기능인 활동 보고서는 다수의 데이터 소스 중에서 필요한 데이터 소스를 선택하고 어떤 데이터를 읽어 들일 수 있는지 확인하는 쿼리를 로그 매니저를 통해 실행한다. 활동 보고서가 데이터 소스에 접속 권한을 얻으면 등록된 이벤트를 참조하고 그것들을 화면에 보여준다.

GraphFES는 무들의 표준 로그 데이터에 대해 외부에서 명령문을 수행할 수 있도록 해 주는 웹 애플리케이션이다. GraphFES는 이러한 작업을 통해 무들의 게시판 데이터를 이용해 소셜 그래프를 생성하는 도구이다. 'GraphFES 디자인과 운영' 절에서 REST 프로토콜 기반 웹 서비스를 이용해 무들 로그인 시스템에서 데이터를 추출하는 외부 확장 프로그램을 개발하고 디자인하는 방법에 대해 자세하게 설명한다. GraphFES는 SNAPP, 포럼 그래프와는 달리 무들 데이터를 이용해 바로 시각화를 하지 않고 데이터 분석 및 시각화 프로그램 Gephi를 이용한다. 다음 절에서는 Gephi와 GEXF, 소셜 그래프를 분석하고 표현하기 위해 필요한 Gephi의 데이터 형태에 대해 설명한다.

사회연결망 분석 도구 'Gephi'

데이터 형식과 데이터세트의 특징

앞에서 언급했듯이, Gephi는 무들 게시판에서의 상호작용 데이터를 통해 사회연결망을 분석하고 시각화한다. Gephi를 선택한 이유는 오픈소스 소프트웨어이며 지속적인 지원과 활발한 관련 커뮤니티가 존재하기 때문이다. 더욱이 범용적인 그래프 제작과 소셜 네트워크 분석 중심의 소프트웨어이고, NetBeans 플러그인 프로그램을 설치하면 사용자의 요구에 맞게 쉽게 기능을 확장할 수 있다. 현재 Gephi는 다음의 같은 데이터 형식을 지원하고 있다(Gephi, 2015).

- GEXFGraph Exchanging XML Format
- GUESS's GDF
- GMLGraph Modeling Language
- GraphMLGraph Markup Language
- Pajek's NET
- Graph Viz DOT
- CSVComma Separated Variables
- UCINET's DL
- Tulip's TPL
- Netdraw's VNA
- Spreadsheet (MS 엑셀 등의 프로그램)

GraphFES 결과물에 가장 적절한 데이터 형식을 선택하기 위해서 Gephi의 기능에 대해

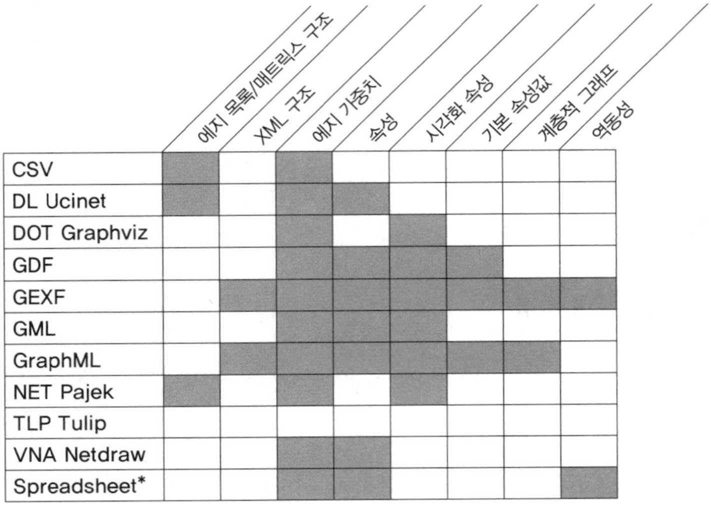

	에지 목록/매트릭스 구조	XML 구조	에지 가중치	속성	시각화 속성	기본 속성값	계층적 그래프	역동성
CSV	■		■					
DL Ucinet	■		■					
DOT Graphviz				■	■			
GDF			■	■	■	■		
GEXF		■	■	■	■	■	■	■
GML		■	■	■				
GraphML		■	■	■	■	■	■	
NET Pajek			■	■				
TLP Tulip			■					
VNA Netdraw			■	■	■			
Spreadsheet*								■

그림 11.1 Gephi에서 지원하는 데이터 형식과 특징(Gephi, 2015)

알아야 한다. 〈그림 11.1〉은 Gephi가 지원하는 다양한 그래프 형태의 특징 비교표이다. GEFX가 다른 형태보다 더 많은 특징을 갖고 있는 것이 명확하다. 더욱이 다른 일반적인 형태(UCINET DL, Pajek NET, GML, Netdraw VNA) 역시 Gephi에 의해 지원되지만 상호 호환성은 그렇게 좋지 않다(예 : Pajek은 다른 네트워크 특징들을 이용할 수 없고 네트워크 형태의 시각화에만 유용하다). 반면, 수업 게시판에 관한 소셜 그래프를 완전하게 분석하기 위해서는 추가적인 데이터를 수집하고 노드와 에지에 관한 부가적인 정보와 통합할 수 있어야 한다. GEXF는 노드와 에지 같은 추가적인 정보를 저장할 수 있어서 GraphFES의 특성에 가장 적절한 데이터 형식이다.

```xml
<?xml version="1.0" encoding="UTF-8"?>
<gexf xmlns="http://www.gexf.net/1.2draft" version="1.2">
    <graph defaultedgetype="directed">
        <attributes class="node">
            <attribute id="0" title="username" type="string"/>
        </attributes>
        <nodes>
            <node id="0" label="NodeA">
                <attvalues>
                    <attvalue for="0" value="John"/>
                </attvalues>
            </node>
            <node id="1" label="NodeB">
                <attvalues>
                    <attvalue for="0" value="Mark"/>
                </attvalues>
            </node>
        </nodes>
        <edges>
            <edge id="0" source="0" target="1"/>
        </edges>
    </graph>
</gexf>
```

예 11.1 간단한 그래프의 GEXF 문서

그림 11.2 예 11.1에서 GEXF 파일을 이용한
         Gephi 그래프

GEXF은 XML eXtensible Markup Language 형태이므로 통합적이고 확장성 있는 공개 포맷이다. XML형태의 또 다른 장점은 개발자가 GEXF 파일을 프로그래밍 언어나 운영체제에 상관없이 처리할 수 있는 XML 파싱Parsing[6]도구들이 많다는 것이다.

GEXF 그래프는 노드, 에지, 그것들과 관련된 데이터로 구성된다(GEXF Working Group, 2015). GEXF 형태의 매우 간단한 그래프는 〈예 11.1〉과 같다.

위의 XML 문서는 GEXF 문서라는 선언(네임스페이스에 의해 식별)과 노드와 에지에 관한 추가 정보로 구성되어 있다(이 경우, 속성 이름은 사용자 이름이고 ID 값이 0인 하나의 정보가 있다). 그리고 문서는 네트워크 노드(노드의 iD와 이름을 포함한)와 그들의 속성 값(예제에서 iD=0이고 사용자 이름이 'John'인 노드와 iD=1이고 이름이 'Mark'인 노드) 목록을 포함하고 있다. 모든 노드의 목록이 작성되면, 각 노드는 목표 노드와 연결이 된다[예제에서는 하나의 연결선이 노드 0(NodeA-John)과 노드 1(NodeB-Mark)을 연결하고 있다]. Gephi에서의 문서 내용을 그래프로 나타낸 것이 〈그림 11.2〉이다.

GraphFES 디자인과 운영

웹 서비스로서 GraphFES

GraphFES는 로컬 무들 익스텐션extension과 웹 애플리케이션 두 가지 요소로 구성되어 있다. 두 요소는 데이터 추출과 소셜 그래프 생성이라는 각기 다른 목적을 갖고 있다. 무들 로그 데이터 테이블에서 원시 데이터를 추출하기 위해서는 웹 서비스를 통해 데이터에 접근하는 기능이 구현되어야 하고 이것은 로컬 무들 익스텐션이 관리한다. 반면 웹 애플리케이션은 데이터 종류에 따라 다양한 종류의 소셜 그래프를 생성하기 위해 웹 서비스에

---

6. 역자 주 : 어떤 html 파일에서 원하는 데이터를 특정 패턴이나 순서로 추출하여 정보로 가공하는 작업.

요청을 보낸다.

로컬 익스텐션은 PHP 언어로 프로그래밍되며(무들과 같다) 디자인은 무들에서의 웹 서비스 개발 템플릿을 따른다. 따라서 로컬 익스텐션은 두 가지 외부 기능을 구현할 수 있는 플러그인 형태로 설치된다. 하나가 아니라 2개의 기능이 구현되어야 하는 이유는 새로운 로그 데이터 테이블과 예전 로그 데이터 테이블 사이에 호환성이 있어야 하기 때문이다. 이렇게 해야만 웹 서비스가 무들 2.6이나 그보다 낮은 버전에서도 로그 데이터를 추출할 수 있다. 구체적으로 두 가지 기능으로 만들어진 데이터베이스 쿼리는 다음과 같다.

```
SELECT * FROM mdl_log WHERE module="forum" AND course=$courseids[0]
SELECT * FROM mdl_logstore_standard_log WHERE component="mod_
forum" AND courseid=$courseids[0]
```

내부 플러그인 프로그램에서 이러한 2개의 외부 기능(함수)을 구현함으로써 무들의 API를 통해 로그 데이터에 접근할 수 있다. 소셜 그래프를 그리기 위해 무들 로그 데이터에 접근하기 위해서는 무들에서 두 가지 추가적인 작동이 수행되어야 한다. REST 프로토콜을 활성화하고 웹 서비스를 활성화해야 한다. 이 옵션은 무들 관리자 메뉴의 '외부 서비스'External service 항목에 배치되어 있다. 웹 서비스를 만들기 위해 〈표 11.1〉에 나와 있는 기능들을 구현해야 한다.

위의 기능들은 웹 서비스를 활성화하지만, 완전한 구축을 위해서는 권한 접근 관리도

표 11.1 웹 서비스를 만들기 위해 필요한 기능

기능	내용
core_enrol_get_enrolled_users	course id에서 등록된 유저 정보 얻기
core_course_get_courses	코스의 세부 내용 정보 반환
mod_forum_get_forums_by_courses	특정 코스에서의 게시판 목록 정보 반환
mod_forum_get_forum_discussion_posts	특정 게시판에서의 게시글 목록 정보 반환
local_graphfes_forum_reportAll	모든 게시판에 관한 내용
local_graphfes_forum_reportAllLegacy	예전 버전에서의 모든 게시판에 관한 내용

요구된다. 관리자는 외부 서비스 항목의 웹 서비스를 이용하는 개별 유저에게 권한을 부여할 수 있고 접근 토큰token을 생성할 수 있다. 필요하다면 권한을 인정받은 사용자들에게 매니저 토큰도 부여할 수 있다. 이 버전의 GraphFES에서 토큰을 생성하는 것은 필수는 아닌데 왜냐하면 각 사용자의 로그인 데이터(ID와 비밀번호)가 입력되면 웹 애플리케이션이 인증 과정을 관리하기 때문이다.

소셜 그래프를 생성하는 웹 애플리케이션은 Node.js와 Express web framework로 개발된다. 프로그래밍 언어와 프레임워크의 조합은 구글 자바 스크립트 엔진 8을 이용하는 Node.js의 빠른 속도 때문에 개발 과정을 빠르고 간명하게 해준다. 자바 스크립트를 쓰면 개발자들이 소셜 그래프 생성을 위한 다양한 오픈소스 라이브러리를 활용할 수 있다.

웹 애플리케이션을 프런트 엔드front-end로 선택한 주요한 이유는 어떤 서버에서도 애플리케이션을 구현할 수 있고 어떤 브라우저를 통해서도 애플리케이션에 원격 접속 가능하기 때문이다. 또한 어떤 로컬 컴퓨터에서도 동작할 수 있고 일반적인 컴퓨터 운영체제(Windows, Mac OS X, Linux 등)에서도 호환된다.

웹 애플리케이션 구조는 Express framework의 기본 구조를 따른다. 그 이외에도 웹 애플리케이션의 역할이 데이터를 저장하는 것뿐만 아니라 효과적인 방법으로 더 빠르게 데이터를 GEXF 파일로 구조화, 변형, 요청하는 것이므로 별도의 데이터베이스는 필요하지 않다.

GraphFES 사용하기

여기에서는 웹 애플리케이션의 디자인과 작동 방식, 그리고 어떻게 간단한 방법으로 소셜 그래프를 생성하는지 자세하게 설명한다. 일단 애플리케이션이 탑재되어 서버가 요청을 기다리고 있을 때, 애플리케이션은 어떤 웹 브라우저를 통해서도 접근 가능하다(만약 로컬 컴퓨터에서 수행된다면, 기본 접근 주소는 http://localhost:3000이다). 사용자 인터페이스 화면에서는 사용자에게 양식을 완성하도록 요구한다(그림 11.3). 각 양식은 무들의 URL, 유저 이름, 비밀번호, 무들 웹 서비스에 주어진 이름이다.

각 양식에 내용을 채우고 제출하면 애플리케이션은 무들에게 로그인을 요청한다. 성공적으로 수행되면 무들은 토큰(애플리케이션은 이 토큰을 데이터 추출을 위한 REST에 사

그림 11.3 애플리케이션 초기 화면

용할 것이다)을 보낸다. 그러면 웹 브라우저는 사용자에게 새로운 사용자가 등록된 코스 중 어떤 코스에 접속할 것인지 선택하는 화면을 띄울 것이다. 데이터 추출과 그래프 생성 은 코스 선택 이후에 시작된다.

코스에 등록한 학생 명단을 검색하는 *core_enrol_get_enrolled_users* 기능(함수)에 요청을 시 작하면서 프로세스가 시작되고(이것은 코스에서 아무런 활동이 없는 학생 정보를 찾기 위 해서도 중요하다) *mod_forum_get_forums_by_course* 기능(함수)에 또 다른 요청을 한다. 이 기능은 코스의 게시판에 작성된 모든 게시글 데이터를 찾아온다.

이 데이터를 찾은 후, 애플리케이션은 무들 로그 게시판 데이터 추출을 요청한다. 이 요 청은 로컬 익스텐션에 의해 구현된 2개의 기능(*local_graphfes_forum_reportAll, local_graphfes_ forum_reportAllLegacy*)을 이용하여 수행되며, 게시판 활동에 관련된 로그 데이터만 찾는다. 그런 후 애플리케이션은 게시판에서의 글 게시 활동과 게시판 글 읽기 활동을 구분한다. 사용자, 글 게시, 토론에 대한 추가적인 정보(사용자 아이디, 메시지 내용, 시간)는 소셜 그래프에 대한 풍부한 정보를 포함하기 위해 일시적으로 메모리에 저장된다.

이러한 모든 정보를 기반으로, 애플리케이션은 오픈소스 라이브러리를 이용해 Hernández-García(2014)와 같은 방법으로 3개의 소셜 그래프를 포함하는 XML 문서를 만 든다. XML 문서는 GEXF 형태로 애플리케이션의 폴더에 저장된다. 3개의 소셜 그래프는 다음과 같다.

- *Veiws.gexf* : 이 그래프는 코스 참여자들이 읽은 메시지들의 관계에 대해 보여준다. 즉 사용자 a가 사용자 b가 쓴 게시글을 얼마나 확인했는지에 대한 정보를 제공한다.
- *Replies.gexf* : 이 그래프는 누가 누구의 글에 댓글을 얼마나 자주 달았는지에 대한 데이터를 기반으로 학생들 간의 관계를 보여준다.
- *Messages.gexf* : 이 그래프는 메시지 사이의 연결을 보여준다(예 : 어떤 메시지가 다른 메시지에 응답했는가).

Views 그래프와 Replies 그래프에서 각 노드는 코스 참여자를 의미한다. Views 그래프에서 노드는 사용자 id와 사용자 이름을 노드의 속성 정보로 갖고 있는 반면, Replies 그래프는 사용자에 대한 id, 사용자 이름, 게시글 수, 스레드에서 처음 남긴 글의 수, 댓글 수 정보를 포함한다.

반면, Messages 그래프는 각 노드가 코스 게시판에 등록된 각 메시지를 의미하고 각 노드는 다음과 같은 추가적인 속성 정보를 포함한다.

- 메시지가 등록된 게시판의 이름과 id
- 게시글의 제목과 id
- 게시글 내용
- 게시글이 등록된 일시
- 작성자의 이름과 id

사례연구

GraphFES를 테스트하기 위해 2개의 코스 데이터가 무들 2.8.3 버전 기준으로 추출되었다. 2개의 코스 데이터는 원래 무들 2.6 이하의 버전에서 추출되었는데 이 데이터를 익명처리하고 무들 2.8.3 버전에서 복원시켰다. 따라서 원 데이터는 레거시 로그에 저장되었고 무들 2.8.3에서 레거시 로그 파일 활성화가 필요했다. 이어지는 내용에서 2개의 코스와 실증적인 연구 결과에 대해 개략적으로 설명한다.

코스에 대한 설명

연구를 위해 선택된 두 가지 코스는 가정 자동화와 디지털 홈Domotics and Digital Home 석사 과정의 온라인 코스와 마드리드공과대학교의 생명공학학부 1학년에 개설된 프로그래밍 코스이다. 이 두 코스를 선택한 이유는 첫째로 두 코스가 등록 학생 수, 코스 기간, 게시판 이용 밀도, 방법론, 교육 목표의 관점에서 상당히 다르다는 것과 둘째로 석사 과정 코스에서는 상대적으로 게시판 활용 밀도가 낮았기 때문에 GraphFES의 산출 결과물이 정확한지 빠르게 테스트할 수 있었고, 게시판 활용 밀도가 높았던 학부 코스에서는 웹 서비스의 확장성을 테스트할 수 있었기 때문이었다(물론 이 코스의 일부 데이터도 GraphFES가 제대로 작동하는지 검증하는 용도로 사용되었다). 두 코스 데이터를 모두 분석했지만 프로그래밍 학부 코스의 연구 결과물이 조금 더 복잡했기 때문에 기본적으로 학부 코스에 초점을 맞추었다.

온라인 코스(코스 1) '가정 자동화와 디지털 홈 환경의 사회경제적 분석'Socioeconomic analysis of the domotics and digital home environment은 석사 과정 필수 과목 8개 중 하나였다. 코스에 참여하는 대부분의 학생들은 건축학, 전자정보통신 전공이었다(정보통신기술 이용의 관점에서 다양한 배경을 갖고 있었다). 코스는 2개의 모듈로 구성되었고 모두 14명의 스페인과 남미 출신 학생들이 참여했으며, 2주 동안 진행되었다. 2주 동안 학생들은 강의 자료와 추가 정보를 제공하는 링크에 접속했고, 두 번의 퀴즈 시험을 치렀으며 사례연구에 기반한 개인 과제와 그룹 과제를 수행했다. 그룹 과제를 위해서는 3개의 팀이 구성되었다. 학생들의 상호작용을 위해 5개의 게시판이 활용되었다(1개의 토론 게시판, 각 모듈당 1개의 교수학습지원 게시판, 그룹 구성원만 접근할 수 있는 그룹 과제 스레드). 그룹 과제와 별도로 학생들은 개인적인 활동도 해야 했다.

'프로그래밍 코스'(코스 2)는 생명공학 전공필수 과목이었으며, 마드리드에 살고 있는 110명의 학생들이 등록했고 이 학생들은 다른 코스도 일부 같이 수강하는 것으로 추정되었다. 이 코스는 주 2시간 과정의 입문 수업이었지만 팀워크 역량 증진을 위한 종합 훈련

모형Comprehensive Training Model of the Teamwork Competence, CTMTC(Leris, Fidalgo, & Sein-Echaluce, 2014)에 근거한 온라인 팀 프로젝트 기반으로 진행되었다.

CTMTC는 팀워크를 강조하기 때문에, 학생들은 19개의 그룹(최소 5명, 최대 7명, 평균 6명으로 구성)으로 편성되었다. CTMTC는 프로젝트를 5개의 단계로 구분하고 개인, 그룹, 결과물에 대한 세 가지 종류의 평가를 실시한다(Fidalgo-Blanco et al., 2015). 그룹과 결과물에 대한 평가는 위키와 파일 공유(예 : 드롭박스) 공헌도를 기초로 각 그룹에 성적이 부여되었다. 게시판 활동(Q&A, 교수학습지원, 그룹 게시판)은 교육 방법에서 중요한 부분이었는데, 개인에 대한 평가는 그룹 게시판에 대한 참여와 공헌도를 기반으로 이루어졌기 때문이다. 이 코스에서 학생들은 팀 과제에 함께 참여하는 과정에서 지식을 형성하도록 기대되었다.

데이터 추출

게시판 활동에 대한 기록은 코스 1이 1,850개였고 코스 2가 80,185개였다. GraphFES의 처리 시간은 코스 1에서는 거의 순간적으로 이루어졌고 코스 2에서는 1분 이내였다(Meerkat-ED는 코스 2에서 그래프 연산을 수행할 수 없었다). 예상대로 Views 그래프를 생성하는 데 대부분의 처리 시간이 소요되었는데 게시판 글의 수가 증가할수록 노드의 수가 지수적으로 증가하기 때문이었다. Replies와 Messages 그래프에서 에지의 수는 사용자와 게시글 수에 비례한다. GraphFES에 의해 그래프들이 생성되면 Gephi에서의 분석을 위한 데이터가 준비된다.

초기 데이터 분석

〈그림 11.4〉와 〈그림 11.5〉는 코스 1, 2의 데이터를 Force Alas 2 프로그램으로 변형한 후, Gephi에서 Views, Replies, Messages 네트워크 그래프를 시각화한 결과이다. 〈그림 11.4〉는 Hernández-García(2014)가 제안한 대로 방사축 Messages 그래프(오른쪽)를 보여주고 있고, 〈그림 11.5(오른쪽)〉는 Force Atlas 2를 이용한 그래프인데, 이는 Gephi가 방사형 그래프를 그릴 수 있는 노드의 수를 128개로 제한하고 있기 때문이다. 비교를 위해 〈그림 11.6〉은 코스 1, 2에서 가장 활발한 활동이 이루어진 2개의 게시판에 대해 포럼 그래프로 생성한

그림 11.4 코스 1 : Views(왼쪽), Replies(가운데), Messages(오른쪽) 그래프

그림 11.5 코스 2 : Views(왼쪽), Replies(가운데), Messages(오른쪽) 그래프

Replies 그래프이며, 〈그림 11.7〉은 Meerkat-ED로 만든 코스 1의 Replies, Messages 그래프
이다.

〈그림 11.4〉와 〈그림 11.5〉의 시각화 정보는 2개의 다른 코스에 대한 정보를 보여준다.

- 예상대로, Views 그래프는 Replies 그래프에 비해 훨씬 더 많은 연결 수를 보여주고 있
  다(수동적 참여 대 적극적 참여).

- 코스 2에서 학생들 간의 연결은 주로 그룹 내에서의 커뮤니케이션을 반영하고 있다
  (그룹 구성원들이 팀 프로젝트에 치중하고 있다는 것을 보여준다). 반면 코스 1에서는
  학생들 간의 조금 더 다양한 교류를 보여주고 있다(개인 학습과 그룹 학습의 균형).

- 코스 2에서 Views, Replies 그래프를 통해 적극적으로 참여하지 않거나(Replies 그래

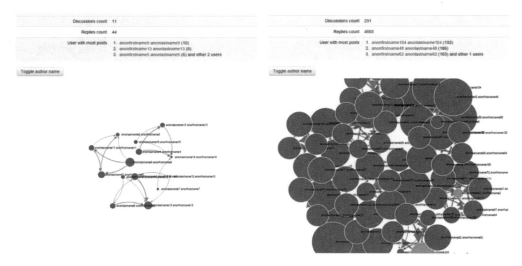

그림 11.6 코스 1(왼쪽)과 2(오른쪽)에서 포럼 그래프로 만든 가장 활발한 게시판의 Replies 그래프

프), 수동적으로(Views 그래프) 참여하고 있는 고립/분리되어 있는 학생들을 탐지할 수 있다.

■ 코스 1의 Messages 그래프는 어떤 스레드가 가장 활발하며, 그 스레드 안에서 어떤 게시글이 가장 활발한지 보여준다. 그러나 코스 2에서는 너무 많은 메시지가 있어 시각적인 분석을 하기 어렵다.

추가적으로, 상단 오른쪽에 윈도우(그림 11.4와 11.5에는 없음)에서 Gephi는 노드(Views, Replies, Messages 그래프에서의 게시글)와 에지의 수에 대한 정보를 제공한다.

〈그림 11.4〉, 〈그림 11.5〉, 〈그림 11.6〉, 〈그림 11.7〉로부터 포럼 그래프와 Meerkat-ED는 Gephi와 비교했을 때, 적어도 코스 1에서는 추가적인 정보를 제공하고 있다. 그러나 코스 2에서 이 두 애플리케이션은 유용한 정보를 제공하지 않는다(Meerkat-ED는 코스를 로드하는 데 실패했고, 포럼 그래프에서는 노드들이 너무 촘촘하게 표현되어 유용한 정보를 추출하기 어렵다). 또한 Meerkat-ED에서 중심성 값은 가중치가 없어 어떤 학생이 가장 활발하게 참여하고 있는지에 대한 정보를 찾기 어렵다.

위에서 살펴본 내용에 따르면, 기존의 분석 도구는 효과적인 소셜러닝 분석용으로 쓰기

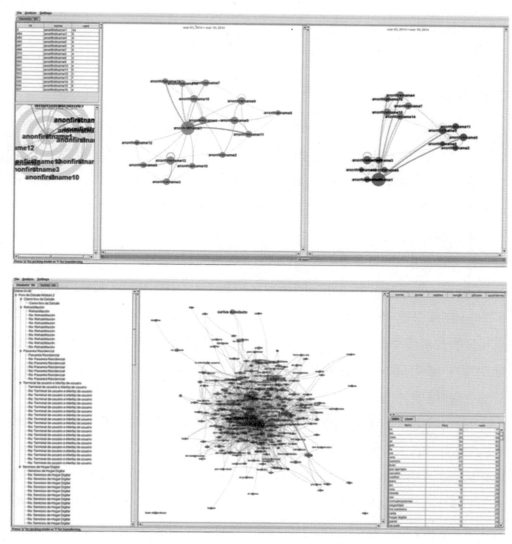

그림 11.7 Meerkat-ED에서 코스 1의 Replies(위)와 단어 메시지(아래) 시각화

에 한계가 있어 보인다. 이런 것들이 Gephi와 같은 특정 SNA 도구들이 소셜러닝 분석 성능을 확장하기 위해 극복해야 할 문제점들이다. Gephi의 가장 큰 특징은 유익한 정보를 제공하는 시각화 기능과 다음과 같은 점이 가능하다는 것이다.

■ SNA 속성값들의 계산

- 노드와 에지의 분할과 순위
- 필터링

Gephi를 통한 소셜러닝 분석

사회연결망 분석(SNA)에서 메트릭스와 속성값 계산은 세 가지 이유에서 필수적인 작업 과정이다('소셜러닝 분석' 절 참조). 첫째, 네트워크 속성값 분석 결과는 학생의 수동적, 능동적 참여(예 : 노드의 중심성, Views와 Replies 그래프에서 에지 가중치), 지식 중개(예 : 매개 중심성), 리더십, 권위자 또는 전문가(예 : 권위, 페이지 순위, 위세 중심성[7]), 정보 수집자 또는 중심인물, 응집도(예 : 밀도) 또는 커뮤니티 식별(예 : 연결 요소, 모듈성, 군집)과 같은 전반적인 네트워크 정보를 제공한다. 둘째, 각 분석 결과들은 Gephi의 데이터 랩 **Data Laboratory**에 통합될 수 있다. 이것은 모든 SNA 속성값들이 데이터 테이블에서의 각 노드와 에지에 통합되어 나중에 다른 통계 소프트웨어에서 통계적 분석(다중회귀, 구조방정식 모형)을 위해 추출될 수 있다. 선택된 노드의 속성값들은 정보 창('Edit' 탭)에서 이용할 수 있다. 셋째, SNA 결과는 메인 화면에서 속성값으로 추가 등록되어 분할, 순위, 필터링 변수로 이용될 수 있다.

분할partitioning과 순위ranking를 통해 분석가는 가장 관심 있는 부분을 강조하는 식으로 필요에 따라 다른 시각화 방법을 적용할 수 있다. 분할 기능을 통해 동일한 SNA 속성값을 가진 노드와 에지에 같은 색을 부여할 수 있다. GraphFES는 노드의 속성값으로 학생과 게시글에 대한 정보를 포함하고 있기 때문에 그러한 정보를 이용해 네트워크를 분할할 수 있다(예 : 동일한 수의 게시글, 댓글, 총 게시글 수를 가진 학생들 또는 동일한 게시판 또는 사용자에 의해 게시된 메시지들에게 같은 색을 배치해 다른 그룹과 구별할 수 있다. 또한 분할을 통해 각 분할 영역에서의 노드의 비율에 대한 정보를 제공한다.

순위는 Gephi의 가장 흥미로운 기능 중 하나이다. 선택된 네트워크 속성값 또는 그것들의 일정 범위에 따라 다른 색깔, 다른 크기의 노드와 에지를 배치할 수 있다. 순위 기능은 절대적인 관점뿐만 아니라 상대적 관점에서도 관심 있는 사항에 대한 직접적인 시각적 해

---

7. 역자 주 : 연결된 노드의 중요성에 가중치를 두어 일정의 위세 정도를 나타냄(명성이 높은 사람들과 관계가 많을수록 자신의 명성 또한 높아짐).

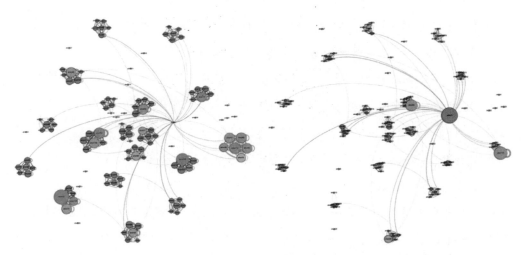

그림 11.8　Replies 그래프(코스 2). 노드의 크기는 가중 진출차수(왼쪽)과 연결중심성(오른쪽) 순위로 결정됨. 노드의 색은 진입차수 결정(회색은 0이며 빨간색에서 초록색으로 갈수록 진입차수가 높다)

석이 가능한 정보를 주기 때문에 매우 유용하다. 예를 들면 Replies 그래프에서 가중치가 부여된 진출 차수에 의한 노드의 크기와 가중치가 부여된 진입 차수에 의한 노드의 색깔은 누가 더 많은 글을 게시했는지 또는 누가 가장 많이, 가장 적게 댓글을 적었는지에 대한 정보를 제공한다. 또한 사용자는 네트워크 속성값에 해당하는 노드와 에지에 이름을 붙일 수도 있다.

〈그림 11.8〉은 네트워크의 속성값 선택이 어떻게 전체적인 네트워크 구성에 영향을 미치는지 보여준다. 그림 왼쪽을 보면, 노드의 크기 순위는 가중치가 부여된 진출 차수를 이용하고, 노드 색깔 순위는 가중치가 부여된 진입 차수를 이용하며 노드에는 사용자의 이름이 붙여진다. 그림 오른쪽에서 바뀐 것은 노드 크기 순위의 기준(매개 중심성)이다. 이 그림은 게시된 글이 많지 않고(왼쪽의 작은 크기) 댓글(양측의 빨간색)도 별로 없지만 교수자(user anon3)는 코스에서 정보 브로커로서 주요한 가교 역할을 하고 있음을 보여준다.

필터링 역시 Gephi의 강력한 기능이다. 필터는 오른쪽에 위치한 탭에 있다. 이전에 언급했듯이 Gephi는 네트워크의 속성값을 계산한 후 필터링을 위해 사용한다.

다양한 네트워크 속성값을 처리하여 필터링하는 데 Gephi와 같은 SNA 도구는 아주 유용하다. 사용자는 여러 조건(속성값)을 제어해, 네트워크에서 관련 있는 부분만 시각화하거나 조건을 만족하는 노드나 에지만을 포함하는 네트워크를 분석할 수 있다. 속성값의 종류에 따라 사용자는 다양한 종류의 필터를 적용할 수 있다(분할, 범위, 논리 연산, 동적 처리, 에고 네트워크와 같은 위상 수학, 속성값이 시멘틱 정보를 포함하고 있다면 SPARQL 쿼리를 이용한 시멘틱 웹 분석). 흥미롭게도 필터가 적용되면 데이터 랩은 필터링에 의해 영향을 받는 노드와 에지에 관한 정보만을 보여준다. 또한 사용자는 나중에 재사용을 위해 간단하든 복잡하든 상관없이 필터링 조건을 저장할 수 있다.

각 코스에 맞는 적절한 필터링 조건과 교육 방법을 계획하는 것은 간단하지만 어떤 필터링은 유용하고 실용적인 정보를 제공할 수도 있다. 예를 들어 많은 수의 노드를 가진 네트워크에서 Views와 Replies 그래프에 관한 필터링은 어떤 게시글도 쓰거나 읽지 않은 학생들을 보여줄 수 있고(진출 차수가 0, 그림 11.9 왼쪽), Messages 그래프에서는 어떤 게시

그림 11.9 Views 그래프에서 고립된 학생(왼쪽)과 고립되었으나 약하게 연결된 학생(오른쪽)

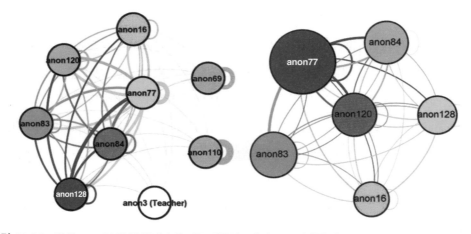

그림 11.10 학생 anon83의 첫 번째 수준 에고 네트워크에서 Views(왼쪽)와 Replies(오른쪽)

글이 아직 댓글이 하나도 없는지도 보여준다(진입, 진출 차수가 0).

필터링은 연속적인 단계에서 적용할 수도 있다. 예를 들어 약하게 연결된 학생(anon83, 그림 11.9 오른쪽)을 식별하고 선택하면 화면 왼쪽 위에 즉시 해당 노드에 대한 정보가 나타난다. 이 학생은 진입 차수가 7, 진출 차수가 9이다. 이는 이 학생이 9명의 다른 학생이 쓴 게시글을 읽었다는 의미이다. 그는 5,413개의 메시지를 읽었고(네트워크의 평균값 이상이다), 그가 작성한 메시지는 6,077번 읽혔다. 무들 로그 데이터의 한계 때문에, 어떤 토론이 보이면, GraphFES는 그 스레드에 관련된 모든 메시지가 보이는 것으로 간주한다. 노드 id 정보도 보이는데 이 정보를 통해 사용자는 다양한 분석을 실행해볼 수 있다. 예를 들어 Views, Replies 그래프에서 특정 학생의 에고 네트워크를 보거나, 어떤 학생이 어떤 학생과 연결되어 있는지 볼 수 있다(그림 11.10).

〈그림 11.10〉에서 학생 anon83은 다른 7명의 학생들(5명은 팀원, 2명은 비팀원)의 메시지를 읽었다는 것을 관찰할 수 있다. 에지의 두께를 보면 이 학생은 팀원들이 작성한 메시지를 집중적으로 읽은 것을 알 수 있다.

위의 사례는 SNA 도구를 이용해 학습 네트워크를 시각화하면 온라인 학습에서의 상호작용에 대한 정보와 통찰을 얻을 수 있다는 것을 보여준다. 이 사례는 소셜러닝 분석과 학습 네트워크 시각화를 통해 고립된 학생을 식별할 수 있을 뿐만 아니라 학습자에 대한 부가적인 정보를 얻을 수 있다는 것을 보여준다(그림 11.9와 11.10은 학생 anon83이 코스 차원에서 소극적이지만 팀 과제에서는 적극적으로 참여하고 있음을 보여준다).

온라인 학습에 대한 SNA에서 여러 정보를 얻기 위해 순위와 필터링을 다양한 방법으로 조합할 수 있다. 예를 들어 〈그림 11.8〉을 더 깊이 분석하여 중심 학습자가 누구인지 식별하는 데 초점을 맞출 수 있거나 전체 네트워크에서 군집을 분석함으로써 코스 내에 학습 커뮤니티를 만들 수도 있다.

지면의 한계 때문에 이 장의 목표는 SNA를 위한 Gephi의 다양한 기능을 충분히 설명하기보다는 분석 도구의 잠재적 유용성을 보여주는 것이었다. GraphFES를 통해 추출된 데이터를 Gephi로 분석하는 방법이나 필터링은 교육기관이나 교수자의 요구에 맞게 진행되어야 하고 코스의 종류와 교육 목표가 결과 해석에 영향을 미칠 수 있다는 점을 고려해야 한다.

이는 교육기관이 소셜러닝 분석 전략 계획을 수립할 때 어떤 순위, 분할, 필터링 방법이 의도하는 분석에 가장 효과적일지, 어떤 네트워크 속성값이 성공적인 학습을 나타내는 지표로 사용되어야 할지 정의되어야 한다는 것을 의미한다.

지금까지는 Gephi가 순위, 분할, 필터링을 위해 네트워크 속성값을 어떻게 추출하는지 설명했고 네트워크의 시각화에 초점을 맞추었지만 SNA에 직접적으로 활용될 수 있는 정보에 대해서는 주목하지 않았다. 이후부터는 코스 1, 2의 SNA 결과에 대해 간략하게 설명하고 결과로부터 가능한 해석을 설명한다.

SNA 속성값

Gephi는 네트워크 메트릭스metrics[8]를 다양한 방식으로 계산한다. Gephi는 분석을 3단계로 진행한다. 먼저 분석을 진행하고(방향성이 있는 네트워크인지 아닌지와 같은 부가적인 속성들이 필요할 수 있다), 결과를 HTML 방식으로 보고하고(보고서는 일반적으로 주요 분석 결과와 속성값의 분포에 대한 그래프를 포함한다), 다양한 결과값을 데이터 랩에 통합한다(네트워크 분석을 위한 분할, 순위, 필터링에 활용됨). 전체 네트워크 속성값과 개별 노드의 속성값은 같은 방법으로 계산된다(네트워크 직경이나 각 노드들의 이심성[9], 매개 중심성[10] 및 근접 중심성[11] 등). 〈표 11.2〉는 코스 1, 2에서의 Views, Replies, Messages 그래프의 관련된 네트워크 속성값 목록이다.

Views 그래프의 속성값은 '비가시적인' 네트워크에 관한 유용한 정보를 교수자들에게 제공한다. 온라인 학습에서 Views 그래프의 평균 연결 수는 가능한 네트워크 노드 수에 근접하는 것이 좋다(네트워크 밀도가 1 또는 평균 경로 길이가 1인 것과 같다). 이는 모든 학생들은 그의 동료 학생들이 작성한 글을 모두 다 읽었다는 의미이다(그들 자신이 작성한 글을 포함하여). 이 값이 작다면 다음의 경우를 의미한다 ─ (1) 한 번도 글을 작성하지 않은 학생이 존재하거나, (2) 다른 학생이 쓴 글을 한 번도 읽지 않은 학생이 존재하거나, (3) 어떤 학생이 글을 작성했지만 동료 학생 누구도 그 글을 읽지 않았다. 교수자는 네트워크

---

8. 역자 주 : 측정항목, 측정수단.
9. 역자 주 : 특정 노드가 얼마나 다른 노드들로부터 멀리 떨어져 있는지(longest path)의 정도.
10. 역자 주 : 특정 노드가 다른 노드들 사이에 위치하는 정도로서 중개인(broker) 역할의 정도.
11. 역자 주 : 특정 노드가 다른 노드들로부터 어느 정도 거리(distance)에 있는지를 나타내는 수치.

표 11.2 네트워크의 주요 메트릭스

	SNA 메트릭스	Views	Replies	Messages
코스 1	노드/에지	16/222	16/64	153/123
	평균 차수	13.88	4	0.8
	평균 가중 차수	348.31	7.69	0.8
	평균 경로 길이	1.08	1.94	1.58
	네트워크 직경	2	4	5
	네트워크 밀도	0.93	0.27	0.01
	네트워크 모듈성	0.15	0.32	0.89
	커뮤니티 수	2	2	32
	약 연결요소	1	1	30
	강 연결요소	2	1	153
코스 2	노드/에지	123/2854	123/662	9241/8604
	평균 차수	23.2	5.38	0.93
	평균 가중 차수	5100.43	69.95	0.93
	평균 경로 길이	1.87	3.87	6.41
	네트워크 직경	4	8	37
	네트워크 밀도	0.19	0.04	0
	네트워크 모듈성	0.89	0.92	1
	커뮤니티 수	31	33	637
	약 연결요소	13	16	637
	강 연결요소	15	29	9241

속성값 정보를 통해 낮은 진입 차수 또는 진출 차수를 갖는 노드를 찾아봄으로써 이러한 세 가지 시나리오가 발생했는지 점검할 수 있다. 코스 1에서는 코스 전체와 그룹 내부에서 모두 사회적 상호작용이 있었다고 볼 수 있고, 데이터는 학생들이 서로 작성한 메시지를 활발하게 읽었다는 것을 확인시켜준다. 즉 대부분의 학생들은 다른 학생들이 작성한 글을 읽었지만 모두 그런 것은 아니다. 데이터를 조금 더 분석해보면, 한 학생은 다른 학생이 작성한 글을 하나도 읽지 않았고 어떤 학생들의 글은 5명의 다른 학생들만 읽었다는 것

을 보여준다. 코스 2에서는 그 값이 매우 낮다. 그러나 코스 2에서는 대부분의 사회적 상호 작용은 그룹 활동에 치중되어 있다는 것을 유의해야 한다. 이는 학생이 전체 게시판에 글을 작성하지 않으면 그 학생의 진입 차수는 그룹 구성원의 수에 교수자 수를 더한 값보다 높지 않다는 것에 유의해야 한다. 반대로 최대 진출 차수값은 그룹 구성원의 수와 전체 게시판에 글을 작성한 학생 수를 더한 값이다. 이러한 사례에서 모듈성은 조금 더 흥미로운 관찰변수 일 수 있는데 왜냐하면 이는 연결된 하위 그래프들 내의 링크가 얼마나 강한지에 대한 정보 를 제공하기 때문이다. 팀워크가 강조되는 코스에서 모듈성은 1에 가까워야 한다.

Replies 그래프의 속성값은 학생들 사이의 활발한 상호작용 정보를 제공한다. 이 그래프 에서 몇 개의 네트워크 속성값은 일반적인 활동 이외의 다른 활동에 대해서는 그렇게 많 은 정보를 제공하지 않는다. 그러나 중심성 메트릭스값은 학습 과정에 관련된 에이전트를 탐지하는 데 결정적으로 중요하다(그림 11.8 참조). 또한 모듈성값, 커뮤니티 개수, 그리고 그룹이 응집적인지 여부와 그룹으로부터 단절된 학생들이 있는지 여부를 관찰하기 위해 약 연결요소와 강 연결요소를 유심히 관찰하는 것이 중요하다.

마지막으로 Messages 그래프의 속성값은 코스에서 게시판 활동이 얼마나 활발한지에 대 한 정보를 제공한다. 먼저 노드의 수는 총 게시글 수를 의미하고 커뮤니티 수/약 연결요소 는 각기 다른 스레드의 수를 의미한다. 왜냐하면 같은 내용의 게시글이 각기 다른 스레드 에 있을 수 없기 때문이다. 따라서 평균 차수나 평균 가중 차수는 댓글이 달리지 않은 초 창기 게시글을 의미한다. 흥미로운 것은 코스 1의 경우 5개 중 4개의 게시글은 댓글이 달 렸다는 것이다. 데이터 랩을 조사해보면 대부분의 댓글이 달리지 않은 게시글은 교수자가 작성한 간단한 뉴스였다. 코스 2에서는 댓글이 달리지 않은 125개(6.89%)의 게시글이 있 었고 그런 게시글의 99%는 과제에 관한 게시판에 있었다. 이런 정보들은 게시판 활동이 활발한 코스에서 교수자가 해결되지 않은 질문이 있는지 확인하는 데 도움이 된다. 또한 최신 게시글과 오래된 게시글을 구분하는 타임스탬프 정보를 고려한다면 이런 정보들이 더 중요할 수 있다.

결론

대학생의 정보 소비량과 학습 습관에 따라 정보통신기술이 제공하는 장점(많은 사람들에게 동시에 전달, 언제 어디서나 접속 가능, 낮은 비용)을 취하기 위해 현재의 교육 트렌드는 ICT에 기반을 두거나 ICT 지원을 받는 교육 방법으로 기울고 있다.

온라인 학습에서는 정보기술이 집중적으로 활용되고 있고 교육 방법은 소셜러닝과 자기주도 학습을 강화하는 쪽으로 진행되고 있다. 코스가 복잡하고 등록 학생 수가 많아지면 학생의 학습 진도를 추적하는 것은 교수자에게 너무 큰 업무가 된다. 학습 플랫폼 데이터베이스에 저장된 데이터는 교수자의 일을 더 쉽게 만들 수 있는 가치 있는 정보를 포함하고 있다. 그러나 이러한 데이터는 원시 데이터 형태로 존재하고 코스와 사회적 상호작용에 대한 유의미한 정보를 얻기 위해서는 많은 처리 과정이 필요하다.

학습분석은 학습 과정을 개선하기 위한 데이터를 수집, 분석, 보고하는 과정을 연구하는 새로운 학문 분야이다. 학습분석 분야 중에서 어떤 연구는 소셜러닝 분석이라는 이름으로 SNA 방법을 활용하여 ICT 기반 학습환경에서의 사회적 상호작용을 분석하는 데 초점을 두고 있다. 소셜러닝 분석은 다양한 관점을 반영하는 넓은 개념의 용어지만 연구의 주요 관심 분야는 ICT 기반 학습환경에 소셜러닝 분석 요소를 구축하는 것이었다.

이 장에서 우리는 소셜러닝 분석 방법을 다루었다. 특정한 문제를 해결하기 위한 도구가 더욱 적절하다는 생각에 따라, 소셜러닝 분석을 위해서는 범용적인 SNA 도구가 더 좋은 대안이라는 점을 지적했다. 정보통신기술 기반 학습환경에서 이러한 도구를 사용하는 데 있어 가장 큰 문제는 학습관리시스템의 로그 데이터베이스가 소셜러닝 관계를 염두하지 않고 구축되었다는 점이다.

따라서, 이 장에서는 무들의 게시판 활동 데이터를 추출해서 코스 내에서 메시지 간의 관계 그래프를 생성하거나 활동적이거나 수동적인 네트워크 형태를 시각화해주는 GraphFES 웹 서비스를 소개했다. 생성된 파일들은 소셜러닝 분석을 위해 범용 SNA 도구인 Gephi에서 처리될 수 있다.

이 장을 통해 GraphFES의 기능, 디자인, 설치에 대해 설명했고 실제 코스로부터 추출된 데이터를 이용해 Gephi를 통한 소셜러닝 분석 가능성을 보여주었다. 소셜러닝 분석 도구로서 Gephi의 기능과 특징들을 충분하게 설명하기보다는 깊이 있는 소셜러닝 분석을 위한 SNA 도구의 잠재력을 보여주었다. 이 분야의 연구가 어느 정도 진전은 있었지만 소셜러닝 분석은 여전히 연구자들이 새로운 종류의 그림을 그리려는 빈 캔버스와 같은 상태이다. 우리의 노력과 GraphFES의 개발은 새로운 그림 기술에 적당한 스케치 연필을 제공하는 의미를 가질 수 있다. 그러나 그러한 기술 발전을 위해서는 소셜러닝 분석에 관한 다양한 주제에 대한 더 많은 연구가 필요하다. 우리는 소셜러닝 분석의 획기적인 발전에 공헌할 수 있는 세 가지 측면이 있다고 생각한다.

첫째, 코스의 성격과 교육 방법이 다르기 때문에 성공적인 SNA를 적용하기 위한 일반적인 규칙을 발견하기 어렵다. 소셜러닝 분석은 새로운 학문 분야이며, 각기 다른 성격의 수업에 최적화된 SNA 메트릭스나 지표에 대한 더 깊은 연구가 필요하다. 비록 우리의 연구 결과를 일반화하기는 어렵지만 사례 연구를 통해 2개의 다른 코스로부터 추출한 데이터를 통해 수행한 분석 결과를 어떻게 해석해야 할지에 대한 가이드라인을 제공했다. 우리는 무들 데이터와 Gephi를 이용하면 팀워크 기반의 학습 환경에서 어떤 학생이 적극적으로 참여하고 어떤 학생이 고립되어 있는지 교사가 쉽고 빠르게 탐지할 수 있고, SNA 메트릭스를 통해 연구자들이 시각화된 결과물을 정제하고 보완적인 분석을 할 수 있도록 촉진한다고 믿고 있다. 이러한 의미에서, GraphFES는 소셜러닝 분석을 촉진하는 도구이지만, 더 넓은 관점에서 보면, 다양한 교육기관을 위한 SNA 도구를 구현하기 위해서는 소셜러닝 분석을 편리한 도구로 고려할 뿐만 아니라 각기 다른 학습 방법과 목표를 고려한 통합적인 학습분석 전략이 요구된다.

둘째, 교수 학습 개선을 위한 소셜러닝 분석의 잠재력은 매우 방대하다. 그러나 SNA 도구의 활용은 다양한 개념에 대한 이해와 어느 정도의 훈련이 되어 있지 않으면 그렇게 간단하고 쉬운 일은 아니다. 이러한 장벽을 극복하기 위해서는 세 가지 길이 있다. 교수자에게 사회관계망 분석기술에 대한 적절한 교육을 제공하고, 미리 정의된 유용한 분석 모델을 제공하여 진입 장벽을 낮추고, 다른 동료 교수자들에게 도움을 줄 수 있는 고급 SNA 사용자층을 형성하는 것이다. 첫 번째 방법은 아마도 시간과 비용이 많이 드는 방법일 것이므로 기관은 학습분석 전략하에서 나머지 두 방법 중 하나를 선택해야 한다.

셋째, 현재 버전의 GraphFES는 SNA 분석을 위한 다양한 기능을 제공하고 있지만 여전히 개선의 여지가 있다. 향후 개선 방향은 다음과 같은 기능의 확장이 고려되어야 한다. 연구자와 교수자가 관심을 가질 만한 다른 정보들의 수집, 그러한 정보들을 노드와 에지 속성과 통합, 코스에서의 변화 과정을 관찰할 수 있도록 시점 데이터의 변형(현재는 게시물이 게재되는 시간만 수집된다)하고 동적 그래프를 제공, 담화 분석을 촉진할 수 있는 맥락과 메시지에 대한 시멘틱 데이터 통합, 마지막으로 무들의 웹 서비스를 활용할 수 있는 새로운 도구의 제작 등과 같은 것이 그 예이다.

참고문헌

Amo Filvà, D., García-Peñalvo, F. J., & Alier Forment, M. (2014). Social network analysis approaches for social learning support. In *Proceedings of the Second International Conference on Technological Ecosystems for Enhancing Multiculturality* (TEEM '14) (pp. 269–274). New York: ACM.

Bandura, A. (1971). *Social learning theory.* New York: General Learning Press.

Barkley, E. F., Cross, K. P., & Major, C. H. (2005). *Collaborative learning techniques: A handbook for college faculty.* San Francisco, CA: Wiley.

Bastian, M., Heymann, S., & Jacomy, M. (2009). Gephi: An open source software for exploring and manipulating networks. In *Proceedings of the Third International ICWSM Conference* (pp. 361–362).

Beaudoin, M. F. (2002). Learning or lurking? Tracking the "invisible" online student. *The Internet and Higher Education, 5*(2), 147–155.

Berger, P. L., & Luckman, T. (1967). *The social construction of reality: A treatise in the sociology of knowledge.* Harmondsworth: Penguin.

Buckingham-Shum, S., & Ferguson, R. (2012). Social learning analytics. *Journal of Educational Technology & Society, 15*(3), 3–26.

De Laat, M., & Prinsen, F. (2014). Social learning analytics: Navigating the changing settings of higher education. *Research & Practice in Assessment, 9,* 51–60.

Edutechnica. (2015). *LMS Data–Spring 2015* Updates. Retrieved from http://edutechnica. com/2015/03/08/lms-data-spring-2015-updates.

Fidalgo-Blanco, Á., Sein-Echaluce, M. L., García-Peñalvo, F. J., & Conde, M. Á. (2015). Using learning analytics to improve teamwork assessment. *Computers in Human Behavior, 47,* 149–156.

Freeman, L. C. (1979). Centrality in social networks: Conceptual clarification. *Social Networks, 1*(3), 215–239.

Gephi. (2015). *Supported Graph Formats.* Retrieved from http://gephi.github.io/users/supported-graphformats.

GEXF Working Group. (2015). *GEXF File Format*. Retrieved from http://gexf.net/format.

Hernández-García, Á. (2014). Usare Gephi per visualizzare la partecipazione nei corsi online: Un approccio di social learning analytics. *Tecnologie Didattiche, 22*(3), 148–156.

Hernández-García, Á., & Conde, M. Á. (2014). Dealing with complexity: Educational data and tools for learning analytics. In *Proceedings of the Second International Conference on Technological Ecosystems for Enhancing Multiculturality* (TEEM '14) (pp. 263–268). New York: ACM.

Hernández-García, Á., González-González, I., Jiménez-Zarco, A. I., & Chaparro-Peláez, J. (2015). Applying social learning analytics to message boards in online distance learning: A case study. *Computers in Human Behavior, 47,* 68–80.

Hmelo-Silver, C. E., & Barrows, H. S. (2008). Facilitating collaborative knowledge building. *Cognition and Instruction, 26,* 48–94.

Lave, J., & Wenger, E. (1991). *Situated learning: Legitimate peripheral participation.* Cambridge: Cambridge University Press.

Leris, D., Fidalgo, Á., & Sein-Echaluce, M. L. (2014). A comprehensive training model of the teamwork competence. *International Journal of Learning and Intellectual Capital, 11,* 1–19.

Long, P., & Siemens, G. (2011). Penetrating the fog: Analytics in learning and education. *EDUCAUSE Review, 46*(5), 31–40.

Macfadyen, L., & Dawson, S. (2012). Numbers are not enough. Why e-learning analytics failed to inform an institutional strategic plan. *Journal of Educational Technology & Society, 15*(3), 149–163.

Moodle. (2015). *Logging 2.* Retrieved from https://docs.moodle.org/dev/Logging_2.

Oshima, J., Oshima, R., & Matsuzawa, Y. (2012). Knowledge building discourse explorer: A social network analysis application for knowledge building discourse. *Educational Technology Research and Development, 60*(5), 903–921.

Reffay, C., & Chanier, T. (2003). How Social Network Analysis can help to Measure Cohesion in Collaborative Distance-Learning. In B. Wasson, S. Ludvigsen, & U. Hoppe (Eds.), *Designing for Change in Networked Learning Environments: Proceedings of the International Conference on Computer Support for Collaborative Learning 2003* (pp. 343–352). Dordrecht: Springer Netherlands.

Wise, A. F., & Hausknecht, S. N. (2013). Learning analytics for online discussions: A pedagogical model for intervention with embedded and extracted analytics. In *Proceedings of the Third International Conference on Learning Analytics and Knowledge* (*LAK' 13*) (pp. 48–56).

Zhao, K., & Chan, C. K. K. (2014). Fostering collective and individual learning through knowledge building. *International Journal of Computer-Supported Collaborative Learning, 9*(1), 63–95.

12

개방형 학습분석 생태계

Mohamed Amine Chatti, Arham Muslim, Ulrik Schroeder

요 약　지난 몇 년간 테크놀로지 기반 학습technology enhanced learning, TEL 분야에서 학습분석에 대한 관심이 증가해 왔다. 학습분석은 데이터의 분석, 실행, 학습에 이르는 과정을 다룬다. 현재 테크놀로지 기반 학습은 변화하고 있는 중이다. 학습은 복잡하고 빠르게 변하는 개방형 네트워크 학습환경에서 더 많이 발생하고 있다. 이러한 변화는 효과적인 학습경험을 달성하기 위한 학습분석의 개념화와 발전에 반영되어야 한다. 이러한 상황에서 학습자가 어떻게 학습하는지, 교육자, 기관, 연구자가 어떻게 이러한 과정을 가장 잘 지원할 수 있는지에 대한 이해가 필요하다. 이 장에서는 개방형 학습분석을 개방형 네트워크 학습환경의 변화를 다룰 수 있는 새로운 연구 분야로서 논의하고, 개방형 학습분석 체계에 대한 개념과 관련 기술을 소개하고 있다.

주제어　학습분석 / 교육데이터마이닝 / 개방형 학습분석 / 생태계 / 개인화 / 네트워크 학습환경 / 평생학습

서론

최근 몇 년간 실무자, 기관 및 연구자들은 학습분석이 가져올 테크놀로지에 기반한 학습의 변화에 주목하고 있다. 학습분석은 교육 분야에서의 빅데이터 분석과 응용에 해당한다(Siemens et al., 2011). 일반적으로 학습분석은 학습 과정을 지원하기 위한 교육 데이터 활용방법론을 말한다.

지난 몇 년간, 학습 테크놀로지에 대한 논의는 기관에서 관리하는 시스템(예 : LMS)에서 개방형 네트워크 학습환경(예 : 개별학습환경, MOOC)으로 이동해 왔다(Chatti, 2010). 실제로 학습은 공간, 시간 및 미디어에 걸쳐 점차 분산되고, 그 결과 학습자와 학습에 관한 많은 양의 데이터(흔히 빅데이터)가 만들어졌다. 이러한 데이터는 주로 학습자가 점점 더 복잡해지고 빠르게 변화하는 학습환경과 상호작용하면서 남긴 흔적이라고 말할 수 있다.

최근, 풍부한 교육 데이터와 빅데이터를 수집하고 처리할 수 있는 효율적인 기반 시설의 잠재력에 대한 관심은 연구자와 실무자 사이에서 대규모 학습분석big learning analytics에 대한 관심으로 이어졌다(Dawson, Gašević, Siemens, & Joksimovic, 2014). 대규모 학습분석은 테크놀로지 기반 학습환경에서 가치 창출을 위해 빅데이터 분석 방법을 활용하는 것을 의미한다(Chatti et al., 2014). 테크놀로지 기반 학습 영역에서 빅데이터의 활용은 엄청난 잠재력을 가지고 있다. 학습분석의 이해 관계자들은 빅데이터 분석 방법을 통해 다양한 학습환경에서 학습자들의 활동에 대한 방대한 양의 데이터에 접근할 수 있으며, 이를 통해 새로운 네트워크 학습환경에서의 학습경험과 과정에 대한 이해를 높일 수 있다.

학습분석 연구 분야는 교육 데이터를 분석하는 새로운 방법을 끊임없이 개발하고 있다. 그러나 현재까지 진행된 대부분의 학습분석 접근법은 특정 프로젝트에 기반을 두거나 중앙집중식 학습환경이라는 좁은 맥락에서의 분석으로 제한되었다. 학습자가 개방형 네트워크 학습환경에서 학습하는 방법과 학습자, 교육자, 기관 및 연구자가 이러한 과정을 가장 잘 수행하고 지원할 수 있는 방법이 무엇인지에 대한 연구는 거의 진행되지 않았다. 이러한 연구를 위해서는 다양한 흥미와 요구, 목표를 가진 참여자를 고려한 혼합된 접근방법을 적용하고 각기 다른 기준과 접근 수준을 가진 다양한 현장을 아우르는 도전적인 데이터에 기반한 학습분석으로 변화해야만 한다. 또한 시간과 환경의 제약 없이 모두가 학습분석 과정에서 생산자이자 소비자가 될 수 있는 지속적인 진행 과정으로서 새로운 학습분석 모델이 필요하다.

이번 논의의 핵심은 개방형 학습분석의 개념이다. Siemens와 동료들(2011)은 이질적인 학습분석기술을 통합하는 모듈화된 플랫폼의 중요성을 처음 제시했다. 개방형 학습분석의 개념은 개방성을 고려한 새로운 학습분석 모델로의 의미 있는 전환을 의미한다. 그렇다면 학습분석과 관련하여 '개방성'은 어떻게 해석되어야 하는가? 개방형 학습분석의 문제점은 무엇인가? 개방형 학습분석 생태계의 구성요소는 무엇인가? 효과적인 개방형 학습분석 플랫폼을 위해서는 무엇이 필요한가? 개방형 학습분석 플랫폼의 기술적 세부사항(구조와 모듈)은 무엇인가?

이 장에서는 우선 이러한 질문에 대답하고 다양한 네트워크 학습환경에서 교수 학습을 지원하는 개방형 학습분석 생태계에 대한 이론적, 개념적, 기술적 세부사항을 제시할 것이다. 개방형 학습분석에 대한 연구는 아직 초기 단계에 있다. 우리의 노력은 이 연구 분야의 핵심 개념 및 기술적 아이디어에 대한 공통의 이해를 촉진하여 연구자와 실무자가 지속가능하고 실용적인 개방형 학습분석 분야에서 다양한 도전을 시도할 때 의사소통할 수 있도록 지원할 것이다.

학습분석

학습분석이라는 용어에 대해 몇 가지 다른 정의를 내릴 수 있다. 가장 일반적으로 인용되는 학습분석에 대한 정의는 '학습과 학습환경에 대한 이해와 최적화를 위한 학습자와 학습환경에 대한 데이터의 수집, 측정, 분석 및 보고'로서 학습분석과 지식에 관한 첫 번째 국제학회LAK11에서 채택되었다(Siemens & Long, 2011, Section "Learuing Analytics", para. 2). Ferguson(2012)과 Clow(2013)는 학습분석의 정의에 대한 리스트를 작성하고 최근 몇 년 동안 학습분석의 진화에 대한 좋은 개요를 제공한다. 세부적으로는 조금씩 다르지만 학습분석의 정의는 학습 데이터를 유용한 학습 활동으로 변환하여 학습을 촉진하는 데 중점을 둔다. 이러한 정의는 학습분석을 데이터의 자동 분석으로 제한하지 않는다는 점을 분명히 하고 있다. 이 장에서는 학습분석을 교육환경에서 수집한 데이터에서 패턴을 분석하고 탐지하는 방법을 개발하고, 이를 통해 학습경험을 지원하는 데 초점을 둔 테크놀로지 기반 학습 연구 분야의 하나로서 살펴보고자 한다.

학습분석은 사실 새로운 연구 영역은 아니다. 학습분석은 수많은 학문 분야(예 : 학습과학, 교육학, 심리학, 웹 과학, 컴퓨터 과학)의 교차점에 있다(Dawson et al., 2014). 학습분석은 교육관리분석academic analytics, 행동 분석, 교육데이터마이닝, 추천 시스템, 적응·개별화 학습 등 다양한 관련 분야와 연결되어 있으며, 기존의 여러 기술(예 : 머신러닝, 데이터마이닝, 정보 검색, 통계 및 시각화)을 조합한다.

Chatti와 동료들(2012, 2014)은 4개의 관점에 기반한 참조 모델을 통해 학습분석과 주요 개념에 대한 체계적인 개요를 제공한다. 저자는 이 모델을 바탕으로 일련의 과제를 파악하고 향후 학습분석 연구에 대한 여러 가지 통찰을 제공하고자 한다. 〈그림 12.1〉에서 볼수 있듯이 제안된 모델의 네 가지 관점은 다음과 같다.

- **What**(어떤 종류의 데이터를 수집, 관리 및 분석에 사용하는가)? 첫 번째 관점은 학습분석에 이용되는 데이터와 학습이 이루어지는 **환경** 및 **맥락**을 나타낸다. 교육 데이터는 공식적 · 비공식적 학습 채널에서 제공된다. 또한 공간, 시간, 미디어에 따라 분산된 다양한 형식으로 제공될 수 있다.
- **Who**(분석의 대상은 누구인가)? 학습분석은 학습분석에 대한 다양한 관점과 목표,

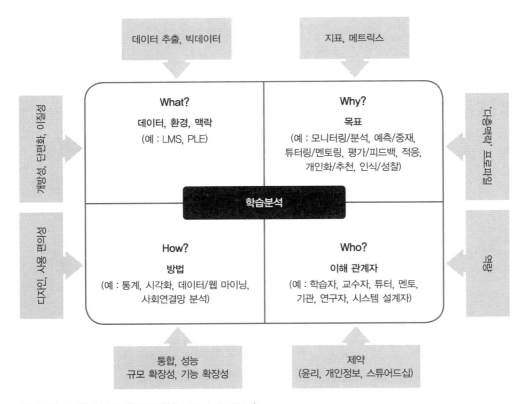

그림 12.1 학습분석 참조 모델(Chatti et al., 2014)

기대를 갖고 있는 학생, 교사, 지능형 튜터/멘토, 교육기관(관리자 및 의사결정자), 연구자, 시스템 설계자 등의 이해 관계자를 대상으로 할 수 있다.

- **Why**(수집된 데이터를 분석하는 이유는 무엇인가)? 다양한 이해 관계자들의 관점에 따라 학습분석에는 많은 **목표**가 존재한다. 학습분석은 모니터링, 분석, 예측, 개입, 튜터링 및 멘토링, 평가, 피드백, 적응, 개인화, 추천, 인식 및 성찰 등의 목표를 가질 수 있다.

- **How**(수집된 데이터를 어떻게 분석하는가)? 학습분석은 교육 데이터에 숨어 있는 흥미로운 패턴을 탐지하기 위해 통계, 정보 시각화, 데이터마이닝, 사회연결망 분석 등 여러 가지 방법을 적용한다.

개방형 학습분석

특별히 풍부한 연구가 가능한 영역은 개방형 학습분석이다. 개방형 학습분석의 개념은 2011년 학습분석 연구 단체SoLAR가 발표한 초기 비전 보고서에서 소개되었다(Siemens et al., 2011). 이후, 2014년 3월 인디애나주 인디애나폴리스에서 연구자 간 교류와 공동 연구를 촉진하고, 학습분석 및 오픈소스 소프트웨어 개발 분야의 대표자들이 학습분석과 개방형 학습, 개방형 기술과 개방형 연구의 교차점 탐구를 위해 첫 번째 회의가 개최되었다. 이 회의에서 다양한 이해 관계자가 교류하고 각자의 모범 사례를 공유할 수 있는 기술적, 개념적 체계로서의 개방형 학습 개념에 대해 토론했다. 기술적인 관점에서, 이 회담은 개방형 시스템의 구조과 오픈소스 커뮤니티가 어떻게 오픈소스 학습분석 서비스와 제품을 제공할 수 있는지에 대해 초점을 맞추었다. LACELearning Analytics Community Exchange 프로젝트는 2014년 12월 Open Learning Analytics Network Summit Europe에서 조직되어 유럽인들의 개방형 학습분석 체계의 개념에 대한 시각을 발전시켰다(Cooper, 2014a). Sclater(2014)는 이 회담에 대해 잘 소개하고 있다. 그는 개방형 학습분석의 가장 분명한 특징은 코드와 예측 모델의 재사용이라는 점에 주목했다.

현재까지는 비전 보고서에서 관련 회의에 이르기까지 개방형 학습분석에 대한 논의는 오픈소스 소프트웨어, 공개 표준, 상호 호환성을 위한 표준 API의 필요성과 학습분석의 광범위한 이용에 따른 윤리 및 사생활 보호 문제에 국한되었다. 개방형 학습분석의 개념은 아직 제대로 정의되어 있지 않으며, 구체적인 개념 및 개발 계획이 부족하고 여전히 다음과 같은 몇 가지 중요한 질문에 대해 대답하지 못하고 있다.

- 학습분석과 관련하여 '개방형'이라는 말을 어떻게 해석해야 하는가?
- 개인화 학습, 네트워크 학습, 평생학습을 촉진하기 위해 개방형 학습분석을 어떻게 활용할 수 있는가?
- 상호 호환성 및 개인정보 보호 문제 이외에 다른 문제점은 무엇인가?
- 개방형 학습분석 생태계의 구성요소는 무엇인가?
- 개방형 학습분석 플랫폼이 지원해야 하는 구체적인 사용자 및 시스템 시나리오는 무엇인가?
- 효과적인 개방형 학습분석 플랫폼을 위해서는 어떠한 것들이 필요한가?
- 개방형 학습분석 플랫폼의 기술적인 세부사항(시스템 구조 및 구성요소)은 무엇인가?

이제부터 이러한 질문에 대한 답을 제시하고자 한다. 우선 개방형 학습분석이라는 용어를 명확하게 제시한 후, 개방형 학습분석 생태계에 대한 개념과 기술적인 세부사항에 대해 설명할 것이다.

개방형 학습분석이란 무엇인가? '개방성'이라는 용어는 스스로 조직할 수 있고, 네트워크화되며, 자발적 동기부여가 가능한 지속적인 학습 기회에 대한 수요가 증가했기 때문에 테크놀로지 기반 학습 연구 커뮤니티에서 많은 관심을 받았다. "개방성은 인터넷을 통해 무료로 사용 가능해야 하고 기술적, 법률적, 가격 장벽 등의 이유와 무관하게 자원을 사용하는 데 거의 제한이 없어야 한다는 것이 두 가지 핵심 사안이다"(OECD, 2007, p. 32). Wiley(2009)에 따르면, 개방성의 핵심은 공유를 의미하며 교육은 공유되는 것이다. 개방형 교육은 지난 세기 동안 꾸준히 진화해 왔다(McNamara, 2012). 19세기 후반부터 20세기에 이르기까지 개방형 교육은 개방 교실, 개방 교육, 개방 대학 등 다른 개방형 학습 계획과 함께 원격교육의 발전 측면에서 연구되어 왔다. 공개교육자료open educational resources, OER와 오픈코스웨어OCW는 지난 10년간 개방형 교육 운동에서 중요한 진전을 의미한다

(Downes, 2007; McNamara, 2012). 온라인 공개 강의MOOC가 도입된 이후 이것은 개방형 교육 운동의 최전선에 서 있다. MOOC는 OER 및 OCW의 진화된 형태로 간주되어 왔다 (Yuan & Powell, 2013).

여러 문헌에서 개방형 교육, OER, OCW, MOOC를 통해 개방성에 대한 다양한 관점이 논의된 바와 같이 학습분석과 관련하여 '개방성'이 어떻게 해석되어야 하는지에 대해 몇 가지 제안을 할 수 있다.

- **개방형 학습**은 개방형 네트워크 학습환경에서 학습자가 어떻게 학습하는지, 학습자, 교육자, 기관, 연구자가 이러한 학습 과정을 어떻게 가장 잘 수행하고 지원해줄 수 있는지에 대한 이해를 제공한다(Chatti et al., 2014).
- **개방형 운영**은 창조, 공유, 협력의 참여 문화에 영향을 준다.
- **개방형 구조, 처리 과정, 모듈, 알고리즘, 도구, 기술, 방법**은 '재사용Reuse, 재배포 Redistribute, 수정Revise, 리믹스Remix'라는 네 가지 R원칙에 의해 사용할 수 있다 (Wiley, 2009; Hilton et al., 2010). 모든 사람은 위의 네 가지 원칙에 따라 제한 없이 자유롭게 사용하고, 원하는 대로 개조하고, 향상시키고, 재배포할 수 있어야 한다.
- **개방형 접근**이란 자기관리 및 창의성을 증진하기 위해 어떠한 진입요건 없이 다양한 이해 관계자들에게 학습분석 플랫폼에 대한 접근이 허용되어야 하는 것이다.
- **개방형 참여**는 학습분석에 다양한 이해 관계자들을 참여시킨다. Daniel과 Buston (2014)은 학습분석에는 "데이터를 어떻게 추출하고, 무슨 데이터가 활용 가능한지 알고 있는 사람과 무슨 데이터가 필요하고 그 데이터를 어떻게 해야 가장 잘 사용할 수 있는지 알고 있는 사람들이 여전히 분리되어 있다"(p. 45)고 주장했다. 따라서 유용한 학습분석 성과를 만들어내기 위해서는 학습분석 과정에 다양한 이해 관계자가 함께 참여하는 것이 필요하며, 학습자를 학습분석의 핵심 부분으로 보는 것이 필수적이다. 즉 학습자는 데이터 수집의 대상이거나(Sclater, 2014), 서비스의 수혜자(Slade & Prinsloo, 2013)일 뿐만 아니라 적극적인 협력자가 되어야 함을 의미한다. 학습자와 교사의 참여는 학습분석이 다양한 사용자들에게 수용되기 위한 핵심 열쇠이며, 이는 학습분석이 교수 학습의 개선을 목표로 한다면 반드시 필요한 사항이다.

- **개방형 표준**은 '시장 세분화를 줄이고 사용 가능한 제품의 수를 늘리기 위한 것'이다 (Cooper, 2014a). 개방형 표준 및 사양은 상호 호환성의 향상이라는 장점을 실현하는 데 도움이 될 수 있다(Cooper, 2014b).

- **개방형 연구**와 **개방형 과학**(Fry et al., 2009)은 언제 어떻게 데이터가 사용될 수 있는지에 대한 법적 보호 규제 장치가 있는 **개방형 데이터세트**에 기반한다(Verbert et al., 2012). Sclater(2014)는 하나의 기관 내에서 각기 다른 시스템에 기반한 데이터세트가 서로 연결되는 것뿐만 아니라 잠재적으로 다른 기관끼리도 데이터세트가 연결될 수 있다고 언급했다. 개방형 데이터세트에 흥미를 가진 연구자들은 '데이터TEL'dataTEL 을 중심으로 초기 연구를 시작했는데, 이들의 주요 목표는 교육 데이터의 교환 및 상호 호환성을 증진하는 것이었다(Duval, 2011; Verbert et al., 2011). 개방형 데이터세트의 예로 대규모의 학습 데이터세트를 공유할 수 있는 공용 데이터 저장소인 PSLC datashopPittsburgh Science of Learning Center datashop을 들 수 있다(Koedinger et al., 2010).

- **개방형 학습자 모델링**은 학습자가 모델을 제어, 편집, 업데이트 및 관리할 수 있는 사용자 인터페이스를 기반으로 한다(Kay & Kummerfeld, 2011). 이것은 학습분석 활동의 투명성을 향상시키고 신뢰를 쌓는 데 중요하다.

- **개방형 평가**는 평생 학습자가 자신의 학습 상황에 대해 인지할 수 있도록 도와준다. 개방형 평가는 누구나, 언제, 어디에서나 평가 목표에 참여할 수 있는 신속한 방법이며 시간, 장소 그리고 기기의 제한을 뛰어넘어 모든 사람이 평가자와 피평가자가 될 수 있다(Chatti et al., 2014).

개방형 학습분석의 개념은 위에서 설명한 '개방성'의 모든 측면을 다룬다. 이는 '학습분석' 절에서 소개한 참조 모델의 네 가지 관점에서의 다양성을 아우르는 지속적인 분석 과정과 관련 있다.

- What? 학습 데이터, 환경, 맥락에서 상당한 수준의 다양성을 수용하며, 기존의 교육환경(예 : LMS)과 더 개방적이고 덜 공식적인 학습환경(예 : 개별학습환경, MOOC,

소셜 웹)으로부터 추출한 데이터를 모두 포함한다.

- Who? 다양한 이해와 요구를 가진 이해 관계자들에게 제공된다.
- Why? 다양한 이해 관계자들의 특정한 관점에 따른 목적을 충족시킨다.
- How? 대규모 데이터세트를 관리하고, 학습과 학습환경을 이해하고 최적화하는 데 사용할 수 있는 지표 및 메트릭스를 처리하기 위해 통계적, 시각적, 계산 도구, 방법, 방법론을 활용한다.

개방형 학습분석의 플랫폼

개방형 학습분석의 목표는 평생학습환경에서 학습 효율성과 효과성을 향상시키는 것이다. 오늘날 네트워크화되고 점점 복잡해지는 학습환경 속에서 학습을 이해하고 학습경험과 교육실습을 향상시키기 위해서는 폐쇄형 학습분석 시스템으로부터 모두가 혜택을 받을 수 있는 학습분석 생태계 및 플랫폼으로의 전환 및 확장이 필요하다.

개방형 학습분석 생태계는 다양한 이해 관계자들을 포함하는데, 이들은 학습분석에 대한 공통 관심을 가지고 있으며, 다양한 요구와 목적, 학습환경 및 상황에서 발생하는 광범위한 데이터와 이러한 데이터에서 가치를 창출해낼 수 있는 다양한 기반시설과 방법을 가지고 있다.

다음 절에서 사용자 시나리오, 요구사항, 기술 구조 및 구성요소에 대한 자세한 설명을 통해 개방형 학습분석 플랫폼에 대한 비전을 제시할 것이다. 목표는 개방형 학습분석을 위한 생태계의 기술적 토대를 형성하는 것이다.

사용자 시나리오

여기에서는 개방형 학습분석 플랫폼에서 지원할 수 있는 3개의 사용자 시나리오를 제시한다.

교사 시나리오

리마Rima는 ABC대학교에서 대학의 학습관리 시스템을 이용하여 수업을 관리한다. 그녀는 개인맞춤형 대시보드에서 자신의 수업에 대해 다양한 지표로 요약된 정보를 제공받고 이를 통해 자신의 수업을 향상시킨다. 대시보드에는 수업 참여율, 토론게시판 참여율, 가장 많이 읽거나 다운로드 한 문서, 학생들의 과제 진행 상황 등 미리 정의된 다양한 지표가 있다.

최근 리마는 토론 게시판에서 어떤 학습 자료가 많이 논의되는지 확인할 수 있는 방법을 모색했다. 그녀는 대시보드의 여러 지표 중에서 이러한 요구를 충족시킬 수 있는 항목을 찾지 못했다. 그녀는 새로운 지표를 생성하고 이 지표를 적절히 시각화하기 위한 편집기를 이용했다. 새롭게 만들어진 지표는 이후 다른 사용자가 다시 사용할 수 있도록 사용 가능한 지표 목록에 추가되었다.

학생 시나리오

아미르Amir는 ABC대학교의 컴퓨터과학 전공 학생이다. 그는 웹 기술에 관심이 많다. 그는 개방형 학습분석 플랫폼을 통해 대학의 학습관리 시스템, edX MOOC 플랫폼, 칸 아카데미Khan Academy, 블로그, 페이스북, 유튜브, 슬라이드쉐어 및 다양한 토론 게시판에서 이 주제와 관련된 데이터를 수집한다.

아미르가 개방형 학습분석 플랫폼에서 가장 마음에 드는 것은 자신의 프로파일에서 수집 가능한 학습활동 정보를 선택할 수 있다는 것이다. 아미르에게 개인정보 보호는 큰 고민거리 중 하나이다. 기본적으로 기록된 모든 활동 데이터는 해당 사용자만 사용할 수 있다. 하지만 특정 데이터를 누군가에게 일정 기간 동안 공개할 수 있도록 지정할 수 있는 옵션이 제공된다.

아미르는 다양한 플랫폼에서 자신의 학습 성과를 모니터링하는 데 관심이 있다. 그는 지표 편집기를 사용하여 학습관리 시스템에서의 성적, edX MOOC 플랫폼에서 동료 평가 피드백, 칸 아카데미의 공개 배지open badges를 합산한 새로운 지표를 생성한다. 그는 꺾은 선 차트, 텍스트 형식의 동료 평가 피드백 및 목록 검토를 통해 그의 동료와 비교함으로써 자신의 지표를 시각화한다. 플랫폼은 아미르가 학습관리 시스템 평가 모듈에 포함시킬 수 있는 시각화 코드를 생성한다. 또한 아미르는 강의 슬라이드, 비디오, 온라인 기사, 블로그 게시물 및 토론 게시판 형태의 웹 기술과 관련된 정보를 얻는 데 관심이 있다. 그는 다양한 학습 자원을 학습하도록 추천하는 새로운 지표를 생성한다. 그런 다음 생성된 지표를 학습관리 시스템의 학습 자료 모듈에 추가한다.

개발자 시나리오

하산Hassan은 ABC대학교의 연구원이다. 그는 강의 비디오에 공동으로 주석을 달 수 있는 모바일 프로그램을 개발했다. 그는 개방형 학습분석 플랫폼을 통해 애플리케이션 사용자의 사회적 상호작용을 분석하는 데 관심이 있다. 개방형 학습분석 플랫폼에서 제공하는 데이터 모델 설명서 및 가이드라인을 기반으로 그는 모바일 애플리케이션에서 활동 데이터를 수집하여 플랫폼으로 전송하는 새로운 수집기를 개발한다. 또한 수집된 데이터에 SNA 도구인 Gephi를 적용하기 위해 지표 편집기를 이용해 새로운 지표를 정의하고 싶지만 이 방법은 아직 플랫폼에서 사용할 수 없다. 그래서 그는 API 플랫폼을 사용하여 Gephi를 새로운 분석 방법으로 등록한다. 하산은 지표 편집기로 돌아가 새로 등록된 분석 방법을 선택하여 해당 지표에 적용한다.

요구사항

개방형 학습분석은 매우 어려운 과제이다. 여기에서는 학습분석의 실무자, 개발자 및 연구자를 위한 요구사항과 시사점을 소개한다. 이 절에서는 개방형 학습분석 플랫폼의 토대가 되는 실행 가능한 요구사항에 대해 설명한다.

데이터 집계와 통합

'학습분석' 절에서 학습분석 참조 모델의 'what?'의 관점을 설명한 바와 같이 교육 데이터는 공간, 시간 및 미디어에 걸쳐 분산되어 있다. 여기서 중요한 요구사항은 학습자의 분산된 활동을 반영하는 유용한 교육 데이터를 만들기 위해 다양한 형식으로 제공되는 이질적 원시 데이터를 집계하고 통합하는 것이다. 이를 통해 보다 정확하고 견고한 학습분석 결과물을 이끌어낸다.

상호 호환성

상호 호환성을 높이려면 데이터의 이질성을 줄여야 한다. 상호 호환성은 이종 시스템 간에 데이터를 효율적·안정적으로 이동시키는 문제를 해결한다(Cooper, 2014b). 상호 호환성의 정의로 널리 사용되는 것은 '둘 이상의 시스템 또는 구성요소가 정보를 교환하고, 교환된 정보를 사용할 수 있는 능력'이다(Benson, 2012, p. 21; Cooper, 2013). 상호 호환성의 장점은 효율성 및 적시성, 독립성, 적응성, 혁신 및 시장 성장, 데이터의 지속성, 집계 및 공유가 있다(Cooper, 2014b). 상호 호환성은 분석을 상호 비교하고(Daniel & Butson, 2014) 폭넓은 일반화(예를 들어 하나의 예측 모델이 다른 환경과 맥락에서도 여전히 신뢰할 수 있는지)를 검증하기 위해서 필요하다(Romero & Ventura, 2013).

규격과 표준

데이터와 서비스의 상호 호환성을 평가하기 위해서는 일반적으로 수용될 수 있는 규격과 표준을 채택하는 것이 중요하다. 다양한 협회, 조직, 단체 및 그룹은 표준화 활동을 촉진하여 학습분석에 채택되거나 채택될 수 있는 많은 규격 및 표준을 만들었다(Hoel, 2014). 상호 호환성에 기여하는 수많은 규격과 표준이 있다(Cooper, 2014b). Cooper(2014c)는 학습분석에서 기존 작업에 대해 기술 관점에서 학습분석 시스템 개발자와 관련 있는 내용을 소개한다. 여기에는 데이터 교환(예 : ARFF, CSV, GraphML), 모델 및 방법(예 : PMLL), 로깅(예 : Activity Streams, CAM, xAPI), 평가(예 : IMS QTI, Open Badges) 개인정보 보호(예 : UMA)와 관련된 규격과 표준이 정리되어 있다.

  Cooper(2014c)와 Hoel(2014)이 언급했듯이 아직 개방형 학습분석을 위한 표준화 작업을 수행하는 체계적인 시도는 없었다. 현재는 개방형 학습분석의 실행과 관련이 있을지도 모르는 기술 규격과 표준에 대한 인식을 강화하기 위한 연구만 존재한다. 아직은 활용 가능한 적절한 규격이 없다. 향후 연구 활동은 다양한 규격과 표준을 활용한 경험을 공유하고, 개방형 학습분석에 활용되기에 더 적합한 규격과 표준을 연구하는 쪽에 초점이 맞춰질 것으로 예상된다.

재사용 가능성

개방형 학습분석 구조의 개념화 및 개발 과정에서 '재사용, 재배포, 수정, 리믹스'라는 네 가지 R원칙을 따르는 것이 필요하다. 동의된 규격 및 표준을 채택하면, 개방형 학습분석에서 필수적인 데이터, 서비스, 방법론의 재사용이 촉진된다.

모듈화

개방형 학습분석 모델은 시간의 경과에 따른 변화에 대응하기 위해 다양한 작업자가 개발한 새로운 구성요소를 쉽게 수용할 수 있는 구조가 필요하다. 모듈화 및 서비스 지향적 접근 방식을 사용하면 보다 빠르고, 저렴하며, 적용이 용이한 개방형 학습분석 구조가 가능하다. 이는 아직 연구방법론이 성숙되지 않은 학습분석의 특징과도 관련이 있다(Cooper, 2014b).

유연성과 지원 확장성

Daniel과 Butson(2014)은 빅데이터의 힘을 이용하는 최고의 플랫폼은 유연성이 있어야 한다고 언급했다. "이런 플랫폼은 데이터를 조합하여 통찰을 얻어낼 수 있도록 적합한 기술, 도구, 기능을 혼합한다"(p. 41). 따라서 개방형 학습분석 플랫폼은 설치된 이후에도 새로운 모듈과 방법 및 데이터가 플러그인되도록 유연하게 지원하는 기능적 확장성을 갖추고 있어야 한다.

성능 및 기능 확장성

데이터의 규모와 분석 기능을 점진적으로 확장하려면 성능과 규모 확장성을 고려해야 한다. 이는 Apache Hadoop, MapReduce, NoSQL 데이터베이스, Tableau Software와 같은 대규모 데이터를 수집, 저장, 배포, 관리 및 분석하는 데 사용되는 강력한 빅데이터 솔루션을 활용하여 달성할 수 있다(Daniel & Butson, 2014).

사용 편의성

사용 가능하고 유용한 학습분석 도구 개발을 위해서는 가이드라인과 설계의 패턴을 고려해야 한다. 적절한 시각화는 많은 양의 교육 데이터를 이해하는 데 기여할 수 있다. 통계분석 도구, 필터링 도구 및 데이터 마이닝 도구는 학습자, 교사 및 교육기관이 이러한 도구의 기반 기술에 대한 광범위한 지식 없이도 분석 목표를 달성하는 데 문제가 없도록 설계되어야 한다. 특히, 교육용 데이터마이닝 도구는 비전문가를 위해 설계되어야 한다 (Romero & Ventura, 2010).

개인정보 보호

초기 단계부터 학습분석 솔루션에 윤리 및 개인정보 보호 체계를 구축하는 것이 매우 중요하다. New Media Consortium의 대표인 Larry Johnson은 '모든 사람이 빅데이터와 학습분석에 대해 이야기하고 있지만, 개인정보 보호 문제를 먼저 해결하지 않으면 실제로 시작되기도 전에 없어지게 될 것'이라고 말했다(Bomas, 2014에서 인용).

투명성

학습분석에 사용되는 데이터와 분석 결과는 의도하지 않은 방법으로 사용될 수 있다. 예를 들어 학습자는 개인 데이터가 건설적인 피드백에 사용되는 것이 아니라 모니터링 및 채점에 사용될 것을 두려워할 수 있다. 이는 학습자가 학습분석 도구를 사용하지 않고 분석 기반의 테크놀로지 기반 학습 시나리오에 참여하지 않도록 만드는 의도하지 않은 효과를 가져올 수 있다. 학습분석이 수용될 수 있도록 추진하기 위해서는 투명성이 필수적이다. 투명성은 학습분석 과정에서 정당성을 얻는 방법을 명확하게 정의한다. 투명성은 예외 없이 전체 과정에 적용해야 한다. 즉 데이터가 수집되는 방법, 데이터에 접근할 수 있는 사람, 데이터에 적용되는 분석 방법, 데이터의 이용 가능 시간 및 유효기간, 데이터가 사용될 목적, 사용되는 조건, 학습자의 신분을 보호할 수 있는 방법에 대해 항상 쉽게 접근할 수 있어야 하며, 상세한 설명이 있어야 한다(Bomas, 2014, Chatti et al., 2014, Pardo & Siemens, 2014; Sclater, 2014; Slade & Prinsloo, 2013). 또한 학습분석이 달성할 수 있는 변화와 부가가치를 명확하게 보여줌으로써 제도의 투명성을 높이는 것이 중요하다(Daniel & Butson, 2014; Dringus, 2012).

개인화

학습분석 업무는 다양한 이해 관계자의 필요와 목표에 맞춘 개인화되고 목표지향적인 학습분석 모델을 따르는 것이 중요하다. 사용자별 순환식 학습분석 접근방식을 채택할 필요가 있다. 이러한 접근방식은 지속적인 질문 기반 학습분석 과정에서 최종 사용자가 목표 설정, 질문 제기, 플랫폼과의 상호작용, 지표의 자체 정의를 할 수 있도록 지원함으로써 그들이 자신들의 목표를 달성하도록 도움을 준다.

개념적 접근

지금부터는 〈그림 12.2〉에 묘사된 것과 같은 개방형 학습분석 플랫폼의 구성요소를 자세히 설명하도록 한다.

데이터 수집 및 관리

학습분석은 교육을 개선하기 위해 '빅데이터'를 이용하는 방법에 중점을 둔다(Siemens & Baker, 2012). 빅데이터의 가능성은 기술, 플랫폼, 분석 기능의 혁신으로 인해 빠르게 진화

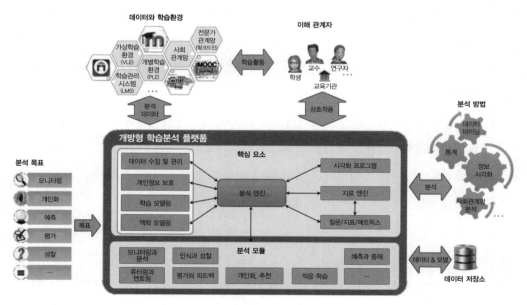

그림 12.2 개방형 학습분석 플랫폼의 추상적인 구조

하고 있다. 맥킨지McKinsey 연구 보고서는 빅데이터를 '일반적인 데이터베이스 소프트웨어로 데이터를 수집, 저장, 관리 분석할 수 없는 크기의 데이터'라고 정의한다(Manyika et al., 2011). 가트너Gartner의 분석가인 Doug Laney는 빅데이터를 설명하기 위해 3Vs 모델로 규모volume(데이터의 양), 속도velocity(데이터가 들어오고 나가는 속도), 다양성variety(데이터의 유형과 소스의 범위)을 사용한다(Laney, 2001). 가트너는 빅데이터를 '의사결정, 통찰 발견 및 프로세스 최적화를 향상시키기 위해 새로운 형태의 처리를 필요로 하는 많은 양, 빠른 속도 그리고 다양한 종류의 정보 자산'으로 정의한다(Laney, 2012). 일반적으로 연구는 기존의 빅데이터 특징인 규모, 속도, 다양성에 추가하여 진실성veracity(다양한 원천으로부터 생성된 데이터의 편향, 잡음, 비정상성 및 데이터의 수집, 처리, 활용과 관련된 신뢰와 불확실성에 관한 질문), 검증verification(데이터 확인 및 보안), 가치value(유용한 통찰력 및 이점을 창출하는 데이터의 능력)를 포함한 빅데이터의 개념과 관련된 기본적인 특징들을 제공한다(Daniel & Butson, 2014).

이러한 특성에 따라 학습 과정에서 발생하는 데이터는 빅데이터로 특징지어질 수 있다.

- 규모 : 하나의 학습 플랫폼은 학생 1인당 수천 건의 데이터를 창출할 수 있다.
- 속도 : 수집된 데이터는 실시간으로 처리되고 분석되어야 하므로, 정확하고 시기적절한 피드백을 제공해야 한다.
- 다양성 : 분석되는 데이터는 학습관리 시스템의 로그 파일, 평가 점수, 소셜 웹 등 다양한 소스로부터 공급된다.
- 진실성과 검증 : 학습분석 과정에서 신뢰를 구축하고 정당성을 확보하려면 데이터의 질, 개인정보 및 보안 문제를 해결해야 한다.
- 가치 : 학습분석의 주요 목적은 교육 과정에 대한 통찰을 제공하기 위해 교육 데이터를 활용하는 것이다.

학습분석은 데이터 중심 접근방식이다. 학습분석의 첫 번째 단계는 다양한 학습환경에서 데이터를 수집하는 것이다. 단순히 원시 데이터를 수집하고 통합하는 것은 중요한 작업이 아니며, 적절한 데이터 수집 및 관리 작업이 필요하다(Romero & Ventura, 2013). 이러한 작업은 데이터에서 유용한 패턴을 성공적으로 발견하는 데 중요하다. 수집된 데이터는 다양한 형식(예 : 정형, 반정형, 비정형 문서, 비디오, 이미지, HTML 페이지, 관계형 데이터베이스, 객체 저장소)과 입도granularity 수준으로 인해 이질적이며, 관련 없는 특성을 많이 포함할 수 있기 때문에 데이터 전처리 과정이 요구된다(Liu, 2006). 데이터 전처리는 주로 특정한 학습분석 방법에 투입 가능한 적절한 형식으로 데이터를 변환하는 것이다. 이 단계에서는 데이터마이닝 분야에서 활용되는 몇 가지 데이터 전처리 방법을 사용할 수 있다. 여기에는 데이터 정리, 데이터 통합, 데이터 변환, 데이터 축소, 데이터 모델링, 사용자 및 세션 식별, 경로 완성이 포함된다(Han & Kamber, 2006, Liu, 2006, Romero & Ventura, 2007). 데이터 수집 및 전처리 단계가 끝나면 적절한 수준에서 데이터를 통합하여 학습자의 분산된 활동을 반영하는 완전한 데이터세트를 만들어야 한다.

상호 호환성과 통합 문제를 해결하기 위해 개방형 학습분석 플랫폼은 표준화된 데이터 모델을 채택해야 한다. 개방형 학습분석을 위한 데이터 모델은 '맥락 모델링'Context Modeling 부분에서 논의될 것이다. 또한 플랫폼은 각기 다른 수집기가 사용할 수 있는 API를 제공해야 한다. 수집기는 학습환경에서 데이터를 수집하고 적절한 형식으로 플랫폼에 제공하는 시스템의 한 부분일 수 있다. 또한 원시 데이터를 API에 맞는 형식으로 전환하고 개방형 학습분석 플랫폼에서 사용되는 데이터 모델로 변환하는 연결 장치일 수도 있다. 데이터 수집 및 관리 단계에서는 개인정보 보호 문제를 고려해야 한다.

개인정보 보호

개인정보 보호정책은 학습분석에서 큰 과제이다. 이 문제는 학습자 데이터가 다양한 출처에서 수집되는 개방형 학습분석에서 더욱 중요해진다. 따라서 윤리 문제 및 사생활 보호 문제에 대한 해결책을 개발하는 데 도움이 되는 구조를 연구하는 것이 중요하다. 학생 입장에서 학습분석을 사용하면서 발생하는 윤리 문제와 사생활 문제를 이해하고 다루기 위한 흥미로운 연구가 진행되고 있다. 예를 들어 Pardo와 Siemens(2014)는 학습분석 도구로 작업할 때 연구원이 개인 정보에 대해 고려해야 하는 네 가지 실질적인 원칙을 제공한다. 이러한 원칙은 (1) 투명성, (2) 학생의 데이터 통제권, (3) 보안, (4) 책무성과 평가이다. Slade와 Prinsloo(2013)는 개인정보 보호를 고려하는 학습분석을 구현하기 위해 여섯 가지 원칙과 함께 윤리적 틀로 (1) 도덕성을 갖춘 학습분석, (2) 학습 과정의 중요한 행위자로서 학생, (3) 학생의 정체성과 학업 성과는 일시적이며 역동적으로 변하는 구조임, (4) 학생 성공은 복잡하고 다차원적인 현상임, (5) 투명성, (6) 고등교육에서 데이터 활용의 필연성 등을 제안했다. 가이드라인 중 일부는 중복되거나 Pardo와 Siemens(2014)가 제안한 원칙과 동일하다. 개인정보와 관련된 또 다른 설계는 1990년대 Ann Cavoukian에 의해 개발되었다. 이 설계는 일곱 가지 기본 원칙에 기반하여 개인정보를 보호하고 개인적인 통제권을 확보하기 위한 것으로, 일곱 가지 원칙은 (1) 반응적이지 않고 선제적일 것, 처방적이지 않고 예방적일 것, (2) 개인정보 보호는 기본 전제임, (3) 설계 과정에 개인정보 보호가 포함되어야 함, (4) 완전한 기능성, (5) 단대단 보안end-to-end security[1], (6) 가시성과 투명성 유지, (7) 사용자의 개인정보 보호를 존중하고, 사용자 중심으로 유지(Cavoukian, 2009) 등이다. 이후 설명하게 될 학습자와 학습 맥락 모델링 과정에서 이러한 모든 원칙을 수용하는 것이 중요하다.

학습자 모델링

학습자 모델링은 개인 맞춤형 학습의 초석이다. 교실 밖의 더 넓은 학습환경에서 학습자에 대한 상세한 특성을 포착할 수 있다면 보다 개인화된 학습경험을 제공할 수 있을 것이다. 문제는 효과적인 개인 맞춤형, 적응, 개입, 피드백, 추천을 실행하는 데 사용할 수 있는 철저한 학습자 모델을 만드는 것이다. 학습자의 활동은 종종 네트워크 학습환경에서 분산되기 때문에 이는 매우 어려운 과제이다(Chatti et al., 2014).

여기에서 다루어야 할 큰 과제는 평생 학습자 모델Lifelong Learner Model이다. Kay와 Kummerfeld(2011)는 평생 학습자 모델을 개별 학습자의 학습 데이터 수집을 위한 저장소로 정의한다. 저자는 평생 학습자 모델은 다양한 출처와 형태의 학습 데이터를 보유하고, 학습을 지원하기 위해 적절한 형태로 해당 정보를 사용할 수 있어야 한다고 했다. 평생 학습자 모델링은 학습자와 관련된 개인 데이터의 지속적인 수집이다. 이는 기존의 지식, 기술, 선호도를 새롭게 습득하거나 수정하려는 경향이 있는 학습자 모델을 만들고 수정하는

---

1. 역자 주 : 전송 과정에서 중간 노드가 복호화나 프로토콜 변경 없이 적용되는 종단 간 보안.

과정이다. 평생 학습 모델링 과정은 여러 수단(예 : 교육, 경험, 훈련 또는 자기계발)에 의해 진화한다. 평생 학습자 모델링의 역할은 몇 가지 기술적 도전과 평생 학습자 모델링의 이론적 토대를 제시한다. 이에 따르면, 개방형 학습분석 플랫폼에서 학습 모델링 모듈의 주요 업무는 다음과 같다.

- 다양한 출처의 학습자 데이터를 수집하고 통합한다.
- 의미론적인 정보를 고려한 학습자 모델의 다양한 부분을 통합하고 관리한다.
- 개방형 학습자 모델링을 위한 인터페이스를 제공한다. 학습자는 자신이 생성한 데이터를 소유하며 데이터의 관리, 접근, 수정 및 삭제할 권한이 있어야 한다. 이것은 학습분석 시스템에 대한 신뢰와 믿음을 구축하는 데 중요하다.
- 여러 응용 프로그램과 도메인에 걸쳐 학습자 모델을 공유한다. 따라서 학습자 모델은 모델의 어떤 부분을 공유할지 제어될 수 있어야 한다. 이는 학습분석의 실행을 보다 투명하게 만드는 데 도움이 된다.
- 표준 데이터 형식을 사용하여 다양한 응용 프로그램에서 학습자 모델의 재사용을 촉진한다.

이러한 작업을 수행하기 위해서는 통합, 상호 호환성, 재사용 가능성, 확장성 및 개인 정보 보호를 비롯한 몇 가지 문제가 고려되어야 한다. 통합 및 상호 호환성을 위해 규격과 표준이 필요하다. 재사용성 및 확장성은 다른 외부 응용 프로그램에서 사용할 수 있는 공개 API를 통해 가능하다. 학습 모델링 작업에서 윤리 문제 및 사생활 문제는 항상 고려해야 한다. 이는 앞에서 논의된 개인정보 보호 원칙을 준수함으로써 달성될 수 있다. 또한 학습자 데이터 모델에 대한 무단 접근이 불가능하도록 만들고, 학습자가 데이터를 완전히 제어할 수 있음을 보장하는 구조를 구현해야 한다. 기술적으로는 OAuth 2.0의 개방형 사용자 관리 액세스User Managed Access, UMA 프로파일과 같은 규격으로 수행할 수 있다 (Hardjono, 2015). 또한 우리는 개방형 학습자 모델링 모듈에서 학습자가 어떤 목적으로, 어떤 종류의 데이터가 사용되는지 확인할 수 있는 사용자 인터페이스가 필요하다. 학습자가 어떤 데이터를 고려해야 하는지, 어떤 프로그램이 어떤 데이터를 수집할 수 있는지, 어떤 데이터를 공개적으로 누구와 얼마나 오래 사용할 것인지를 결정할 수 있도록 다양하게 세분화된 수준의 접근 범위를 정의해야 한다.

맥락 모델링

평생 학습자 모델링에서 가장 인기 있고 유용한 여섯 가지 특징은 학습자의 지식, 관심사, 목표, 배경, 개인의 특성 및 맥락이다(Brusilovsky & Millan, 2007). 맥락은 학습자 모델링에서 중심 연구 주제이다. 학습자 모델에서 맥락 속성을 활용하여 학습자에게 필요한 시점, 방법 및 장소에 따라 필요한 지원을 제공하는 것은 중요하다. 학습경험의 맥락을 활용하면 개인화, 적응, 지능형 피드백 및 추천을 비롯한 다양한 이점을 취할 수 있다. 여기서 다루어야 할 큰 도전은 맥락을 확정하고 모델링하는 것이다. 맥락 모델은 학습자의 맥락 정보를 완전히 반영해야 한다. 서로 다른 학습 상황에서 수집된 활동 데이터를 한 명의 학습자 맥락 모델에 활용할 수 있다면, 이는 맥락을 반영할 수 있는 학습분석 솔루션을 구축하는 기반이 될 수 있다.

핵심 과제는 관련 데이터를 모델링하는 방법이다(Duval, 2011). 다양한 맥락 모델링 방법이 학습분석 관련 논문에 소개되었다. Thüs 등은 현재 이용 가능한 맥락 모델링을 체계적으로 분석했다. 이들은 데이터 모델의 품질을 정의하는 여덟 가지 요소를 기반으로 학습분석에서 가장 많이 참조된 네 가지 데이터 모델, 즉 Contextualized Attention Metadata(CAM), NSDL Paradata, Activity Streams 및 Experience APIxAPI를 비교했다. 여덟 가지 요소는 정확성, 완전성, 무결성, 단순성, 유연성, 통합성, 이해 가능성 및 구현 가능성이다(Moody, 2003). 저자는 기존 데이터 모델이 개인의 학습경험을 지원할 수 있는 사용자 중심 모델이 아니라는 점을 지적했다. 게다가 그 모델들은 이벤트의 의미(예 : xAPI에서 동사의 중의성 문제)를 보존하지 못해 부정확한 학습분석 결과를 초래할 수 있다. 저자는 이상적인 데이터 모델은 완성도, 유연성, 단순성 사이에서 균형을 찾고, 이벤트가 발생하는 맥락에 관한 추가적인 의미 정보를 보유할 수 있는 간단한 모듈로서 학습맥락 데이터 모델Learning Context Data Model, LCDM 규격을 도입해야 한다고 지적했다. 예를 들어 LCDM은 학습자의 관심에 의해 확장될 수 있기 때문에, 평생 학습자 모델링 규격의 기반을 제공할 수 있다. 게다가 LCDM은 맥락 모델의 확장과 재사용을 가능하게 하는

'RESTful API'를 제공한다. API는 수신자에게 올바른 형식으로 데이터를 보내기 위해, 수신자에게 보낼 맥락 데이터의 복잡성을 줄인다. 현재 Java, PHP, Objective-C 및 JavaScript 언어 라이브러리가 있다. 가장 중요한 점은 LCDM은 OAuth 인증 및 데이터 접근 범위를 통해 개인정보 문제를 처리할 수 있는 구조를 제공하여 데이터에 어떤 일이 일어나고 누가 접근할 수 있는지를 결정할 수 있다.

분석 모듈

'분석 모듈'analytics modules에는 모니터링, 개인화, 예측, 평가, 반영과 같은 것이 있다. 이 것들은 분석엔진이 있는 개방형 학습분석 플랫폼에 쉽게 추가되거나 제거될 수 있는 구성 요소들이다. 각 분석 모듈은 관련된 분석 방법 목록을 관리한다. 또한 각 모듈은 질문/지표/메트릭스 요소, 관련된 분석 방법론, 시각화 기술이라는 세 가지 요소를 포함하는 사용자 정의 지표들의 목록을 유지한다.

질문/지표/메트릭스 요소

'질문/지표/메트릭스 요소'Questions/Indicators/Metrics component는 개방형 학습분석 플랫폼의 다양한 이해 관계자가 정의한 질문/지표의 관리를 담당한다. 각 질문은 일련의 지표들로 이루어져 있으며, 각각의 지표는 지표 생성 단계에서 특정 요소 저장소와 관련된 쿼리들로 만들어진다. 이 쿼리는 분석 엔진에서 분석할 데이터를 가져오는 데 사용된다.

지표 엔진

'지표 엔진'indicator engine은 개인 맞춤형, 목표 지향적 학습분석을 가능하게 하는 개방형 학습분석 플랫폼의 핵심 구성요소이다. 학습분석에서 다양한 목표(예 : 모니터링, 분석, 예측, 중재, 튜터링, 평가, 피드백, 적응, 개인 맞춤형, 추천, 인식, 성찰)는 각기 다른 질문과 목적을 가진 이해 관계자에게 맞춰진 지표와 메트릭스를 필요로 한다. 현재 학습분석은 미리 정의된 지표와 메트릭스에 의존한다. 그러나 필요한 지표를 예상할 수 없는 개방형 학습분석에는 도움이 되지 않는다. 이는 목표 지향적 학습분석을 효과적으로 달성하기 위해 어떻게 해야 하는지에 대해 의문을 제기한다. 이상적으로는 학습분석 도구가 사용자의 개별 목표에 따라 유연한 데이터 탐색과 시각화가 가능하도록 상호작용적이면서도 실시간으로 사용자 경험을 지원해야 한다. 여기서 과제는 학습분석을 하기 전에 적절한 목표/질문/지표Goal/Question/Indicator, GQI를 정의하는 것이다. 사용자에게 플랫폼과 상호작용할 수 있는 기회를 제공하고, 그들의 목표를 정하고, 질문을 제기하고, 데이터를 탐색하고, 지표와 메트릭스를 지정함으로써 탐구 기반의 학습분석을 수행하게 되면 효과적이고 개인화된 학습분석 결과를 얻을 수 있다. 이는 학습분석 과정을 조금 더 투명하게 만들어 사용자가 어떤 종류의 데이터를 사용하고, 어떤 용도로 이 데이터를 사용하는지 확인할 수 있게 한다.

지표 엔진은 GQI 정의 과정을 관리하는 데 다음과 같은 네 가지 하위 구성요소로 세분화된다.

- **질문/지표 편집기**|question/indicator editor : 이 구성요소는 사용자 친화적인 상호작용 인터페이스를 제공하여 학습분석의 목표를 설정하고, 질문을 공식화하며, 이러한 질문과 관련된 지표를 정의한다. 프로세스는 사용자가 목표(예 : 모니터링 및 분석, 인식 및 성찰, 개인화 및 추천)를 설정하고 관심 있는 질문을 구성하는 것으로 시작된다. 질문은 "나의 학생은 얼마나 활동적입니까?" 등이 될 수 있다. 사용자가 질문을 만들어내는 동안 편집기는 질문 분석기와 통신하며 관련 지표에 대한 유용한 제안을 제공한다. 다음 단계는 일련의 지표와 질문을 연관시키는 것이다. 예시에서는 '토론 게시판의 게시물 수', '위키 페이지의 업데이트 속도', '강의 비디오의 주석 빈도'를 들 수 있다. 기존의 지표를 다시 사용할 수 있으며 새로운 지표는 지표 생성 요소의 도움을 받아 정의될 수 있다. 새 지표를 정의하기 위해 질문/지표 편집기를 사용하여 지표 데이터의 대상을 지정하고 지표를 처리할 분석 방법을 선택하고, 지표 데이터를 시각화하는 적합한 방법을 선택할 수 있다.

- **질문 분석기**|question analyzer : 질문 분석기의 역할은 사용자가 질문을 입력할 때 이를 분석하고, 유사한 질문에 대해 유용한 제안을 제공하는 것이다. 따라서 정보 검색, 용어 추출 및 자연어 처리 알고리즘을 사용하여 질문/지표/메트릭스 요소에서 밀접하게 관련된 질문의 목록을 추론할 수 있다.

- **지표 생성기**indicator generator : 이 요소는 새로운 지표를 생성한다. 새로운 지표를 정의하기 위해 지표 생성기는 규칙 엔진 요소와 통신하여 가능한 지표 규칙 목록을 얻고, 분석 엔진에 연결하여 개방형 학습분석 플랫폼에서 사용되는 데이터 모델 스키마를 기반으로 저장소에서 사용 가능한 데이터를 가져온다. 예를 들어 '토론 게시판의 게시물 수'지표를 살펴보면, 사용자는 가능한 데이터들 중에서 먼저 지표 규칙 'Y에서 X의 번호'를 선택한 다음 Y에 데이터 개체 '토론 게시판'을 할당하고 X에 데이터 개체 '게시'를 할당한다. 그 이후 지표 생성기는 선택된 규칙 및 데이터에 기초하여 지표에 관련된 질문을 생성하기 위해 규칙 엔진과 통신한다. 예시에서 SQL 구문으로 'SELECT COUNT (post) FROM table_discussionforum'이라는 질의는 '토론 게시판의 게시물 수' 지표와 연관된다. 지표를 정의한 후 질문/지표 편집기에서 사용자가 설정한 학습분석 목표에 따라 지표 생성기가 분석 엔진을 통해 각 분석 모듈과 통신하여 가능한 분석 방법 목록을 얻는다. 그런 다음 사용자는 지표 데이터에 적용할 분석 방법을 선택할 수 있다. 지표 생성기는 분석 엔진을 통해 시각화 프로그램과 통신하여 적용할 수 있는 시각화 방법 목록을 가져온다. 사용자가 적절한 시각화 기법을 선택한 후에는 지표가 분석 엔진에 의해 처리된다. 이후 사용자는 지표를 승인할 수 있으며, 이 지표는 관련 질문과 함께 질문/지표/메트릭스 구성요소에 새 지표로 등록된다. 또한 이 지표에 대한 참조, 관련 분석 방법 및 선택한 시각화 기술은 분석 엔진을 통해 해당 모듈에 저장된다. 지표 생성기는 또한 지표 시각화 코드가 고객에게 보여지도록 고객의 애플리케이션(예 : 대시 보드, HTML 페이지, 위젯)에 복사되고 내장될 수 있는 지표 데이터 요청 코드를 생성한다.
- **규칙 엔진**rule engine : 이 요소는 지표 규칙 및 관련 쿼리를 관리한다. Drools, Mandarax, JRuleEngine, InRule과 같은 다양한 규칙 엔진을 사용하여 이 활동을 지원할 수 있다.

분석 엔진

'분석 엔진'analytics engine은 개방형 학습분석 플랫폼의 중요한 요소로서, 플랫폼의 여러 구성요소 간 조정자 역할을 수행한다. 분석 엔진의 주요 임무는 분석을 수행하는 것이다.

분석 엔진은 지표 쿼리를 실행하고, 분석할 데이터를 가져오며, 지정된 분석 방법을 적용시키고 마지막으로 지표 데이터를 시각화 프로그램으로 보내는 역할을 수행한다. 또한 분석 엔진은 플랫폼으로부터 분석 모듈을 관리, 추가, 제거하기 쉬운 시스템 구조를 제공하고, 새로운 방법을 실행할 때 확장될 수 있는 분석 방법 리포지토리를 관리함으로써 플랫폼의 확장을 지원한다.

시각화 프로그램

학습분석의 핵심 단계는 분석 결과를 학습자에게 피드백하고 순환 구조를 완성하는 것이다(Clow, 2012). 이를 위해 분석 결과를 적절히 표현해야 한다. 보고서 형태의 통계표는 최종 사용자가 해석하기 쉽지 않다. 이에 비해 '시각화 프로그램'은 결과를 보다 해석하기 쉬운 방식으로 표시한다(Romero & Ventura, 2013). Mazza(2009)는 시각적 인지 능력 덕분에 시각적인 표현이 일반 텍스트나 데이터보다 효과적일 수 있다고 강조했다. 다양한 정보 시각화 기술(예 : 차트, 산점도, 3D 표현, 지도)을 이용하여 명확하고 이해하기 쉬운 형식으로 정보를 표현할 수 있다(Romero & Ventura, 2007). 어려운 부분은 분석의 목표를 효과적으로 알려줄 수 있는 시각화 방법을 정의하는 것이다(Mazza, 2009).

시각적 표현의 효과가 인정됨에 따라 데이터 표를 기반으로 한 기존 보고서는 다양한 성과 지표를 그래픽으로 보여주는 대시보드로 대체되고 있다. 대시보드는 "일반적으로 인식, 성찰 및 공감을 촉진하고 학습자가 목표를 정의하고 이에 대한 진행 상황을 추적할 수 있도록 학습 활동의 흔적을 시각화한다"(Verbert et al., 2014, p. 1499). 대시보드는 학습분석 연구에서 시각적 분석을 위해 널리 사용되는 유용한 도구이다. 그러나 대시보드는 종종 학습환경에 연결되어 있지 않고 필요 이상으로 많은 정보를 제공한다. 학습분석은 학습환경의 일부일 때 가장 효과적이다. 따라서 다양한 이해 관계자의 학습 과정에 학습분석을 통합하는 것이 중요하다. 또한 효과적인 학습분석 도구는 상황에 따라 의미 있는 정보를 지체 없이 제공하여 분석과 행동 사이의 시간을 최소화함으로써, 이해 관계자가 새로운 정보를 제 시간에 처리할 수 있는 기회를 제공해야 한다. 따라서 학습과 분석을 서로 얽힌 과정으로 보고, 시각적 분석 도구[(a) 학습자 및 교사의 표준 도구에 원활하게 통합됨, (b) 적절한 장소와 시간에 따라 유용한 피드백을 제공함으로써 상황에 따른 신속한 행동을 할 수 있게 함)의 발달과 함께 내재된 학습분석 접근법을 따라가는 것이 유익하다.

개방형 학습분석 플랫폼의 시각화 구성요소는 다양한 시각화 유형(예 : 막대 도표, 원형 도표, 선 도표)과 함께 제공되는 시각화 기술(예 : Google Charts, D3/D4, jpGraph, Dygraphs, jqPlot)을 관리, 추가, 제거해주는 시스템 구조를 제공한다. 분석 엔진에서 사용되는 데이터 형식을 고객의 애플리케이션(예 : 대시보드, HTML 페이지, 위젯)에 표시될 지표 시각화 코드로 변환하기 위해서는 각 시각화 기술에 대한 연결 매체가 필요하다.

시스템 시나리오

여기에서는 개방형 학습분석 플랫폼의 여러 구성요소가 서로 상호작용하는 방식을 보여주는 두 가지 시스템 시나리오를 간략하게 설명한다.

시나리오 1 : 신규 지표 생성

새로운 지표 생성 과정은 〈그림 12.3〉에 묘사되어 있다. 사용자는 질문/지표 편집기를 사용하여 목표를 선택하고 질문을 입력하며 과정을 시작한다. 질문 분석기는 질문/지표/메트릭스 구성요소와 통신하여 관련 질문을 제안한다. 사용자는 제안된 질문 중 하나를 선택하거나 계속하여 새로운 질문을 입력할 수 있다. 사용자가 제안된 질문 중 하나를 선택

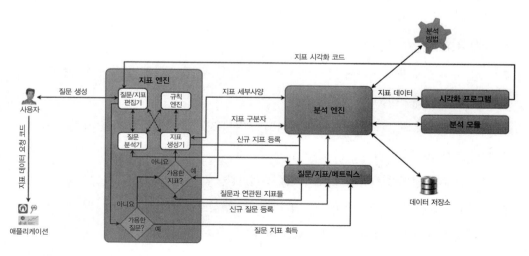

그림 12.3 신규 지표 생성을 보여주는 흐름도

하면 질문/지표 편집기는 해당 질문과 관련된 모든 지표를 제시한다. 사용자가 새로운 질문을 입력하면 사용 가능한 모든 지표가 제시되어 새로운 질문과 연관시킬 지표를 선택하거나 새로운 지표를 생성할 수 있다. 사용자가 사용 가능한 지표 중 하나를 선택하면 분석 엔진은 해당 지표의 기존 예시(즉 각 분석 모듈 과정의 세 가지 요소)를 제안한다. 그런 다음 사용자는 인스턴스 중 하나를 선택하거나 지표 생성기를 사용하여 다른 분석 방법 또는 시각화 기술을 지표와 연결할 수 있다. 사용자는 질문/지표 편집기에 다른 인터페이스가 표시되어 '지표 엔진'에서 설명한 대로 지표 생성기를 사용하여 새 지표를 정의할 수 있다. 분석 엔진은 지표를 처리하고 ('분석 엔진' 부분 참조) 질문/지표 편집기('시각화 프로그램' 부분 참조)에서 보여줄 지표 시각화 코드를 생성하는 시각화 프로그램에 지표 데이터를 보낸다. 사용자가 새 지표에 만족하면 지표 생성기에서 생성한 지표 데이터 요청 코드를 복사하여 클라이언트 애플리케이션에 내장할 수 있다.

시나리오 2 : 지표 데이터 요청

지표 데이터 요청 흐름은 〈그림 12.4〉에 나타나 있다. 대시보드 등에서 지표를 시각화하기 위해 모듈 확인자, 세 가지 요소 확인자('분석 모듈' 부분 참조), 추가적인 매개변수(예 : 필터)를 포함하는 지표 데이터 요청이 개방형 학습분석 플랫폼에 전송된다. 분석 엔진은 요청을 받아 다음과 같은 단계를 수행한다.

1. 요청이 유효한지 확인한다.
2. 해당 분석 모듈과 통신하여 지표 레퍼런스, 관련된 분석방법, 해당 지표에 사용할 시각화 기술을 가져온다.
3. 질문/지표/메트릭스 구성요소와 통신하여 요청된 지표와 관련된 쿼리를 가져온다.
4. 쿼리를 실행하고 데이터를 가져온다.
5. 연관된 분석 방법을 사용하여 데이터를 분석한다.
6. 출력 데이터를 분석 엔진에서 사용되는 데이터 형식으로 변환한다.
7. 지표 데이터를 시각화 프로그램으로 보낸다.

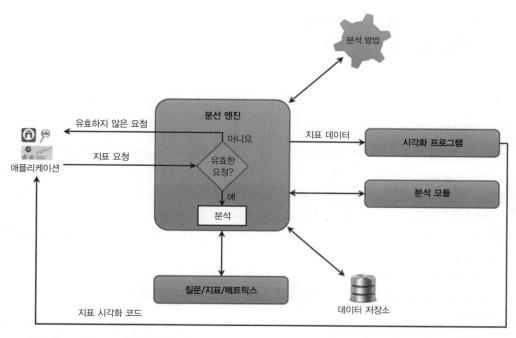

그림 12.4 지표 데이터 요청 흐름도

시각화 프로그램은 지표 데이터를 고객의 애플리케이션(예 : 대시보드, HTML 페이지, 위젯)에 보여줄 시각화 코드로 변환한다.

결론

지난 몇 년간 학습경험을 강화하기 위해 교육 데이터의 자동 분석에 대한 관심이 증가해 왔으며 이는 학습분석이라는 연구 분야로 언급되었다. 학습분석에서는 의미 있는 연구들 이 진행되어 왔다. 그러나 현재까지의 학습분석은 대부분 중앙집중식 학습환경에 초점을 맞추었다. 새로운 네트워크 환경과 점차 복잡해지는 학습환경에 대한 요구가 증가하여 폐 쇄형 학습분석 시스템에서 학습분석 생태계로의 전환 및 확장이 필요하다. 이 장에서는 개방형 학습분석을 개방형 네트워크 학습환경에서 학습의 효율성을 향상시킬 수 있는 새 로운 연구 분야로 논의했다. 또한 개방형 학습분석 플랫폼의 사용자 시나리오, 요구사항, 기술 구조 및 구성요소에 대해 자세하게 설명하고 개방형 학습분석 생태계에 대한 비전을

제시했다. 이 장은 지금까지 부족했던 개방형 학습분석 생태계에 대한 구체적인 개념과
기술 차원의 아이디어를 제공했다는 점에서 학습분석 연구에 상당한 의미가 있다.

참고문헌

Alexander, S., Berg, A., Clow, D., Dawson, S., Duval, E., et al.(2014), *OLA Press Release*. Retrieved from http://solaresearch.org/initiatives/ola/.

Benson, T. (2012). Why interoperability is hard. In *Principles of Health Interoperability HL7 and SNOMED, Health Information Technology Standards* (pp. 21-32). London: Springer.

Bomas, E. (2014). *How to give students control of their data*. Retrieved from http://www.laceproject. eu/blog/give-students-control-data/.

Brusilovsky, P., & Millan, E. (2007). User models for adaptive hypermedia and adaptive educational systems. In P. Brusilovsky, A. Kobsa, & W. Nejdl (Eds.), *The adaptive web, LNCS 4321* (pp. 3-53). Berlin: Springer.

Cavoukian, A. (2009). *Privacy by Design The 7 Foundational Principles*. Retrieved from https://www. privacybydesign.ca/content/uploads/2009/08/7foundationalprinciples.pdf.

Chatti, M. A. (2010). The LaaN theory. In *Personalization in technology enhanced learning: A social software perspective* (pp. 19-42). Aachen: Shaker Verlag.

Chatti, M. A., Dyckhoff, A. L., Thüs, H., & Schroeder, U. (2012). A reference model for learning analytics. *International Journal of Technology Enhanced Learning, 4*(5/6), 318-331.

Chatti, M. A., Lukarov, V., Thüs, H., Muslim, A., Yousef, A. M. F., Wahid, U., et al. (2014). Learning analytics: Challenges and future research directions. *eleed*, Iss.10. (urn:nbn:de:0009-5-40350).

Clow, D. (2012). The learning analytics cycle: closing the loop effectively. In *Proceedings of the 2nd International Conference on Learning Analytics and Knowledge* (pp. 134-138). ACM.

Clow, D. (2013). An overview of learning analytics. *Teaching in Higher Education, 18*(6), 683-695.

Cooper, A. (2013). *Learning analytics interoperability—A survey of current literature and candidate standards*. Retrieved from http://blogs.cetis.ac.uk/adam/wp-content/uploads/sites/23/2013/05/learninganalytics-interoperability-v1p1.pdf.

Cooper, A. (2014a). *Open learning analytics network—Summit Europe 2014*. Retrieved from http://www. laceproject.eu/open-learning-analytics-network-summit-europe-2014/.

Cooper, A. (2014b). Learning analytics and interoperability—The big picture in brief. *Learning Analytics Review*, March 2014, ISSN: 2057-7494.

Cooper, A. (2014c). *Standards and specifications—Quick reference guide*. Retrieved from http://www.

laceproject.eu/dpc/standards-specifications-quick-reference-guide/.

Daniel, B., & Butson, R. (2014). Foundations of big data and analytics in higher education. In *International Conference on Analytics Driven Solutions: ICAS2014* (pp. 39–47). Academic Conferences.

Dawson, S., Gašević, D., Siemens, G., & Joksimovic, S. (2014). Current state and future trends: A citation network analysis of the learning analytics field. In *Proceedings of the Fourth International Conference on Learning Analytics & Knowledge* (pp. 231–240). New York: ACM.

Downes, S. (2007). Models for sustainable open educational resources. *Interdisciplinary Journal of Knowledge and Learning Objects, 3*, 29–44.

Dringus, L. P. (2012). Learning analytics considered harmful. *Journal of Asynchronous Learning Networks, 16*(3), 87–100.

Duval, E. (2011). Attention please!: Learning analytics for visualization and recommendation. In *Proceedings of the 1st International Conference on Learning Analytics and Knowledge* (pp. 9–17). ACM.

Ferguson, R. (2012). Learning analytics: Drivers, developments and challenges. *International Journal of Technology Enhanced Learning, 4*(5/6), 304–317.

Fournier, H., Kop, R., & Sitlia, H. (2011). The value of learning analytics to networked learning on a personal learning environment. In *Proceedings of the LAK'11 Conference on Learning Analytics and Knowledge* (pp. 104–109).

Fry, J., Schroeder, R., & den Besten, M. (2009). Open science in e-science: Contingency or policy? *Journal of Documentation, 65*(1), 6–32.

Han, J., & Kamber, M. (2006). *Data mining: Concepts and techniques.* San Francisco, CA: Elsevier.

Hardjono, T. (Ed.). (2015). *User Managed Access (UMA) Profile of OAuth 2.0.* Retrieved from http://docs.kantarainitiative.org/uma/draft-uma-core.html

Hilton, J., Wiley, D., Stein, J., & Johnson, A. (2010). The four R's of openness and ALMS analysis: Frameworks for open educational resources. *Open Learning: The Journal of Open and Distance Learning, 25*(1), 37–44.

Hoel, T. (2014). *Standards and learning analytics—current activities 2014.* Retrieved from http://www.laceproject.eu/blog/standards-learning-analytics-current-activity-2014/.

Kay, J., & Kummerfeld, B. (2011). Lifelong learner modeling. In P. J. Durlach & A. M. Lesgold (Eds.), *Adaptive technologies for training and education* (pp. 140–164). Cambridge: Cambridge University Press.

Koedinger, K. R., Baker, R. S. J. D., Cunningham, K., Skogsholm, A., Leber, B., & Stamper, J. (2010). A data repository for the EDM community: The PSLC DataShop. In C. Romero, S. Ventura, M. Pechenizkiy, & R. S. J. D. Baker (Eds.), *Handbook of educational data mining* (pp. 43–56). Boca Raton, FL: CRC Press.

Laney, D. (2001). 3D data management: Controlling data volume, velocity, and variety, application delivery strategies. META Group. Retrieved March 6, 2015, from http://blogs.gartner.com/doug-laney/

files/2012/01/ad949-3D-Data-Management-Controlling-DataVolume-Velocity-and-Variety.pdf

Laney, D. (2012). The importance of 'Big Data': A definition. Gartner. Retrieved March 6, 2015, from http://www.gartner.com/resId=2057415.

Liu, B. (2006). *Web data mining*. Berlin: Springer.

Manyika, J., Chui, M., Brown, B., Bughin, J., Dobbs, R., Roxburgh, C., & Byers, A. H., (2011). Big data: The next frontier for innovation, competition, and productivity. McKinsey Global Institute.

Mazza, R. (2009). Introduction to Information Visualization. London: Springer-Verlag.

McNamara, T. (2012). *Open Education: Emergence and Identity*. Retrieved February 5, 2015, from http://oh-institute.org/external_resources/pub/McNamara-OpenEd_Emergence_Identity-CC-by.pdf.

Moody, D. L. (2003). Measuring the quality of data models: An empirical evaluation of the use of quality metrics in practice. In *Proceedings of 11th European Conference on Information Systems*, 2003.

OECD. (2007). *Giving Knowledge for Free: The Emergence of Open Educational Resources*. Report. ISBN-978-92-64-03174-6. Retrieved February 5, 2015, from http://www.oecd.org/edu/ceri/givingknowledgeforfreetheemergenceofopeneducationalresources.htm.

Pardo, A., & Siemens, G. (2014). Ethical and privacy principles for learning analytics. *British Journal of Educational Technology, 45*(3), 438–450.

Peters, M. A. (2008). The history and emergent paradigm of open education. In *Open education and education for openness* (pp. 3–16). Rotterdam: Sense Publishers.

Romero, C., & Ventura, S. (2007). Educational data mining: A survey from 1995 to 2005. *Expert Systems with Applications, 33*(1), 135–146.

Romero, C., and S. Ventura. Educational data mining: A review of the state-of-the-art. IEEE Transaction on Systems, Man, and Cybernetics, Part C: Applications and Reviews, 40(6): 601–618, 2010.

Romero, C., & Ventura, S. (2013). Data mining in education. *Wiley Interdisciplinary Reviews: Data Mining and Knowledge Discovery, 3*(1), 12–27.

Sclater, N. (2014). Examining open learning analytics—report from the Lace Project meeting in Amsterdam. Retrieved from http://www.laceproject.eu/blog/examining-open-learninganalytics-reportlace-project-meeting-amsterdam/.

Siemens, G., & Baker, R. S. J. D. (2012). Learning analytics and educational data mining: Towards communication and collaboration. *In Proceedings of the 2nd International Conference on Learning Analytics and Knowledge* (pp. 252–254). ACM.

Siemens, G., Gasevic, D., Haythornthwaite, C., Dawson, S., Shum, S. B., Ferguson, R., et al. (2011). *Open learning analytics: An integrated & modularized platform*. Maidenhead: Open University Press.

Siemens, G.; Long, P.: Penetrating the Fog: Analytics in Learning and Education. In: EDUCAUSE Review, 46(5), September/October 2011.

Slade, S., & Prinsloo, P. (2013). Learning analytics: Ethical issues and dilemmas. *American Behavioral*

Scientist, 57(10), 1509-1528.

Thüs, H., Chatti, M. A., & Schroeder, U. (in review). Context capturing and modeling in open learning environments. *International Journal of Artificial Intelligence in Education Society (IJAIED)*, IOS Press.

Verbert, K., Drachsler, H., Manouselis, N., Wolpers, M., Vuorikari, R., & Duval, E. (2011, February). Dataset-driven research for improving recommender systems for learning. In *Proceedings of the 1st International Conference on Learning Analytics and Knowledge* (pp. 44-53). ACM.

Verbert, K., Manouselis, N., Drachsler, H., & Duval, E. (2012). Dataset-driven research to support learning and knowledge analytics. *Educational Technology & Society, 15*(3), 133-148.

Verbert, K., Govaerts, S., Duval, E., Santos, J. L., Van Assche, F., Parra, G., & Klerkx, J. (2014). Learning dashboards: an overview and future research opportunities. Personal and Ubiquitous Computing, 18(6), 1499-1514.

Wiley, D. (2009). Introduction to Open Education. iTunesU. Lecture conducted from BYU, Provo.

Yuan, L., Powell, S. (2013). MOOCs and open education: Implications for higher education. A white paper. Retrieved February 5, 2015, from http://publications.cetis.ac.uk/2013/667.

13

커뮤니티 칼리지 학생 데이터로
일반대학의 학생 성공 예측

Denise Nadasen, Alexandra List

요 약 이 장에서는 커뮤니티 칼리지에서 4년제 일반대학으로 편입하는 학생들의 학업 경로를 평가한 연구를 설명한다. 이 프로젝트는 일반대학의 학위를 취득하기 전에 학생들이 반드시 달성해야 하는 일련의 학업 성취에 초점을 맞추었다. 학업 성취는 첫 학기 성적, 재등록 및 학업 이수를 포함한다. 프로젝트의 목적은 커뮤니티 칼리지 및 일반대학 학생의 인구통계자료, 수업 태도 및 성과에 대한 주요 데이터를 포함하는 통합 데이터베이스를 개발하고 데이터마이닝 및 기존의 통계 기법으로 데이터를 분석하여 학생 성공을 예측하는 것이었다. 로지스틱 회귀분석으로 첫 학기 성적, 재입학, 졸업에 관한 중요한 예측변수를 확인했다. 예를 들어 전반적인 수업 이수율, 수학/영어 과목 이수율, 그리고 기초수학 과목 이수는 첫 학기 성적 예측에 중요한 변수인 것으로 밝혀졌다.

주제어 학생 성공 / 편입생 / 커뮤니티 칼리지 / 대학교육 / 예측분석 / 로지스틱 회귀 / 학습자 분석 / 재등록률 / 졸업

서론

고등교육에서 학생 유형은 점점 다양해지고 동시에 다양한 교육기관이 등장하고 있다 (Archer, Hutchings, & Ross, 2005; Cross, 1981). 교육기관들의 공통 관심사는 학생의 성공을 지원하는 것이다. 이는 접근 방법, 경제성 및 가치(투자 대비 수익)에 대한 고려가 필

요하다(예 : Bamber & Tett, 2000; Miller & Lu, 2003; Bailey, 2002). 학생들의 학업 성취도 조사 연구는 대부분 학사 학위 취득을 목표로 하는 학생들의 첫 학기, 전체 학기의 학업 성취를 향상시키는 것에 중점을 두어 왔다(예 : Bers & Smith, 1991). 이러한 학생들은 과거 수십 년 동안 일반대학에 입학하는 대다수의 학생들을 대표하지만 현재의 학생 시장은 증가하는 비전통적인 학생들 — 성인 학습자, 파트타임 등록자 — 까지 확대되고 있다. 성인대학생nontraditional student들은 일반 대학생들에 비해 중등 과정 이후의 교육 과정에 접근성이 떨어지고 성공 확률도 더 낮은 경향이 있다(Grimes, 1997; Spitzer, 2000). 이는 부분적으로, 성인 대학생들이 전통적인 경로를 통해 중 · 고등 과정 이후의 교육을 받을 수 없도록 재정적 혹은 가정적 제약을 경험하거나(Cantwell, Archer, & Bourke, 2001; Choy, 2002; Goldrick-Rab, 2006; Keane, 2002; Paulsen & St John, 2002; Rouse, 2004) 또는 대학 문화에 적응하는 데 어려움이 있기 때문일 수 있다(Lehmann, 2007; Metzner & Bean, 1987; Schuetz, 2005; Walpole, 2003). 뿐만 아니라 성인 대학생들은 일반대학에 입학하기 전에 먼저 커뮤니티 칼리지에 입학하는 경향이 있다. 이는 학생들이 더 많은 보충 수업을 들어야 하거나(Bailey, 2009; Bettinger & Long, 2005, 2009) 20학점을 따는 것과 같은 중요한 단계에 도달하지 못하게 하는 등(Calcagno, Crosta, Bailey, & Jenkins, 2007), 학업 준비에 어려움이 있을 수 있다는 것을 암시한다. 어떤 연구자들은 학생이 커뮤니티 칼리지에 다녔으면 일반대학을 졸업할 가능성이 감소한다고 주장해 왔다(Alfonso, 2006; Christie & Hutcheson, 2003; Long & Kurlaender, 2009; Martin, Galentino, & Townsend, 2014).

커뮤니티 칼리지에 입학하는 학생들 중 81%가 학사 학위를 취득하려고 하지만 이 학생들 중 약 12%만이 일반대학으로 편입한 후 6년 안에 학사 학위를 받은 것으로 밝혀졌다(Community College Research Center, 2014). 이는 부분적으로, 성인 대학생들이 파트타임으로 대학에 다닐 가능성이 높고, 학업과 일 또는 가족에 대한 의무 사이에서 균형을 맞추어야 할 가능성이 높기 때문일 수도 있다. 이러한 학생들의 목표와 성취도 사이의 차이 때문에, 일반대학에 등록된 커뮤니티 칼리지 출신 편입생들이 이 프로젝트의 목표 표적집단이 되었다.

이 프로젝트는 일반대학 학위를 받는 커뮤니티 칼리지 출신 편입생들의 학업 경로를 정의하고 평가하는 것이었다. 크리스거 재단의 연구 자금을 통해, 2개의 커뮤니티 칼리지와 협력 관계인 일반대학 편입생들의 성공과 관련된 요소를 파악했다. 대부분의 기존 연구 문헌은 성공적인 결과로서 졸업에 초점을 맞추고 있지만, 이 프로젝트는 졸업하기 전에 학생들이 반드시 성취해야 하는 일련의 학업 성취를 조사하는 데 초점을 맞추었다. 중요한 학업 성취 단계를 조사함으로써 커뮤니티 칼리지에서 일반대학으로의 이전과 졸업 과정에 대해 더 자세하게 이해할 수 있었다. 연구 대상인 일반대학은 성인 학습자를 대상으로 하는 온라인 대학이었고 일반적으로 성인 학습자는 불연속적으로 학업을 이어가기 때문에 학업 유지, 재등록률을 정의하는 것이 쉽지 않다(Goldrick-Rab, 2006). 온라인 대학에서 성인 대학생의 학업 지속성을 추적하려면 데이터 관리, 데이터 요소에 대한 신뢰도와 타당도, 표준화된 변수 정의, 그리고 모델의 복잡성과 관련된 문제들을 해결해야 한다(Park & Choi, 2009).

이 연구의 목적은 네 가지였다.

1. 두 커뮤니티 칼리지와 온라인 일반대학 사이의 협력 관계를 발전시키는 것
2. 학생의 인구통계학적 자료, 수업 태도 그리고 성과에 대한 핵심 정보를 포함하는 통합된 데이터베이스를 개발하는 것
3. 기존의 통계 기법과 데이터마이닝을 이용하여 학생 성공을 예측하는 데이터 분석
4. 학생 성공을 위해 설계된 중재 방법을 개발, 구현하고 평가하는 것

이 프로젝트는 연구의 진실성과 타당성 검증을 위해 외부 평가자들이 포함된, 여러 교육기관이 포함된 워크그룹에 의해 주도되었다.

연구방법

연구대상

표적집단을 정의할 때, 일반대학은 2005년 봄 학기부터 2012년 봄 학기 사이에 등록한 모든 학생 명단을 작성하고 2개의 커뮤니티 칼리지 파트너는 이전에 자신들의 학교에 다녔던 학생들을 명단에서 확인했다. 일반대학에 입학하기 전에 5년 이상 커뮤니티 칼리지에

다닌 학생을 포함한 모든 학생이 총 데이터세트에 포함되었다. 두 커뮤니티 칼리지의 확인 결과 32,000명 이상의 학생이 편입생으로 확인되었다.

여기에서 제시되는 분석은 2005년 봄 학기부터 2012년 봄 학기 사이에 2개의 파트너 커뮤니티 칼리지 중 한 곳에서 편입학한 학생들과 일반대학에 처음 등록한 학생들에 초점을 맞추었다. 이 데이터세트에는 8,058명의 학생들이 포함되었는데, 그중 한 커뮤니티 칼리지에서 59%($n=4,724$)가, 또 다른 커뮤니티 칼리지에서 40%($n=3,220$)가 편입했다.

데이터

3개의 협력 교육기관은 데이터 수집, 보안 및 사용에 관한 양해 각서를 체결했다. 각 기관은 인구통계자료 및 성과 데이터에 대한 개별 학생 수준의 데이터를 제공했다. 데이터를 저장하기 위해 오라클 데이터베이스를 사용했다. 모든 학생 기록은 접근이 제한된 상태로 안전하게 보관되었다. 이 데이터베이스에는 수집 또는 생성된 300개 이상의 변수와 파생변수가 포함되었다. 데이터 사전data dictionary[1]을 만들어 프로젝트를 위해 데이터의 변수를 병합하고 통합했다.

결과변수

문헌 조사를 토대로, 각 기관들은 데이터의 정의, 학생 성공을 정의하고, 학생의 학업 경로에서 주요 이정표를 파악하고, 각 이정표를 예측할 때 어떤 요소를 가장 중요하게 고려해야 하는지를 결정하기 위해 협의했다. 성공은 학위 취득 여부, 수료 여부를 결정하는 다양한 기준 등 다양한 방식으로 연구 문헌에서 정의되어 왔다(Park & Choi, 2009). 이 프로젝트에서는 학생 성공에 대한 네 가지 지표로서 성공적인 첫 학기 성적, 재등록, 등록 유지, 졸업으로 정해졌다.

각 성공 메트릭스는 다음과 같이 정의된다.

- **성공적인 첫 학기 성적** : 일반대학에 입학한 첫 학기에 받은 모든 과목 성적의 평균이 4점 만점에 2.0점 이상

---

1. 역자 주 : 데이터의 이름, 의미, 다른 데이터와의 관계 등에 대한 정보를 저장해 놓은 공간.

- 재등록 : 첫 일반대학 등록 후 다음 학기에 연속해서 등록
- 등록 유지 : 최초 일반대학 등록 후 12개월 이내의 기간 동안 일반대학에 재등록
- 졸업/학위 취득 : 커뮤니티 칼리지에서 편입한 지 8년 이내에 일반대학의 학사 학위 획득

이와 같은 정의는 다음을 포함한 많은 문헌을 검토함으로써 결정되었다 — (1) 재등록과 온라인 학습에 관한 문헌 연구(예 : Cabrera, Nora, & Castaneda, 1993; Lau, 2003; Seidman, 2005; Tinto, 2006), (2) 수업 이수율/재등록률과 관련된 연구물, 수업 카탈로그, 지역인증기관에 제출하는 교육기관의 보고서와 같은 기관 출판물, (3) 기관연구institutional research, IR 커뮤니티에서 통용되는 공통된 정의.

학업 경로 모델

학생 성공과 발달에 관한 제도적 모형과 기존 연구에 기반하여, 커뮤니티 칼리지에서 일반대학의 졸업에 이르기까지 학생들의 이론적인 '학업 경로 모델'model of academic trajectories이 개발되었다(그림 13.1). 이 모델은 첫 학기 좋은 성적의 획득, 직후 학기에 재등록, 12개월 동안의 유지와 같이 학생들의 학업 성취에 있어 주요 이정표를 포함시켰다. 개발된 '학업 경로 모델'은 학생 성공에 관한 실증적 연구(예 : Bean & Metzner, 1985; Cabrera et al., 1993; Chemers, Hu, & Garcia, 2001; DeBerard, Spielmans, & Julka, 2004; Hagedorn, 2005; Kuh, Cruce, Shoup, Kinzie, & Gonyea, 2008; Ronco & Cahill, 2004)와 학생들이 학업을 마칠 수 있도록 지원하는 교육기관의 정책과 실천요강을 반영했다.

분석방법

주요 이정표를 예측하는 요인을 발견하기 위해 두 가지 분석방법이 채택되었다. 첫째, 로

그림 13.1 학업 경로 모델

지스틱 회귀분석모델을 통해 학생들이 각 이정표를 달성할 가능성을 예측하는 요인을 확인했다. 둘째, 신경망, 연관규칙, 의사결정트리, 나이브 베이즈 및 부스팅 랜덤 포레스트를 포함하는 데이터마이닝 알고리즘을 사용하여 로지스틱 회귀분석의 결과를 확증하고 각 이정표 달성과 관련된 요인을 결정했다.

군집분석을 포함한 탐색적 데이터마이닝 기법이 데이터 개발 초기 단계에서 추가적으로 사용되어 학생 성공을 나타내는 이정표와 관련되는 의미 있는 변수의 변형과 조합을 파악했다. 로지스틱 회귀분석과 데이터마이닝 분석에 사용되는 최종 데이터는 30개 이상의 변수가 포함되어 있다. 이러한 변수들은 각 성공 이정표의 잠재적 예측 요인으로서 개별적인 방식과 변수 조합방식으로 분석에 투입되었다.

프로젝트에서는 결과의 타당성을 강화하기 위해 예측 모델과 데이터 분석 방법을 모두 수행했다. 기존 연구를 기초로, 학생 성공과 관련된 요인들(예 : 연령, 이전의 학업 성취도)을 투입하여 로지스틱 회귀분석을 수행하고 학생들이 각 목표를 달성할 수 있는 가능성을 예측했다. 프로젝트를 통한 교육기관들의 데이터 공유 계획의 일환으로 다양하고 대규모로 축적된 데이터를 분석하기 위해 데이터마이닝 기법이 사용되었다. 또한, 관심집단(즉 온라인 대학에 등록된 커뮤니티 칼리지 출신 편입생)에 대해 학생 성공과 연관된 요인을 탐색하기 위해 데이터마이닝 기법(예 : 군집분석)이 사용되었다.

순차적인 분석을 통해 각 목표 이정표에 대한 예측이 진행되었다. 첫째, 학생들의 인구통계학적 특성과 커뮤니티 칼리지에서의 학업 데이터는 일반대학에서의 첫 학기 성적을 예측하는 데 이용되었다. 그다음으로 인구통계학적 특성, 커뮤니티 칼리지에서의 학업 데이터, 일반대학에서의 첫 학기 성적이 재등록 및 졸업 가능성을 예측하는 데 사용되었다.

이 연구에서 첫 학기 성적은 결과 변수이자 이후의 학업 지속성에 대한 예측 요인이었다. 성공적인 첫 학기 성적은 편입 이후 첫 학기에서 좋은 성적을 거두어야 할 필요성이 있다는 것과 이후의 학업 유지와 학업 성취에 중요한 역할을 한다는 것을 반영한다.

연구 결과

학생의 학업 과정에서의 각 이정표를 예측하는 로지스틱 회귀모형의 예측 결과에 대해 설명한다. 재등록과 등록 유지 모델은 매우 유사했다. 그러한 이유로 여기에서는 재등록 모델만 설명한다. 모든 모델은 데이터마이닝 알고리즘이 적용되었다. 모델은 다음 항목을 예측한다.

1. 성공적인 첫 학기 성적(달성 여부)
2. 재등록
3. 졸업

또한 학생 성공을 지원하고 학업 경로의 중요한 이정표를 판단하기 위해 커뮤니티 칼리지와 일반대학에서 수행된 중재 전략에 대해 간략하게 설명한다.

예측 모델링

성공적인 첫 학기 성적 예측하기

학생들의 첫 학기 성공을 예측하는 로지스틱 회귀분석모델은 통계적으로 유의했다. $X^2(21)=756.43$, $p<0.001$, 76.8%의 학생들에 대해 첫 학기에 성공했는지 아니었는지 제대로 분류했다. Cox와 Snell의 R^2값에 의해 이 모델은 학생들의 첫 학기 성적 분산의 9.1%을 설명하고 있고, Nagelkerke R^2값은 13.7%의 분산을 설명하고 있는 것으로 나타났다(표 13.1 참조).

인구통계학적 특성 중에서 성별, 연령 및 결혼 여부는 모델의 유의한 예측변수였다. 특히 여성이거나 연령이 높거나 기혼인 학생들이 일반대학에서 성공적인 첫 학기 성적을 받을 가능성이 훨씬 더 높았다. 동시에, 아프리카계 미국인, 또는 인종/국적을 밝히지 않은 학생들은 첫 학기 성공 가능성이 낮았다. 또한 커뮤니티 칼리지에서 학비 보조금을 받았다면, 이것은 재정적 도움이 필요하다는 지표로서, 4년제 대학에서 첫 학기 좋은 성적을 받을 가능성을 줄였다.

학생의 커뮤니티 칼리지에서 과목 이수 현황과 관련해 학생들이 전체적인 과목 이수율(수강한 수업 중 D 이상의 성적으로 이수한 과목의 비율), 수학/영어 과목의 성공적인 이수율이 모델에서 유의한 예측변수였다. 또한 학생들의 기초 수학 과목의 이수 여부도 모

표 13.1 인구통계학적 특성, 커뮤니티 칼리지에서의 과목 이수 현황, 총괄평가 변수를 이용한 첫 학기 성적 예측

		β	(SE)β	유의확률	β*
인구통계학적 특성					
성별*		0.12	0.06	0.043	1.13
연령**		0.01	0	0.001	1.01
인종 : 백인	흑인***	−0.36	0.08	0	0.7
히스패닉/라틴 아시안		−0.1	0.11	0.367	0.91
		−0.06	0.11	0.57	0.94
아메리칸 인디언		−0.28	0.27	0.3	0.76
인종 정보 없음*		−0.23	0.1	0.021	0.79
결혼 여부**		0.25	0.08	0.001	1.29
학비 보조금(PELL grant) 수령자***		−0.3	0.07	0	0.74
커뮤니티 칼리지 이수 과목 변수					
모든 과목 이수***		1.63	0.21	0	5.08
수학 과목 이수**		0.2	0.06	0.004	1.22
영어 과목 이수**		0.18	0.06	1	1.2
기초 수학 과목 이수**		0.27	0.08	0.001	1.31
기초 쓰기 과목 이수		−0.08	0.1	0.38	0.92
기초 읽기 과목 이수		−0.07	0.11	0.48	0.93
기초 수학 과목 면제		−0.03	0.08	0.747	0.97
기초 영어 과목 면제		−0.11	0.05	0.07	0.89
과목 재수강		−0.27	0.07	0	0.76
총괄평가					
GPA***		0.22	0.05	0	1.25
이수 학점		−0.001	0.002	0.62	1
관련 학위 취득***		0.39	0.08	0	1.47

*$p=.05$, **$p=.01$, ***$p=.001$

델에서 유의한 예측변수였다.

누적 GPA 및 관련 학위 취득, 커뮤니티 칼리지에서의 학업성적에 대한 총괄평가 척도는 모두 첫 학기 성적을 예측하는 유의한 변수였다. 표준화 베타 계수를 보면, 모델에서 다른 변수들이 일정할 때, 학생의 전체적인 수업 이수율이 일반대학에서 첫 학기에 좋은 GPA 를 받을 확률을 높이는 데 가장 큰 영향을 미쳤다.

재등록 예측하기

재등록을 예측하는 로지스틱 회귀분석모델은 통계적으로 유의미했다—$X^2(19)=1063.24$, $p<.001$. 모델은 71.6%의 학생들이 재등록할지 여부를 정확하게 분류했다. 효과크기에 대한 의사결정계수(Pseudo R^2)값의 범위는 12.5%(Cox와 Snell R^2)에서 17.4%(Nagelkerke R^2) 사이였다(표 13.2 참조).

인구통계학적 특성을 조사해본 결과, 성별과 결혼 여부가 모두 모델에서 유의한 예측변수인 것으로 나타났다. 특히 여성과 기혼자는 일반대학에서 다음 학기에 재등록할 가능성이 높았다. 또한 첫 학기 성적 예측과는 달리, 아프리카계 미국인, 또는 인종/국적을 밝히지 않은 학생들의 재등록률은 높았다.

학생들의 커뮤니티 칼리지에서의 수강 이력에 관해서는 재등록 예측에 유의한 변수들이 학생의 성적 예측에서 유의했던 변수와 달랐다. 특히 학생이 기초 과목에 등록했거나 기초 수학을 수강하지 않아도 되는 경우 일반대학에서의 재등록은 증가했다. 커뮤니티 칼리지에서의 코스를 반복하는 것 또한 재등록 가능성에 긍정적인 영향을 미치는 예측변수였다. 즉 커뮤니티 칼리지에서 수업에 재등록했으면 일반대학에서도 재등록할 가능성을 높여주었다.

학생들의 커뮤니티 칼리지에서의 성적에 대한 총괄평가 중에서 커뮤니티 칼리지에서의 GPA만이 모델의 유의한 예측변수였다. 또한 이 GPA는 일반대학의 첫 학기 성적에 긍정적인 영향을 미치는 예측변수였지만 학업 유지(재등록)에 대해서는 부정적으로 작용하는 예측변수였다. 이러한 결과를 이해하기 위해서는 더 많은 연구가 필요할 것이다. 편입한 일반대학에서 첫 학기 GPA와 총 이수 학점은 재등록을 예측하는 데 유의한 변수였다. 또한 편입 전까지의 누적 이수 학점은 통계적으로 유의한 재등록 예측변수였다.

표 13.2 인구통계학적 특성, 커뮤니티 칼리지에서의 과목 이수 현황, 총괄평가, 첫 학기 GPA 변수를 이용한 재등록 예측

		β	(SE)β	유의확률	β*
인구통계학적 특성					
성별***		0.20	0.05	0.000	1.22
연령		0.00	0.00	0.638	1.00
인종 : 백인	흑인	0.17	0.07	0.013	1.19
	히스패닉/라틴	−0.02	0.10	0.83	0.98
	아시안	0.07	0.10	0.492	1.07
	아메리칸 인디언	0.19	0.27	0.469	1.21
	인종 정보 없음*	0.05	0.09	0.60	1.05
결혼 여부**		0.24	0.07	0.001	1.28
학비 보조금 수령자		0.13	0.07	0.065	1.14
커뮤니티 칼리지 이수 과목 변수					
과목 재수강**		0.17	0.06	0.005	1.19
기초 과목 등록***		0.21	0.06	0.001	1.23
기초 수학 면제**		0.22	0.08	0.004	1.25
총괄평가					
커뮤니티 칼리지 GPA**		−0.11	0.04	0.005	0.89
커뮤니티 칼리지에서의 누적 학점 수		−0.00	0.00	0.208	1.00
관련 학위 취득		−0.13	0.07	0.059	0.88
4년제 일반대학에서의 첫 학기					
첫 학기 GPA***		0.26	0.02	0.000	1.30
첫 학기 이수 학점***		0.14	0.01	0.000	1.14
전일제 학생 등록		−0.16	0.08	0.054	0.86
편입 전까지의 누적 학점***		0.01	0.00	0.000	1.01

$*p = .05$, $**p = .01$, $***p = .001$

졸업 예측하기

졸업을 예측하는 데 쓰인 데이터는 적어도 8년간 4년제 대학에 등록했던 학생들만 포함하도록 축소되었다. 8,058명의 학생 중 2,000명 이상이 이 예측 모델링에 사용되었다. 로지스틱 회귀분석모델은 통계적으로 유의했고$[X^2(17)=1271.59]$, 69.6%의 학생에 대해 졸업 여부를 정확하게 분류했다. 효과크기 값은 20%(Cox와 Snell R^2)에서 26.7%(Nagelkerke R^2) 사이였다(표 13.3 참조). 졸업 예측 모델에 예측변수로 투입된 변수는 인구통계학적 특성과 커뮤니티 칼리지에서의 코스 이수 현황, 커뮤니티 칼리지에서의 총괄평가, 일반대학에서의 첫 학기 성적이었다.

표 13.3 인구통계학적 특성, 커뮤니티 칼리지에서의 코스 이수 현황, 커뮤니티 칼리지에서의 총괄평가 변수를 이용한 졸업 예측

	β	(SE)β	유의확률	β*
인구통계학적 특성				
성별	.029	.106	.785	1.029
편입 첫 학기의 연령***	−.023	.007	.000	.977
소수 인종	−.169	.104	.104	.845
커뮤니티 칼리지에서 학비 보조금 수령	−.262	.167	.116	.770
커뮤니티 칼리지 이수 과목 변수				
커뮤니티 칼리지에서 수학 과목 등록*	.329	.135	.015	1.390
커뮤니티 칼리지에서 W등급 비율	−.670	.381	.079	.512
총괄평가				
AA(Associate in Arts) 학위 취득	.127	.129	.325	1.135
누적 GPA*	.168	.081	.038	1.184
이수 학점	.005	.003	.059	1.005
첫 학기 지표				
첫 학기 GPA***	.482	.044	.000	1.619
첫 학기 이수 학점***	.021	.002	.000	1.022

*$p=.05$, **$p=.01$, ***$p=.001$

인구통계학적 특성 중 일반대학에 편입할 때의 연령이 유의한 예측변수로 밝혀졌다. 즉 연령이 낮을수록 졸업 가능성이 높았다.

학생들의 커뮤니티 칼리지에서의 수강 이력에 관해서는 커뮤니티 칼리지에서의 수학 과목 등록 여부가 유의한 예측변수로 드러났다. 또한 커뮤니티 칼리지에서의 누적 GPA도 졸업 가능성을 높이는 유의미한 예측변수였다. 학생의 GPA와 일반대학 편입 후, 첫 학기의 총 이수 학점도 졸업 가능성을 높이는 유의한 예측변수였다.

중재 방안

프로젝트는 커뮤니티 칼리지와 일반대학의 데이터를 통합적으로 사용해 예측 모델링을 개발한 것뿐만 아니라 온라인 일반대학에 편입한 커뮤니티 칼리지 출신 학생들의 성공을 위한 중재 방안을 고안하고 평가하는 것까지 포함했다. 중재 방안은 커뮤니티 칼리지와 일반대학 모두 적용되었다. 학생들의 '학업 경로 모델'에 따라 학생 성공의 세 가지 영역이 중재 방안 적용 대상이 되었다.

1. 학업 성취 지원하기 : 좋은 GPA를 거두는 것과 관련됨
2. 사회 · 제도적 통합을 지원하기 : 재등록과 학업 유지를 지원하기 위해 고려됨
3. 목표 설정 및 학업 계획을 지원하기 : 졸업까지의 학업 진행을 지원하는 것과 관련됨

다음은 중재 방안과 그 결과에 대란 간략한 설명이다.

학업 성취 지원하기

회계학과 학생들을 위한 온라인 튜터링

고등교육에서의 학습자 분석을 지원하는 독립 비영리단체 PARPredictive Analytics Reporting Framework과 협력하여, 회계학 220과 회계학 221, 두 과목이 다른 과목과 비교했을 때 수료율이 낮다는 사실을 밝혀냈다. PAR팀은 다른 대학의 회계학 개론 수업도 마찬가지로 수료 실패의 비율이 높다는 사실을 발견했다. 회계학 220과 회계학 221을 가르치는 교원들은 중재 방안으로서 회계학과 학생들에게 온라인 튜터링을 실시했고, 그 효과를 평가했

표 13.4　온라인 튜터링 참여 여부에 따른 연구 결과

	실험집단	통제집단
	온라인 튜터링 참여	온라인 튜터링 비참여
학기 GPA	2.52	2.10
성공적인 과목 이수	72%	58%
재등록	78%	72%

다. 온라인 튜터링에 참가한 학생들과 참여하지 않은 학생들의 학업 성취도를 비교하기 위해 독립표본 T검정을 했다. 온라인 튜터링에 참여한 학생들(실험집단)은 참여하지 않은 학생들(통제집단)에 비해 상당히 높은 성적과 높은 과목 이수율을 보였지만 재등록 비율에서는 별로 큰 차이를 보이지 않았다(표 13.4 참조). 그러나 온라인 튜터링 참가 여부는 스스로 선택한 것이므로 제한된 결론만 도출할 수 있다. 학생들의 개인 배경 요인과 튜터링 참여와 같은 보충적인 학업 지원 프로그램을 활용하는 행위와의 관계를 이해하기 위해 더 많은 연구가 필요하다.

　그럼에도 불구하고, 평가 결과는 코스의 성과 데이터로 위험요소(실패 비율이 높은 수업)를 분석하여, 학생 성공에 영향을 미치는 것이 무엇인지 파악하기 위해 분석될 수 있음을 시사한다. 위험요소가 확인되면 적절한 중재를 통해 학생 성공을 촉진할 수 있다. 분석 결과는 개론 수업에서의 학생 성과를 강조했기 때문에 온라인 튜터링 프로그램은 모든 회계학과 학생들을 대상으로 확대되었다.

사회적·제도적 통합을 지원하기

편입생 오리엔테이션 체크리스트

편입생 오리엔테이션 체크리스트는 온라인 일반대학으로 편입하는 커뮤니티 칼리지 출신 학생들이 온라인 또는 개인적으로 이용할 수 있는 자원을 찾을 수 있도록 돕기 위해 개발되었다. 예를 들어 학생들은 지도 교수의 연락처를 찾고, 수학과 통계학 튜터링을 받을 수 있는 시간과 장소를 확인하도록 요구받았다. 학생들을 실험집단과 통제집단에 임의로 할

표 13.5 체크리스트와 관련된 연구 결과

	실험집단		통제집단
	체크리스트 수령	체크리스트 완성	체크리스트 비수령
학기 GPA	2.87	3.00	2.91
성공적인 과목 이수	73%	77%	77%
재등록	67%	72%	67%

당하고 한 학기 동안의 학업 성과를 비교했다. 비록 측정된 학업 성과에서 유의미한 차이는 발견되지 않았지만(표 13.5 참조), 학생들은 체크리스트가 유용한 도구라고 응답했다. 한 학생은 이에 대해 '정보를 취합하고 대학의 웹 사이트를 활용하는 방법을 배울 수 있었다'라고 보고했다. 일반대학은 학생들이 학업경력과 졸업 준비를 위해 더 폭넓은 체크리스트를 개발하고 운영했다.

대학 성공 멘토링 프로그램

대학 성공 멘토링 프로그램을 위해, 학생들은 멘토를 배정받은 그룹(실험집단), 비배정 그룹(통제집단)으로 무작위 할당되었다. 멘토를 배정받은 학생들은 8주간의 체계적인 멘토링 프로그램에 참여했다. 프로그램은 커뮤니티 칼리지 출신 편입생들과 일반대학에서 성공적으로 학업을 수행한 커뮤니티 칼리지 출신 학생을 짝지어주었다. 멘토들은 매주 교육적이고 학업적으로나 사회적으로 지원하기 위해 멘티들과 연락했다. 비록 멘티들은 한 학기 동안의 학업 성과에 통계적으로 유의미한 큰 발전은 없었지만 예상치 못한 결과로서, 멘토로 활동한 학생들은 멘토로 지정되었지만 실제로는 활동하지 않은 학생들에 비해 상당히 높은 GPA와 성공적인 수업 이수율을 보여주었다(표 13.6 참조).

목표 설정 및 학업 계획을 지원하기

점프스타트

점프스타트JumpStart는 일반대학의 신입생 학업 계획을 지원하기 위해 설계된 4주 프로그

표 13.6 멘티와 멘토의 비교

	실험집단	통제집단
멘티		
GPA	2.70	2.66
성공적인 과목 이수	78%	69%
재등록	74%	75%
멘토		
	멘토로 활동	멘토로 지정되었으나 비활동
GPA	3.56	3.34
성공적인 과목 이수	95%	89%

램이었다. 2013년 가을 학기에 처음 학생들에게 제공되었고 성공적인 학업 수료에 도움이 되는 것으로 인정받았다. 2014년 여름 학기에는 커뮤니티 칼리지 출신 편입생들에게 점프 스타트 코스와 멘토링 프로그램을 함께 제공하고 그 효과를 평가하기 위해 시범 사업을 운영했다. 점프스타트 코스와 멘토링 프로그램에 동시에 참여한 학생들을 그렇지 않은 학생집단, 그중 하나의 프로그램에만 참여하는 학생들(점프스타트에만 참여하거나 멘토링 프로그램에만 참여한 학생들)과 비교했다. 학업 성과 면에서 유의미한 차이는 없었지만 일반대학에서는 이전의 성공적인 결과에 근거하여 점프스타트를 계속 운영 중에 있다(표 13.7 참조).

표 13.7 2014년 여름학기 점프스타트 결과

	실험집단		통제집단
	점프스타트에 등록	점프스타트 수료	점프스타트 비참가
GPA	2.42	3.06	2.69
성공적인 과목 이수	61%	89%	74%
재등록	76%	91%	75%

Women's Mentoring, Boys to Men, TRiO

'Women's Mentoring, Boys to Men, TRiO'라는 멘토링 프로그램은 2개의 커뮤니티 칼리지 중 한 곳에서 개발한 것으로서 소수인종minority 학생이 고등학교에서 커뮤니티 칼리지를 거쳐 궁극적으로 4년제 대학으로 편입하는 과정 동안 학업적·사회적으로 포괄적인 지원을 제공했다. 향후, 협력 관계의 대학들은 학생들의 학업 과정, 성과, 졸업을 추적하기 위해 커뮤니티 칼리지에서 이 프로그램에 참여하고 일반대학으로 편입한 학생들을 확인하는 작업을 공동으로 진행할 것이다.

Diverse Male Student Initiative(DMSI)

DMSI라는 멘토링 프로그램은 한 커뮤니티 칼리지에서 소수인종 남학생들에게 롤모델을 제시하고 학업 및 진로 멘토링을 제공한다. DMSI는 커뮤니티 칼리지의 지속성과 학업 계획을 발전시킬 목적으로, 참가자 중 수업을 조기에 등록한 이들에게 책과 수업료 할인 바우처를 제공하고, 주요 특강으로 구성된 2일간의 여름 학교를 개최한다. 2개의 커뮤니티 칼리지는 이 프로그램에 참여하고 일반대학으로 편입한 학생들의 성공과 학업 유지를 평가하고 추적하는 작업을 할 것이다.

결론과 시사점

협력 프로젝트 결과에 근거하여 몇 가지 결론이 도출될 수 있다.

1. 인구통계학적 요인 : 성별 및 결혼 여부는 성과(첫 학기의 높은 성적)와 학업 유지(재등록) 모두와 관련이 있었다. 이 요인들은 학업 목표를 추구하는 학생들의 성숙도와 헌신을 의미할 수 있다. 흥미롭게도 소수인종이라는 변수는 일부 분석에서 예상치 못한 방식으로 작용했다. 구체적으로 아프리카계 미국인이라는 특징은 첫 학기에 높은 성적을 받는 것과는 부정적인 관련이 있지만, 이것은 학업 유지의 측면에서는 긍정적인 관계가 있었다. 이는 아프리카계 미국인 학생들이 첫 학기의 성과 면에서 성공적이지는 않지만 그럼에도 불구하고 그들의 교육목표에 전념하고 있다는 것을 의미한다. 더욱이, 이 결

과는 학생 성공에 기여하는 요인으로서 학업 성과와 학업 지속성을 모두 고려하는 것이 중요하다는 것을 보여준다.

2. **커뮤니티 칼리지에서 개설된 수학 과목** : 기존 연구 문헌에서 수학은 일반대학으로 편입을 준비하는 학생들에게 도움이 되는 중요한 과목으로 밝혀졌다. 커뮤니티 칼리지에서 수학 과목을 수강한 것은 학생들의 학업 능력을 반영하고, 편입 및 졸업을 위한 요구사항을 충족하기 위한 학생들의 노력도 반영한다고 볼 수 있다. 학업 유지와 학업 성과 연구를 통해 개발된 모델에서 커뮤니티 칼리지에서의 수학 과목 수강 여부는 중요한 예측변수라는 것이 밝혀졌다. 이는 어려운 과목을 수강한 것이 이후의 학문적 성공에 기여할 수 있음을 의미한다.

3. **첫 학기의 성과** : 일반대학에서 학생들의 첫 학기 성과는 재등록, 학업 유지, 졸업 가능성을 예측하는 데 있어 결정적이었다. 실제로 모든 모델에서 이 요인은 학업의 지속성을 예측하는 가장 강력한 개별 변수였다. 첫 학기 성적은 학업 능력을 넘어 학생들의 성공에 기여하는 요인들의 지표가 될 수 있다. 구체적으로, 일반대학에서 요구하는 것들에 잘 적응하는 학생들은 더 좋은 첫 학기 성적을 얻을 수 있었다. 높은 성적을 얻는 것은 그 자체로 학생들이 학업 목표를 계속 유지하도록 격려될 수 있다.

4. **교수자 주도의 중재** : 여러 중재 방안을 살펴보면 학생들의 성공을 장려하는 데 효과적인 프로그램은 교수자가 주도한 것이었다. 특히 회계학 220과 221, 점프스타트는 모두 부분적으로 학생들의 성공을 장려하는 데 효과적이었는데, 프로그램은 모두 학생들과 가깝게 있는 교수자들이 주도했다. 또한 이러한 중재는 본질적으로 학문적이며 코스 내용과 밀접하게 관련되어 있다. 아마도 성인 대학생에게 사회적·제도적 통합(편입생 체크리스트 및 멘토 프로그램의 목적)에 대한 중재는 부차적인 관심사일 수 있을 것이다. 이러한 학생들은 학업목표에 더 적극적일 수 있고, 가능한 빨리 그들의 학업 과정을 완료하고 싶을 수 있기 때문에 교수자 주도의 중재로부터 더 많은 혜택을 받을 수 있다.

5. **협력이 핵심이다** : 일반대학과 커뮤니티 칼리지 간의 협력은 연구와 중재에 있어 교육기관의 데이터 수집과 분석 및 정책과 실행의 관점에서 매우 가치 있다는 것이 입증되었다. 특히 온라인 교육기관에 등록한 성인 대학생들의 요구를 해결하기 위해서는 교육기관들 간의 전문지식을 결합하는 것이 매우 중요했다. 커뮤니티 칼리지들은 학생들의

학업 배경에 대해 분명한 지식을 가지고 있지만 학생들이 일반대학으로 편입한 뒤 그들의 학업 수행에 대한 통찰이 부족했다. 그러한 지식은 연구와 중재 방안 개발에 많이 참고되었다. 데이터 공유는 일반대학이 학생정보 시스템을 통해 이용할 수 있는 정보보다 더 정확한 커뮤니티 칼리지의 학생 편입 정보를 조사하여 더 깊게 이해하고 통찰을 발전시킬 수 있도록 했다. 이러한 데이터 공유는 예측 모델링을 할 때, 학생의 커뮤니티 칼리지에서의 학업배경을 고려할 수 있도록 했을 뿐 아니라 연구가 타당한 데이터에 근거해 진행되도록 했다.

데이터마이닝은 20년 이상 지속되어 왔지만 교육데이터마이닝은 현재 발전하고 있는 분야이다. 이 연구는 온라인 일반대학의 커뮤니티 칼리지 출신 편입생들에 대해 여러 교육기관의 학생 기록을 연계한 데이터집합을 분석하기 위해 데이터마이닝 기법을 적용함으로써 교육데이터마이닝 발전에 다소 기여했다. 프로젝트에서 데이터마이닝 기법을 탐색적으로 사용하여 학생의 성공 지표(즉 성공적인 학업 과정 수료)를 파악하고 로지스틱 회귀분석을 통해 결과를 확증했다. 프로젝트는 기존의 통계방법과 함께 데이터마이닝 기법을 이용하여 학생의 학업 진행과 학업 성과에 대해 연구자, 교수자 및 관리자에게 보고할 수 있는 모델로서의 잠재적 가능성을 보여줄 수 있다.

이러한 연구를 통해 편입생의 성공과 관련된 요인들을 탐색했지만, 세 가지 이유로 인해 추가적인 연구가 필요하다. 먼저, 연구 결과를 다른 교육기관과 학생을 통해 검증하고 더 많은 집단에게도 적용할 수 있도록 일반화할 필요가 있다. 둘째, 구현된 예측 모델링과 중재 방안으로 확인된 요인 사이의 연관성을 추가로 조사할 필요가 있다. 셋째, 교수자 주도의 중재와 교육기관의 중재 차이를 조사하여 가장 효과적인 중재 설계 모델을 추가적으로 탐색할 필요가 있다. 4년제 대학으로 편입하는 성인대학생이 증가함에 따라, 이 집단을 대상으로 하는 연구와 중재는 고등교육기관과 교육받은 노동력의 증가로 혜택을 받는 커뮤니티를 위해 큰 가치를 창출할 수 있다.

참고문헌

Alfonso, M. (2006). The impact of community college attendance on baccalaureate attainment. *Research in Higher Education, 47*(8), 873–903.

Archer, L., Hutchings, M., & Ross, A. (2005). *Higher education and social class: Issues of exclusion and inclusion.* London: Routledge.

Bailey, T. (2002). Community colleges in the 21st century: Challenges and opportunities. In P. A. Graham & N. G. Stacey (Eds.), The knowledge economy and postsecondary education: Report of a workshop (pp. 59-75). Washington, D.C.: National Academy Press.

Bailey, T. (2009). Challenge and opportunity: Rethinking the role and function of developmental education in community college. *New Directions for Community Colleges, 2009*(145), 11–30.

Bamber, J., & Tett, L. (2000). Transforming the learning experiences of non-traditional students: A perspective from higher education. *Studies in Continuing Education, 22*(1), 57–75.

Bean, J. P., & Metzner, B. S. (1985). A conceptual model of nontraditional undergraduate student attrition. *Review of Educational Research, 55*(4), 485–540.

Bers, T. H., & Smith, K. E. (1991). Persistence of community college students: The influence of student intent and academic and social integration. *Research in Higher Education, 32*(5), 539–556.

Bettinger, E. P., & Long, B. T. (2005). Remediation at the community college: Student participation and outcomes. *New Directions for Community Colleges, 129,* 17–26.

Bettinger, E. P., & Long, B. T. (2009). Addressing the needs of underprepared students in higher education does college remediation work? *Journal of Human Resources, 44*(3), 736–771.

Cabrera, A. F., Nora, A., & Castaneda, M. B. (1993). College persistence: Structural equations modeling test of an integrated model of student retention. *Journal of Higher Education, 64*(2), 123–139.

Calcagno, J. C., Crosta, P., Bailey, T., & Jenkins, D. (2007). Stepping stones to a degree: The impact of enrolment pathways and milestones on community college student outcomes. *Research in Higher Education, 48*(7), 775–801.

Cantwell, R., Archer, J., & Bourke, S. (2001). A comparison of the academic experiences and achievement of university students entering by traditional and non-traditional means. *Assessment &Evaluation in Higher Education, 26*(3), 221–234.

Chemers, M. M., Hu, L. T., & Garcia, B. F. (2001). Academic self-efficacy and first year college student performance and adjustment. *Journal of Educational Psychology, 93*(1), 55–64.

Choy, S. (2002). *Access and persistence: Findings from 10 years of longitudinal research on students.* Washington, DC: American Council on Education.

Christie, R. L., & Hutcheson, P. (2003). Net effects of institutional type on baccalaureate degree attainment of "traditional" students. *Community College Review, 31*(2), 1-20.

Cross, K. P. (1981). *Adults as learners. Increasing participation and facilitating learning.* San Francisco, CA: Jossey-Bass.

DeBerard, M. S., Spielmans, G., & Julka, D. (2004). Predictors of academic achievement and retention among college freshmen: A longitudinal study. *College Student Journal, 38*(1), 66-80.

Goldrick-Rab, S. (2006). Following their every move: An investigation of social-class differences in college pathways. *Sociology of Education, 79*(1), 67-79.

Grimes, S. K. (1997). Underprepared community college students: Characteristics, persistence, and academic success. *Community College Journal of Research and Practice, 21*(1), 47-56.

Hagedorn, L. S. (2005). How to define retention: A new look at an old problem. In A. Seidman (Ed.), *College student retention* (pp. 89-105). Westport: Praeger Publishers.

Keane, M. P. (2002). Financial aid, borrowing constraints, and college attendance: Evidence from structural estimates. *American Economic Review, 92*(2), 293-297.

Kuh, G. D., Cruce, T. M., Shoup, R., Kinzie, J., & Gonyea, R. M. (2008). Unmasking the effects of student engagement on first-year college grades and persistence. *Journal of Higher Education, 79*(5), 540-563.

Lau, L. K. (2003). Institutional factors affecting student retention. *Education, 124*(1), 126-136.

Lehmann, W. (2007). "I just didn't feel like I fit in": The role of habitus in university dropout decisions1. *Canadian Journal of Higher Education, 37*(2), 89-110.

Long, B. T., & Kurlaender, M. (2009). Do community colleges provide a viable pathway to a baccalaureate degree? *Educational Evaluation and Policy Analysis, 31*(1), 30-53.

Martin, K., Galentino, R., & Townsend, L. (2014). Community college student success: The role of motivation and self-empowerment. *Community College Review, 42*(3), 221.

Matus-Grossman, L., & Gooden, S. (2002). *Opening doors: Students' perspectives on juggling work, family, and college.* New York: MDRC.

Metzner, B. S., & Bean, J. P. (1987). The estimation of a conceptual model of nontraditional undergraduate student attrition. *Research in Higher Education, 27*(1), 15-38.

Miller, M., & Lu, M. Y. (2003). Serving non-traditional students in e-learning environments: Building successful communities in the virtual campus. *Educational Media International, 40*(1-2), 163-169.

Moreau, M. P., & Leathwood, C. (2006). Balancing paid work and studies: Working (class) students in higher education. *Studies in Higher Education, 31*(1), 23-42.

Park, J.-H., & Choi, H.-J. (2009). Factors influencing adult learners' decision to drop out or persist in online learning. *Educational Technology & Society, 12*(4), 207-217.

Paulsen, M. B., & St John, E. P. (2002). Social class and college costs: Examining the financial nexus between college choice and persistence. *Journal of Higher Education, 73*(2), 189-236.

Ronco, S. L., & Cahill, J. (2004). *Does it matter who's in the classroom? Effect of instructor type on student retention, achievement and satisfaction.* Paper presented at the 44th Annual Forum of the Association for Institutional Research, Boston.

Rouse, C. E. (2004). Low-income students and college attendance: An exploration of income expectations. *Social Science Quarterly, 85*(5), 1299–1317.

Schuetz, P. (2005). UCLA community college review: Campus environment: A missing link in studies of community college attrition. *Community College Review, 32*(4), 60–80.

Seidman, A. (Ed.). (2005). *College student retention: Formula for student success.* Westport, CT: ACE/Praeger.

Shapiro, D., Dundar, A., Wakhungu, P.K., Yuan, X., Nathan, A. & Hwang, Y. (2015). Completing college: a national view of student attainment rates—Fall 2009 cohort (Signature report no. 10). Herndon, VA: National Student Clearinghouse Research Center.

Spitzer, T. M. (2000). Predictors of college success: A comparison of traditional and nontraditional age students. *Journal of Student Affairs Research and Practice, 38*(1), 99–115.

Tinto, V. (2006). Research and practice of student retention: What next? *Journal of College Student Retention: Research, Theory & Practice, 8*(1), 1–19.

Walpole, M. (2003). Socioeconomic status and college: How SES affects college experiences and outcomes. *The Review of Higher Education, 27*(1), 45–73.

14

몰입형 대화 기반 시나리오에서 과학탐구 기술의 평가

Diego Zapata-Rivera, Lei Liu, Lei Chen, Jiangang Hao, Alina A. von Davier

요 약 인간과 가상 캐릭터 간의 대화와 같은 혁신적인 상호작용을 통해 사람의 인지적 기술(예 : 과학적 탐구 기술)을 평가할 수 있다. 이러한 새로운 평가 시스템은 평가에 관한 맥락 정보를 수집할 수 있고 특정한 환경에서의 평가를 알려줄 수 있는 추가적인 정보(예 : 대화 경로 순서에 대한 정보 및 사용된 도움의 양)를 수집하는 것을 지원한다. 과학기술을 평가하기 위해 우리는 '화산 시나리오 (Volcano Scenario)'라고 불리는 내장형 대화를 통해 게임과 같은 평가를 실행하고 평가했다. 이 장에서는 화산 시나리오 시스템과 이 시스템에서 생성된 데이터를 수집, 분석하는 데 사용되는 기술에 대해 설명한다. 대화형 평가 환경에서 추출된 데이터를 전통적인 심리 측정 분석 기법을 통해 분석하는 혼합적 분석 방식과 몇 가지 빅데이터 분석 기법에 대해 설명한다. 이를 위해 최소 1년 이상의 대학교육 경험이 있는 500명의 참가자 데이터를 활용했다.

주제어 혼합 접근법 / 대화 기반 평가 / 과학탐구 기술

서론

새로운 유형의 평가 시스템은 일반적으로 학생들이 지닌 기술, 지식 및 다양한 속성에 관한 증거를 수집하는 과정에서 컴퓨터 기술을 사용한다. 이러한 새로운 유형의 대화형 평가 환경interactive assessment environments, IAE에는 컴퓨터 시뮬레이션(Bennett, Persky, Weiss

& Jenkins 2007; Clarke-Midura, Code, Dede, Mayrath & Zap, 2011; Quellmalz et al., 2011)과 게임(Mislevy et al., 2014; Shute, Ventura, Bauer & Zapata-Rivera, 2009)이 있다. 이러한 기술을 활용하면 IAE에서 학생들의 상호작용 기록을 통해 복잡한 문제 해결 과정에 대한 풍부한 데이터를 수집할 수 있다.

근거중심설계Evidence-Centered Design, ECD와 같은 평가 설계 프레임워크는 IAE를 설계할 때 자주 활용되었다(Mislevy, Steinberg & Almond, 2003). 그러나 IAE에서는 처음 평가 시스템을 설계할 때는 예상하지 못했던 다양한 상호작용 행동이 발생한다. DiCerbo와 Behrens(2012)는 학생들의 지식, 기술 및 속성knowledge, skills, attributes, KSA에 대해 밀도 있는 개념을 구축하기 위해 다양한 일상적 디지털 경험으로부터 정보가 축적되는 환경이라는 '평가 생태계' 개념을 설명한다.

학생들의 학습 성과를 이해하는 데 도움이 되는 흥미로운 상호작용 패턴을 발견하기 위해 평가 시스템이 모은 대규모의 다양한 데이터 분석에 빅데이터, 데이터마이닝 기법을 활용할 수 있다(Baker & Yacef, 2009; White, 2012). 하향식ECD과 상향식(빅데이터) 접근을 통해 게임을 할 때의 상호작용과 미리 정의된 과제에 대한 학생들의 반응에 기반하여 학생들의 KSA에 대해 추론할 수 있다.

가상 캐릭터와의 대화는 전통적인 평가방식(예 : 과학적 탐구 기술에 관한 증거)으로는 얻기 힘든 추가적인 증거를 수집할 수 있도록 학생들이 특정 주제나 시나리오상에서 내리는 결정에 대해 설명하도록 유도한다. 이러한 대화는 시뮬레이션, 시나리오 및 게임 기반 평가와 같은 다양한 평가 시스템 내에 포함될 수 있다.

이 장에서는 과학적 탐구 기술 평가를 위해 설계된 IAE와 학생들이 상호작용할 때 수집되는 데이터를 해석하기 위해 데이터마이닝과 심리측정방법을 혼합한 분석 방법에 대해 설명한다. '화산 시나리오'는 화산 분출에 대한 경고 수준을 결정하기 위해 화산에서 지진 데이터를 수집하는 상황을 가정한 과학 탐구 몰입형 대화 기반 IAE이다. 먼저 화산 사나리오의 주요 구성요소를 설명한 후, 학생들이 시스템에서 질문에 대해 응답한 데이터뿐만 아니라 시스템과의 상호작용 과정을 담은 로그 파일의 속성에 대해서도 자세히 설명한다. 또한 화산 시나리오와 상호작용한 성인 500명의 사례연구 데이터에 적용한 혼합 분석 과정을 설명한다.

화산 시나리오

화산 시나리오는 학생들의 KSA에 대한 증거를 수집하는 수단으로서 가상 캐릭터와의 대화를 이용하는 사회적 구성주의 관점(Lave & Wenger, 1991; Pear & Crone-Todd, 2002; Vygotsky, 1978)에 기반하여 설계되었다. 이 연구는 대화 시스템 연구 분야에서 이루어 낸 성과를 활용한다(Adamson, Dyke, Jang, & Rosé, 2014; Graesser et al., 2004; Graesser, Person, & Harter, 2001; Millis et al., 2011).

화산 시나리오는 학생들의 지구과학에 대한 지식과 과학적 탐구 기술(예 : 데이터 수집 및 분석, 데이터 기반 예측)의 측정을 목표로 한다. 학생들은 2명의 가상 캐릭터인 과학자 가르시아Garcia와 학생 아트Art와 대화한다. 이 캐릭터들은 비디오 시뮬레이션 및 기타 자료를 통해 자기 자신을 소개하고, 지구과학에 관한 지식(즉 화산, 지진계, 지진 발생 및 경고 수준에 대한 지식)을 제공한다. 학생들은 데이터의 수집과 패턴 확인 및 예측을 위해 지진계를 배치할 수 있다. 〈그림 14.1〉은 데이터를 수집하기 위해 학생들이 화산 주위에 지

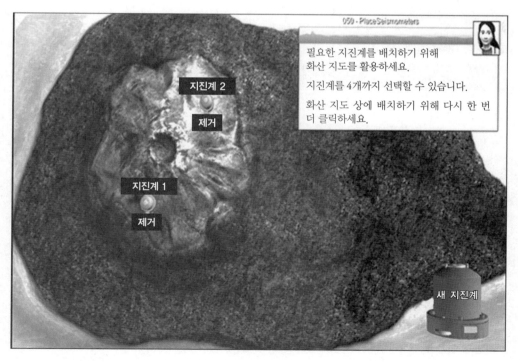

그림 14.1 지진계를 이용한 데이터 수집

그림 14.2 노트의 품질에 관한 대화 캡처 화면

표 14.1 대화 내용 예시

행위자	대화
가르시아	아트, 너의 노트 중 하나를 우리에게 보여줄래?
아트	여기 있어요.
가르시아	팀. 이 두 노트를 비교해볼래? 네가 생각하기에 우리가 나중에 예측을 하기 위해서는 어떤 노트를 가지고 있어야 하는 것 같니?
피평가자	당신이 하는 말을 이해하지 못했어요.
가르시아	팀. 이 두 노트를 비교해보고, 네가 생각하기에 우리가 어느 것을 보관해야 하는지 우리에게 말해줄래?
피평가자	아트의 노트는 내 것에 비해서 2개의 지진계가 더 있어요.
가르시아	아트의 노트를 대신 사용해도 괜찮겠니?
피평가자	네.
아트	왜 그렇지?
피평가자	왜냐하면 아트의 노트에 데이터가 더 많으니까요.
가르시아	알았다. 계속해보자.

진계를 놓는 방법을 보여주고 있다.

학생들은 수집된 데이터의 품질과 해당 데이터에서 도출할 수 있는 예측에 대해 가상 캐릭터와 대화를 나눈다. 대화의 내용은 학생들의 과학적 탐구 기술에 대한 증거를 수집하는 데 사용된다. 예를 들어, 지진계를 통해 수집된 데이터에 대해 노트를 작성한 후, 학생은 자신의 노트 중 하나를 검토하고 가상 학생 캐릭터 아트의 노트 중 하나와 비교하도록 요구받는다. 가상 캐릭터 아트의 노트는 학생의 노트를 기반으로 작성되며 학생의 데이터 수집 기술에 대한 추가 증거를 수집하는 데 사용된다. 〈그림 14.2〉는 수집된 노트의 품질에 대한 학생과 가르시아 박사, 아트 간의 대화 내용이다. 이 대화에는 학생이 제한된 피드백을 받고 특정 메모를 선택하는 이유에 대해 자세히 설명할 수 있는 2~3번의 순환 과정이 있다.

〈표 14.1〉은 대화 내용 예시이다. 예시에서처럼 '피평가자'Test Taker는 주요 질문에 의미 있는 대답을 할 수 있는 기회가 여러 번 부여되었다. 예를 들어 피평가자가 질문에 대해 대답에 확신이 없으면 가상 캐릭터 가르시아 박사가 다르게 질문했다. 또한 피평가자의 응답이 완전한지 아닌지 진단되었다. 응답이 불완전한 것으로 진단된 경우, 가상 캐릭터는 추가 질문을 통해 피평가자가 자신의 생각을 자세하게 설명할 수 있는 기회를 주었다.

화산 시나리오에는 학생의 지구과학 지식, 학생들이 지진계를 놓고 데이터 수집 시간을 선택할 수 있는 화산 시뮬레이션, 학생들이 수집한 데이터에 주석을 달 수 있는 가상의 실험실, 가상 캐릭터들과의 두 가지 대화를 평가하기 위해 설계된 객관식 질문 7개가 포함되어 있다.

객관식 문항은 시나리오 초반부에 화산 정보에 대한 학생들의 이해를 평가하는 데 사용된다. 각 객관식 문항은 특정 지구과학 개념과 기술에 관한 내용이며, 7개의 문항이 있다. 문항 1, 2, 3, 4는 화산, 화산의 지진 발생, 경고 수준 등의 지구과학 개념에 대한 이해도(E1)를 다루고 있다. 문항 5, 6, 7은 지구과학 개념(E2)의 적용에 관한 것이다. 일반적으로 E1 문항은 지진 발생 사건에 대한 학생의 실제 지식을 측정하고 E2 문항은 특정 지진 데이터의 패턴을 특정 지진 발생과 적절하게 일치시키는 학생의 기술을 측정한다.

대화는 다음의 과학적 탐구 구인constructs 중 하나 이상을 측정하도록 설계되었다. 구인에는 데이터 수집(C1), 데이터에 근거한 예측(C2), 증거에 근거한 추론(C3), 의사소통(C4)이 있다. C1은 관련 데이터를 수집하고 특정 상황에 적절한 샘플링 절차를 사용하는 학생의 기술을 말한다. C2는 이용 가능한 데이터에 기반하여 정확하고 적절한 예측을 하는 학생의 기술과 관련이 있다. C3는 학생들이 증거가 주장의 정확성과 어떻게 연관되어 있는지 명확하게 설명하고 증명할 수 있는지 여부를 결정한다. C4는 다른 사람들과 의사소통할 때 관련 정보와 원하는 정보를 제공하는 학생의 기술을 말한다. 대화 1은 C1, C3 및 C4를 평가하도록 설계되었다. 대화 2는 C2, C3 및 C4를 평가한다. 대화의 채점 과정은 (1) 경로 기반 채점(전문가의 판단에 따라 관련된 각 구인에 자동적으로 할당된 부분 점수), (2) 실제 사람 또는 기타 자동화된 채점 엔진이 추가 증거에 근거해 수정하는 점수와 같은 두 가지 요소로 구성된다.

우리는 ECD(Mislevy et al., 2003)의 원리에 따라 개발, 테스트 및 수정 과정을 반복하여 대화 기반 평가 시스템을 개발했다. ECD는 측정할 수 있는 구인을 만들고, 이러한 구인의 증거가 되는 관찰 가능한 학생의 행동을 설명하고, 증거를 수집할 수 있는 시나리오와 전반적인 환경을 설계하는 체계적인 접근 방식이다. 화산 시나리오의 모든 요소(질문 내용, 대화, 채점 방법)는 ECD가 제시한 체계적인 설계 과정을 따랐다. 예를 들어 학생들이 과학적 탐구 기술을 배우는 방법에 대한 전문가의 판단과 이론에 근거하여 다양한 대화 경로(다양한 학생들이 가질 수 있는 대안들)가 설계되었다(Liu, Rogat, & Bertling, 2013; Zapata-Rivera, 2013; Zapata-Rivera et al., 2014). ECD는 평가 이론에 근거한 하향식 접근 방식을 제공한다. 그러나 학생과 시스템의 상호작용에서는 기존의 평가 시나리오에서 설계된 것보다 학생들의 학습에 대해 더 많은 증거를 제공하는 행동 패턴을 찾아낼 수 있다. 다음 내용에서는 화산 시나리오에서 수집된 응답 데이터와 프로세스 데이터를 모두 분석하는 혼합 분석 방식에 대해 설명한다.

IAE 데이터 분석을 위한 혼합 분석 방식

대화형 평가 환경 IAE에서 데이터 분석의 핵심은 교수학습 문제를 정확히 찾아내고 문제를 해결할 수 있는 최선의 방법을 도출하기 위해 교사와 학교에게 필요한 통찰을 얻는 것이다. 현재의 데이터 분석 연구는 결과 데이터에만 초점을 맞추기 때문에 복잡한 IAE에서 발생하는 데이터를 분석하기에는 충분하지 않다. 여기에서는 학생의 반응 데이터를 활용한 전통적인 심리측정psychometric 분석 방법과 빅데이터, 교육데이터마이닝educational data mining, EDM 기법을 프로세스 데이터에 적용하는 과정을 설명한다.

하향식 채점 방식을 객관식 문항과 대화 내용 평가에 사용할 수 있지만 학생들이 그러한 응답에 이르는 과정(예 : 경로 추적, 제공된 스캐폴딩, 도움, 특정한 작업의 소요 시간)을 이해하려면 더 많은 증거가 필요하다. 전통적인 심리측정 분석법과 교육 데이터 마이닝 분석 결과는 서로 영향을 미친다.

IAE 데이터 분석에 활용된 혼합 분석 방식은 구인을 어떻게 측정할지 결정하는 것부터 시작한다. 다양한 심리측정 분석을 사용하여 일부 효과적인 문항에서의 특성을 조사할 수 있다. 이 과정에서 특정 문항 제거(예 : 대답하기 너무 어렵거나 곤란한 문항), 신뢰도 향상을 위한 추가 문항 필요, 차원 감소를 통한 단일 또는 복수의 변수 생성과 같은 작업이 발생할 수 있다. 마찬가지로 프로세스 데이터의 변수들이 각 구인과 어떻게 관련 있는지 이해하면 프로세스 데이터의 변수를 선택하고 평가하는 과정이 용이해진다. 구인과 관계 있는 변수에 초점을 맞춘 교육데이터마이닝 기법을 통해 채점을 위해 필요한 변수를 파악하고, 구인을 수정하고 확장하거나, 응답하기까지 학생들의 인지적 과정에 대한 통찰을 얻을 수 있다.

다음 내용에서는 연구에 적용된 데이터 분석 과정을 개괄적으로 설명한다. 분석 과정에는 로그 파일 설계, 전통적인 심리측정 분석(예 : 문항 분석, 선다형 문항의 구인 차원성, 일반적인 과학 지식 측정 결과의 상관관계), 데이터마이닝 기법이 포함된다.

로그 파일 설계

로그 파일은 전통적인 심리측정 분석과 교육데이터마이닝 모두에게 중요한 정보 자원이다. 가능한 분석 방법은 수집된 데이터의 종류와 구조에 따라 다르다. 채점 기준(루브릭)은 관측된 데이터(예 : 학생의 행동 또는 응답)가 구인(예 : 학생의 탐구 기술)에 대응되도록 개발된다.

학생의 프로세스 및 응답 데이터는 시간 기록을 포함하고, XML 규칙에 따라 단일 로그 파일에 기록되는데, 여기에는 학생의 문제 해결 과정 순서에 대한 풍부한 정보가 포함되어 있다. 로그 시스템의 확장성을 위해 분산 로그 파일 업로드 시스템을 채택했다. 각 학생의 로그 파일은 지정된 데이터 서버로 바로 업로드된다. 이러한 시스템 구조를 통해 게임과 같은 업무의 작업량을 분산할 수 있으며 각 세션session[1]에 데이터 서버를 할당(또는 무작위로 할당)하여 로그 파일을 저장한다. 데이터 처리의 관점에서, 각 로그 파일은 개별적으로 분석된 후 결과가 집계되는데, 이는 대용량 데이터 처리에 쓰이는 맵리듀스map -reduce[2] 방식을 모방한 것이다. 또한 로그 시스템의 많은 숫자(예 : 이용 가능한 도구와 자원의 사용 빈도, 응답 시간)을 변형해서 학생들의 KSA에 관한 정보의 시각화를 위해 분석 도구를 적용할 수 있고, 이러한 작업을 통해 필요한 경우, 학생 지도 방법에 변화를 꾀할 수 있는 통찰을 얻을 수 있다.

　　로그 파일은 대화 과정에 나타난 학생의 성과에 대한 정보를 재구성하는 데 중요한 역할을 한다. 따라서 로그 시스템을 적절하게 구성하는 것이 필수적이다. 용이한 분석을 위해 로그 파일을 위한 구조화된 데이터 모델을 설계했다(Hao, Liu, von Davier & Kyllonen, 2015). 로그 시스템은 화산 시나리오에서 발생한 모든 이벤트를 시스템 상태와 학생 활동이라는 두 가지 범주로 분류해서 XML 형태로 저장한다. 이 둘은 모두 특정한 속성과 값을 갖는 '일반화된 행동'으로 취급된다. 로그 시스템에는 다섯 가지 일반 속성이 있다. 첫 번째 속성은 행동 이름ActionName인데, 행동의 유형(예 : 객관식 문항 작성, 지진계 배치, 노트 작성)을 기록한다. 두 번째 속성은 행동 시간ActionTime을 기록한다. 세 번째 속성은 누가 행동했는지를 기록한다ActionBy. 네 번째 속성은 행동이 적용되는 사건ActionTo을 기록한다. 마지막으로, 다섯 번째 속성은 학생들의 실제 반응이나 상호작용을 포함하는 행동의 결과ActionResult를 기록한다. 이 다섯 가지 속성을 통해 화산 시나리오에서 각 학생의 상호작용을 재구성할 수 있었다.

전통적 심리측정 분석

학생의 성과를 평가하기 전에 작업의 품질과 공정성을 조사하기 위해 기본적인 문항 분석을 실시했다. 문항 분석은 (1) 문항의 난이도, (2) 문항의 차별성, (3) 응답 기반 문항의 군집 분석, (4) 과학지식에 대한 일반적인 측정값과의 상관관계 분석을 통해 선다형 문항에

---

1. 역자 주 : 네트워크상에서 컴퓨터 간의 대화를 위한 논리적 연결 또는 하나의 프로그램이 시작해서 종료할 때까지의 시간.
2. 역자 주 : 대용량의 데이터 처리를 분산 컴퓨팅 환경에서 처리하기 위한 소프트웨어 프레임워크.

서의 학생 성과 분석을 포함했다.

데이터마이닝 기법

변수 확인은 학생들의 인지 과정에 대한 추가적인 정보와 그들의 행동 및 응답에 대한 설명, 구성요인들 간의 연관 관계에 대한 정보를 제공해줄 변수를 결정하는 작업이다. 이러한 변수들은 로그 파일에서 추출될 수 있고 특정 기술과 어떻게 관련되는지 분석하는 데 이용된다. 예를 들어 학생들이 IAE의 특정 영역에서 보낸 시간(예 : 사용지침 비디오를 보거나 데이터에 주석을 다는 시간)과 활용 가능한 자원을 확인하는 빈도(예 : 노트, 지진에 관한 비디오, 경고 수준 표) 등이 포함된다.

학생들이 입력한 데이터가 확보되면, 데이터로부터 필요한 변수들을 추출한다. 변수 확인 및 추출은 연구에서 밝히고자 하는 문제에 크게 의존한다. 예를 들어 연구의 목적이 학생이 화산 분출 시뮬레이션을 보는 데 걸린 시간과 현장 학습에서 화산 분출 가능성에 대해 예측 수행한 결과 사이의 관계를 탐색하는 것이라면 학생이 비디오를 보거나 다시 보는 데 사용한 총 시간에 관한 변수를 추출하고 계산한다. 마찬가지로 연구가 학생들이 예측의 정확성에 영향을 줄 수 있는 데이터의 수집 계획에 얼마나 오랜 시간이 걸렸는지를 조사하는 것이면 원시 로그 데이터에서 총 데이터 수집 시간 변수를 추출할 수 있다. 로그 데이터에서 관련 정보를 추출하면 의도하는 데이터 분석을 수행하는 데 필요한 로그 데이터의 양을 줄일 수 있다.

다음 절에서는 화산 시나리오를 이용한 연구에서 혼합 데이터 분석 방법을 소개한다.

사례연구

연구에서 데이터 수집 전략은 인지과학 및 사회과학에서 데이터 기반 연구로 유명한 아마존 미케니컬 터크Amazon Mechanical Turk[3]를 통해 크라우드소싱crowdsourcing[4]하는 것이었다 (Kraut et al, 2004). 2013년 12월 아마존 미케니컬 터크를 통해 데이터를 수집했다. 2주 동

---

3. 역자 주 : 아마존이 제공하는 크라우드소싱 형식의 인터넷 인력 시장.
4. 역자 주 : 대중(crowd)과 아웃소싱(outsourcing)의 합성어로 기업 활동의 일부 과정에 대중을 참여시키는 것.

안 대학 교육을 받은 500명의 참가자들이 화산 시나리오에서 나온 온라인상의 데이터를 수집했고(Hao, Smith, Mislevy, von Davier, Bauer, 2016; Liu, Hao, von Davier, Kyllonen & Zapata-Rivera, 2016), 이 데이터에 데이터마이닝 기법과 심리측정 분석이 적용되었다.

과학 지식에 관한 37개의 객관식 질문으로 구성된 일반 과학 측정법general science measure, GS이 학생들의 객관식 문항 점수, 대화 내용, 성과에 관한 변수를 비교하는 공통 측정 도구로 사용되었다. 이 도구는 SLiM 도구로부터 12개의 문항, ETS in-house science 도구로부터 25개의 문항을 가져왔는데(Rundgren, Rundgren, Tseng, Lin & Chang, 2012), 이들은 핵심 과학 지식의 응용에 초점을 맞춘 측정 도구로서 일반적인 과학적 소양의 척도로서 타당성이 검증되었다. 각 객관식 문제에는 4개의 선택이 있다. 선택한 문항은 일상 생활과 관련된 과학 질문이었다.

연구 결과

문항 분석

문항 분석은 E1과 E2에 연결된 7개의 객관식 문항이 대상이었다. 이 분석은 R psychometric 패키지를 이용하여 진행되었다. 첫 번째 7개 문항에 대한 크론바흐 알파값은 0.65로 나왔다. 문항 분석 결과는 〈표 14.2〉에 나와 있다.

표 14.2 문항별 난이도(정답 응답 비율)와 양류상관계수

문항	문항 난이도	양류상관계수
문항 1	0.640	0.688
문항 2	0.615	0.701
문항 3	0.677	0.651
문항 4	0.582	0.670
문항 5	0.938	0.312
문항 6	0.856	0.471
문항 7	0.973	0.347

표를 확인해보면 4번 문항이 가장 어려웠고 5번부터 7번 문항까지는 너무 쉬웠음을 알수 있다. 4번 문항은 화산 분출 전 전형적인 패턴에 따른 지진 발생 순서를 묻는 문제였다. 학생들은 이 질문에 대답하기 위해 여러 가지 지진 발생에 관한 지식을 회상해야 하기 때문에 인지부하가 한두 개의 지진 발생 지식을 묻는 것보다 많다.

양류상관계수point-biserial correlation[5]값이 높은 것은(0.25보다 큰 양수 값) 총점수가 높은 학생이 해당 문항에 정답을 내는 경향이 있고 총점수가 낮은 학생은 해당 문항에 오답을 내는 경향이 있다는 의미이다.

문제를 설계할 때 문항 1~4와 문항 5~7은 다른 구인에 해당되었다(화산 시나리오 참조). 데이터가 이러한 사실을 뒷받침하는지 확인했다. 〈그림 14.3〉에서는 응답을 기반으로 한 군집을 보여준다.

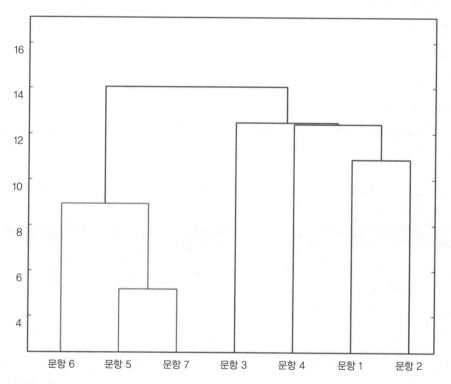

그림 14.3 선다형 문항의 계층적 군집 분석

---

5. 역자 주 : 질적변수와 양적변수 간의 상관관계수.

〈그림 14.3〉은 처음 7개의 문항의 점수를 기반으로 한 계층적 군집 분석 결과를 보여준다. 군집 과정에서 완전연관complete linkage 방식의 유클리드 거리euclidean distance를 사용했다. 결과는 문항 1~4와 문항 5~7이 각각 같은 군집을 이루고 있음을 보여준다. 이러한 군집 분석 결과는 앞에서 설명한 E1과 E2의 정의와 일치하는 것으로 보인다.

탐구기술 점수 간의 상관관계

일반 과학 측정(GS) 점수, 지구과학 지식 문항(E1), 지구과학 응용 문항(E2) 및 과학탐구기술(C1-C4) 점수 간의 상관관계를 계산했다(표 14.3 참조). 일부 결측값으로 인해 총 참가자 중 470명의 데이터를 이용한 분석 결과이다.

선다형 문항(E1과 E2)의 점수와 대화 점수(C1-C4) 비교 : C2(데이터 기반 예측) 및 C3(증거 기반 추론) 점수는 매우 강력한 양의 상관관계를 보인다($r=0.764$). 이 결과는 이러한 기술의 성격과 부합한다. 이 두 기술은 모두 과학적 추론 과정과 관련이 있다. C3(증거 기반 추론)과 C4(의사소통) 점수 사이에는 강한 양의 상관관계가 있다($r=0.65$). 이 결과는 일반적으로 증거를 통해 완전하게 설명할 수 있는 학생들이 더 높은 의사소통 점수를 받았다는 점으로부터 설명 가능하다. C2(데이터 기반 예측)와 C4(커뮤니케이션)는 약한 양의 상관관계가 있다. 이 결과는 정확한 경고 수준을 선택하고 이를 증거로 뒷받침하

표 14.3 일반 과학 측정(GS)값, 지구과학 지식 문항(E1), 지구과학 응용 문항(E2), 과학탐구 기술(C1-C4) 간의 피어슨 상관계수

탐구 기술	GS	E1	E2	C1	C2	C3	C4
GS	1.00	0.397**	0.333**	0.188**	0.333**	0.309**	0.187**
E1	0.397**	1.00	0.271**	0.136*	0.186**	0.210**	0.132*
E2	0.333**	0.271**	1.00	0.216**	0.240**	0.216**	0.160**
C1	0.188**	0.136*	0.216**	1.00	0.072	0.058	0.115*
C2	0.333**	0.186**	0.240**	0.072	1.00	0.764**	0.287**
C3	0.309**	0.210**	0.216**	0.058	0.764**	1.00	0.650**
C4	0.187**	0.132*	0.160**	0.115*	0.287**	0.650**	1.00

**$p<.01$, *$p<.05$, r값이 0.3보다 클 경우 진하게 표시

기 위해 학생들이 길고 자세한 설명을 할 필요가 없다는 설명이 된다. C1(데이터 수집)과 (C2-C4)는 특별한 관계가 없었다(r값은 0.2 미만임). 이는 적절한 데이터 수집 절차에 대한 지식이 과학적 추론 기술(C2-C4)과 관련없음을 보여준다. 또한 C1이 C2-C4에 의해 측정되지 않는 추가 정보를 제공할 수 있음을 보여준다.

객관식 문항(E1 및 E2)과 대화 점수(C1-C4)를 일반 과학 측정(GS) 점수와 비교 : 화산 시나리오에서 얻은 객관식 문항 및 대화 내용 점수를 검증하기 위해 이 점수들을 일반 과학 측정값과 비교했다. GS점수는 E1($r=0.397$)과는 강한 양의 상관관계를 가지며, E2($r=0.333$), C2($r=0.333$), C3($r=0.309$)와는 중간 수준의 양의 상관관계를 가지고, C1, C4와는 유의미한 관계가 없었다(r값은 0.2 미만임). 이러한 결과는 충분한 데이터를 수집하고 질문과 관련된 의사소통을 잘 수행하는 것이 학생들의 과학적 지식의 양과 관련이 없다는 것을 나타낸다. 연구자들은 과학 분야에서 특정한 내용 지식을 필요로 하지 않을 수 있는 몇 가지 영역을 확인했다(Zimmerman, 2000). 데이터 수집(C1)을 포함한 실험 설계는 그러한 분야 중 하나이다. 그러나 추론이나 논증의 경우, 최근의 연구는 학생이 특정 주장을 뒷받침하는 증거를 제시해야 하는 탐구 과제에 성공적으로 참여하기 위해서는 다양한 내용 지식이 중요하다고 주장한다(Gotwals & Songer, 2006).

이러한 결과는 대화가 객관식 질문으로 측정되지 않는 다른 구인을 평가하고 있음을 나타낸다. 지금까지 기존의 과제 분석 방법이 구인을 어떻게 측정하는지 살펴보기 위해 전통적인 심리측정 분석법을 보여주었다. 이후에는 교육데이터마이닝에 초점을 맞춰 설명한다.

변수 확인

XML 로그 파일은 다수의 칼럼으로 구성된 CSV 파일로 변환되었다. 앞에서 설명한 것처럼(IAE 데이터 분석을 위한 혼합 분석 방식), CSV 파일에서 학생의 학습 행동에 관한 변수를 추출하는 다양한 방법이 있다.

우리의 게임 기반 시나리오에는 데이터 수집 및 분석과 데이터 기반 예측을 포함하여 학생들의 과학적 탐구 기술에 대한 증거를 제시하는 몇 가지 주요 변수들이 있다. 전문가들은 구인에 대한 정의에 따라 추출할 잠재적 변수 목록을 확인했다. 학생들의 데이터 수

표 14.4 구인 관련 변수

과학적 탐구 기술	관련 변수
데이터 수집	**지진계의 수**
	화산 지도에서 각 지진계가 놓인 위치
	데이터 수집에 소요된 총 시간
데이터 분석	노트의 수
	노트에서 확인된 데이터 패턴의 수
	데이터 패턴 기술에서 단어의 총 수
	노트를 만드는 데 걸린 총 시간
데이터 기반 예측	과학적 지식에 대한 학습 시간
	예측을 할 때 지진 발생 비디오를 확인한 빈도
	예측을 할 때 지진 발생 비디오 확인에 소요한 총 시간
	경고 수준 표를 확인한 빈도
	경고 수준 표를 확인할 때 소요된 총 시간

집 기술을 분석하기 위해 다음과 같은 변수들이 유용하다─데이터 수집을 계획할 때 학생이 화산 지도에 놓은 지진계의 수, 각 지진계의 위치, 학생이 데이터 수집을 계획하고 수행하는 데 소비한 총 시간. 학생들의 데이터 분석 기술을 분석하기 위해서는 학생이 작성한 노트 수, 확인된 데이터 패턴 수, 노트에 적어 놓은 총 단어 수, 노트를 작성하는 데 소요된 총 시간 등을 포함하는 변수가 필요하다. 데이터 기반 예측 기술을 위해서는 지진 발생에 대한 총 학습시간, 이용 가능한 자원(예 : 지진 발생 비디오, 경고 수준 표)을 확인한 빈도 등의 변수가 필요하다. 〈표 14.4〉는 데이터 분석을 위해 추출할 수 있는 잠재적 변수 목록을 요약한 것이다.

시간적 제한으로 이 변수들 중 일부만 추출하여 이 연구에 이용했다. 이용한 변수는 지진계 수, 데이터 수집 총 시간(초 단위), 경고 수준 표 확인 빈도, 경고 수준 표 총 확인 시간 등이 있다(표 14.4에서 굵은 글씨 참조).

변수 추출

학습 과정에서 학생들은 가상의 화산 탐구에 사용되는 감지기의 수를 선택할 수 있다. 첫째, 사용되는 지진계의 수를 데이터 수집 기술의 증거로 사용할 수 있다. 따라서 우리는 각 학생들이 시간에서 보였던 행동 기록을 포함하는 CSV 파일에서 변수를 추출했다. 필요한 변수를 효율적으로 추출하고 사용자가 실제로 이해 가능한 분석을 R(R Core Team, 2013)에서 사용할 수 있는 매우 강력한 데이터프레임 처리 패키지인 'dplyr'과 '파이프라인 기능'pipeline function을 활용했다. 이를 통해 변수 추출 작업이 매우 간단하게 해결되었다 (표 14.5 참조).

여기서 %>%는 파이프라인의 연산자로서, 유닉스Unix 시스템에서 일련의 데이터 처리 절차를 연결하는 데 널리 사용되는 '|' 연산자와 매우 유사하다. 'df'는 모든 프로세스의 세부 정보가 포함된 방대한 CSV 파일을 로딩한 후의 데이터 프레임이다. 위의 코드는 (a) 개별 학생의 문항을 그룹화하고, (b) actionName은 '배치된 지진계의 수'와 관련된 데이터만 걸러 사용된 감지기의 수를 요약, 집계하는 데이터 처리 과정을 보여준다.

우리는 학생들이 증거 수집에 소비하는 시간(데이터 수집 총 시간)이 데이터 수집 기술과 관련이 있을 것으로 가정했다. 이 시간은 학생이 지진계를 측정하기 시작한 시간과 학생이 데이터에 주석을 다는 시간 사이의 차이로 계산할 수 있다.

경고 수준 표를 확인하는 데 소요된 시간과 빈도는 유용한 정보로 확인되었다. 각 경고 수준에 필요한 증거를 이해하는 것이 예측하는 데 중요하기 때문이다. 따라서 CSV파일에서 이러한 정보도 추출했다.

요약하면, dplyr 패키지와 R의 파이프라인 기능을 활용하여 학생들의 행동에서 일련의 프로세스와 관련된 변수를 추출했다. 이 변수들은 대화 1과 2를 통해 얻은 과학적 탐구 기

표 14.5 변수 추출 - 코드정보

```
# 2. Number Seismometers Dropped
sensors <- df %>%
group_by(playerID) %>%
filter(actionName=="Number
Seismometers Dropped") %>%
summarize(sensor=actionResult)
```

술 점수(C1-C4)와 비교된다.

변수 평가

이 네 가지 프로세스 특징들과 각각의 탐구기술 및 외부 측정치에 대한 점수 사이의 상관계수가 계산되었다. 그 결과, **경보 수준 표 확인 빈도**와 C3 점수 사이에 약한 양의 관계($r = 0.21$)가 나타났다. 이것은 화산 폭발 예측에 대한 증거와 주장을 연결할 수 있도록 경보 표의 내용을 두 번 점검할 필요성과 관련이 있는 것으로 보인다. 다른 모든 상관관계는 무시할 만한 수준이었다(r값은 0.2 미만).

이러한 변수들은 높은 예측값을 나타내지는 않았지만, 탐구되어야 할 더 많은 변수들이 존재한다. 잠재적인 변수들을 구조에 연결할 수 있는 방법에 대한 정보는 미래의 EDM 분석을 안내할 것이다. 또한 여러 변수를 통합하는 것은 유용한 정보를 제공할 수 있다. 다음번에 탐구할 필요성이 있는 유력한 변수들에는 지도상의 지진계 위치, 설명용 비디오를 시청하는 데 소요된 시간, 데이터에 주석을 추가하는 시간이 있다.

토론

선다형 질문과 대화 기반 과제의 점수가 학생들의 과학지식 및 과학탐구 기술을 평가할 수 있는 좋은 증거를 제공하는 것처럼 보이지만, 이러한 풍부하고 복잡한 시나리오는 또한 (1) 학생들이 이 과제와 상호작용하면서 경험하는 인지적 과정에 대한 이해도 향상, (2) 측정되는 구조의 수정 및 확장, (3) 확장된 보고의 공지에 잠재적으로 기여할 수 있는 다양한 데이터나 변수들을 제공한다. 교육적 관련성이 있는 재미있는 변수들을 찾는 것은 교사, 학생 및 학부모가 현재 점수 보고서의 일부로 받는 정보의 유형을 향상시킬 수 있다. 확장된 보고 프레임워크는 점수를 산출할 뿐만 아니라 이해 관계자에게 특정한 변수가 학생들의 성과와 어떤 관련이 있는지에 대한 정보를 제공한다. 이 정보는 형성평가 목적과 관련이 있을 수 있다. 예를 들어 특정 수준에서 수행하는 학생들의 프로필에 대한 정보를 제공할 수 있다.

이 장에서 설명하는 혼합 접근법은 반복적으로 프로세스 데이터와 결과 데이터를 사용했다. 구인의 정의를 사용하여 잠재적인 변수를 확인하는 가이딩 메커니즘으로 IAE의 프로세스 데이터를 분석하고 해석하는 과정을 용이하게 할 수 있다. 이러한 과정을 통해 데이터 확인, 데이터 추출 그리고 분석 과정을 용이하게 하는 도구를 만듦으로써 보다 효율적으로 될 수 있다. 이 연구에서 다루지 않은 관련된 분석에는 주성분 분석, 신뢰도 분석, 기타 군집 및 분류 알고리즘, 시각화 기법이 포함된다. 이러한 추가 분석은 위에서 언급되었듯이 잠재적으로 사용할 수 있는 흥미로운 패턴이나 변수들의 집합을 찾아낼 수 있다.

요약 및 향후 연구

이 장에서 우리는 학생들의 과학탐구에 대한 증거를 수집하고, IAE 데이터를 분석하는 혼합접근법을 설명하며, 전통적인 심리측정법과 EDM 분석법을 적용하여 화산 시나리오를 사용하여 수집된 데이터를 분석하는 방법을 묘사하기 위해 설계된 게임과 같은 시나리오 과제를 설명했다. 이러한 분석은 복잡한 과제에서 학생들의 반응과 행동을 이해하는 데 사용되었다. 이 혼합 접근법은 과학 교사와 평가 개발자들에게 다양한 데이터 유형(선다형 문항에 대한 응답, 대화 작업, 프로세스 데이터)으로부터 의미를 만들어내는 것에 대해 알려줄 수 있다. 이 데이터는 학생들의 내재된 인지 과정을 분석하는 것을 알려줄 수 있으며, 결국 복잡하고 고차원적인 사고 기술을 측정하는 데 도움이 된다. 향후 연구에서는 다른 잠재적 변수를 추출 및 분석하고, 확인된 변수를 검증하기 위해 추가 연구를 수행하는 것이 필요하다.

참고문헌

Adamson, D., Dyke, G., Jang, H. J., & Rosé, C. P. (2014). Towards an agile approach to adapting dynamic collaboration support to student needs. *International Journal of Artificial Intelligence in Education, 24*(1), 91-121.

Assunção, M., Calheiros, R., Bianchi, S., Netto, M., & Buyya, R. (2014). Big data computing and clouds: Trends and future directions. *Journal of Parallel and Distributed Computing, 75*(13), 156-175.

Baker, R., & Yacef, K. (2009). The state of educational data mining in 2009: A review and future visions.

Journal of Educational Data Mining, 1, 3–17.

Bennett, R. E., Persky, H., Weiss, A. R., & Jenkins, F. (2007). *Problem solving in technology-rich environments: A report from the NAEP technology based assessment project* (NCES 2007–466). Washington, DC: National Center for Education Statistics, U.S. Department of Education.

Clarke-Midura, J., Code, J., Dede, C., Mayrath, M., & Zap, N. (2011). Thinking outside the bubble: Virtual performance assessments for measuring complex learning. In M. C. Mayrath, J. Clarke-Midura, & D. Robinson (Eds.), *Technology-based assessments for 21st century skills: Theoretical and practical implications from modern research* (pp. 125–147). Charlotte, NC: Information Age.

R Core Team (2013). *R: A language and environment for statistical computing. R Foundation for statistical Computing,* Vienna, Austria. Retrieved October 5, 2014, from http://www.R-project.org/

DiCerbo, K., & Behrens, J. (2012). *From technology-enhanced assessment to assessment-enhanced technology.* Paper presented at the annual meeting of the National Council on Measurement in Education (NCME), Vancouver, BC. Canada, 12–16 April 2012.

Gotwals, A. W., & Songer, N. B. (2006). Measuring students' scientific content and inquiry reasoning. In S. Barab, K. Hay, & D. Hickey (Eds.), *Proceedings of the 7th international conference of the learning sciences* (pp. 196–202). Mahwah, NJ: Lawrence Erlbaum.

Graesser, A. C., Lu, S. L., Jackson, G., Mitchell, H., Ventura, M., Olney, A., et al. (2004). AutoTutor: A tutor with dialogue in natural language. *Behavioral Research Methods, Instruments & Computers, 36,* 180–193.

Graesser, A. C., Person, N. K., & Harter, D. (2001). The tutoring research group: Teaching tactics and dialogue in AutoTutor. *International Journal of Artificial Intelligence in Education, 12,* 257–279.

Hao, J., Liu, L., von Davier, A., & Kyllonen, P. (2015). Assessing collaborative problem solving with simulation based task. In *Proceedings of the 11th international conference on computer supported collaborative learning,* Gothenburg, Sweden, 7–11 June.

Hao, J., Smith, L., Mislevy, R., von Davier, A., & Bauer, M. (2016). Taming log files from game and simulation based assessments: Data models and data analysis tools. doi:10.1002/ets2.12096 Kraut, R., Olson, J., Banaji, M., Bruckman, A., Cohen, J., & Couper, M. (2004). Psychological research online: Report of board of scientific affairs' advisory group on the conduct of research on the internet. *American Psychologist, 59,* 105–117.

Lave, J., & Wenger, E. (1991). *Situated learning: Legitimate peripheral participation.* Cambridge: Cambridge University Press.

Liu, L., Hao, J., von Davier, A., Kyllonen, P., & Zapata-Rivera, D. (2016). A tough nut to crack: Measuring collaborative problem solving. In Y. Rosen, S. Ferrara, & M. Mosharraf (Eds.), *Handbook of research on computational tools for real-world skill development.* Hershey, PA: IGI-Global.

Liu, L., Rogat, A., & Bertling, M. (2013). *A CBAL™ science model of cognition: Developing a competency model and learning progressions to support assessment development* (ETS Research Report Series. 2:1-54). Princeton, NJ: Educational Testing Service.

Millis, K., Forsyth, C., Butler, H., Wallace, P., Graesser, A. C., & Halpern, D. (2011). Operation ARIES! a serious game for teaching scientific inquiry. In J. Lakhmi & M. M. Oikonomou (Eds.), *Serious games and edutainment applications* (pp. 169-196). London: Springer.

Mislevy, R., Oranje, A., Bauer, M., von Davier, A., Hao, J., Corrigan, S., et al. (2014). Psychometric considerations in game-based assessment. Retrieved October 9, 2014, from http://www.instituteofplay. org/wp-content/uploads/2014/02/GlassLab_GBA1_WhitePaperFull.pdf.

Mislevy, R. J., Steinberg, L. S., & Almond, R. G. (2003). On the structure of educational assessments. *Measurement: Interdisciplinary Research and Perspectives , 1*, 3-62.

Pear, J. J., & Crone-Todd, D. E. (2002). A social constructivist approach to computer-mediated instruction. *Computers & Education, 38*, 221-231.

Quellmalz, E. S., Timms, M. J., Buckley, B. C., Davenport, J., Loveland, M., & Silberglitt, M. D. (2011). 21st century dynamic assessment. In M. C. Mayrath, J. Clarke-Midura, & D. Robinson (Eds.), *Technology-based assessments for 21st century skills: Theoretical and practical implications from modern research* (pp. 55-90). Charlotte, NC: Information Age.

Rundgren, C. J., Rundgren, S. N. C., Tseng, Y. H., Lin, P. L., & Chang, C. Y. (2012). Are you SLiM? Developing an instrument for civic scientific literacy measurement (SLiM) based on media coverage. *Public Understanding of Science, 21*(6), 759-773.

Shute, V. J., Ventura, M., Bauer, M. I., & Zapata-Rivera, D. (2009). Melding the power of serious games and embedded assessment to monitor and foster learning: Flow and grow. In U. Ritterfeld, M. J. Cody, & P. Vorderer (Eds.), *Serious games: Mechanisms and effects* (pp. 295-321). Philadelphia, PA: Routledge.

Vygotsky, L. (1978). *Mind in society*. London: Harvard University Press.

White, T. (2012). *Hadoop: The definitive guide* (3rd ed.). Sebastopol, CA: O'Reilly Media.

Zapata-Rivera, D. (2013). *Exploring the use of trialogues in assessment*. Paper presented at the Cognition and Assessment SIG Symposium. Annual meeting of the American Educational Research Association (AERA), San Francisco, CA, April 27-May 1.

Zapata-Rivera, D., Jackson, T., Liu, L., Bertling, M., Vezzu, M., & Katz, I. R. (2014). Science inquiry skills using trialogues. In S. Trausan-Matu, K. Boyer, M. Crosby, & K. Panourgia (Eds.), *Proceedings of the 12th International Conference on Intelligence Tutoring Systems. Honolulu, HI, June 2014: Vol. 8474: Lecture notes in computer science* (pp. 625-626). Switzerland: Springer International.

Zimmerman, C. (2000). The development of scientific reasoning skills. *Developmental Review, 20*, 99-149.

15

의과대학에서 학습분석의 적용 : 임상해부학 e케이스

Vivek Perumal , Ben Daniel , Russell Butson

요약   임상 해부학 학습을 지원하는 상호작용적인 온라인 자원은 제한적이다. 그러한 자원이 유용하다는 가정이 있지만, 이러한 자원이 학생들의 학습을 지원하는지 여부에 대해서는 잘 알려지지 않았다. 임상해부학 e케이스라고 명명한 새로운 온라인 문제 기반 보충 학습자원을 무들을 활용하여 개발했고 의과대학 학생들을 대상($n=282$)으로 시범운영했다. 우리는 온라인 학습관리 시스템 이용자와 이용 분석을 조사했다. 이 장은 비형식 학습환경에서 e케이스 활용에 대한 학생들의 경험을 탐색하기 위하여 수행한 연구 결과를 제시한다. 80.85%의 학생들이 자원에 접속했고, 14.5%는 반복적으로 접속했다. 또한 비형식 학습환경에서의 학습성과를 평가하기 위해 이용할 수 있는 수많은 지표들을 제시했다. e케이스의 구성은 수업 시간 후나 주말 동안에도 학생 상호작용과 참여를 보장한다. 규칙적인 이용은 환경 내에서, 형성평가에서의 시험 점수 향상을 촉진했다. 그러한 단순하면서도 맞춤화된 온라인 임상 자료의 이용은 학생 참여를 촉진하고 교실 환경 외부에서 학생들의 학습을 증가시킬 수 있다.

주제어 해부학 / e케이스 / 이러닝 / 무들 / 학습분석

서론

해부학은 생의학 과학의 중심이다. 해부학은 인간 아키텍처, 의료, 수술 등과 같은 다른 주제의 핵심을 이해하기 위한 기초이다. 학생들은 이 주제를 숙달하기 위하여 상당히 많

은 시간을 할애한다. 이것은 전통적인 강의와 해부 이외에도 문제 해결 접근을 요구하지만(Canguly, 2010), 해부학에 할당되는 교실 수업시간 총량은 최근 급격하게 감소하고 있다(Bergman, Prince, Drukker, Vleuten, & Scherpbier, 2008; Drake, Lowrie, & Prewitt, 2002; Ganguly, 2010; Nayak, Ramnarayan, & Somayaji, 2005; Turney, 2007).

대학 교수들은 학생들의 다양한 요구 증가와 이를 지원할 수 있는 자원 부족에 직면하고 있다. 이에 따라 대학 교수들은 전통적 교실 환경 외부에서 학습을 제공하고, 이를 통해 학생들이 독립적인 학습자가 될 수 있도록 새로운 방법을 탐색해야만 한다. 이러한 시도의 일부는 학습자들이 다양한 수준의 자기주도성에 따라 연습하고, 상호작용이 교수자에 의해 매개되지 않는(Schwier & Seaton, 2013) 비형식 학습환경(Selman, Cooke, Selman, & Dampier, 1998)을 포함하는 온라인 학습환경의 탐색이라고 할 수 있다(McNulty, Halama, & Espiritu, 2004).

뉴질랜드 오타고대학교에서는 의과대학 1학년 때 기초해부학을 공부해야 하며, 상세한 임상해부학은 3학년 때 배운다. 현재 학생들은 정보 테크놀로지를 폭넓게 활용하고 있으며, 임상해부학에서의 온라인 자료 이용이 제한되어 있다는 것에 기반을 두어, 의과대학 3학년 학생들을 위한 웹기반 임상해부학 맞춤형 학습 자원을 개발했다. 그리고 이 자원을 '임상해부학 e케이스'로 명명했다. e케이스를 통해 자원의 이용을 평가하고, 일련의 상호작용적인 보충 자료가 학생들의 주목을 끄는지, 교실 환경을 넘어 흥미를 유지할 수 있는지를 탐색하기 위하여 분석했다. 또 e케이스를 통해 제공된 자원이 그 주제에 대한 학생들의 이해를 촉진하면서 학습에 기여하는지 분석했다.

임상해부학 e케이스의 개발

'임상해부학 e케이스'는 처음에 무료 소프트웨어인 CourseLab v2.7(Websoft, 러시아 모스크바)을 활용하다가, 후에 무들 2.7.2+(Moodle HQ, 호주 퍼스)를 활용하여 개발했다. 2011년 이후, 22개의 e케이스를 개발하여 해부학 강좌에 도입했다. 집중을 요구하는 잠재적 주제를 규명하기 위하여 실험실 매뉴얼을 검토하는 등 요구분석을 통해 e케이스에 대한 교수설계를 수행했다. e케이스에는 학부 수준에서의 일반 진료에서의 임상 응용의 관련성, 상호작용과 임상 응용 강화를 위한 시청각 자료(혈관촬영과 초음파)와 부분적 해부 도구(12개의 e-슬라이드, MRI)의 활용, 관련 기형들의 발생학적 근거 소개, 신체 검사와 비상 조치에서 중요한 표면 경계표와 방사선 해부학 주제에 대한 강조가 포함되어 있다. 실험실 회기 동안 학생들이 직접적인 경험을 쌓을 수 있는 더 많은 시간을 제공하기 위하여 실험실 매뉴얼의 지필퀴즈를 폐지하고 e케이스를 포함했다.

임상해부학 e케이스의 교수 단계

전형적인 e케이스는 임상 프레젠테이션으로 시작하고 특정 질병 조건과 관련된 임상적 절차의 기본적인 해부학과 총체적, 표면적, 방사성 물질에 의한 해부학을 탐색한다. 각각의 케이스들은 OX형이나 단답형 대답을 요구하는 다수의 반응형 문제를 점진적으로 노출하면서 제시된다. 각각의 질문 말미에는 힌트, 참고문헌이나 짧은 설명과 형성평가에 대한 답안이 즉각적으로 제공된다(그림 15.1).

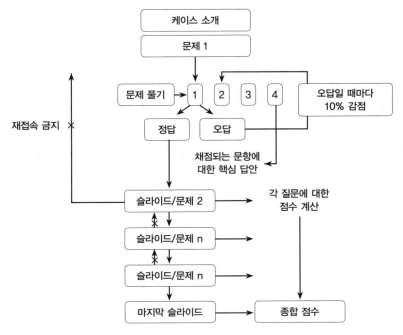

그림 15.1 임상해부학 e케이스 흐름도

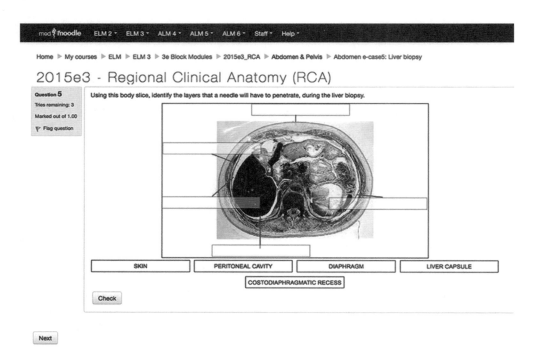

그림 15.2 다면 해부학을 이해하기 위한 연습인 e-12 플라스틴 슬라이드 라벨링 작업을 보여주는 '복부' e케이스 화면

각각의 슬라이드에는 너무 많은 텍스트나 질문을 포함하지 않도록 했다(그림 15.2).

해부학은 매우 시각 의존적이기 때문에 애니메이션, 동영상, 외부 자원과의 연결을 제공한다(그림 15.3).

질문에 대한 응답 시도 횟수는 제한했지만, 각 케이스를 완료할 수 있도록 무제한으로 접속할 수 있도록 했다. 첫 번째 머리와 목 모듈에는 연습 세션당 2개의 e케이스가 배포되었으며, 다른 모든 모듈(목, 복부, 골반)에는 1개의 e케이스가 배포되었다. 퀴즈를 풀기 위해 10~15분을 초과하지 않도록 짧게 만들어졌다.

각 케이스의 난이도를 이해할 수 있도록 학생들의 성취 데이터와 개별 문항에 대한 소요시간을 획득했다. 학생들의 참여는 선택적이나, 수업시간 외에 자율적으로 각 케이스에 접속하도록 장려했다.

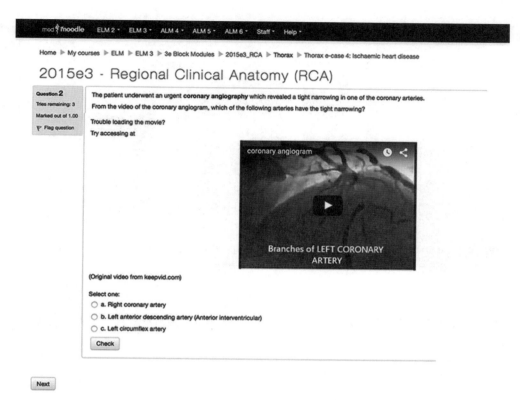

그림 15.3　동영상과 반응형 질문을 보여주는 '흉부' e케이스 화면

연구 참여자

프로젝트는 오타고대학교 윤리위원회의 승인을 받았다. e케이스들은 보충 자료로서 의과대학 3학년생 모두($n=282$)가 이용 가능하도록 만들었다. 모든 참여자들의 성과 데이터를 이용하는 것에 대하여 온라인을 통해 공식적 승인을 구했다. 익명의 소규모 학생그룹을 선택했으며, 형성평가의 시험 성적을 e케이스 이용 데이터와 비교 분석했다.

데이터세트와 분석

학생들의 접속과 성과에 기초한 학습분석은 2011년에서 2014년까지 매주 말에 진행되는 과제에 대하여 무들에서 추출했다. 여기에서 제시되는 분석은 주로 2013년 데이터지만,

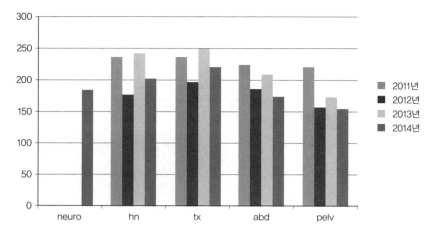

그림 15.4 4년간(2011~2014년) 학기말 e케이스 접속 비교. 가로축 : e케이스 모듈, 세로축 : 접속 횟수. 'hn' 모듈은 2012년, 'neuro' 모듈은 2014년부터 개발했다.

다른 연도와의 비교도 포함되어 있다(그림 15.4). 데이터세트는 행동 분석으로부터 생성되었다.

- **자원 접속 분석** : 개별 학생들의 방문 횟수
- **반복 분석** : 반복적으로 접속한 횟수와 빈도
- **접속기간 분석** : 각 케이스를 완료하기 위해 사용된 시간(분 단위)
- **접속시간 분석** : 하루 접속 시간(24시간 단위)과 주당 접속 시간(학기 단위)
- **점수 분석** : 수행을 평가한 형성평가 점수

위에서 언급한 것 이외에도 강의, 시험, 휴일 등에 따른 자원 접속 비율 또한 여기에 요약했다.

연구 결과

자원의 핵심적 활용을 분석하는 변인들이 연구되었다(표 15.1). 개별 질문에서 획득한 형성평가 점수를 기록했지만 상세하게 분석하지는 않았다.

■ **자원 접속 분석(그림 15.5)** : 수업 그룹 91.5%가 연구에 참여하는 것에 동의했다. 학생들은 e케이스를 배포하기 시작한 날부터 e케이스를 이용하기 시작했으며, 전체적인 완료율은 86.8%였다(표 15.1). 모듈의 첫 케이스부터 마지막 케이스까지 e케이스를 확인한 횟수는 꾸준하지만 유의미한 감소는 없었다. 그러나 기말 시험으로 향하면서, 강의 마지막 며칠 동안 2~4배에 이르기까지 e케이스 이용이 급격히 상승했음을 보여주었다(그림 15.6).

표 15.1 각 모듈에 따라 분석된 양적 변인

모듈명	접속 횟수 평균 ($n=282$)	케이스별 완료한 학생(%)	케이스별 반복한 학생(%)	형성평가 점수 평균
머리와 목(hn)	242	88.67	18.81	86.01
흉부(tx)	250	84.70	17.33	84.73
복부(abd)	209	86.42	10.01	83.32
골반(pelv)	173	83.79	6.68	83.70
평균	228	86.6	14.56	84.72

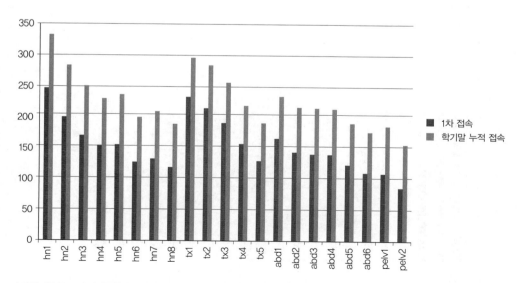

그림 15.5 의과대학 3학년 학생들의 e케이스 접속 횟수($n=282$). 단일 시도와 학기말까지 누적된 전체 접속 시도를 보여준다.(가로축 : e케이스, 세로축 : 학생 수)

- 반복 분석 : 14.6%의 학생들이 5회 이상 케이스를 반복하여 접속했으며, 일부 학생들은 최초 시도에서 100% 점수를 획득했음에도 불구하고 반복하여 접속했다. 반복 접속한 학생들 중 78.4%는 통계적으로 유의미한 점수를 보여주었으며, 처음 시도보다도 더 짧은 시간 동안에 완료한 것으로 나타났다. 반복 횟수는 특정한 패턴을 따르지 않았으며, 형성평가 점수나 케이스 내 질문의 수와 관계가 없었다. 머리와 목 모듈상의 e케이스는 다른 모듈과 비교하여 더 많은 횟수가 반복되었다(그림 15.5). 이것은 흥미로운 패턴으로 보였지만, 특정 내용에 대한 반복의 본질이 무엇인지 이해하기 위하여 참가자 인터뷰는 하지는 않았다.

- 접속기간 분석 : 개별적인 변인이 존재한다 하더라도, 케이스를 완료하기 위해 사용된 평균 시간은 예상했던 시간 범위(10~15분) 이하인 14분이었다. 완료에 걸린 시간과 학생들의 점수($R^2=0.08$), 케이스 내 질문의 수($R^2=0.003$)와는 유의미한 상관관계는 없었다.

- 접속시간 분석 : 학생들은 형성평가 시험일, 커뮤니티 이벤트, 장기 방학 이외에 학기 중 대부분의 날에 e케이스에 접속했다(그림 15.7). 온라인 방문은 하루 종일 계속 이어졌으며, 학교생활 이후의 방문이 더 많아졌다(그림 15.8). 자원 활용은 기말 시험으

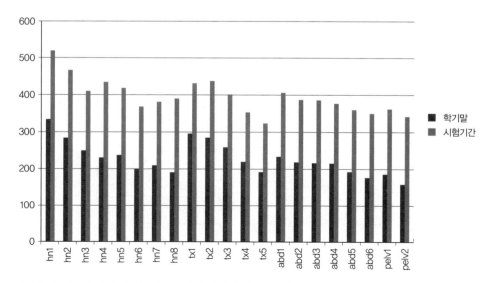

그림 15.6 학기말과 시험 기간 동안 자원 활용의 증가 비교(가로축 : e케이스, 세로축 : 학생 수)

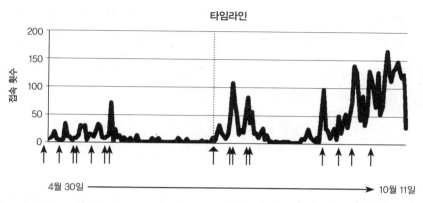

그림 15.7 2013년 8월~10월까지 모든 케이스에서 학생들의 접속 변화를 보여주는 타임라인[세로축 : 접속 횟수, 가로축 : 일정(화살표는 새로운 e케이스가 온라인에 업로드되는 시간에 증가하는 것을 보여 줌. 점선은 2학기 시작)]

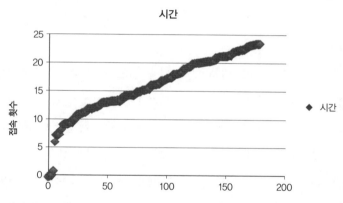

그림 15.8 단일 e케이스에서 24시간 동안의 접속(머리/목 모듈 e케이스 데이터) 가로축 : 접속 횟수, 세로축 : 하루 중 시간

로 갈수록 지속적으로 증가했다(그림 15.8).

■ 점수 분석 : e케이스에서 획득한 평균 점수는 최대 100% 중 84.7%였다. 평균 점수와 완료 상태, e케이스 시간 횟수($R^2 = 0.007$)와는 통계적 관계는 없었다. 반복이 더 많았 던 머리와 목 모듈에서는 평균 점수보다 높은 점수가 관찰되었다.

형성평가에서의 점수를 기준(상위 98%, 하위 36%)으로 상위그룹($n=8$)과 하위그룹($n=$

9)을 무작위로 선택하여 이러한 보충자료의 활용 활동을 모니터했다. 흥미로운 것은 상위 그룹 학생들이 규칙적으로 e케이스를 이용하는 것과 달리 하위그룹 학생들은 단지 기말시험 때에만 e케이스에 접속하는 것이었다. 하위그룹의 형성평가 점수와 모듈 전체에 대한 e케이스 활용률 간에는 유의미한 상관관계($p=0.001$)가 있었다.

논의

개발된 각각의 e케이스는 질문 형태와 수량이 비슷하다. 동시에 각 e케이스당 접속 횟수가 점진적으로 감소한 것은 일부 학생들의 참여 부족에 기인한 것이다. 이전 시도에서 100%를 획득한 것과 상관없이 케이스에 다시 접속을 했다는 것은, 학생들이 학습을 위해 순수하게 자원을 활용하는 것에 흥미로워한다는 것을 보여주었다. 시험 동안에도 학생들은 흥미를 자극하고 현재 교육 과정과 절대적으로 관련이 있는 이러한 보충 자료에 접속하는 것의 중요성을 인식했다.

복부 모듈(6개 e케이스)과 비교했을 때, 보다 큰 모듈인 머리와 목(9개 e케이스)에서, 완료된 e케이스의 숫자는 급격하게 감소했다(그림 15.5). 이것은 연습 세션당 분배되는 케이스의 수를 다시 반영하는 것으로, 이것은 머리와 목 모듈에서만 더 많았다. 이 데이터는 예상 모듈에서 연습 세션당 하나 이하의 케이스를 전달할 것을 요구하는 것이다.

학생들의 흥미는 15~30분 이후에 떨어지며(Miller & Wolf, 1996), 소셜미디어나 미루는 버릇이 온라인 참여를 방해할 수 있다(Kirschner & Karpinski, 2010). 이러한 이유로 우리는 e케이스를 재생시간이 10~15분이 넘지 않도록 짧게 만들었다. 학생들 스스로의 진행속도를 맞출 수 있도록 시간 제한과 엄격한 학습을 제공하려고 시도하지 않았다. 미완성으로 제공되는 케이스들은 밤과 낮 어느 시간에 따라 달라지지 않았다. 이것은 제공되는 자료의 이용은 어떠한 특정한 시간이나 날짜가 꼭 적절하지 않다는 것을 보여준다(그림 15.7과 15.8).

완성된 상태의 케이스에 대한 학생들로부터 수집된 양적 정보는 학습 자료와 잘 통합되었기 때문에(Perumal et al., 2012) 케이스들이 학생들의 일반적인 과업에 과부하를 주지 않는다는 것을 명확히 보여준다. 우리가 수행한 4년간의 분석 동안 시험된 서로 다른 플랫폼들과 비교할 때, 무들 기반의 임상해부학 퀴즈는 여전히 온라인 임상해부학을 배우기 위한 더 나은 선택이다. 이는 자원 배분과 관련된 대부분의 기술적인 이슈들을 극복한다.

임상해부학 e케이스는 이미 존재하는 해부학 교육의 표준을 향상시키면서 현재의 교수 프로그램을 지원하기 위한 것이었다. 이 프로젝트는 학생들의 학문적 상태 대신에 전체적인 자원 이용성을 조사하기 위한 목적이었다. 시험에서의 관련 주제에 대한 e케이스 점수의 영향력은 분석하지 않았다. Walsh와 Bohn(1990)이 보고한 것처럼, 시험 성과의 향상은 모든 교육적 도구의 긍정적인 특성이 될 수 있다. 하지만 교육적 접근의 성공이나 실패를 결정하는 유일한 요인으로서 검토되어서는 안 된다. 이러한 자원들은 전통적인 교실 수업과 결합될 때 효과적일 수 있다(Petersson, Sinkvist, Wang, & Smedby, 2009; Stanford et al., 1994).

연구의 제한점은 상호작용적인 온라인 자원에서의 학생들의 참여를 명확히 보여주지만, 우리는 그 자원의 장점과 약점을 확인하기 위한 포커스 그룹 인터뷰를 수행하지 않았다는 점이다. 또 다른 제한점은 이 연구가 학생들의 기말 시험 점수와 이용자 분석을 비교하지 않았다는 것이다. 우리는 학문적으로 우수한 학생들은 자원을 지속적으로 이용하지만 학업 성적이 부진한 학생들은 단지 시험 기간 동안만 접속했다는 것을 발견했다. 이것은 그 자원을 가장 필요로 하는 학생들의 참여를 증가시킬 수 있는 전략적인 교육방법을 설계해야 한다는 것을 시사한다.

결론

수업 시간의 축소와 교수-학생 비율의 불균형은 기존의 교육 과정에 초점을 두되 개별 수업에서 제공된 맞춤형 보충자료의 활용으로 극복될 수 있다. 온라인에서 수집된 메타데이터(Wolpers, Najjar, Verbert, & Erik, 2007)에 대해 분석한 결과 학생들이 보충자료의 모든 모듈에 동일한 시간을 보냈다는 것이 밝혀졌다.

학생들의 접속 패턴에 대한 분석은 보충 자료가 짧고, 자기주도적이며, 강제적이지 않을 때 가장 흥미로워한다는 것을 보여준다. 보충자료는 학생들의 참여가 가장 최대인 것으로 나타나는 학기 초에 소개되면 유익한 효과를 얻을 수 있을 것이다. 온라인 자료의 접속이 쉽고 완수를 위해 요구되는 시간이 짧아야 한다는 이러한 요인들은 언제든지 보충학습을 수행할 수 있도록 만들어준다. 우리의 미래 연구는 큰 규모의 데이터를 수집하여 분석하는 것에 초점을 맞출 것이다.

참고문헌

Bergman, E. M., Prince, J. K., Drukker, J., Vleuten, C., & Scherpbier, A. (2008). How much anatomy is enough? *Anatomical Sciences Education, 1*, 184-188.

Choi, A., Tamblyn, R., & Stringer, M. (2008). Electronic resources for surgical anatomy. *ANZ Journal of Surgery, 78*, 1082-1091.

Drake, R., Lowrie, D. J., & Prewitt, C. (2002). Survey of gross anatomy, microscopic anatomy, neuroscience and embryology courses in medical school curricula in the United States. *Anatomical Record, 269*, 118-122.

Ganguly, P. (2010). Teaching and learning of anatomy in the 21st century: Direction and the strategies. *The Open Medical Education Journal, 3*, 5-10.

Heylings, D. F. A. (2002). Anatomy 1999-2000: the curriculum, who teaches it and how? *Medical Education, 36*, 702-710.

Johnson, I. P., Palmer, E., Burton, J., & Brockhouse, M. (2013). Online learning resources in Anatomy: What do students think? *Clinical Anatomy, 26*, 556-563.

Jones, D. G. (1997). Reassessing the importance of dissection: A critique and elaboration. *Clinical Anatomy, 10*, 123-127.

Kirschner, P., & Karpinski, A. (2010). Facebook and academic performance. *Computers in Human Behavior, 26*(6), 1237-1245.

Mahmud, W., Hyder, O., Butt, J., & Aftab, A. (2011). Dissection videos do not improve anatomy examination scores. *Anatomical Sciences Education, 4*, 16-21.

McNulty, J. A., Halama, J., & Espiritu, B. (2004). Evaluation of computer-aided instruction in the medical gross anatomy curriculum. *Clinical Anatomy, 17*, 73-78.

Miller, W., & Wolf, F. (1996). Strategies for integrating computer based activities into your educational environment. A practical guide. *Journal of the American Medical Informatics Association, 3*(2), 112-119.

Nayak, S., Ramnarayan, K., & Somayaji, S. N. (2005). Anatomy that must be taught to a medical undergraduate: An interview based survey in an Indian medical school. *Anatomical Record, 285B*, 16-18.

Perumal, V., & Stringer, M. (2012). Clinical anatomy e-cases: A useful supplement to learning. *Clinical Anatomy, 25*(4), 539.

Petersson, H., Sinkvist, D., Wang, C., & Smedby, O. (2009). Web based interactive 3D visualization as a tool for improved anatomy learning. *Anatomical Sciences Education, 2*, 61–68.

Schwier, R., & Seaton, J. (2013). A comparison of participation patterns in selected formal, non-formal, and informal online learning environments. *Canadian Journal of Learning and Technology, 39*(1).

Selman, G., Cooke, M., Selman, M., & Dampier, P. (1998). *The foundations of adult education in Canada* (2nd ed.). Toronto: Thompson Educational.

Smith, C., & Mathias, H. (2010). Medical students' approaches to learning anatomy: Students' experiences and relations to the learning environment. *Clinical Anatomy, 23*, 106–114.

Stanford, W., Erkonen, W. E., Cassell, M. D., Moran, B. D., Easley, G., Carris, R. L., et al. (1994). Evaluation of a computer-based program for teaching cardiac anatomy. *Investigative Radiology, 29*, 248–252.

Turmezei, T. D., Tam, M. D. B. S., & Loughna, S. (2009). A survey of medical students on the impact of a new digital imaging library in the dissection room. *Clinical Anatomy, 22*, 761–769.

Turney, B. W. (2007). Anatomy in a modern medical curriculum. *Annals of the Royal College of Surgeons of England, 89*, 104–107.

Walsh, R. J., & Bohn, R. C. (1990). Computer-assisted instructions: A role in teaching human gross anatomy. *Medical Education, 24*, 499–506.

Wolpers, M., Najjar, J., Verbert, K., & Erik, D. (2007). Tracking actual usage: The attention metadata approach. *Educational Technology & Society, 10*(3), 106–121.

찾아보기

ㄱ

개별화 학습(personalized learning) 12

개인정보 보호(privacy) 121

거시적 적응(macro adaptation) 12

결과 메트릭스 170

계산과학 45

계산모델링(computational modeling) 42

계산 방법론(computational methodologies) 64

계산적 사고방식(computational mindset) 39

계산집약형 모델링 43

공정성 145, 150

공정성의 윤리 141, 143, 148, 150

관계 커뮤니케이션(relational communications) 129, 133

교육과정 학습분석(curricular learning analytics) 185

교육관리분석(academic analytics) 28, 122

교육데이터마이닝 13, 26, 40

교육데이터마이닝 애플리케이션 14

교육 데이터 사이언스 vi

구제 124

규모(volume) 48, 177

기관 분석 27

기술 낭만주의 157

기술 모델 3

기술 해결주의 157

ㄷ

다양성(variety) 48, 177

다차원성(multidimensionality) 61, 64

대규모 동적 데이터 38

대시보드(dashboard) 166, 185

대학 구조 131

대학 프로세스 132

데이터 거버넌스 125, 127

데이터 공정성(data justice) 143

데이터 기반 의사결정 13

데이터마이닝 70, 120

데이터 모델링 68

데이터 무결성 127

데이터 분석(data analytics) 40, 133

데이터 뷰 62

데이터 스튜어드 132

데이터 스튜어드십 132

데이터 시각화 19, 70

데이터 재포매팅(reformatting) 127

데이터 정제(cleansing) 127

데이터 중복제거(deduplication) 127

데이터 커스터디언 132

데이터 큐레이션(data curation) 185

데이터 탈익명화(deanonymization) 127

도메인 모델 58

도메인 모델링 67

도메인 온톨로지 57, 62

돌봄 145, 150

돌봄의 윤리(ethics of care) 141, 143, 148, 149, 150

동의 121

ㅁ

메타온톨로지 173

메타인지 모델 174

무들(Moodle) 28, 165, 323

무작위 대조군 실험 194

문제 모델 58

미시적 적응(micro adaptation) 12

ㅂ

복잡성 38

분석학(analytics) 3, 163, 169

블랙보드(Blackboard) 28

비교 기반의 온톨로지 68

비주얼 애널리틱스(visual analytics) 17

빅데이터 vii, 25, 26, 29, 106, 107, 141, 142

빅데이터 기술 2

빅데이터 시대 9

빅데이터 패러다임 57

빅시스템 116

ㅅ

상호작용 모델 174

상황 인식 165

서포트벡터머신(support vector machine, SVM) 47

설계기반연구(design-based research) 191

속도(velocity) 48, 177

수사학적인 통치의 기술 142

수행 모델 173

숙의 공간 107

스마트대학 10

시각화 기법 17

시각화 스키마 70

신자유주의 107

ㅇ

연구중심대학 99

예측 모델 4

온라인 공개 강의 165

온톨로지(ontology) 173

옵트아웃-옵트아웃(opt out-opt out) 122

옵트인-옵트아웃(opt in-opt out) 122

옵트인-옵트인(opt in-opt in) 122

웨어하우스 모델링 70

윤리적 측면의 고려사항 116

이러닝 323

이질성(heterogeneity) 61, 64

인간-질병-환경(human-disease-environment) 생태계 57, 58

인구통계학적 모델 174

인지(cognition) 193

임베디드 디지털 생태계 57

임베디드 사례연구 195

임베디드 시스템 61

입도(granularity) 64

ㅈ

재학생 유지 데이터 131

적응 학습 12, 13

정밀 모델 167, 172, 177

정보 거버넌스 127

정보 격자(information lattice) 144

정보 공정성(information justice) 141, 143, 147

정보기술 분석 27

정보 시스템 개발 방법론 61

정확성(veracity) 177, 181

제3의 방식 39

조직 구조(structures) 129

증거기반연구(evidence-based approach) 191

증거기반 의사결정 2

지식 경영 분석(knowledge management in Analytics) 20

집계 모델 167, 177

ㅊ

처방 모델 4

ㅋ

커뮤니케이션 모델 175

ㅌ

태도(attitudes) 192

통찰(insight) 165

ㅍ

프로세스(processes) 129

ㅎ

학생 동의 121

학생 등록 데이터 125

학습 데이터 125, 131

학습분석 vii, 26, 28, 57, 141, 142, 145, 149, 164, 323, 327

학습분석 거버넌스 133

학습분석 프레임워크 191

학습분석 플랫폼 171, 186

학습자 데이터 권리 장전 122

학습 최소화(miniaturization of learning) 102

학습 테크놀로지 24

학습 플랫폼 170, 171

학습 흔적(learning trace) 169

행동(behaviour) 192

행동 메트릭스 170

기타

A-B-C(Attitudes-Behaviour-Cognition) 모델 192

A/B 테스팅 194

BI 분석 11

IT 거버넌스 129

JISC 학습분석 행동강령 2015 123

MOOC 24

저자 소개

Ben Kei Daniel(1장, 3장)

뉴질랜드 오타고대학교에서 고등교육 분야의 강의를 하면서 교육공학부를 총괄하고 있다. 이에 앞서 그는 캐나다 서스캐처원대학교에서 연구와 건강담당 부처장실에서 건강 분야 연구와 분석 책임자로 근무하면서 강의를 했다. 지난 10여 년 동안 그는 학부생, 대학원생, 학부 지도교수, 기업의 고위 임원들을 대상으로 연구방법론, 프로그램 평가, 논리모델 개발, 품질 개선, 통계, 교육공학 심화 과정 등을 가르쳐 왔다. 또한 이러한 주제와 관련하여 세계적으로 많은 연구물을 남겼다. 관심 연구 분야는 빅데이터와 학습분석이 고등교육 맥락에서 교수 학습 및 연구 활동에 어떠한 영향을 미치고 가치를 창출하는지를 탐색하는 것이다. 그는 또한 고등교육과 기업 분야에서 연구방법론 교육에 대한 이론과 실천 방안을 탐구하고 있다.

Jay Liebowitz(2장)

해리스버그공과대학교 석좌교수로 응용 비즈니스와 금융을 가르치고 있다. 이에 앞서 그는 메릴랜드대학교 대학원에서 Orkand 석좌교수로 경영공학을 연구하고 가르쳤다. 또한 존스홉킨스대학교 Carey 경영대학원의 교수로도 봉직했다. 2010년에 발간된 학회지 *Journal of Knowledge Management* 1월호에 따르면, 그는 전 세계 11,000명의 지식경영 연구자 중 1위로 선정되었고, 지식경영 전략 부분에서는 2위에 오른 바 있다. 존스홉킨스대학교 재직 시에는 Competitive Intelligence 대학원 프로그램의 초대 학과장을 지냈고, 경영정보 석사 프로그램에서 최고의 성과를 낸 학과장으로 기억되고 있다. 존스홉킨스대학교로 옮기기 전에는 NASA 고다드 우주비행센터에서 초대 지식경영 책임자를 역임했다. 그는 학회지 *Expert Systems with Applicants: An International Journal*의 초대 편집위원장이기도 하다.

Dirk Ifenthaler(4장)

독일 만하임대학교에서 교육공학과 교수로 재직 중이며 호주 디킨대학교와 커틴대학교에도 출강하고 있다. 이에 앞서 그는 디킨대학교의 디지털학습연구소 소장을 맡고 있으면서, 호주 개방대학교에서 응용 연구와 학습 분석을 총괄하고, 독일의 만하임대학교에서 학과장을 역임한 바 있다. 2012년에는 미국 오클랜드대학교 사범대학에서 Fulbright scholar in residence 방문 교수로 있었다. 연구 성과는 저서 및 국제학술지 출간뿐만 아니라 미국, 독일, 호주에서 연구지원비를 받은 바 있다. Springer에서 출간되는 학회지인 *Technology, Knowledge and Learning*의 편집위원장을 맡고 있다.

David C. Gibson(4장, 7장)

호주 커틴대학교 교수학습개발센터에서 미래학습 부서를 총괄하고 있다. 호주 정부 및 미국국립과학재단, 미국 교육부, MacArthur 재단, EDUCAUSE 등에서 연구비 지원을 받아 교육에서 게임과 시뮬레이션, 학습 분석, 복잡계 분석, 기술에 기반한 인지모델링·설계·실행을 통한 개별화 수업 등과 관련된 연구를 하고 있으며, 이와 관련하여 다수의 저서 및 논문을 발표하고 있다. 또한 그는 simSchool(교사들이 교실에서 사용할 수 있는 비행기 시뮬레이터)와 eFolio(온라인 수행평가 시스템) 개발자이며, Curtin University's Challenge라고 불리는 모바일 게임 기반 학습플랫폼을 위한 비전을 제시해주고 있다.

Shastri L. Nimmagadda(5장)

25년 이상의 유전 분야 경험을 바탕으로 러시아에 소재한 유전서비스 업체인 슐렘베르거Schlumberger에서 전문가로 활동해 오고 있으며, 호주 커틴대학교 경영대학의 정보시스템학과 빅데이터그룹에 소속된 연구원이다. 이에 앞서 그는 인도, 호주, 우간다, 쿠웨이트, 아랍에미리트, 이집트, 말레이시아, 인도네시아, 콜롬비아, 러시아의 석유회사에서 근무한 바 있다. 관심 연구 분야는 다차원 데이터 모델링, 데이터 웨어하우징과 마이닝, 데이터 시각화와 해석이다. 석유 및 가스 탐색과 정보 시스템과 관련된 80여 편 이상의 연구와 기술 논문을 출판했다. 터키, 두바이, 포르투알레그리에서 개최된 IEEE 국제 컨퍼런스를 성공적으로 조직했다. 그는 AIS, AAPG, SEG, SPE, IEEE, ASEG, IGU, EAGE의 회원이다.

Amit Rudra(5장)

호주 커틴대학교 경영대학의 정보시스템학과에 소속된 강사이다. 대학 교육과 데이터베이스 관리 시스템, 컴퓨터 보조학습 시스템을 포함한 소프트웨어 개발 분야에 폭넓은 경험을 가지고 있다. 그는 국제 저널과 수준 높은 컨퍼런스에서 여러 편의 학술논문을 발표하며, 해외 학자들과 협력하고 있다. 또한 데이터 웨어하우징, 데이터마이닝, 병렬처리를 포함한 의사결정 시스템 분야 연구 기반의 연구 저서를 출간한 바 있다. 현재 비즈니스 분석과 빅데이터를 포함한 비즈니스 인텔리전스에 관한 공동 연구와 저술에 참여하고 있다.

Tony Harland(6장)

뉴질랜드 오타고대학교의 고등교육개발센터 소속 교수이다. 관심 연구 분야는 고등교육의 가치를 평가하는 방법, 교수teaching 가치가 학생 교육의 중요한 부분을 형성하는 방법, 대학 업무와 사회와의 관계에 대한 비판 이론, 연구 수행을 통한 학생들의 학습 방법 등이다. 질적 연구 방법과 학습 이론, 리더십, 동료평가 등을 주제로 한 수업을 맡고 있다.

Lynne D. Roberts(7장)

호주 커틴대학교 보건학과 교수이다. 관심 연구 분야는 과학기술 윤리학technoethics과 온라인 연구 윤리, 학습분석과 관련된 윤리 문제이다.

Vanessa Chang(7장)

호주 커틴대학교 교수학습개발센터에서 디지털 학습 및 설계 부서를 총괄하고 있다. 관심 연구 분야는 3D 가상세계에서의 몰입 학습, 모바일 학습, 이러닝 생태계, 학습분석 등이며, Second Life, OpenSim, OpenWonderland, Unity와 같은 3D 가상세계에서 다수의 실험을 진행한 바 있다. 또한 전 세계 연구자들과 협업하여 3D 가상세계를 활용하여 ERP/SAP를 가르치고 있다. 그녀는 웹기반 학습환경인 'WEBLEI'를 개발한 바 있는데, 전 세계적으로 연구자와 기관에서 온라인 학습환경의 유용성 및 효과성을 평가하는 데 있어 WEBLEI를 채택하여 활용하고 있다.

Paul Prinsloo(8장)

사우스아프리카대학교의 연구 교수로 재직 중이다. 관심 연구 분야는 분산학습환경에서의 학생 성공과 유지와 교육과정 개발, 기술의 활용, 서로 다른 학문 분야 맥락, 또는 개념 모델링과 상관관계 분석이다. 2012년 이후에는 학습분석과 대학원생 지도에 주로 집중하고 있다. 수많은 국제 컨퍼런스에서 활발히 논문을 출간하고 발표하고 있다. 신학, 예술사, 경영, 온라인 학습, 종교 연구에서의 폭넓은 학술적 자질을 갖추고 있다.

Sharon Slade(8장)

영국 개방대학 법경대 부교수이다. 관심 연구 분야는 윤리적 이슈를 포함한 학습분석이다. 학업의 유지와 향상을 증진할 수 있는 대학 전체 차원의 학생 지원 프레임워크와 학생특징과 학습활동 기반 학생 식별 지원 도구, 적절한 선별적 중재를 개발하기 위한 연구를 이끌고 있다. 개방대학에서 학습분석의 윤리적 활용과 관련된 새로운 정책 개발을 주도하고 있다. 최근에는 돌봄의 윤리와 관련된 보다 폭넓은 교육적 이슈의 개념을 조사하여 고등교육에서의 학습분석 활용을 위한 윤리적 프레임워크 수립에 대한 연구와 저술에 참여하고 있다.

Geetha Paulmani(9장)

프리랜서 연구자로, 관심 연구 분야는 서로 다른 다양한 종류의 학습경험과 학습 결과를 향상시키는 것이다. 그녀는 현재 OpenACRE 프로젝트 관련 일을 하고 있다.

Colin Pinnell(9장)

캐나다 애서배스카대학교의 학생 연구자로서, 관심 연구 분야는 인공지능 기법과 신경해부학과의 상관관계, 증강현실과 인간-컴퓨터 인터페이스에서의 적용, 자기조절학습, 협력적 조절

학습, 빅데이터에서의 패턴 탐색이다.

Kinshuk(9장)

NSERC/iCORE/Xerox/Markin 석좌 연구원으로 정보학informatics 분야에서 적응 및 개별화 부문을 담당하고 있다. 캐나다 애서배스카대학교의 컴퓨터와 정보시스템 학부 교수이다. 관심 연구 분야는 학습분석을 포함하여 학습 테크놀로지, 모바일, 유비쿼터스, 위치인식 학습 시스템, 인지 프로파일링, 상호작용 테크놀로지이다.

Vivekanandan Kumar(9장)

캐나다 애서배스카대학교의 컴퓨터와 정보시스템 학부 부교수이다. 관심 연구 분야는 빅데이터와 학습분석에서의 인과관계 모델링의 적용, 교육에서의 인공지능, 자기조절학습, 협력적 조절학습, 의인화된 교수 에이전트를 활용한 혼합주도형mixed-initiative 상호작용이다.

Bart Rienties(10장)

영국 개방대학의 교육공학연구소에서 학습분석 PD를 맡고 있다. 또한 Analytics4Action 프로젝트 책임자로서 OU 모듈에서 학습자 경험을 강화하는 개입 방법에 대해 증거기반 연구를 수행 중이다. 그는 교육심리학자로서 협력학습환경과 학습에서 사회적 상호작용의 역할에 초점을 두고 다학제 연구를 하고 있다. 관심 연구 분야는 학습분석, 컴퓨터기반협력학습cscl, 학습에서 동기의 역할이다.

Zdenek Zdrahal(10장)

영국 개방대학의 Knowledge Media Institute 소속 교수이다. 관심 연구 분야는 설계 분야에서 인공지능 적용, 사례 기반 추론, 정보 추출, 예측 모델링, 머신러닝, 지식공유이다. 그는 개방대학에서 사용하는 분석도구인 OU analyse 개발자 중 한 명이다.

Simon Cross(10장)

영국 개방대학의 교육공학연구소 소속 강사이다. 관심 연구 분야는 평가와 배지badge, 학습설계, 적응 학습과 시각 학습, 개방형 온라인 학습이다. 현재 개방대학의 기관평가 프로그램과 관련된 여러 프로젝트에 참여 중이다. 해당 프로젝트는 기관평가의 실제부터 협력학습, 학습자의 평가 경험 연구에 이를 정도로 다양하다. 그는 디지털 배지digital badge의 교육적 사용에 대한 연구를 통해 학습설계와 학습분석이 명시적인 시너지가 있음을 밝혀냈다.

Ángel Hernández-García(11장)

전기통신 학사, 정보시스템 석사 및 박사 학위를 취득한 후 스페인 마드리드공과대학교 전기통신

공학과 조교수로 재직 중이다. 정보시스템, 학습분석 및 교육데이터마이닝 중심의 교육공학을 연구하고 있으며, 기술기반학습, 정보시스템 분야의 학술지에서 편집위원으로 활동하고 있다.

Ignacio Suárez-Navas(11장)

스페인 마드리드공과대학교에서 온라인 수업에서 사회적 상호작용 분석을 위한 무들 웹서비스 개발이라는 주제로 석사 학위를 받았다. 현재 스코틀랜드 국립관광청에서 프로그래머로 활동 중이다. 관심 연구 분야는 웹 서비스와 웹 애플리케이션 개발이며, 모바일 애플리케이션 개발 프로젝트를 진행 중이다.

Mohamed Amine Chatti(12장)

독일 카이저슬라우테른대학교에서 컴퓨터공학 석사, 독일 RWTH 아헨대학교에서 컴퓨터공학 박사 학위를 취득했다. 현재 독일 RWTH 아헨대학교에서 조교수로 재직 중이다. 관심 연구 분야는 웹 정보 시스템, 기술기반학습, 지식관리, 데이터 사이언스이다.

Arham Muslim(12장)

독일 RWTH 아헨대학교 Learning Technology Group(Informatik9) 연구원으로 컴퓨터과학 분야를 맡고 있다. 파키스탄 탁실라대학교에서 소프트웨어 공학 학사, 독일 RWTH 아헨대학교에서 소프트웨어 공학 석사 학위를 취득했다. 관심 연구 분야는 기술기반학습, 학습관리 시스템, 교육데이터마이닝, 학습분석이다.

Ulrik Schroeder(12장)

독일 RWTH 아헨대학교 컴퓨터과학과 교수로 재직 중이다. RWTH 아헨대학교의 Learning Technologies Group, Center for Innovative Learning Technology, 컴퓨터과학 랩실InfoSphere을 책임지고 있다. 관심 연구 분야는 평가, 지능적 피드백, 모바일 학습, 교육에서 성주류화gender mainstreaming, 컴퓨터 과학 교사 교육이다.

Denise Nadasen(13장)

메릴랜드대학교 학부대학 UMUC의 대학기관연구 부총장이다. UMUC에서 3년 동안 Kresge 재단의 지원으로 데이터마이닝 연구팀을 이끌었다. 메릴랜드대학교 칼리지파크 캠퍼스에서 측정, 통계, 평가 분야에서 석사 학위를 취득했으며, 현재 온라인 학습에서 학생 성공에 대한 논문을 준비 중이다.

Alexandra List(13장)

메릴랜드대학교 칼리지파크 캠퍼스에서 교육심리학 박사 학위를 취득하고 볼주립대학교 교육

심리학과 교수로 재직 중이다. 관심 연구 분야는 학습자가 다양한 텍스트 소스를 사용·통합·평가하는 방법, 학습자 및 과제의 특징이 다양한 소스 사용에 미치는 영향, 온라인 학습 과정 측정이다.

Jiangang Hao(14장)

미시간대학교에서 통계학 석사와 학위물리학 박사 학위를 취득하고 ETSEducational Testing Service의 고급심리측정센터에서 연구원으로 재직 중이다. ETS에 합류하기 전에 페르미 국립 가속기 연구소Fermi National Accelerator Laboratory에서 테라바이트 규모의 물리학 데이터 모델링 작업을 했다. 데이터마이닝, 머신러닝, 빅데이터용 모델 스키마 디자인 등 광범위한 분야를 연구하고 있으며, 2,100회 이상 인용된 40편 이상의 논문을 게재했다. 이러한 연구 성과는 Wired와 MIT Technology Review와 같은 주요 매체에 소개되었다. 그는 파이선, C++을 사용하여 천문학 디지털 이미지 분석, 측정 오류 수정 가우시안 혼합 모형, 확률적 군집 분석을 위해 광범위하게 사용되는 패키지를 개발했다. 현재는 협력적 문제 해결, 게임과 시뮬레이션 기반 평가, 교육데이터마이닝, 로그 파일 구조 분석에 초점을 맞춘 연구를 진행하고 있다. 또한 협력에서 일어나는 대화 분석에 자연어 처리 기술을 적용하여 지능형(적응형) 촉진 메커니즘을 개발하고 있다.

Alina A. von Davier(14장)

ETS의 고급심리측정센터 센터장이며, 미국 포드햄대학교의 겸임 교수이다. 그녀는 ETS에서 차세대 평가를 위해 전문가들과 함께 심리측정을 주제로 연구개발을 책임지고 있다. 여기에서 머신러닝, 데이터마이닝, 베이시안 추론법, 확률 과정, 심리측정 모델을 포함하는 계산 심리측정computational psychometrics을 연구 도구로 활용하고 있다. 또한 교육 검사에 심리측정 모형을 적용하기 위해 시험 점수 동등화 방법, 문항 반응 이론, 적응형 검사와 같은 연구를 진행하고 있다.

Diego Zapata-Rivera(14장)

2003년 캐나다 서스캐처원대학교에서 교육에서의 인공지능 주제로 컴퓨터 공학박사 학위를 취득한 후 미국 ETS의 인지과학연구 부문 책임연구원으로 재직 중이다. 관심 연구 분야는 기술 기반 평가, 평가 기반 학습환경, 게임 기반 평가, 스코어 리포팅score reporting 혁신 등이 있으며, 근거중심설계, 베이시안 학생 모델링, 개방형 학생 모델, 대화 기반 평가, 가상 커뮤니티, 저작 도구에도 관심을 갖고 있다. 관련 분야의 국제 컨퍼런스 및 워크숍의 조직위원회에서 활동했다. *User Modeling and User-Adapted Interaction* 학술지의 편집위원이며 *IEEE Transactions on Learning Technologies* 학술지의 부편집위원이다. 최근에는 국가연구위원회, 미국국립과학재단, 미국육군연구소, NASA가 후원하는 프로젝트에 자문위원으로 활동 중이다.

Lei Liu(14장)

현재 미국 ETS 학습과학 부문 연구원으로, 차세대과학표준NGSS에 맞춰진 역량 기반의 혁신적 과학 평가 설계에 관련된 다수의 프로젝트를 주도하고 있다. 관심 연구 분야는 인지적 구성주의와 사회적 구성주의 학습 이론에 기반을 둔 평가와 학습에서 기술의 역할이다. 시뮬레이션 기반의 학습환경 및 평가 시스템, 학습 진도에 따른 평가, 대화 기반 평가, 협력적 문제 해결 평가를 개발했으며, 과학 역량 기반 평가, 복잡계 학습, 컴퓨터 기반 협력 학습, 학습 과학 분야에서 다수의 논문과 책을 저술했다. 러트거스대학교에서 박사 학위를 취득했고, 미국과학교육학회에서 우수박사학위논문상을 받았다.

Lei Chen(14장)

퍼듀대학교에서 컴퓨터공학 박사 학위를 취득했다. Palo Alto Research CenterPARC에서 인턴으로 근무한 바 있으며, ETS의 연구개발 부문에서 책임연구원으로 재직 중이다. ETS에 합류하기 전에는 언어처리를 도와주는 비언어 커뮤니케이션 단서(제스처, 시선 응시)에 대해 연구한 바 있다. NSF KDI 프로젝트와 DARPA ARDA VACE 프로젝트에서 인간 대화에서 나타나는 시선 응시, 제스처, 말 등을 포함하는 복합 신호를 연구했다. 2009년 International Conference on Multimodal InterfacesICMI에서 구글로부터 우수 논문상을 수상했다. ETS에 합류한 이후에는 머신러닝, 자연어 처리, 음성 인식을 활용하여 음성 언어 자동 평가 연구를 하고 있다. 2013년 이후부터 학습 및 평가 활동에 Microsoft Kinect 깊이 센서와 같은 차세대 복합 센서 활성화 연구를 진행하고 있다.

Vivek Perumal(15장)

뉴질랜드 오타고대학교 해부학과에서 임상해부학 연구원으로 재직 중이다. 그는 의학교육에서 학습 향상을 위한 학습 테크놀로지 활용으로 그 혁신을 인정받아 상을 받은 바 있다. 현재 오타고대학교 임상해부학 전공으로 박사과정 중에 있으며, 관심 연구 분야는 임상해부학과 의학교육이다.

Russell Buston(15장)

뉴질랜드 오타고대학교에서 고등교육/교육공학의 부교수로, 대학 환경에서 발생하는 학습에 집중하여 연구하고 있다. 현재 학습에 대한 개념과 접근을 탐색하고, 이해하고, 변화시키는 혁신적인 주제와 방법론을 포함한 연구 프로그램을 이끌고 있다. 그는 자연적으로 발생하는 행동 데이터를 수집할 수 있는 센서와 디지털 기기의 활용에서의 개척자이다. 현재 그는 교수와 학생들의 학문적 발달에서 정보통신기술이 갖는 역할에 대해 집중하여 연구하고 있다.

역자 소개

배상훈 (성균관대학교 교육학과 교수, 학생처장, 학생성공센터장)

펜실베이니아 주립대학교에서 교육정책과 인적자원개발Workforce education and development을 전공하였고, 현재 성균관대학교 교육학과 교수로 재직 중이다. 주요 저서 및 논문으로는 잘 가르치는 대학의 특징과 성공요인 1, 2(공저), 캠퍼스 디자인 : 학생이 성공하는 대학 만들기, 데이터로 교육의 질 관리하기, 한국 대학 총장의 리더십 사례 외 다수가 있다. 주요 관심분야는 교육개혁, 정책효과성, 학생성공 등이다.

권숙진 (호원대학교 유아교육과 교수, 유아교육과 학과장)

한양대학교에서 교육공학을 전공하였고, 현재 호원대학교 유아교육과 교수로 재직 중이다. 주요 역서 및 논문으로는 모바일혁명을 통한 조직역량개발 : 모바일러닝 설계, 대학의 인공지능 도입과 인공지능 교수에 대한 학습자 인식, 컴퓨터 기반 협력학습 환경에서 인식정보 제공을 위한 학습분석 기법 설계연구, 사이버 대학에서 학습자 특성 및 학습 활동이 학업성취도에 미치는 영향 : 3P 모형을 활용한 학습분석적 접근 외 다수가 있다. 주요 관심분야는 학습과학, 에듀테크, IR에서 학습분석 등이다.

신종호 (아주대학교 다산학부대학 교수, 교수학습개발센터장)

한양대학교에서 교육공학을 전공하였고, 현재 아주대학교 다산학부대학 교수로 재직 중이다. 주요 저서 및 논문으로는 학습분석 기반 대학 신입생 대상 학습부진 위험학생 조기예측 모델 개발 및 군집별 특성 분석, 대학 수업 지원을 위한 학습분석 기반 교수자 대시보드 개발, 대학교육에서의 학습분석 적용에 관한 탐색적 연구 외 다수가 있다. 주요 관심분야는 학습분석, 고등교육에서 교수학습방법, 교수개발faculty development 등이다.

최재원 (아주대학교 교수학습개발센터 연구원)

아주대학교에서 미디어를 전공하였고 현재 아주대학교 교수학습개발센터에 재직 중이다. 주요 역서로는 데이터 시각화, 인지과학을 만나다, 실체가 손에 잡히는 딥러닝, A pedagogic method helps to create an actionable policy from big data through a PDCA cycle, 학습분석 기반 대학 신입생 대상 학습부진 위험학생 조기예측 모델 개발 및 군집별 특성 분석, 토픽 모델링 분석 기법을 활용한 대학의 학생지원 연구동향 분석 외 다수가 있다. 주요 관심분야는 데이터과학, 머신러닝, 학습분석, 적응학습 등이다.